云南省普通高等学校"十二五"规划教材

中国—东盟国家公司法律制度概论

主　　编　邓　蕊

副 主 编　高学敏　林怀满

学术顾问　冯治良　郑冬渝　张树兴

西南交通大学出版社
·成都·

图书在版编目（ＣＩＰ）数据

中国—东盟国家公司法律制度概论／邓蕊主编. —
成都：西南交通大学出版社，2016.5
ISBN 978-7-5643-4705-5

Ⅰ. ①中… Ⅱ. ①邓… Ⅲ. ①公司法 – 中国、东南亚
国家联盟 – 高等学校 – 教材 Ⅳ. ①D922.291.91
②D933.022.9

中国版本图书馆 CIP 数据核字（2016）第 110073 号

中国—东盟国家公司法律制度概论

主编 邓 蕊

责 任 编 辑	赵玉婷
封 面 设 计	墨创文化
出 版 发 行	西南交通大学出版社 （四川省成都市二环路北一段 111 号 西南交通大学创新大厦 21 楼）
发 行 部 电 话	028-87600564　028-87600533
邮 政 编 码	610031
网 　 址	http://www.xnjdcbs.com
印 　 刷	成都中铁二局永经堂印务有限责任公司
成 品 尺 寸	185 mm × 260 mm
印 　 张	21.5
字 　 数	563 千
版 　 次	2016 年 5 月第 1 版
印 　 次	2016 年 5 月第 1 次
书 　 号	ISBN 978-7-5643-4705-5
定 　 价	44.00 元

课件咨询电话：028-87600533
图书如有印装质量问题　本社负责退换
版权所有　盗版必究　举报电话：028-87600562

序　言

伴随着中国—东盟自由贸易区、大湄公河次区域合作的建设，中国与东盟各国的经贸关系日益加深。为全面推动"引进来、走出去"战略的实施，继续深化与东盟各国的合作与交流，我国急需大量精通东盟国家法律制度的涉外人才。中共中央十八届四中全会《关于全面推进依法治国若干重大问题的决定》中明确提到："创新法治人才培养机制，建设通晓国际法律法规、善于处理涉外法律事务的法治人才队伍。"在对外贸易中，公司是重要的投资形式，由于其风险的可控制性、组织机构的健全性和运营方式的规范性受到广大投资者的青睐。因此，对中国以及东盟各国的公司法律制度进行深入研究显得十分必要。本教材以中国—东盟自由贸易区、大湄公河次区域合作以及云南省"桥头堡"的建设为背景，以 2013 年 12 月 28 日修订的《中华人民共和国公司法》和东盟各国现行的公司法为主要依据进行编写。编者希望本教材能为从事东盟投资贸易活动、文化交流的人员提供服务，为学者的学术研究提供有价值的参考，为我国及云南省的立法提供可供借鉴的经验，实现人才培养、经贸合作、文化交流、学术研究及立法参考等多元目标，为我国的社会经济发展尽一份绵薄之力。

本教材系 2015 年云南省普通高等学校"十二五"规划教材建设项目，在篇章设计和内容编排过程中进行了以下方面的有益尝试：第一，本教材对中国和东盟十国的公司法律制度进行详细介绍和横向比较研究。国内介绍东盟国家法律制度的教材较多，但鲜有专门针对各国公司法律制度进行深入研究的教材。第二，本教材以各国最新修订和正在实施的法律法规为基本依据，吸收了各国社会经济发展所取得的重大成果。例如文莱于 2010 年 11 月修订的《公司法》，中国于 2013 年 12 月修订的《中华人民共和国公司法》、2014 年 2 月修订的《中华人民共和国公司登记管理条例》、2014 年 2 月修订的《中华人民共和国中外合资经营企业法》《中华人民共和国中外合作经营企业法》《中华人民共和国外资企业法》的实施条例和实施细则，新加坡于 2014 年 10 月通过的《公司法修正案》，越南于 2015 年 7 月实施修订后的《企业法》。第三，本教材结构科学合理，以宗教信仰为主要依据对东盟十国分类和排序，具有一定的创新性。宗教与法律是调整社会关系的两种不同手段，但两者在价值理念与表现形式上存在着某些要素相同且渊源相依的关系。本教材主要按照佛教、伊斯兰教、天主教的顺序对东盟十国进行排序，有利于对宗教信仰相同的国家的法律制度和法律文化进行比较研究。第四，本教材内容精练实用，辐射面广。本教材较少涉及深奥的法学理论问题，其内容主要包括各国公司的分类、设立条件和设立程序、管理制度、破产制度等，内容精练实用，操作性和实践性极强，既可以成为培养国际贸易人才、东盟法律人才和工商管理人才的教学用书，也可以成为与东盟国家有业务往来和合作关系的各级各类部门和单位的参考用书。

本教材由云南师范大学商学院邓蕊副教授主编，云南财经大学的高学敏博士和云南师范大学商学院林怀满副教授担任副主编，聘请云南大学的冯治良教授、郑冬渝教授和昆明理工大学的张树兴教授担任学术专家。全书的篇章安排和统稿工作由邓蕊、高学敏、林怀满负责，参与教材编写的主要是云南师范大学商学院、云南财经大学、大理大学的老师们。全书写作分工如下：

第一章、第二章	李　丽
第三章	李　丽、夏艳华
第四章、第五章	高耀清
第六章、第七章	邓　蕊
第八章	林怀满、陈亚晶
第九章	高学敏
第十章	袁爱华、王雪
第十一章	庄红花
第十二章	谭艳
第十三章	禾银芳
第十四章	钟　磊
第十五章	李文华
第十六章	马　嘉
第十七章	桑爱英
第十八章	杜江江、邓蕊

在此，衷心感谢各位专家和老师的辛勤付出，感谢西南交通大学出版社的大力支持。同时，还要感谢云南省教育厅和云南师范大学商学院对本教材的资助。

由于涉外法律资料十分匮乏，加之编者水平有限，尽管我们已经竭尽所能，但教材仍然存在诸多不足与错误，敬请各位读者批评指正。

邓　蕊

2015 年 12 月

目　录

上编

中国公司法律制度

第一章　公司法概述

本章重点知识：公司的概念、特征、分类；公司法的特征和基本原则。

建议课时：4 课时。

第一节　公司的概念和特征

一、公司的概念

"公司"一词，在当今社会已被人们广泛熟悉。作为一种重要的企业组织形式，公司在世界各国得到了广泛适用，但由于各国的法律文化和立法习惯的差异，对于公司的概念，不同国家和地区也有很大的差别。

大陆法系国家或地区对公司的概念通常进行明确的立法界定，以日本和我国台湾地区为代表。日本《商法典》第 52 条规定："本法所谓公司，指以经营商行为为目的而设立的社团"。我国台湾地区"公司法"第 1 条规定："所称公司，谓以营利为目的，依照本法组织、登记、成立之社团法人。"

与大陆法系国家或地区不同的是，英美法系国家或地区立法一般不对公司的概念进行严格界定，因而也没有明确的公司定义，以美国和我国香港地区为代表。美国《标准公司法》规定："公司是指受本法令管辖的营利公司。"延续英美法系传统的我国香港地区在其"公司条例"中规定："公司指根据本条例组成及注册的公司或原有公司。"这些条文虽然对公司进行了规定，但很难说是对公司的完整定义。

《中华人民共和国公司法》（下文称《公司法》）第二条规定："本法所称公司是指依照本法在中国境内设立的有限责任公司和股份有限公司。"由此可见，从立法上来看，我国《公司法》对公司的概念并未作明确地界定，但《公司法》第三条规定："公司是企业法人，有独立的法人财产，享有法人财产权。公司以其全部财产对公司的债务承担责任。有限责任公司的股东以其认缴的出资额为限对公司承担责任；股份有限公司的股东以其认购的股份为限对公司承担责任。"因此，根据公司法的上述规定，我们可以将公司定义为，公司是指依照法定程序设立，以营利为目的，股东以其认缴的出资额或认购的股份为限对公司负责，公司以其全部财产对外承担民事责任的具有法人资格的经济组织。

二、公司的特征

公司这种企业组织形式自其产生以来，在全世界范围内取得了空前的成功，尤其成为大型企业的标准组织形式。许多学者认为，现代公司的成功源于其核心的法律特征，即集中反映公司与其他主体的根本区别。其特征如下：

（一）以营利为目的

所谓营利，就是通过经营获取利润，以较少的经营投入获取较大的经营利益。公司和独资企业、合伙企业均属于企业，是企业的一种法律形式，企业的本质属性是营利，公司也不例外，公司的营利性是其本性。公司由投资者出资组成，投资者的投资目的是为了获得投资的收益和回报，而要实现这一目的，必须要求公司最大限度地追求经营利润。其实，公司是投资者实现投资利益的法律工具。

公司的营利活动一般要具有连续性，而不是一次性、偶然的营业行为；公司的营业一般也应有固定的场所；公司从事何种经营活动，必须预先明确规定，一经规定，便成为公司特定经营范围，不得随意改变。公司可以有期限地存在，也可以永久经营。

（二）具备法人资格

具备法人资格是公司与其他非法人经济组织，如个人独资企业、合伙企业等相区别的主要特征。所谓法人，是指具有民事权利能力和民事行为能力，依法独立享有民事权利和承担民事义务的组织。《中华人民共和国民法通则》（下文称《民法通则》）第三十七条规定法人应当具备的条件：一是依法成立；二是有必要的财产或者经费；三是有自己的名称、组织机构和场所；四是能够独立承担民事责任。我国公司完全满足法人应当具备的条件：第一，我国公司设立无论从条件还是程序上都严格按照法律法规成立；第二，公司的最初资产来自于股东的出资，股东出资后丧失对投资财产的直接支配权，转为由公司享有，股东和公司是两个相互独立的主体，股东只享有股权；第三，公司作为一种稳定的经济组织，必定有自己的名称、住所和组织机构，如股东（大）会、董事会（执行董事）、监事会（监事）、经理等；第四，公司作为营利性组织，以自己的名义参与经济活动，自主经营、自负盈亏，享有广泛的权利，国家保护公司合法权益的同时，也要求公司为自己的活动承担相应的义务。公司有自己的财产，有能力也有义务独立承担民事责任。另外，我国《公司法》第三条规定：公司是企业法人，有独立的法人财产，享有法人财产权。公司以其全部财产对公司的债务承担责任。因此，我国公司是企业法人，符合法人条件，具备法人资格。

（三）依法设立

公司的设立是指为取得公司主体资格而依法定程序进行的一系列法律行为的总和。依法设立，是对所有法人的共同要求，从世界范围看，公司要成为法人，必须符合法定的条件并经法定的程序设立。在我国，公司要取得法人资格，不仅要具备《民法通则》第三十七条规定的法人成立的条件，还应符合《公司法》规定的条件和程序。因此，第一，公司必须依照《公司法》和其他法律法规设立，而不能自行设立；第二，公司不仅应符合法律法规规定的条件，还应严格按照法定的程序设立。

（四）符合法定要求的股东投资

传统的民商事法律认为公司是社团法人，须有复数的社员集合而成。这种集合包括两方面的含义：第一，主体的集合。公司必须由两个或两个以上的股东组成，这里的股东可以是自然人，也可以是法人或其他经济组织。但在数量上必须是两个或两个以上，单独一个主体不能组成公司，而只能成立独资企业。公司由多数人组成的法律性质又称为公司的社团性或联合性，所以，公司又被称为联合体或共同体。第二，资本的集合。公司以股东的出资为其设立的基础，股东均需向公司认缴出资或认购股份。我国法律规定，股东可以以金钱、实物、知识产权、土地使用权等可以用货币估价并可以依法转让的非货币财产作价出资，但不能用个人的劳务、个人信誉和商业社会关系作价投资，这与合伙企业不同。公司利益的分配一般按投资所占的比例进行。

我国2005年修订的《公司法》原则上坚持公司应当具有社团性，即一般有限责任公司由2个以上50个以下股东出资设立，但是，允许存在例外情形，承认有限责任公司中一人公司的合法地位。而股份有限公司暂不允许设立成一人公司的形式，其发起人人数最低为2人。国有独资公司是特殊的有限责任公司形式，有别于一般的一人公司。2014年修订《公司法》时继续沿用了2005年《公司法》关于股东人数的规定。

（五）以章程为公司存在和活动的依据

公司章程是指公司依法制定的、规定公司名称、住所、经营范围、经营管理制度等重大事项的基本文件，也是公司必备的规定公司组织及活动基本规则的书面文件。公司章程是公司有效成立和活动必备的法律文件，一经确立，对全体股东（包括后加入的股东）和公司法人自身、公司的高级管理人员均有约束力。同时，章程也是公司的宣言书，公众往往通过章程了解公司的资信、组织机构和财产状况等情况，进而决定是否与公司进行经济交往；公司在运营中发生章程条款的障碍时，也首先通过股东会议修改章程；国家行政管理机关也是通过章程对公司实施监督管理。因此，章程是公司存在和活动的依据，是公司设立的必备条件之一，无论是设立有限责任公司还是股份有限公司，都必须由全体股东或发起人订立公司章程，章程须由全体股东或发起人签字盖章方为有效。

第二节　公司的种类

随着经济的发展，社会的进步，公司的种类不断增多，公司的形态也日趋复杂，按照不同的标准，从不同的角度可对公司进行不同的分类，这将有助于对公司的理解和研究。

一、无限公司、两合公司、股份两合公司、有限责任公司和股份有限公司

依公司股东对公司的责任形式为标准，公司可分为无限公司、有限责任公司、两合公司、股份有限公司和股份两合公司，这是公司的众多分类中最为重要的一种。

（一）无限公司

无限公司是无限责任公司的简称，指由两个以上的股东共同出资组成，股东对公司的债务承担无限连带责任的公司。无限公司的股东无论出资多少，一律对公司的债务负无限连带责任，当公司资产不足以清偿债务时，每一个股东对公司的债务都负有清偿责任。无限公司是最早出现的一类公司，大陆法系国家承认这种公司形式，而英美法系国家则不承认其为公司，将其视为普通合伙。《德国商法典》第105条规定："各股东以共同商号经营商业，对公司债权人负无限责任的公司，为无限公司。"《法国公司法》第10条规定："无限责任股东均有商人资格，应就公司债务负无限连带责任。"日本、法国和我国台湾地区的公司法赋予无限公司法人资格，而德国则相反。

无限公司是典型的人合公司，其信用基础为股东个人信用。无限公司具有以下主要特征：第一，由两个以上的股东组成。从数量上看，股东人数为两人以上（包括两人），如果在运营过程中公司股东仅剩一人，公司应当解散或者变更为独资企业；从股东性质上看，股东只能是自

然人，公司不能成为无限公司的股东。第二，股东对公司债务承担无限连带责任。第三，无限公司在形式上属于公司，与商事合伙有区别。无限公司具备法人资格（个别国家规定除外），有严格的组织系统和必备章程，受强制性规范约束较多。而商事合伙并不具备法人资格，其设立条件、程序和组织机构相对灵活，多受任意性规范调整。无限公司尽管组织结构简单、信用可靠，但股东承担责任重，经营风险大，筹集资本比较困难。因此，无限公司虽然历史悠久，但规模难以扩大，这种公司形式多为中小型企业采用。在我国，无限公司已经演化为普通合伙企业，且我国立法只承认公司股东责任的有限性，因此，无限公司的推行毫无意义，我国《公司法》并未规定这类公司形式。

（二）两合公司

两合公司是指由一个或一个以上的无限责任股东与一个或一个以上的有限责任股东共同出资组成的公司。如果公司只剩下一种股东，该公司应当宣告解散或者变更为另一公司形式。此外，法律对两种股东的限制不同。无限责任股东只能是自然人，有限责任股东则可以为自然人或法人。部分有限责任股东死亡或破产，通常不会影响公司的存在，任何无限责任股东死亡或退出，除章程另有规定外，公司即告解散。各国法律一般规定，无限责任股东的出资方式不受限制，但一般不能转让其出资；有限责任股东只能以财产出资，但其出资份额均可自由转让。无限责任股东均可执行公司业务，但负有竞业禁止的义务；有限责任股东只享有监督权，不能执行公司业务，亦不受竞业禁止的限制。无限责任股东对公司债务负无限连带责任，有限责任股东以其出资额为限对公司债务承担责任。两合公司是大陆法系国家公司法中规定的公司形式，英美法系国家将其视为有限合伙，以有限合伙法来进行规范。在我国，两合公司已经演化为有限合伙企业，《合伙企业法》对这种企业形式有明确的规定，因此，《公司法》中未规定两合公司。

（三）股份两合公司

股份两合公司是指由一个或一个以上的无限责任股东与一个或一个以上的有限责任股东组成，公司资本分为等额股份的公司。股份两合公司是两合公司的一种特殊形式，兼有无限公司和股份公司的特点。它既有无限责任股东以增强公司的信用，又可以将公司资本分成等额股份，发行股票以吸收社会上的小额分散资本。但股份两合公司也有其缺点，主要表现为无限责任股东责任过重，风险较大，而有限责任股东虽然承担有限责任，但无权参与管理公司事务，其地位远不如股份有限公司的股东，投资兴趣也会逐渐减退。

（四）有限责任公司

有限责任公司是指由 50 人以下的股东组成，股东以其认缴的出资额为限对公司负责，公司以其全部财产对外承担民事责任的公司。有限责任公司是重要的公司形式，本书第二章、第三章将专门介绍有限责任公司的相关制度。

（五）股份有限公司

股份有限公司又称股份公司，指由 2 人以上的股东组成，公司全部资本分为等额股份，股东以其所认购的股份为限对公司负责，公司以其全部财产对外承担民事责任的企业法人。股份有限公司是我国现行《公司法》承认的两种公司形式之一，本书第四章、第五章将专门介绍股份有限公司的相关制度。

这种分类是大陆法系国家包括德国、法国、日本、瑞士等对公司所作的分类，我国台湾地区也采用此种分类方式。这种分类不只是理论分类，更是法定分类，许多国家和地区的公司法都按照这种分类体系对不同类型的公司分别作出规定，同时，法律明确要求在公司名称中注明公司的类型，如"有限责任公司""股份有限公司"等字样，便于公众了解其类型。目前，前三种公司形式对投资人的吸引力越来越小，已不再适应社会经济发展的需要，基本处于萎缩阶段，我国《公司法》承认的公司形式仅指有限责任公司和股份有限公司。

二、人合公司、资合公司和人合兼资合公司

依公司信用基础为标准，公司可分为人合公司、资合公司和人合兼资合公司。

（一）人合公司

人合公司是指以股东个人信用为基础而组成的公司，最典型的人合公司是无限公司。这种公司对外进行经营活动时，主要依靠股东个人的信用状况和社会影响，而公司资本则处于次要地位。这此情况下，股东之间应当相互了解，并建立足够的信任关系，一般来说，这种公司具有家族性的特点。

（二）资合公司

资合公司是指以公司资本和资产条件作为信用基础的公司，最典型的资合公司是股份有限公司。这种公司对外从事经营活动时，主要依靠的是资本规模和资本信用程度，至于股东个人信用如何，则不被债权人所关注。由于此种公司的股东对公司债务承担有限责任，因此股东间仅以出资相结合，无须相互了解，公司具有公众化的特点。

（三）人合兼资合公司

人合兼资合公司是指信用基础兼具股东个人信用及公司资本和资产信用的公司，公司既有人合性质又有资合性质，最典型的人合兼资合公司是有限责任公司、两合公司和股份两合公司。这种分类是大陆法系国家的一种学理分类，但德国公司法上有资合公司、人合公司的法律术语。这种分类揭示了公司法的立法意旨，即公司法依据公司信用基础的不同对不同类型的公司作出了的具体规定。

三、封闭性公司和开放性公司

依股份是否允许公开发行和自由转让为标准，公司可分为封闭性公司和开放性公司。

（一）封闭性公司

封闭性公司（private company[英]，closed company[美]），也称为（股票）不上市公司和私人公司、非公开招股公司。其特点是公司的股份仅由特定的股东持有，不能公开向社会发行；股东的股份可以有条件地转让，但不能在证券交易所公开交易。

（二）开放性公司

开放性公司（public company），又称股票上市公司、公众公司、公开招股公司。其特点是公司可以向社会公众发行股票，股票可以在证券交易所挂牌交易。这种分类方法主要存在于英美法系国家。在英美法系国家，凡股东对公司承担有限责任的公司，一律称为有限公司，且公司的资本都分成等额的股份，股份向不特定的人公开发行的公司称为开放性公司，股份只能由少数特定的人持有的公司即是封闭性公司。事实上，封闭性公司是大陆法系国家中的股票不上市的股份有限公司和有限责任公司，而开放性公司是股票可以上市交易的股份有限公司，即上市公司。

四、总公司和分公司

依公司内部管辖关系为标准，公司可分为总公司和分公司。

总公司也称本公司，是指具有法人资格，对其组织系统内全部分支机构行使管辖权的公司。分公司是指不具备独立的法人资格，受总公司管辖的分支机构。总公司与分公司是对应的概念，总公司是设有分公司的完整公司，其有健全的公司治理机构和独立的法人财产，公司以其全部财产独立对外承担民事责任。而分公司是由总公司依法设立的分支机构，没有独立的法人资格，没有健全的公司治理结构，也没有独立的财产，不能独立对外承担民事责任。分公司的经营结果直接归属于总公司，分公司不能清偿的债务由总公司负责清偿。因此，有的法律学者认为分公司不是公司。

五、母公司（控股公司）、子公司、孙公司

依公司间持股关系和控制关系为标准，公司可分为母公司（控股公司）、子公司、孙公司。

母公司是指拥有另一公司一定比例以上的股份，或通过协议等方式能够实际控制另一公司的经营活动的公司。母公司也称为控股公司，但控股公司的概念范围更广，控股公司不一定能达到母公司的标准。子公司是指其一定比例以上的股份被另一公司所拥有或通过协议受到另一公司实际控制的公司。母公司对子公司的控制主要表现在以下方面：1. 拥有多数股份；2. 拥有多数表决权；3. 具有选任管理机构或监事机构的多数人员的权力；4. 控制着财务、人事、合同或其他方面的联系。同理，子公司控制另一公司的经营活动时，该另一公司被称为孙公司。

母公司、子公司、孙公司是相互对应的概念，子公司受到母公司的实际控制，孙公司受到子公司和母公司的实际控制，但这种控制关系主要是基于股权的持有而发生，而不是直接控制，因此母公司、子公司、孙公司各为独立的法人，以自己的法人财产独立的对外承担责任，控股公司仅以自己所持有的股份对被控股公司承担责任。法律规制控股公司与被控股公司关系的原则是保障各公司的独立人格，禁止控股公司利用控制关系损害被控股公司及其债权人的合法利益。

六、国营公司、私营公司和合营公司

依公司资本构成的来源属性为标准，公司可分为国营公司、私营公司和合营公司。

国营公司是国有公司的早期称谓，现在通用国有公司的说法，是指公司资本全部由国家投资形成的公司，或公司发行的股份完全由国家收购持有或国家持有绝大部分的公司。国营公司虽然名称是"公司"，但并不是严格的公司法意义上的公司，只是国营企业的一种不规范的模式而已。私营公司也是早期不规范的说法，从资本属性来源看应当说是私有公司，是指公司资本完全由私人投资组成的公司。合营公司指公司的资本是由国家资本和私人资本共同组成的公司，其中国家投资的份额不超过公司资本的 50%。

七、本国公司、外国公司与跨国公司

依公司的国籍为标准，可以将公司分为本国公司、外国公司与跨国公司。

（一）本国公司

本国公司是指依据本国公司法在本国国境范围内设立的公司，公司的股东可能具有本国国籍，也可能具有外国国籍。关于公司国籍的确定，国际私法上有不同的立法和学说，有的以公

司设立登记地为公司国籍，有的以公司住所地为公司国籍，有的以公司设立人的国籍为公司国籍，有的以公司实际控制人国籍为公司国籍，还有的采用复合标准，将公司的住所地和公司登记注册地结合起来确定公司国籍。与许多国家立法一样，我国采用的是复合标准，即依照中国法律组成并在中国境内设立的公司属于中国公司并受中国公司法调整。例如，在我国设立的具有法人资格的中外合资经营企业、中外合作经营企业及外资企业均属于中国公司。

（二）外国公司

外国公司是指不具有本国国籍而隶属于外国国籍的公司，从普通法律意义上讲，一切依据外国法律在外国设立的公司均是外国公司。公司法中的外国公司通常表现为一种特殊的分公司，这种公司相对于总公司来说是外国公司的分公司，而相对于分公司业务活动所在地国家而言，则是外国公司。由于外国公司属外国法律管辖，外国公司在他国设立的分支机构没有法人资格，所以，我国公司法直接称之为"外国公司的分支机构"。外国公司在得到所在国的认许或批准、并办理必要的登记手续之后即可在该国营业，外国公司对其分支机构在中国境内进行的经营活动承担民事责任。

（三）跨国公司

跨国公司是指以一国（通常是本国，又称母国）为基地或中心，通过对外直接投资，在其他国家或地区（称东道国）设立分支机构、子公司或其他外商投资企业，从事国际性或世界性的生产、经营或服务活动的大型公司，其联系的纽带主要是资本、经济技术和管理等。

除了以上分类之外，还可以依据经营的行业不同，将公司分为工业公司、商业公司、建筑公司、运输公司等；依据股东数量不同，将公司分为普通公司和一人公司。

第三节　公司法的概念与特征

一、公司法的概念

在我国，尽管《公司法》未直接规定公司法的含义，但学理上则普遍对其加以明确界定。通常认为，公司法是指调整公司设立、组织、活动、清算及其他对内对外法律关系的法律规范的总称。公司法有实质意义的公司法和形式意义的公司法之分。实质意义的公司法又称广义公司法，泛指与公司有关的所有法规，除单行的公司法规外，还包括民法、民事诉讼法、证券法、商事登记法、企业破产法、外资企业法等法律、法规中有关公司的规定。形式意义的公司法又称狭义公司法，是指国家立法机关制定的专门规定公司制度并以"公司法"命名的单行法规，如我国《公司法》、法国《商事公司法》等。我们通常所称的公司法一般为形式意义的公司法。

二、公司法的特征

（一）公司法是一种商业组织法

组织法是指规定某种社会组织的设立、解散、组织机构和活动范围的法律规范，组织法的鲜明特点是对调整的社会组织的内部及外部关系作全面的规定。无论是采用"民商合一"还是"民商分立"的立法体例，都不影响公司法是商事主体组织法的本质属性。商事主体通常包括独资企业、合伙企业、公司企业三种，而公司是现代企业的主要组织形式。公司法作为规范主体地位的组织法，对公司的设立、变更、终止、章程、权利能力和行为能力、组织结构和法律地位等作了全面的规定，因此，公司法具有组织法的特征。

（二）公司法是一种商业行为法

公司法除了对公司的法律地位和经营资格作出规定外，还对与公司自身主体的运作和发展相关的商业行为进行规范，如商业代理、股东会的举行、股票的发行、债券的发行、股份的转让、董事行为的规范和制约、公司合并与收购、公司营业转让、公司重整、解散与清算等，在这个意义上讲，公司法又具有商业行为法的特征。

（三）公司法是制定法

公司法是制定法，即以成文法的形式实现对公司关系的有效调整。无论大陆法系国家还是英美法系国家，都认为公司法是国家制定和颁布并以国家强制力保证实施的行为规则。公司法以制定法形式存在，这样可以使有关公司的法律地位等问题得到系统的、准确的规定，同时，对于公司组织活动中的程序性规定，必须有系统的、内容准确而又能迅速反映新的变化的法律规定，与其相适应的立法形式是制定法而不是判例法。

（四）公司法的主要内容由强制性规范组成

法律规范有强制性与任意性之分。强制性规范是指必须依照法律适用、不能以个人意志予以变更和排除适用的规范。任意性规范是指允许当事人在法定范围内通过协商设立、变更、解除相互间的权利义务关系的规范。作为调整公司内部、外部关系的公司法同时兼具强制性规范和任意性规范，但以强制性规范为主。凡公司法规定的内容，公司的设立人以及公司都必须遵守，当事人不得随意变更。究其原因，公司的设立、变更与终止不仅是发起人及股东的私事，它还关系到利益相关者的利益乃至社会正常的经济秩序。为了维护社会公共利益，保证公司在法律允许的范围内经营，保证交易的安全与公正，公司法更多地体现了国家对社会生活的干预和渗透。

（五）公司法是一种实体法与程序法相结合的法律规范

凡规定权利义务的实质及范围的法律为实体法，如宪法、刑法、民法等，凡规定行使权利、履行义务的程序的法律为程序法，如民事诉讼法、刑事诉讼法、行政诉讼法等。公司法是规范公司组织和活动的法律规范，在公司的设立、运行、变更、消灭等活动中，公司法对相关主体之间的权利、义务作出了规定，这些内容属于实体法的范畴，而公司法对公司设立、变更和解散以及公司管理的具体程序和运作机制的规定则属于程序性规范。

第四节　公司法的基本原则

公司法的基本原则，是指公司法在调整特定的社会关系时在特定范围内所普遍适用的基本准则，也是在公司立法和司法过程中应坚持和遵循的基本准则。公司法在其形成和发展的过程中逐步形成了鼓励投资原则、公司自治原则、股东有限责任原则、公司及利益相关者保护原则、股权平等原则、权力制衡原则、利益均衡原则等。

一、鼓励投资原则

公司是以盈利为目的的组织，是股东投资的工具，是股东共同投资、获取投资收益的法律形式。因此，公司法的重要原则之一就是鼓励投资、便利投资。在全球经济激烈竞争的背景下，各国经济的竞争不仅是产品、市场的竞争，更是制度的竞争。制度的竞争，无论是顶端竞争，还是底端竞争，其实质都是比试谁的规则最优，谁更能吸引投资者，谁更能为企业成长、发展提供最优越的制度环境。因此，新公司法将注册资本实缴登记制改为认缴登记制、放宽注册资本登记条件、简化登记事项和登记文件等都体现了公司法鼓励投资的原则。

二、公司自治原则

公司自治是私法自治在公司法领域内的体现，是指允许公司在法定范围内自主决定公司的一切事项，允许以章程、决议及约定排除任意性条款的适用，审慎设置强制性规范，努力维护公司行为的效力。自治原则符合市场主体在市场中的运动规律：出资人对自己的决策、选择和行为负责；公司以章程为基础，自主应对市场的变化，对由此产生的一切后果负责。自治原则防止了国家权力的过度渗入，充分体现了公司作为市场主体的主体性和能动性，与计划经济体制下企业只拥有附属地位形成鲜明的对照，适应了公司法发展的内在规律性要求。

三、股东有限责任原则

股东有限责任是指股东以其投资（出资额或者股份）为限对公司债务承担责任。它是公司区别于其他经济组织最明显的法律特征，也是公司成为现代市场经济社会最重要的经济形态的主要原因所在。有限责任和公司的法人性是同一事物的两个方面，前者是从股东角度来说，后者是从公司角度而言。如果不存在股东有限责任原则，股东与公司的民事主体资格就很难彻底分开，公司的法人性就无从谈起；相反，如果不承认公司的法人性，也就无从实现股东有限责任原则。股东有限责任是现代公司法律的基石，现代公司法律制度的形成与建立以及各项具体制度的完善，皆与股东有限责任密切相关。因此，将股东有限责任作为一项基本原则，既符合现代公司法的发展方向，也符合我国公司立法的实际。

四、公司及利益相关者保护原则

公司法律制度设立的出发点是确保公司的良性运行，维护公司的合法权益也就成为公司法必须具备的功能性目的，然而，现代公司不再仅仅被当做股东单一主体的利益工具，而被认为是股东、管理者、债权人、职工等诸多利益相关者利益的集合体，因此，保护公司及股东、管理者、债权人和职工等所有公司利益相关者的利益，是现代公司法的一项基本原则。

五、股权平等原则

股权平等原则是指股东以自己的出资（出资额或者股份）为基础而享有平等待遇的原则，同种性质的出资应该享有同样的权利，承担同样的义务，不允许存在差别待遇。股权平等是股

▷▷▷▷▷▷

东在出资额或股份基础上的平等，而非所有股东权利的平等，因此，股权平等并不排除股权内容的不同。只要股东投资的性质、数额相同，公司即要对其平等对待，一视同仁。但股东各按其缴纳的出资额或所持的股份数额享有权利、承担义务，股东所享有的权利大小、承担义务的轻重与其向公司出资的多少成正比。出资少，享有的权利小，承担的义务轻；反之，出资多，享有的权利大，承担的义务重。股权可以划分为普通股、特别股，拥有不同股权的股东，享有的权利和承担的义务是有区别的。

六、权力制衡原则

权力制衡原则是公司内部治理方面的基本原则，是以对公司各种权力合理分配、相互制衡为出发点而进行权力配置的原则。权力制衡形成权责分明、管理科学、激励和约束相结合的内部管理体制，这是公司运作的精髓。大陆法系国家大都分设不同的部门来行使公司的决策权、执行权、监督权等，以实现权力之间的制约和平衡。英美法系国家虽没有设立独立的监督机关，但在其公司执行机关内部仍设有执行监督职能的机构和人员，如外部董事（或称独立董事）和会计检察员或审计师等。我国公司法也充分体现了这一基本原则，明确股东会（股东大会）、董事会、监事会的权力配置和职责分工。

七、利益均衡原则

利益均衡原则是基于现代市场经济条件下对影响公司及社会发展的多种利益关系进行分析、均衡的原则。利益均衡意味着对某一利益过度保护的否定。公司是一个由不同利益相关者组成的联合体，平衡公司、股东、债权人和第三人等不同利益主体的利益成为各国公司立法的重点和最基本的指导思想。

第五节　中外公司法发展简史

一、英美法系公司法的产生与发展

（一）英国公司法的产生与发展

1. 公司法的早期立法发展。

公司立法发端于英国、荷兰、北欧等海上贸易发达的国家和地区。17 世纪初叶，英国、荷兰、北欧等海上贸易发达国家和地区组建殖民公司，殖民公司由政府或国王特许设立，取得海外特定地区从事贸易的独占权，并代行本国政府的某些权力，例如东印度公司。

当时的殖民公司有两种类型：一是行会性质的合组公司，又被称之为规约公司，是在商人基尔特（Guild，行会）原则的基础上扩张起来的。公司本身没有资本，由参加人缴纳入伙金，这类公司实际只相当于贸易保护协会。另一类是合股公司，就是以公司参加人入股的资金作为共同资本，由公司董事会统一经营运作，股东以其所持有的股份分享利润，承担风险，股东对其所持有的股份可以自由转让。股东按所持股份分享利润，分担损失。英国东印度公司就是采用这种形式的。合股公司是股东协议的产物，是现代股份公司的前身。

"南海泡沫"（South Sea Bubble）事件是英美早期公司立法史的重要分水岭。南海公司在1711年得到英国女王颁发的特许令，专门从事对西班牙的贸易活动。1714年受战争影响公司的主要目标转向金融投机。1720年南海公司获得包销英国大部分国债的权利。南海公司为了进一步搜罗资金，大量发行股票，并许诺优厚的回报条件，这就引发了抢购南海公司股票的热潮。不久，泡沫破裂了，许多人损失惨重而因此破产，人们便对投资设立公司失去兴趣。"南海泡沫"造成了人们的心理恐慌和严重的社会混乱，引起了英国政府的高度重视，议会通过了《泡沫法案》（Bubble Act），其内容主要包括：（1）任何未经合法授权而组建公司的行为和擅自发行股票的行为均属非法；（2）合股公司一般不具备法人资格。这次公司立法将股份公司严格限制在一个狭小的范围内，对股份公司的设立和法人资格的取得规定了种种限制，同时规定只有法人团体才可以公开发行股票。

2. 近代英国公司法的发展。

在1825年以后，英国议会颁布了一系列法令，逐渐放松了对公司设立方面的限制。1834年颁布了《商事公司法》（The Trading Company Act of 1834），1837年颁布了《特许公司法》（Letter Patent Act），授权政府以专利许可证而不必实际颁发特许证授以公司法人，且对特许设立公司的方式、名称、成员、股份、诉讼代理人、注册备案及变更公告等作了详细规定。1844年《英国合股公司法》颁行，确立了三大原则：（1）规定了成员的最低额为25名，并划清了合股公司与个人合伙的界限，规定合股公司的股份可以不经全体成员同意而转让；（2）确立了以登记方式成立法人的程序，这极大地简化了公司设立的程序，发起人不必费心去得到特许，只要注册就可以设立公司；（3）确立了公司完全公开的原则。将公司注册登记情况向社会公开，这有力地保护了公众利益，防止欺诈。经过近一个世纪的努力，这三项原则最终构成了公司法最基础的内容。1948年，英国全面汇总了以往颁布的公司相关立法。

3. 现代英国公司法的发展。

1948年以来的英国公司立法呈现出独有的特点：一是对公司的监管力度加强。规定公司必须保存营业记录，赋予股东查阅相关记录的权利，要求公司定期公开营业报告，加强对股票交易的规范管理。二是公司立法由个人本位转向社会本位，体现出工业民主和公司的社会责任理念。现代英国公司法的发展一方面是应国内公司法改革需求的推动，另一方面也受到欧盟公司法统一进程的影响。

（二）美国公司法的产生与发展

1. 美国的早期公司立法。

在早期，美国法律基本上都是在沿袭英国的立法例，设立公司需要经过特别许可。18世纪末至19世纪初，美国各州先后制定了各自的公司法。1795年，北卡罗来纳州首先颁布了普通公司法，1811年纽约州颁布了公司法。到1860年，美国基本上不再存在特许设立公司的情况，成立公司只要申请登记即可。美国早期各州的公司立法呈现出鲜明的本土特色。

2. 现代美国公司法的发展。

美国于1950年由全美律师协会制定了供各州立法参考的公司法蓝本《示范公司法》，其后经过多次修订，1984年全面修改后形成《示范公司法》（修订本）。1992年5月，美国律师协会经10年研究发表了《公司治理的原理：分析和建议》报告，重心是强化监督机制。2002年7月

30 日总统布什签署旨在结束"低道德标准和虚假利润时代"的企业改革法案——《美国 2002 年上市公司财会改革和投资者保护法》（又称《2002 萨班斯—奥克斯利法》），提出新的更及时的信息披露要求，对审计委员会的组成及职责以及公司治理方面都有新规定，还增加了相关犯罪类型和加重处罚的规定。

二、大陆法系的公司法发展史

（一）法　国

法国国王路易十四于 1673 年颁布了《商事条例》，对公司进行了规范，开创了公司立法的先河，这是世界上最早的公司立法。1673 年《商事条例》规定了公司的组织形式有普通公司和两合公司两种，但对于当时业已存在的殖民地贸易股份公司未作规定。法国 1807 年《商法典》首次对股份有限公司作出了规定，并明确股东仅在自己的出资范围内承担有限责任，并对 18 世纪末出现的股份两合公司作了规定。

现行的法国《商事公司法》颁布于 1966 年，这是戴高乐时期法典化复兴的成果之一，后来经过了多次修正。《商事公司法》在内容上的特色是：（1）公司设立原则不断演进。法国在公司的设立上比较完整地体现出公司设立原则的变化。最初法国也是采取特许主义，对公司的控制比较严格。后来随着经济生活的变化，法国的公司设立也从特许主义向核准主义转变，逐渐放宽了对公司设立的限制。之后，进一步的发展就是采取了严格准则主义的规定。（2）率先提出了资本确定原则。法国公司法最早提出公司的资本要在章程中明确规定，且公司只有在资本募足之后，才告成立。资本确定原则有效地防止了滥设公司的行为，极大地保护了债权人和社会公众的利益。

（二）德　国

1892 年德国率先制定《有限责任公司法》，创立出一种介于股份公司和无限公司之间，既具有人合性质又具有资合性质的经济组织。此后，英、法、日也相继制定了有限责任公司法。1896 年 8 月，德国通过的《民法典》明文规定法人是民事权利的主体。1897 年 5 月 10 日通过的德意志帝国《商法典》也是德国公司法的重要渊源。《商法典》具体调整商业关系，法典共 905 条，分为四编。其中第二编为商业公司与隐名合伙，规定了公司的种类和形式。1931 年 9 月 17 日德国对公司法作了部分修改。1937 年，德国颁布了《股份有限公司法》，该法首先借鉴英美法系授权资本制的经验，改变了多年奉行的法定资本制，这一变革被二战后多数大陆法系国家仿效。德国现行的《股份公司法》在 1965 年颁布，1998 年做了一次修订。

（三）欧　盟

欧洲联盟公司法的主要渊源是欧洲联盟的基础条约和欧洲联盟的内部立法。欧盟公司法具有两个协调目标：一是降低欧盟成员国之间因为公司法规定的不同而给股东、债权人或第三人带来的风险；二是消除在欧盟规模上运作公司所面临的法律障碍。1992 年 2 月，欧洲共同体成员国签署了旨在建立欧洲联盟的《马斯特里赫特条约》。该条约是在修改补充原来欧洲共同体的三个基本条约的基础上形成的。欧盟公司法方面的第一号指令是在 1968 年生效的，第二号、第三号、第四号、第六号、第七号和第八号指令都是公司法方面的重要指令。《欧洲公司条例》于 2004 年正式实施，这是欧盟公司法协调过程中的重要里程碑。

三、我国公司法的发展史

（一）旧中国早期的公司立法

受我国封建社会长期以来"重农抑商"传统的束缚，企业规模和组织形式的发展都极为缓慢。在图新自强的洋务运动中，官僚资本家组建了中国第一批公司企业，其中较为著名的有 1872 年的轮船招商局、1878 年的中兴煤矿公司、1878 年上海机器织布局等。1903 年清政府颁布《奖励公司章程》，鼓励集股创办公司，该章程于 1907 年修订。中国历史上第一部公司法《公司律》诞生于光绪二十九年十二月（1904 年 1 月），该法共 131 条，分 11 节内容，将公司分为合资公司、合资有限公司、股份公司和股份有限公司四种。1910 年，清农工商部对原《公司律》加以修订，定名为《商律草案》，其中公司律 334 条，未及议决，清朝灭亡。

（二）民国时期的公司立法

1914 年，对清《商律草案》的公司律略加修订，定名为《公司条例》予以颁行。南京国民政府成立后，于 1929 年 12 月 4 日完成了《公司法》的制定，同时颁布施行的还有《公司施行法》《公司登记管理规则》。之后，国民党政府对 1929 年《公司法》进行修订，大量吸收借鉴了英美法的立法原则和具体规定。后这部《公司法》又历经 1970 年、2001 年两次修改，至今仍在我国台湾地区沿用。

（三）改革开放前新中国的公司立法

新中国成立初期，恢复国民经济，确立了当时尚存的私营公司及其他私营企业的法律地位。为了保护民族工商者和投资者的利益，1950 年通过了《私营企业暂行条例》，1951 年通过了《私营企业暂行条例施行办法》，施行办法对新中国成立前公司法中规定的 5 种公司形式，即无限公司、两合公司、股份两合公司、股份有限公司和有限责任公司予以确认。

（四）改革开放后中国的公司立法

1978 年党的十一届三中全会以后，党中央推行的改革开放政策极大促进了生产力的进步，也使中国的公司立法得到迅速发展，可以说我国公司制度是改革开放的产物。1993 年年底《中华人民共和国公司法》颁布，1994 年 7 月 1 日开始实施，该法于 1999 年、2004 年进行了两次修订，现行《公司法》是 2013 年修订的（本次《公司法》修订的重要变化和意义将在第五章第一节进行详细阐述）。

思考题

1. 如何理解有限责任公司的资合性和人合性？
2. 母、子公司和总、分公司的关系有何不同？

第二章　有限责任公司基本制度

本章重点知识：有限责任公司的概念和特征；有限责任公司的设立条件和设立程序；股东的权利；公司的组织机构和管理制度；一人有限公司的制度要点；国有独资公司的制度要点。

建议课时：8课时。

第一节　有限责任公司的概念与特征

一、有限责任公司的概念

所谓有限责任公司，亦称有限公司，是指由50人以下的股东所组成，股东以其认缴的出资额对公司负责，公司以其全部财产对外承担民事责任的公司。国外有关有限责任公司的含义与我国公司法的上述定义基本一致。在大陆法系国家，有限责任公司是五种公司形式中产生最晚的一种，起源于19世纪末的德国。1892年德国颁布的《有限责任公司法》是第一部有关有限责任公司的立法。之后，有限责任公司迅速在大陆法系国家普及。在英美法系国家中，英国于1855年在《有限责任法》中确认了股东的有限责任制，并在1907年《公司法》中规定了封闭式公司。从此以后，封闭式公司在英美法系国家确立并发展起来。

二、有限责任公司的特征

（一）股东责任的有限性

有限责任公司各股东对公司所负责任，仅以其认缴的出资额为限，除此之外对公司债权人不负直接责任。因此，有限责任公司所称之"有限责任"是对公司的股东而言，即股东对公司的债务以其认缴的出资额为限承担有限责任。如果公司的财产不足以清偿全部债务，股东也没有以自己出资以外的个人财产为公司清偿债务的义务。但公司对于其债务则不是承担有限责任，而是要以公司的全部财产承担无限责任。

（二）股东出资的非股份性

这是有限责任公司与股份有限公司的区别之一。有限责任公司的资本一般不分为等额的股份，股东的出资并不以股份为单位计算，而直接以出资额计算。股东权利义务的范围也不以股份数额来计算，公司章程甚至可以规定一种其他的表决权行使方式。我国《公司法》第四十二条明确规定："股东会会议由股东按照出资比例行使表决权；但是，公司章程另有规定的除外。"

（三）公司资本的封闭性

此项特征也是有限责任公司与股份有限公司的区别之一。有限责任公司由一定数量的发起人共同出资创立，公司的资本总额只能由发起人认购，而不能向社会公开募集。公司发给股东的书面出资证明被称为"出资证明书"，而非股票，不能在证券市场上自由流通。同时，由于有限责任公司不向社会募集股份，其会计账簿亦无须公开。有限责任公司的资本封闭性特点，还表现为对股东出资转让的限制。依我国《公司法》第七十一条、第七十三条规定，除非公司章程对股权转让另有规定，有限责任公司的股东向股东以外的其他人转让股权，必须经其他股东过半数同意；其他股东半数以上不同意转让的，不同意的股东应当购买该转让的股权，不购买的则视为同意转让。经股东同意转让的股权，在同等条件下，其他股东有优先购买权。依法转让股权后，公司应当注销原股东的出资证明书并向新股东签发出资证明书，并修改公司章程和股东名册中有关股东及其出资额的记载。

（四）股东人数的限制性

我国《公司法》第二十四条规定，有限责任公司股东人数为 50 人以下。法律之所以规定有限责任公司股东人数的上限，一方面是由于有限责任公司具有人合的性质，股东相互间需要建立信任关系，这就决定了股东人数不可能太多，另一方面是为了区别于股份有限公司。如果股东人数突破上限，应当考虑变更公司的形式。

（五）设立程序的简便性

由于有限责任公司具有封闭性和人合性的特征，其设立程序十分简便，只有发起设立，而无募集设立。各国对其设立原则也基本上采用准则主义，即除经营特殊行业外，只要符合法律规定的设立条件，公司登记主管机关均给予注册登记。

（六）兼具人合性和资合性

有限责任公司是一种资本的联合，具有资合公司的特点，同时，它又是一种人的集合，具有人合公司的特点。有限责任公司的资合性主要表现为公司注册资本为全体股东认缴资本的总和；股东可以用货币出资，也可以用实物、知识产权、土地使用权等可以用货币估价并可以依法转让的财产作价出资；股东仅以自己认缴的出资额为限对公司负责。有限责任公司的人合性主要表现在各股东之间一般存在较为紧密的人身信任关系，股东人数不多；股东向股东以外的其他人转让出资额，应当经其他股东过半数同意；全体股东可以约定不按照出资比例分取红利；公司章程可以规定股东不按照出资比例行使表决权。

第二节　有限责任公司的设立

公司的设立，是指为创建公司而依法定程序进行的一系列法律行为的总称。

一、有限责任公司的设立条件

我国《公司法》第二十三条规定："设立有限责任公司，应当具备下列条件：1. 股东符合法定人数；2. 有符合公司章程规定的全体股东认缴的出资额；3. 股东共同制定公司章程；4. 有公司名称，建立符合有限责任公司要求的组织机构；5. 有公司住所。"

（一）股东符合法定人数

我国《公司法》第二十四条规定："有限责任公司由五十个以下股东出资设立。"根据我国《公司法》此条规定，有限责任公司的股东人数上限为 50 人。另外，我国承认一人有限责任公司的存在，《公司法》第二章第三节对一人有限责任公司（简称"一人公司"）有专门规定，因此，我国有限责任公司的股东人数上限为 50 人，下限为 1 人。公司股东可以是自然人、法人和其他组织。作为自然人的股东，应当具备完全的民事行为能力，在法律上不受特别限制。作为法人的股东一般不应是政府机关。

（二）有符合公司章程规定的全体股东认缴的出资额

《公司法》第二十六条规定："有限责任公司的注册资本为在公司登记机关登记的全体股东认缴的出资额。法律、行政法规以及国务院决定规定对有限责任公司注册资本实缴、注册资本最低限额另有规定的，从其规定。"2013 年 12 月 28 日第十二届全国人民代表大会常务委员会第六次会议修订《公司法》，此次修订取消了有限责任公司最低注册资本应达 3 万元的限制，除非法律、行政法规以及国务院决定规定对有限责任公司注册资本实缴、注册资本最低限额另有规定的；不再限制公司设立时股东（发起人）的首次出资比例以及货币出资比例；除法律、行政法规以及国务院决定规定对公司注册资本实缴有另行规定的以外，取消了关于公司股东（发起人）应自公司成立之日起 2 年内缴足出资，投资公司在 5 年内缴足出资的规定，转而采取公司股东（发起人）自主约定认缴出资额、出资方式、出资期限等，并记载于公司章程的方式。考虑到公司设立后正常开展经营活动和保护债权人的合法权益，我国《公司法》第二十七条规定："股东可以用货币出资，也可以用实物、知识产权、土地使用权等可以用货币估价并可以依法转让的非货币财产作价出资；但是，法律、行政法规规定不得作为出资的财产除外。对作为出资的非货币财产应当评估作价，核实财产，不得高估或者低估作价。法律、行政法规对评估作价有规定的，从其规定。"

（三）股东共同制定公司章程

有限责任公司的章程是记载有限责任公司组织机构及其活动基本准则的书面文件，也是对公司的存在和发展有不可替代作用的纲领性文件，体现着全体股东的共同意志，涉及全体股东的利益，对有限责任公司、全体股东、董事、监事、经理均具有约束力。因此，全体股东应当共同制定公司章程，所有参加制定公司章程的股东，应当在公司章程上签名、盖章。一人公司因股东仅有一人，章程当然由设立公司的唯一股东制定。

公司章程的记载事项，一般包括绝对必要记载事项和任意约定记载事项。绝对必要记载事项是涉及公司重大问题的内容，由法律强制性规定应体现在公司章程内，缺少其中任何一项，公司将不能有效成立。对于任意约定记载事项，法律不做列举，但可能与股东的某些特殊因素或经营之事业有必要关联，只要不违反法律和社会公德，不以损害第三人利益为目的，股东均可以在章程中作出约定。绝对必要记载事项会在《公司法》中明确列举，而任意约定记载事项一般在《公司法》中作提示性指引。我国《公司法》第二十五条规定，有限责任公司章程应当载明下列事项：1. 公司名称和住所；2. 公司的经营范围；3. 公司注册资本；4. 股东的姓名或者名称；5. 股东的出资方式、出资额和出资时间；6. 公司的机构及其产生办法、职权、议事规则；7. 公司法定代表人；8. 股东会会议认为需要规定的其他事项。前述 7 项是法律规定的有限责任公司章程的绝对必要记载事项，第 8 项是法律对任意记载事项的概括性许可。任意约定记载事项的范围一般有：公司经营的期限；股东会的议事方式和表决程序；公司对外担保和对外投资事项的决定程序；奖励与惩罚的制度；股份转让的安排；股东权利与义务的特殊安排；公司利润分配的特殊安排；公司解散的事由；章程修改等等。

（四）有公司名称，建立符合有限责任公司要求的组织机构

有限责任公司应当具有自己的名称，使该公司与其他机构、企业和个人相区别。有限责任公司的名称不仅是公司章程的绝对必要记载事项，而且也是公司登记的必要内容。因此，有限责任公司的名称虽由发起人选定，但选定时需严格按照有关法律、法规的规定进行。按照《公司登记管理条例》第十七条的规定，设立公司应当申请名称预先核准。法律、行政法规或者国务院决定规定设立公司必须报经批准，或者公司经营范围中属于法律、行政法规、国务院决定规定登记前必须经批准的项目的，应当在报送批准前办理公司名称预先核准，并以公司登记机关核准的公司名称报送批准。有限责任公司设立时，应当由全体股东指定的代表或者共同委托的代理人向公司登记机关申请名称预先核准，申请名称预先核准按照《公司登记管理条例》第十八条的规定应当提交以下文件：1. 有限责任公司的全体股东共同签署的公司名称预先核准申请书；2. 全体股东指定代表或者共同委托代理人的证明；3. 国家工商行政管理总局规定要求提交的其他文件。公司登记机关应当在收到前述所列文件之当时作出核准或者驳回的决定，以电子、信函等方式申请的，在 15 日以内作出决定。公司登记机关作出准予公司名称预先核准决定的，应当出具《企业名称预先核准通知书》。预先核准的公司名称保留期为 6 个月，预先核准的公司名称在保留期内不得用于经营活动，不得转让。

有限责任公司的组织机构是指依《公司法》而设立的公司的各个机关。根据有限责任公司自身的特点，各国公司法对其内部组织机构均作出特别的规定，我国《公司法》也不例外。有限责任公司的组织机构有股东会、董事会、监事会和经理。这些机构的组成、运作程序、职权分配等都要明确地规定在公司章程中。一人公司不设股东会，规模较小的有限责任公司可以设立执行董事、监事而不设董事会、监事会等。

（五）有公司住所

我国《公司法》规定：公司的住所是公司的主要办事机构所在地，是公司章程的必要记载事项和公司注册登记事项之一。公司住所具有一定的稳定性和持久性，因此，便于同客户进行正常的业务往来和办理相关事务，也方便政府管理、征税、确定诉讼管辖、明确文件送达地址、确定债务履行地、确定登记机关等。

二、有限责任公司的设立程序

我国《公司法》第六条规定："设立公司，应当依法向公司登记机关申请设立登记。符合本法规定的设立条件的，由公司登记机关分别登记为有限责任公司或者股份有限公司；不符合本法规定的设立条件的，不得登记为有限责任公司或者股份有限公司。"由此可见，我国公司法关于有限责任公司的设立原则主要采用准则制，即除了法律、行政法规规定设立公司须经主管机关批准的外，只要具备有限责任公司的设立条件即可向公司登记机关申请办理公司注册登记。在我国，设立有限责任公司一般应遵循以下程序：

（一）发起人制定公司章程并准备各项条件

发起人（公司成立后为股东）应当首先制定公司章程，共同起草章程条款，商定章程的内容。根据《公司法》第二十五条规定：章程条款起草完毕后，由全体股东同意，并在章程上签名盖章。《公司法》第六十条规定，如果设立一人有限责任公司，其章程由股东制定。

关于发起人向公司缴付资本的期限，有法定资本制、授权资本制、折中资本制的区别。我国 2005 年修订的《公司法》中采用折中资本制，即公司成立伊始先缴付注册资本的 20%，其余部分在公司成立后 2 年内缴足，一人公司则需要一次缴清。2013 年修订的《公司法》取消了除特殊公司外最低注册资本和实缴期限及验资证明的要求，缴付期限由公司章程约定。

缴纳出资是股东的基本法律义务，也是公司成立的资本基础。按照新《公司法》的规定，公司的注册资本可以为 1 元，也可以为 1 000 亿，全由股东在章程中约定；1 元可以随时缴付，并成为公司股东承担责任的底线；1 000 亿可以先缴 10 元或 100 元，其余在 50 年或 100 年后缴清，这种制度安排带来了债权人利益保护的新的风险，交易主体应当格外谨慎地选择自己的交易对象。

股东以非货币财产履行出资义务的，应当经过评估作价。全体股东可以自行对股东的非货币出资作出价值认定，有争议时或者财产价值认定有困难时或者法律、法规有要求时应当聘请专业评估机构评估作价。有限责任公司成立后，发现股东的非货币出资财产价值明显低于章程所定价额的，应由缴付该出资的股东补足差额，公司设立时的其他股东承担连带责任。公司成立后，股东不得抽逃出资。

（二）办理必要的审批手续

《公司法》第六条第二款规定："法律、行政法规规定设立公司必须报经批准的，应当在公司登记前依法办理批准手续。"根据我国《公司法》及其他有关企业法的规定，成立公司如遇下列情况应事先申请政府有关部门批准：1. 某行业的公司由某特定的政府机关审批并进行业务监督管理，如设立保险公司需经国务院所属的保险业监督管理委员会批准；2. 公司的经营范围内有的经营项目应经特定政府机关审查批准，如医药公司生产新品种药品的项目需经卫生行政管理部门批准等；3. 设立外商投资公司需经商务部门批准。申请报批应当以预先核准的公司名称提出，一般应向政府机关提交申请书、公司章程、公司资信能力证明、营业场地使用证明、股东名册、企业名称预先核准通知书等文件。不同的审批机关根据行政许可事项的特点提出适当要求的其他文件，申请人应当予以满足。

（三）理注册登记手续

《公司法》第二十九条规定："股东认足公司章程规定的出资后，由全体股东指定的代表或者共同委托的代理人向公司登记机关报送公司登记申请书、公司章程等文件，申请设立登记。"《公司登记管理条例》第二十条规定："设立有限责任公司，应当由全体股东指定的代表或者共同委托的代理人向公司登记机关申请设立登记。设立国有独资公司，应当由国务院或者地方人民政府授权的本级人民政府国有资产监督管理机构作为申请人，申请设立登记。法律、行政法规或者国务院决定规定设立有限责任公司必须报经批准的，应当自批准之日起 90 日内向公司登记机关申请设立登记；逾期申请设立登记的，申请人应当报批准机关确认原批准文件的效力或者另行报批。申请设立有限责任公司，应当向公司登记机关提交下列文件：1. 公司法定代表人签署的设立登记申请书；2. 全体股东指定代表或者共同委托代理人的证明；3. 公司章程；4. 股东的主体资格证明或者自然人身份证明；5. 载明公司董事、监事、经理的姓名、住所的文件以及有关委派、选举或者聘用的证明；6. 公司法定代表人任职文件和身份证明；7. 企业名称预先核准通知书；8. 公司住所证明；9. 国家工商行政管理总局规定要求提交的其他文件。法律、行政法规或者国务院决定规定设立有限责任公司必须报经批准的，还应当提交有关批准文件。根据此规定，如果法律、行政法规规定设立公司必须报经批准的，应当在申请设立登记时提交批准文件。根据《公司法》第十四条规定，有限责任公司如设立分公司的，应当就所设立的分公司向公司登记机关申请登记，领取营业执照。

（四）登记机关签发营业执照

公司登记机关对申请文件作形式审查，对公司章程作法律审查，对符合《公司法》规定的有限责任公司设立条件的，予以登记，发给公司营业执照，公司即告成立；对不符合《公司法》规定的有限责任公司设立条件的，不予登记。公司营业执照的签发日期为有限责任公司的成立日期。有限责任公司自成立之日起，具有法人资格，可开始对外从事营业活动。

三、设立有限责任公司的费用与责任

设立公司的费用一般经全体股东同意可采取以下两种方式处理：由股东分摊或列入公司成本开支。一些费用的发生无法以票据形式反映出来，则应由股东分摊；反之则可在公司设立后从公司的费用中列支。如果设立成本开支较大，其中有较多不合理成分，要摊入公司费用中，则需经税务机关的认可。

公司设立的责任主要是指股东或承担设立事务的股东因设立行为对各债权人、公司和其他股东所发生的民事责任，具体包括公司因故不能成立时股东的责任和股东的出资填补责任。有限责任公司因故不能成立时，为设立公司而发生的债务应视为设立股东的共同债务，由全体设立人连带承担。有限责任公司成立后，如发现设立股东缴付的资本中作为出资的实物、知识产权、土地使用权、其他非货币财产等实际价值显著低于公司章程所定价额的，应当由交付该出资的股东补交其差额，公司设立时其他股东承担连带责任，这种责任在理论上被称为"出资填补责任"，其目的是不容忍股东对公司的出资存在瑕疵。

第三节　股东的权利与义务

一、有限责任公司的股东

（一）有限责任公司股东的概念

有限责任公司的股东指持有有限责任公司股权的人，股东是有限责任公司的存在基础，股东不仅向公司出资以形成公司财产，使得公司具有对外从事经营活动的物质基础，而且股东组成的股东会是有限责任公司的最高权力机关，使公司得以形成自己的独立意志。虽然股东与有限责任公司之间存在如此密切的关系，但在公司法上，股东与有限责任公司本身毕竟是彼此独立的两个民事主体，股东对公司依法享有权利并承担义务，反之，公司对股东也依法享有权利并承担义务。

在我国，普通有限责任公司的股东人数为 2 人以上 50 人以下，一人公司和国有独资公司是特殊的有限责任公司。有限责任公司的股东以投资额为限对公司债务承担责任，因此股东不得以劳务、商誉、自然人姓名和信用等出资，更不得以设定担保的财产出资。法律允许股东出资的方式为货币、实物、知识产权及土地使用权。

▶▶▶▶▶▶▶

（二）有限责任公司股东的种类

1. 原始股东和继受股东。

原始取得是指直接向公司出资或认购股份而取得股东资格的方式。有限责任公司成立后，发起人成为有限责任公司的原始股东。我国《公司法》在有限责任公司设立阶段即称发起人为股东。所谓继受股东，指在有限责任公司存续期间，因受让、受赠或继承等原因而依法继受取得股权的人。无论是原始股东，还是继受股东，均对公司享有同等的权利，承担同等的义务，两者均受公司章程的约束。

2. 法人股东、自然人股东和非法人组织股东。

在我国，自然人、法人、不具备法人资格的独资企业和合伙企业、社会其他经济组织、国家均可以成为有限责任公司的股东。但是，国家作为公司股东时，由国务院或地方人民政府授权的国有资产监督管理机构履行出资人的职责，政府的一般部门不可以作为有限责任公司的股东。法人股东和非法人组织股东须选派代表行使其在有限责任公司中的股东权。尽管法人股东、自然人股东和非法人组织股东在法律人格上有所不同，但其作为有限责任公司的股东时，在有限责任公司中的地位是平等的，即均按照其所持有的股权比例行使权利和承担义务。

（三）股东资格的认定

在当今商业社会中，股东资格的认定是一个较为复杂的问题。有限责任公司股东人数一般不多，而且相对处在特定化的状态，导致股东身份不确定的原因是多方面的，有隐名股东与实名股东造成的，有股权转让存在瑕疵造成的，有企业改制不规范造成等，五花八门，不胜枚举。根据我国《公司法》规定，确认股东地位的有效凭证主要有出资证明书、股东名册和公司登记。

出资证明书是有限责任公司向股东签发的证明股东向公司缴纳出资的凭证，也是证明股东身份的凭证。依据我国《公司法》的规定，股东出资后才能取得股东的资格。公司向出资的股东签发出资证明书，不仅表明公司接受了股东的出资，同时也表明公司承认了股东的资格。股东可以凭借公司签发的出资证明书，表明其具有该公司的股东资格。根据我国《公司法》第三十一条规定，出资证明书应当载明下列事项：公司名称；公司成立日期；公司注册资本；股东的姓名或者名称、缴纳的出资额和出资日期；出资证明书的编号和核发日期。出资证明书由公司盖章。

股东名册是由公司制作的记载股东姓名或者名称及股东出资数额的法律文件，它表征公司对投资者及其投资数量的记载和确认，是公司档案中与公司章程同等重要的必要法律文件。有限责任公司应当置备股东名册。股东名册应当记载下列事项：股东的姓名或者名称及住所；股东的出资额；出资证明书编号。记载于股东名册的股东，可以依股东名册主张行使股东权利。在股东与公司、股东与股东之间的封闭关系中，股东名册具有证明股东地位、确认投资数额的效力。股东转让股权或者增减投资数额的，公司应当对股东名册作出变更记载。股东名册虽然不具有公示性，但可以对抗公司、其他股东对股东的挑战，因此，股东名册上应当具有股东的签字或者盖章，防止保管者为非法目的而伪造、变造股东名册。股东名册记载的股东具有对抗第三人就股东地位提出异议的效力。股东履行出资义务后，公司未向股东签发出资证明书并将其姓名或名称记载于股东名册的，股东可以向人民法院提起诉讼，主张其享有公司股东资格及相应的权利，并要求公司履行向其签发出资证明书及在股东名册记载的义务。

《公司法》第三十二条规定，公司应当将股东的姓名或者名称向公司登记机关登记；登记事项发生变更的，应当办理变更登记。未经登记或者变更登记的，不得对抗第三人。有限责任公司股东的姓名或名称是公司必要登记事项之一，而登记机关是依据公司章程的记载来登记股东姓名或名称的，如果未向公司登记机关办理相关登记，不得有效抗辩股东资格的取得。但是，这并不意味着，必须经登记机关登记的才能取得股东资格，其原因不仅在于并非所有股东都要在公司登记机关登记记载，还在于公司登记机关的登记记载只具有程序性的意义。

二、保护股东权益的两项原则

股东有限责任原则与股东平等原则是保护股东权益的两项基本原则。股东有限责任原则是对股东投资利益的保护，体现着公司法对股东作为投资人与公司债权人之间关系的调整；股东平等原则是对股东人格的保护，体现着公司法对公司内部股东之间关系的调整。

（一）股东有限责任原则

股东有限责任原则是指公司股东对公司承担有限责任，即有限责任公司股东以其认缴的出资额为限对公司承担有限责任，在该部分财产到位以后，其他任何人不得再向该股东追究责任。因此，股东应当按照公司章程所定的各自认缴的出资额足额缴纳出资。如其出资的非现金财产的价值显著低于公司章程所定价额，应当补交其差额，公司设立时的其他股东对此承担连带责任。股东有限责任原则表明了股东与公司的基本关系，是现代公司法的基石，有利于公司法人人格得以确立，充分保护了股东的利益，但这一原则也加大了债权人的交易风险。法律是公平正义的象征，为了平等保护股东和债权人的利益，一般情形下适用股东有限责任原则以控制和缩小股东投资的风险，激发股东的投资热情；特殊情形下适用股东有限责任的例外即公司人格否认制度以防止债权人交易风险的不当扩大，当公司股东滥用公司法人独立地位和股东有限责任，逃避债务，严重损害公司债权人利益时，股东不再受有限责任原则的保护，而应当对公司债务承担连带责任。

（二）股东平等原则

股东平等原则是指有限责任公司股东，无论彼此在法律人格上有何差异，均基于其股东资格而依法享有平等的待遇。股东平等原则源于民事主体的平等原则，但在公司法中，股东平等原则与民法中的主体平等原则是有区别的，这种区别在法律属性上属于一般法与特别法的关系。

在有限责任公司中，股东根据其持有的股权比例行使权利和承担义务，即资本的平等。当然，股东平等原则也存在例外，即在某些特定情形下，为保证股东会决议的公正性，可对特定股东的权利予以一定的限制。例如，在公司股东会决议是否对某个董事提起诉讼时，如果该董事同时是公司股东，则该股东不能参加表决，既不能由其他股东代理其行使表决权，也不能由其代理其他股东行使表决权。但此种限制仅是暂时的限制，一旦特定的情形消除，对股东表决权的限制也不复存在，以体现原则性与灵活性的统一。

三、股东的权利

（一）股东权的概念

股东的权利简称股权或股东权，有广义和狭义之分。广义的股东权是指股东对公司所享有的包括债权在内的各种权利；狭义的股东权是指股东因出资具有股东资格而享有的公司的权利，包括从公司中获得经济利益的权利和参与公司经营管理的权利。《公司法》第四条规定："公司股东依法享有资产收益、参与重大决策和选择管理者等权利。"在公司法学中，股东权通常指的是狭义股东权。

（二）股东权的性质

股东权的性质在学术界一直存在诸多争议，主要有以下几种观点：

1. 所有权说。

所有权说认为，公司股东享有的股权在本质上是对公司财产享有的所有权，股东可以占有、使用、收益甚至处分自己享有的股权，而公司享有的仅仅是经营权。将股东权看作所有权虽然可以解决股东对其股份享有的财产权问题，但无法解决股东参与股东会的资格问题。

2. 债权说。

债权说认为，股东权是股东以获得股息和红利分配为目的的一种请求权，和他们享有的债权没有本质的区别，因为无论是股权还是债权，股东成为公司的成员都不是为了参与公司的管理，而仅仅是为了获得投资回报，购买公司股票和购买公司债券都是投资人的投资方式。股权债权说确实反映了现代公司在财产模式方面的一些特征，存在一定的合理性。但该学说忽略了股东权利中的人身权成分，也忽略了收益权与剩余财产分配权中的物权成分，更无法解释股东共益权的性质，也很难界定股东的直接投资行为和债权人认购公司债券行为的本质特征，所以本说不能准确反映股权的性质。

3. 社员权说。

社员权说认为，股东对公司投资取得股东资格后即丧失对其出资的所有权，而社员对社团出资取得社员资格后也丧失对其出资的所有权。公司作为独立的法人对股东的全部出资及其收益享有完全的所有权，而社团法人作为独立的民事主体，同样对社员的全部出资及其孳息享有法定的所有权，股东虽丧失了对其出资的所有权，但股东出资创办作为社团法人的公司，成为该法人的成员，因而取得社员权。社员权说认为社员权是一种独立类型的权利，包括财产权和管理参与权，准确反映了公司与股东之间的财产关系以及股权与公司的法人财产权之间的紧密联系和相生相伴性，为大多数学者所接受。

（三）股东权的内容

以权利行使的目的为标准，股东权可以分为自益权和共益权。所谓自益权，也称单独股东权，是股东为了自己的利益对公司自行行使的权利，如知情权、红利分配权、公司增资时的优先认购权、股份转让权和转让股份的优先购买权、剩余财产分配请求权等。共益权也叫集体股东权，是股东为了实现自己的利益而需要与其他股东合作才得以行使的权利，如出席股东会会议权和对公司重大决策问题的讨论权和表决权、股东会临时会议召集请求权和提案权、选举权与被选举权。

1. 自益权。

（1）知情权。

股东知情权是指公司股东了解公司信息的权利。我国《公司法》第三十三条对股东知情权的规定为：股东有权查阅、复制公司章程、股东会会议记录、董事会会议决议、监事会会议决议和财务会计报告。股东可以要求查阅公司会计账簿。股东要求查阅公司会计账簿的，应当向公司提出书面请求，说明目的。公司有合理根据认为股东查阅会计账簿有不正当目的，可能损害公司合法利益的，可以拒绝提供查阅，并应当自股东提出书面请求之日起15日内书面答复股东并说明理由。公司拒绝提供查阅的，股东可以请求人民法院要求公司提供查阅。现代公司实行所有权与控制权的分离，股东不直接管理公司事务，股东要间接参与和监管公司事务，首先要获取公司经营的有关信息，只有掌握了准确、真实的信息，才可能行使对公司的监督权和重大经营决策权，以维护股东的终极利益。从这个意义上来说，股东知情权是实现其他股东权利的前提和基础。

（2）红利分配权。

红利分配权是股东权的核心，因为从投资活动中实现收益是股东参与组建公司的终极目标。红利有广义和狭义之分，广义的红利是指向股东分配的一切公司盈余，狭义在红利是股息以外向股东分派的盈余。我国《公司法》从广义的角度理解红利，即红利包括章程规定的固定股息、红利、实物利益以及以公积金增加资本后的送股。我国《公司法》关于有限责任公司股东红利分配权的规定主要在第三十四条和七十四条。第三十四条规定："股东按照实缴的出资比例分取红利；公司新增资本时，股东有权优先按照实缴的出资比例认缴出资。但是，全体股东约定不按照出资比例分取红利或者不按照出资比例优先认缴出资的除外。"第七十四条规定："有下列情形之一的，对股东会该项决议投反对票的股东可以请求公司按照合理的价格收购其股权：① 公司连续五年不向股东分配利润，而公司该五年连续盈利，并且符合本法规定的分配利润条件的；② 公司合并、分立、转让主要财产的；③ 公司章程规定的营业期限届满或者章程规定的其他解散事由出现，股东会会议通过决议修改章程使公司存续的。自股东会会议决议通过之日起60日内，股东与公司不能达成股权收购协议的，股东可以自股东会会议决议通过之日起90日内向人民法院提起诉讼。"

（3）公司增资时的优先认购权。

我国《公司法》第三十四条规定，公司新增资本时，股东有权优先按照实缴的出资比例认缴出资，但是，全体股东约定不按照出资比例分取红利或者不按照出资比例优先认缴出资的除外。法律之所以规定公司的既存股东对公司新增加的资本享有优先认购权，是为了防止股东对公司享有的利益被稀释，防止公司内部既有的治理结构发生重大的变化。有限责任公司是封闭式公司，股东之间存在相互信任的关系，公司的某种特性一定程度上取决于股东的个性、脾气、合作背景及教育水平，既存股东可以避免公司治理结构发生重大变化。

（4）股份转让权和转让股份的优先购买权。

转让股份是公司的股东将自己持有的股份转让给他人，使自己丧失部分或全部股份，使他人成为股东而使自己获得金钱或者其他对价的行为。公司的股权具有多种权能，首先是财产权，其次代表股东在公司中的特定地位。股东具有转让股权的能动性需求，可能是为了盈利，也可能是为了资金周转，或者是缓解股东之间的冲突等个人目的。有限公司的封闭性一般会对投资者转让股权形成限制，这种限制是为了保障公司的人合因素，限制本身不仅是合理的，而且应当被置于合理的状态，限制过严，造成股东进得来，出不去；没有限制，公司就不能稳定的存在和发展。因此，股东之间转让股份是自由的，但是，向股东以外的人转让股权时应当遵循复杂的程序。我国《公司法》第七十一条规定，股东之间可以相互转让其全部或者部分股权。股东向股东以外的人转让其股权，应当经其他股东过半数同意。转让时，在同等条件下，其他股东有优先购买权，不同意转让的股东应当购买该转让的股权，如果不购买则视为同意转让。

▶▶▶▶▶▶

（5）剩余财产的分配请求权。

公司在解散和清算过程中，首先用公司财产清偿公司债务，所剩财产应按出资比例分配给公司股东，不得将此财产赠与公司董事、经理或其他雇员。我国《公司法》一百八十六条规定："清算组在清理公司财产、编制资产负债表和财产清单后，应当制定清算方案，并报股东会、股东大会或者人民法院确认。公司财产在分别支付清算费用、职工的工资、社会保险费用和法定补偿金，缴纳所欠税款，清偿公司债务后的剩余财产，有限责任公司按照股东的出资比例分配，股份有限公司按照股东持有的股份比例分配。清算期间，公司存续，但不得开展与清算无关的经营活动。公司财产在未依照前款规定清偿前，不得分配给股东。"

2. 共益权。

（1）出席股东会会议权。

股东会是有限责任公司的最高权力机关，全体股东是股东会的当然成员。股东参加股东会会议并与其他股东共议公司大事是其基于出资而获取的基本权利，公司章程或者股东会决议不可以作出禁止、限制、妨碍股东参加股东会会议的规定，公司的董事会、监事会及高管人员更无权干涉股东出席股东会会议。公司不按照公司法和公司章程规定的方式通知股东参加股东会会议的，股东对相关的决议有权请求法院撤销。

（2）对公司重大决策的讨论权和表决权。

表决权是股东通过股东会对公司重大问题表明自己意志和愿望的权利。表决权是股东一项极为重要的权利，属于股东的固有权利，是股东作为公司投资成员资格的重要体现，是股东区别于债权人的重要标志，也是保障股东投资预期利益实现的基础性权利。因此，股东在股东会会议上对会议召集通知中所列事项进行讨论时，有权发表自己的意见，股东人数较多的可依章程或者会议议程的安排首先分组讨论，然后由各组选派代表进行大会讨论。同时，股东的表决权也是股东的一项基本权利，公司章程或者股东会决议不得剥夺，但公司发行优先股而持有优先股份的股东，通常没有表决权，但其红利分配权比较有保障。我国《公司法》第三十七条赋予股东会的各项权利，均需要通过股东行使表决权来实现。

（3）选举与被选举权。

股东有权选举公司的董事、监事，也有权被选举成为公司的董事、监事，或被董事会任命担任公司高管人员，只要不违反《公司法》关于董事、监事、高管人员任职资格的规定，即《公司法》第一百四十六条的规定就行。股东的选举权是社员权，是基于出资交换取得的意志表达权，是不可剥夺的权利，除非其基于某种法定或者章程规定的事由而失去股东资格。被选举权实际上是一种或然的权利，也可以说是一种法律上的机会，是否被选为董事、监事，是否被董事会任命为高管人员，还依赖于股东的持股情况、股东的个人资质条件等诸多因素。

（4）股东会临时会议召集请求权。

股东会议分为定期会议和临时会议，会议的召集请求权分为召集提议权和自行召集权。定期会议按照公司章程的规定召开，各公司按照年度、半年度甚至季度安排开会，决定公司的重大事宜。临时会议是在公司两次定期会议期间，公司遇到重大问题需要决定或者公司经营管理出现严重情况亟须研究时，由公司董事会特别召集或者其他相关机构或者负有特殊职责的人员或者持有一定数量表决权的股东按时举行。近年来，我国公司制企业中常常发生由于董事会控制权属争议对抗而故意不举行股东会定期会议的现象，股东一方或者部分董事召开股东会临时会议，而董事长一方不主持、不承认，公司经营陷入危机。我国《公司法》第三十九条明确规定，持有公司 1/10 以上表决权的股东可以提议召开股东会会议的临时会议，董事会或者执行董事应当负责召开。董事会或者执行董事不能履行或者不履行召集股东会会议职责的，由监事会或者不设监事会的公司的监事召集和主持；监事会或者监事不召集和主持的，代表 1/10 以上表决权的股东可以自行召集和召开股东会临时会议。这里，代表 1/10 以上表决权是股东行使召集请求权和自行召集权的前提条件，股东可以单独持有 1/10 以上表决权，不足时可以联合行动。因为按 1/10 计算时包括 1/10，这样，公司最多会发生 10 次由股东自行召集的股东会临时会议。尽管这只是一种理论假设，但是仍然有必要将行使召集请求权确定为行使自行召集权的前提，以此来避免股东同时行使自行召集权所造成的公司股东会会议的冲突和混乱。至于股东行使召集请求权后，董事会或者执行董事、监事会或者监事应当在多长时间内予以答复，法律未作规定，公司应当通过章程加以安排。

（5）提案权。

提案权是基于公司股东的成员权而派生的权利。股东会的定期会议上，股东可以提出提案。因为有限责任公司的股东人数是特定的，因此限制股东提出提案的时间期限意义不大，如果公司章程不加限制的话，股东在股东会议举行期间直到闭会以前均有权提出提案。股东行使提案权应当持有多少有表决权的股份，我国《公司法》未作底线规定，公司章程可以作出必要的规定，以阻止垃圾提案的出现，提升公司股东会会议的效率。具有 1/10 以上表决权的股东无论是行使召集请求权导致临时股东会议的召开，还是行使自行召集权召集和主持股东会的临时会议，都需要预先准备提案，否则会议的召集将没有任何意义。

（四）股东权救济制度

股东同其他主体一样，其权利受到侵害时需要寻求救济。从总体上看，我国《公司法》上的公司章程的法定内容体系、股东会会议制度、董事会会议制度、董事、监事、高管人员的忠实义务和勤勉义务规定以及公司的财务制度、合并、分立制度、清算制度、法律责任等，都体现了维护股东权的精神，也有具体的规范要求以支撑股东权保护的制度平台。除此之外，我国公司法还强调了股东权救济的可诉性，即通过诉讼的途径保护股东的权利。我国《公司法》对股东权利的救济制度的安排具体表现在以下几个方面：1. 根据《公司法》第二十二条规定，股东会、董事会决议内容违反法律、行政法规的，股东有权提起确认决议无效的诉讼；股东会、董事会的会议召集程序、表决方式违反法律、行政法规、公司章程的，或者决议内容违反公司章程的，股东有权自决议作出之日起 60 日内，提起撤销诉讼。2. 根据《公司法》第三十二条规定，有限责任公司应当置备股东名册，股东依据股东名册主张和行使权利。3. 根据《公司法》第三十三条规定，股东有权查阅、复制公司有关文件和财务报告，书面申请查阅公司会计账簿等，公司妨碍或者拒绝的，股东有权提起诉讼。4. 根据《公司法》第三十九条和四十条，1/10 以上表决权的股东可以提议召集股东会临时会议或者自行召集和主持股东临时会议。5. 根据《公司法》第七十四条规定，公司如果连续 5 年不向股东分配利润、合并或分立时转让主要财产、营业期限届满使公司存续的，股东可以请求公司回购其股权，公司不能满足股东请求的，股东有权自股东会会议决议通过之日起 90 日内提起诉讼。6. 根据《公司法》第一百五十一条规定，在董事、监事、高管人员或者他人（包括股东、实际控制人、政府等）侵犯公司利益时，股东可先行启动内部救济程序，然后提起派生诉讼。7. 根据《公司法》第一百五十二条规定，对董事、高管人员直接损害股东利益的其他行为，股东可以向法院提起诉讼。8. 根据《公司法》第一百八十二条规定，公司经营管理发生严重困难，继续存续会使股东利益受到重大损失，通过其他途径不能解决的，持有 10% 以上表决权的股东可以请求法院解散公司，这一规定是彻底解决股东权被严重损害、公司治理结构被严重扭曲的措施。

四、股东的义务

（一）出资义务

股东的出资义务是指股东根据协议的约定以及法律和章程的规定向公司交付财产或履行其他给付的义务。股东的出资义务既是一种约定义务，也是一种法定义务，它是股东最基本的义务，是股东享有股东权利和承担有限责任的前提条件。股东履行出资义务的好坏直接影响到公司人格的健全和债权人利益的保护。因此，法律对股东履行出资义务有严格的规定。《公司法》第二十八条规定："股东应当按期足额缴纳公司章程中规定的各自所认缴的出资额。股东以货币出资的，应当将货币出资足额存入有限责任公司在银行开设的账户；以非货币财产出资的，应当依法办理其财产权的转移手续。股东不按照规定缴纳出资的，除应当向公司足额缴纳外，还应当向已按期足额缴纳出资的股东承担违约责任。"《公司法》第三十条规定："有限责任公司成立后，发现作为设立公司出资的非货币财产的实际价额显著低于公司章程所定价额的，应当由交付该出资的股东补足其差额；公司设立时的其他股东承担连带责任。"《公司法》第三十五条规定："公司成立后，股东不得抽逃出资。"《公司法》除了规定民事责任之外，还规定了相应的行政责任。《公司法》第一百九十九条规定："公司的发起人、股东虚假出资，未交付或者未按期交付作为出资的货币或者非货币财产的，由公司登记机关责令改正，处以虚假出资金额 5% 以上 15% 以下的罚款。"《公司法》第二百条规定："公司的发起人、股东在公司成立后，抽逃其出资的，由公司登记机关责令改正，处以所抽逃出资金额 5% 以上 15% 以下的罚款。"

（二）权利不得滥用义务

公司股东应当遵守法律、行政法规和公司章程，依法行使股东权利，不得滥用股东权利损害公司或者其他股东的利益，不得滥用公司法人独立地位和股东有限责任损害公司债权人的利益。《公司法》第二十条规定："公司股东应当遵守法律、行政法规和公司章程，依法行使股东权利，不得滥用股东权利损害公司或者其他股东的利益；不得滥用公司法人独立地位和股东有限责任损害公司债权人的利益。公司股东滥用股东权利给公司或者其他股东造成损失的，应当依法承担赔偿责任。公司股东滥用公司法人独立地位和股东有限责任，逃避债务，严重损害公司债权人利益的，应当对公司债务承担连带责任。"这是对公司人格否认制度的规定。公司人格否认制度又称"刺破公司面纱"或"揭开公司面纱"，指为阻止公司独立法人人格的滥用和保护公司债权人利益及社会公共利益，就具体法律关系中的特定事实，否认公司与其背后的股东各自独立的人格及股东的有限责任，责令公司的股东（包括自然人股东和法人股东）对公司的债权或公共利益直接负责，以实现公平、正义目标的要求而设置的一种法律措施。这项法律措施的适用条件包括：1. 公司必须合法设立并且具有独立的人格。2. 股东实施了某种造成公司形骸化的行为，如滥用对公司的控制权导致公司空壳化、资产不足或者强迫公司实施有损公司利益的行为。3. 债权人因为股东滥用公司独立人格而遭受损失。应当注意的是，在公司法人制度中，公司人格独立是一般规则和帝王原则，而公司人格否认制度仅是一种特殊规则，仅在符合法定条件时才可适用。因此，公司人格否认制度不是对公司人格独立的全盘否定，而是特定条件下的例外和有益的补充。

第四节　有限责任公司的组织机构

有限责任公司的组织机构是有限责任公司内部依法设立的对公司业务进行决策、执行和监督的机构总称。由于有限责任公司具有封闭性及人合兼资合性的特点，有限责任公司的组织机构的设置也具有相当的灵活性。根据我国《公司法》的规定，有限责任公司的组织机构包括股东会、董事会或执行董事、经理、监事会或监事，它们分别是有限责任公司的权力机构、业务执行机构和监督机构。

一、股东会

（一）股东会的地位与职权

有限责任公司的股东会由全体股东组成，是公司最高权力机构，有限责任公司的一切重大事务须由股东会决定。股东会对外不代表公司，对内不执行业务，但公司的其他机构必须执行股东会的决议，对股东会负责。一般来讲，有限责任公司必须设有股东会，但中外合资经营企业中，法律规定不设股东会，只设由中外合营者委派代表组成的董事会，董事会是中外合资经营企业的最高权力机构。另外，依据《公司法》的规定，一人有限责任公司、国有独资公司不设股东会，股东会职权由一人股东行使或由国有资产监督管理机构和国有独资公司的董事会共同行使。此外，股东会不是公司的常设机构，尽管作为权力机关股东会所讨论的问题往往是公司的重大问题。股东会会议是股东运作和产生权力机关意志的常态形式，个别情况下可以通过股东以书面形式个别表态的方式形成股东会决议，但须全体股东一致同意，并由全体股东在决议文件上签名或盖章。股东因故不能参加股东会时，可书面委托代理人代为行使权利，但是，公司章程对股东代理人参加股东会会议另有要求的，依有关的要求办理。

我国《公司法》第三十七条规定，有限责任公司的股东会行使下列职权：1. 决定公司的经营方针和投资计划；2. 选举和更换非由职工代表担任的董事、监事，决定有关董事、监事的报酬事项；3. 审议批准董事会报告；4. 审议批准监事会或监事报告；5. 审议批准公司的年度财务预算方案、决算方案；6. 审议批准公司的利润分配方案和弥补亏损方案；7. 对公司增加或减少注册资本作出决议；8. 对发行公司债券作出决议；9. 对公司合并、分立、解散、清算或者变更公司形式作出决议；10. 修改公司章程；11. 公司章程规定的其他职权。对以上事项股东以书面形式一致表示同意的，可以不召开股东会会议，直接作出决定，并由全体股东在决定文件上签名、盖章。

（二）股东会会议的召集程序

根据我国《公司法》的规定，股东会会议分为首次股东会会议、定期会议和临时会议三种情形。首次会议也可以称为出资人会议，是指公司成立之初为组建公司而专门举行的由全体股东参加的会议。我国《公司法》第三十八条规定："首次股东会会议由出资最多的股东召集和主持，依照本法规定行使职权。"股东会的定期会议是由公司章程规定股东会活动的常态形式，可以是年度会议，也可以是半年度会议，甚至可以是季度会议。我国《公司法》第四十条："有限责任公司设立董事会的，股东会会议由董事会召集，董事长主持；董事长不能履行职务或者不履行职务的，由副董事长主持；副董事长不能履行职务或者不履行职务的，由半数以上董事共同推举一名董事主持。有限责任公司不设董事会的，股东会会议由执行董事召集和主持。董事会或者执行董事不能履行或者不履行召集股东会会议职责的，由监事会或者不设监事会的公司的监事召集和主持；监事会或者监事不召集和主持的，代表 1/10 以上表决权的股东可以自行召集和主持。"临时会议，是指根据公司情况，按照法定程序临时召开的股东会会议。

定期会议和临时会议在权利的行使和决议的效力上没有区别，主要是在会议召开的时间和原因、召开的形式和决议事项的范围上有所区别。我国《公司法》第三十九条规定："股东会会议分为定期会议和临时会议。定期会议应当依照公司章程的规定按时召开。代表 1/10 以上表决权的股东，1/3 以上的董事，监事会或者不设监事会的公司的监事提议召开临时会议的，应当召开临时会议。"按照我国《公司法》第四十一条第一款的规定，召开股东会会议，应当于会议召开 15 日前通知全体股东。但是，公司章程另有规定或者全体股东另有约定的除外。关于会议通知的形式，我国公司法没有明确规定。公司法对会议通知应有形式上的要求，一般应采用信函的方式。

（三）股东会决议的形成及效力

股东会对决议事项的表决，是股东行使其权利的具体表现，也是股东会形成集体意思的方式。股东会会议由股东按照出资比例行使表决权，但是，公司章程另有规定的除外。除《公司法》另有规定外，公司章程可以规定股东会的议事方式和表决程序。股东会的表决事项分为一般表决事项和特别表决事项，一般事项的表决由公司章程规定，特别事项的表决按《公司法》的规定，必须经代表 2/3 以上表决权的股东通过。特别表决事项包括：修改公司章程的决议；增加或者减少公司注册资本的决议；关于公司分立、合并或者变更公司形式的决议；公司解散的决议。但是，因股权转让引发的股东姓名或名称的更改以及持股数量的变化相应地对公司章程的该项修改不需再由股东会表决。

二、董事会和经理

（一）董事会的性质和组成

董事会指依法由股东会选举产生，代表公司，执行公司业务，负责公司经营决策及管理活动的机构。董事会是有限责任公司的常设机关，公司设立股东会的，董事会为股东会的执行机构；公司不设股东会的，董事会为公司的权力机构兼决策执行机构。根据《公司法》的规定，董事会由 3～13 名董事组成。董事会设董事长 1 人，可以设副董事长。董事长、副董事长的产生办法由公司章程规定。股东人数较少或者规模较小的有限责任公司，可以不设董事会，只设 1 名执行董事。执行董事可以兼任公司经理。

（二）董事的资格、任期与任免

1. 董事的资格。

我国《公司法》第一百四十六条对董事的资格作了消极方面的限定，这种限制也适用监事、经理等高级管理人员的资格条件，即有下列情形之一的，不得担任公司的董事、监事、高级管理人员：（1）无民事行为能力或者限制民事行为能力；（2）因贪污、贿赂、侵占财产、挪用财产或者破坏社会主义市场经济秩序，被判处刑罚，执行期满未逾 5 年，或者因犯罪被剥夺政治权利，执行期满未逾 5 年；（3）担任破产清算的公司、企业的董事或者厂长、经理，对该公司、企业的破产负有个人责任的，自该公司、企业破产清算完结之日起未逾 3 年；（4）担任因违法被吊销营业执照、责令关闭的公司、企业的法定代表人，并负有个人责任的，自该公司、企业被吊销之日起未逾 3 年；（5）个人所负数额较大的债务到期未清偿。违反上述规定选举、委派董事、监事或者聘任高管人员的，该选举、委派或者聘任无效。董事、监事、高管人员在任期期间，出现前述情形的，公司应当解除其职务。此外，国家公务员不得担任公司的董事、监事及经理。

2. 董事的任期。

我国《公司法》第四十五条第一款规定，董事任期由公司章程规定，但每届任期不得超过 3 年。董事任期届满，连选可以连任。为保障公司管治的有效、平稳，我国《公司法》第四十五条第二款还规定，董事任期届满未及时改选，或者董事在任期内辞职、被罢免等原因导致董事会成员低于法定人数的，在改选出的董事就任前，原董事仍应当依照法律、行政法规和公司章程的规定，履行董事职务。董事违反此规定给公司造成损失的，应当承担赔偿责任。

3. 董事的任免。

董事可以由公司的股东出任，也可以由非股东担任。就我国《公司法》及外商投资企业法律的有关规定的总体情况看，董事产生的方式包括以下几种：（1）普通公司的董事由股东会选举产生；（2）一人公司的董事由独资持股的自然人委派；（3）国有独资公司的董事由履行出资人职责的国有资产监督管理机构委派；（4）外商投资有限公司的董事由投资各方依据合同的约定委派或者由持有全部股权的投资外方委派；如果外商投资企业依据章程规定直接选择适用中国《公司法》并设立股东会、董事会、监事会等机构的，其董事应当由股东会选举产生；（5）按照《公司法》第四十四条、第六十七条的规定，两个以上的国有企业或者两个以上的其他国有独资主体投资设立的有限责任公司或其他愿意选择职工代表出任董事的公司以及国有独资公司，其董事会中的职工代表由该企业的职工代表大会、职工大会或者其他形式民主选举产生。

董事产生的方式有别于经理人被聘用或被雇佣的途径，董事与公司之间的关系不依雇主与雇员的关系表征。董事受股东的委派代表公司，是公司的代理人。董事因委派而产生的，因撤销委派而免职；因选举而产生的，因罢免或者改选而免职。董事被免职，认为其合法权益被侵犯的，当然可以通过诉讼途径寻求救济。职工代表出任的董事，需要罢免或者撤换的，由选举其任职的机构负责免除。

（三）董事会的职权

我国《公司法》第四十六条规定，董事会对股东会负责，行使下列职权：1. 召集股东会会议，并向股东会报告工作；2. 执行股东会的决议；3. 决定公司的经营计划和投资方案；4. 制订公司的年度财务预算方案、决算方案；5. 制订公司的利润分配方案和弥补亏损方案；6. 制订公司增加或者减少注册资本以及发行公司债券的方案；7. 制订公司合并、分立、解散或者变更公司形式的方案；8. 决定公司内部管理机构的设置；9. 决定聘任或者解聘公司经理及其报酬事项，并根据经理的提名决定聘任或者解聘公司副经理、财务负责人及其报酬事项；10. 制定公司的基本管理制度；11. 公司章程规定的其他职权。

（四）董事会的召集程序和议事规则

董事会会议由董事长召集和主持；董事长不能履行职务或者不履行职务的，由副董事长召集和主持；副董事长不能履行职务或者不履行职务的，由半数以上董事共同推举一名董事召集和主持。董事会的议事方式和表决程序，除《公司法》有规定的外，由公司章程规定。董事会应当将所议事项的决定作成会议记录，出席会议的董事应当在会议记录上签名。董事会决议的表决，实行一人一票。

▶▶▶▶▶▶

（五）经　理

有限责任公司的经理机构是隶属于董事会的负责公司日常经营管理事务的高级管理人员，通常由经理 1 人、副经理若干人以及公司的生产、科研、财务、销售等部门的负责人组成。经理由董事会聘任，副经理一般由经理提名，董事会聘任，他们受命于公司的董事会，具体负责落实董事会的决议，组织企业的生产经营活动，维持公司的运转。经理对董事会负责并报告工作，副经理及公司的其他高级管理人员通过经理对董事会负责。经理的职权主要有：1. 主持公司的生产经营管理工作，组织实施董事会决议；2. 组织实施公司年度经营计划和投资方案；3. 拟订公司内部管理机构设置方案；4. 拟订公司的基本管理制度；5. 制订公司的具体规章；6. 提请聘任或者解聘公司副经理、财务负责人；7. 决定聘任或者解聘除应由董事会决定聘任或者解聘以外的负责管理人员；8. 董事会授予的其他职权。公司章程对经理职权另有规定的，从其规定。在公司董事会开会时，经理应当列席会议，向董事会报告工作并接受董事、监事的质询。在不设董事会的小规模有限责任公司中，执行董事可以兼任经理。

三、监事会

（一）监事会的性质和组成

监事会是公司的监督机构，独立于董事会并对股东会负责，由股东会选举产生，主要对公司财务状况和业务执行情况进行监督。有限责任公司设监事会，其成员不得少于 3 人。由于监事会是常设机构，人员过多势必增加企业的负担，一般情况下，有限公司的监事会成员以 3～5 人为宜。股东人数较少或者规模较小的有限责任公司，可以设 1～2 名监事，不设监事会。监事会应当包括股东代表和适当比例的公司职工代表，其中职工代表的比例不得低于1/3。职工代表由公司职工通过职工代表大会、职工大会或者其他形式民主选举产生。具体比例由公司章程规定。监事会设主席 1 人，由全体监事过半数选举产生，监事会主席负责召集和主持监事会会议。监事会主席不能履行职务或者不履行职务的，由半数以上监事共同推举 1 名监事召集和主持监事会会议。董事、高级管理人员不得兼任监事。

（二）监事的任期

公司监事的任期与董事的任期相同，也是 3 年，但《公司法》对董事和监事任期的规定表述不同，董事任期由公司章程规定，每届任期不得超 3 年；监事的任期直接规定为 3 年，监事任期届满时，连选可以连任。监事任期届满未及时改选，或者监事在任期内辞职导致监事会成员低于法定人数的，在改选出的监事就任前，原监事应当依照法律、行政法规、公司章程的规定继续履行职务。

（三）监事会的职权

根据我国《公司法》第五十三条的规定，有限责任公司的监事会或监事行使下列职权：1. 检查公司财务；2. 对董事、高级管理人员执行公司职务的行为进行监督，对违反法律、行政法规、公司章程或者股东会议的董事、高级管理人员提出罢免的建议；3. 当董事和高级管理人员的行为损害公司的利益时，要求董事、高级管理人员予以纠正；4. 提议召开临时股东会会议，在董事会不履行本法规定的召集和主持股东会会议职责时召集和主持股东会会议；5. 向股东会会议提出提案；6. 依照《公司法》第一百五十一条的规定，基于股东的请求，对损害公司利益的董事、高级管理人员提起诉讼；7. 公司章程规定的其他职权。

（四）监事会的议事规则

监事会每年度至少召开一次会议，监事可以提议召开临时监事会会议。监事会的议事方式和表决程序，除《公司法》有规定的外，由公司章程规定。监事会决议应当经半数以上监事通过。监事会应当对所议事项的决定作成会议记录，出席会议的监事应当在会议记录上签名。监事会、不设监事会的公司的监事行使职权所必需的费用，由公司承担。

第五节　一人公司

一、一人公司的概念

根据我国《公司法》规定，一人有限责任公司是指只有一个自然人股东或者一个法人股东的有限责任公司。

二、一人公司的法律特征

一人公司与传统的公司相比，具有以下法律特征：

（一）股东的单一性

无论是一人发起设立还是股份全部转归一人持有的一人公司，在其成立或存续期间，公司股东仅为一人，这里的"一人"包括自然人或法人。

（二）资本的单一性

公司的全部财产形式上或实质上归单个股东所有，资本多元化及股份多数决等原则面对一人公司的出现，都遭遇到了尴尬。

（三）责任的有限性

一人公司的股东以其出资为限对公司债务承担有限责任，公司以其全部资产为限对公司债务独立承担责任。在现实经济生活中，公司越来越彰显出其极强的适应性和强大的生命力，其重要原因就是有限责任的承担。一人公司同合伙企业、独资企业的一个重大区别就在于其责任的界定上，独资企业和合伙企业投资者承担的分别是无限责任和无限连带责任（对于普通合伙人来说），而一人公司股东承担的是有限责任。正是有限责任廓清了投资的界限和投资者的风险，使其对投资者而言有着超强的吸引力。

（四）治理结构的特殊性

传统的公司组织机构以股东多元化为基础而建立，其基本结构为股东会—董事会—监事会三会并立的体系，三会分别行使意思决定权、业务执行权及监督权，既各司其职又相互制衡，从而达到公司内部自治监督的目的。这一结构体系经过长期的实践摸索，在奉行资本平等、同股同权、效率优先、兼顾公平、权力明晰、相互制衡原则的基础上确立起来的。然而，在一人公司中，由于股东的单一性，公司内部机构形同虚设。公司股东会的召集程序、议事规则、监督机制都因一人股东独掌数权而失去意义。

三、一人公司的制度要点

（一）一人公司的性质

一人公司仅限于有限责任公司，股份有限公司不适用。《公司法》第二十四条规定"有限责任公司由 50 个以下的股东出资设立"，而股份公司则规定了发起人的人数为 2 人以上 200 人以下。

（二）对自然人股东的要求

一人公司的股东包括自然人和法人两种。但一个自然人只能投资设立一个一人有限责任公司，该一人有限责任公司不能投资设立新的一人有限责任公司。

（三）股东身份公示

一人有限责任公司应当在公司登记中注明自然人独资或者法人独资，并在公司营业执照中载明。

（四）公司章程

一人有限责任公司的章程由股东制定。

（五）重大决定公示

一人有限责任公司不设股东会。股东作出《公司法》第三十七条第一款所列决定时，应当采用书面形式，并由股东签名后置备于公司。

（六）强制审计

为了最大可能的确保公司与其唯一股东拉开法律的距离，不使公司成为股东任意拿捏和玩弄的敛财工具，我国《公司法》规定，一人有限责任公司应当在每一会计年度终了时编制财务会计报告，并经会计师事务所审计。

（七）推定混同

为了保障与一人公司交易的当事人的合法权益，我国《公司法》规定，一人有限责任公司的股东不能证明公司财产独立于股东自己的财产的，应当对公司债务承担连带责任。

第六节　国有独资公司

一、国有独资公司的概念和特征

国有独资公司是我国公司法中规定的一种特殊形态的有限责任公司，是指国家单独出资、由国务院或者地方人民政府授权本级人民政府国有资产监督管理机构履行出资人职责的有限责任公司。与其他有限责任公司相比，国有独资公司具有以下法律特征：

（一）股东的单一性

国有独资公司成立后其股东仅为一人，且投资者同样承担有限责任，这是与一人公司的相同点。但一人公司的投资主体是自然人或者是普通法人，而国有独资公司的投资主体是国家，它本身具有社会性、政治性及团体性。

（二）投资主体的独特性

国有独资公司的投资主体是国家授权投资的机构或国家授权的部门，这包括两方面的含义：

一是国有独资公司的投资主体必须是国家的机构或部门，二是该国家机构或国家部门须经国家的授权。因此，非国家的机构或部门不能设立国有独资公司，即便是国家的机构或部门，如未取得国家的授权，也不能设立国有独资公司。

（三）适用范围的特定性

《公司法》并没有明确规定国有独资公司的适用领域，一般适用于生产特殊产品的公司或属于特定行业的公司，具体由国务院或有关政府机构通过产业投资政策加以规定。

（四）资产的国有性

所谓资产的国有性是指国有独资公司由国家投资设立，资产归国家所有。因此，国有独资公司在经营活动中要承担国有资产保值增值的责任，并接受国有资产监督管理机构的监管。

二、国有独资公司的组织机构

（一）国有独资公司的权力机构

国有独资公司仅有一个股东，因此，无需设立股东会协调股东之间的事宜。国有资产监督管理机构构成了公司的实际权力机构，行使下列职权：1. 决定公司的合并、分立、解散、增减资本和发行公司债券。如果按照国务院的规定属于重要的国有独资公司，其合并、分立、解散和申请破产事项，应当由国有资产监督管理机构审核后，报本级人民政府批准；2. 委派董事会中的非职工董事，从董事会成员中指定董事长和副董事长；3. 委派监事会的非职工监事，从监事会成员中指定监事会主席；4. 制定、修改公司章程或批准由董事会制定、修改的公司章程；5. 授权董事会行使有限责任公司股东会的部分职权。

（二）国有独资公司的执行机构

国有独资公司设董事会，执行公司业务。董事会成员部分由国有资产监督管理机构按照董事会的任期委派，部分由公司职工代表出任，职工董事由公司职工代表大会选举产生。董事会设董事长1人，根据需要公司可设副董事长，董事长任期每届不超过3年。董事长和副董事长均由国有资产监督管理机构从董事会成员中指定。与其他有限责任公司不同，国有独资公司的董事会除行使属于有限责任公司董事会应有的职权外，还可基于国有资产监督管理机构的授权，行使部分属于有限责任公司股东会的职权，决定公司的重大事项。

我国《公司法》规定，国有独资公司设经理，经理由董事会聘任或者解聘。因此，经理是国有独资公司的必设机关，具体负责公司的日常经营管理工作，作为董事会执行公司业务的辅助机构，与其他有限责任公司的经理行使相同的职权。经国有资产监督管理机构同意，董事会成员可兼任经理。国有独资公司的董事长、副董事长、董事和高级管理人员未经国有资产监督管理机构同意，不得在其他有限责任公司、股份有限公司或者其他经济组织兼职。

（三）国有独资公司的监督机构

国有独资公司设监事会作为专门的监督机构。监事会成员不少于5人，其中职工代表的比例不得低于1/3，具体比例由公司章程规定。监事会成员部分由国有资产监督管理机构委派，部分由职工代表担任，职工监事由公司职工代表大会选举产生，监事会主席由国有资产监督管理机构从监事会成员中指定，但公司董事、经理及财务负责人等高级管理人员不得兼任监事。监事列席董事会会议，监事会行使如下职权：1. 检查公司财务；2. 对董事、高级管理人员执行公司职务的行为进行监督，对违反法律、行政法规、公司章程或者国有资产管理监督机构决定的董事、高级管理人员提出罢免的建议；3. 当董事、高级管理人员的行为损害公司利益时，要求董事、高级管理人员予以纠正；4. 国务院规定的其他职权。

思考题

1. 如何理解股东会、董事会、监事会三权分立、权力制衡？
2. 如何理解股东有限责任原则？
3. 一人有限公司和个人独资企业的区别是什么？
4. 国有独资公司和普通有限责任公司的区别是什么？

第三章　有限责任公司的股权转让与回购

本章重点知识：出资证明书和股东名册的法律含义；股份内部转让和外部转让的法律规定；股权回购的条件。

建议课时：2课时。

第一节　有限责任公司股权转让的法理基础

一、有限责任公司股权的表现形式

（一）出资证明书

1. 出资证明书的记载事项。

出资证明书是有限责任公司股东出资的凭证，是有限责任公司成立后应当向股东签发的文件，是一种权利证书。有的学者称之为股单。根据我国《公司法》第三十一条规定，有限责任公司成立以后，应当向股东签发经由公司盖章的出资证明书。出资证明书应当载明下列事项：（1）公司名称；（2）公司成立日期；（3）公司注册资本；（4）股东姓名或名称、缴纳的出资额和出资日期；（5）出资证明书的编号和核发日期。出资证明书中的股东姓名应当为股东本名，股权为数人共同所有时应当记载共有人本名。出资证明书中的股东名称应当为单位股东自身名称，不得另立户名或者仅记载法定代表人或者负责人的姓名。

2. 出资证明书的性质。

关于出资证明书的性质是证明文书还是有价证券，存在着不同的观点，通说认为属于证明文书。因此，出资证明书不同于股份公司的股票，在证券市场上不能进行商业交易和流通。作为一种证明文书，出资证明书具有以下性质：（1）证明出资的凭证，即出资证明书是股东出资的证明文书，它不仅可以证明出资的主体，而且可以证明出资数额、出资日期以及出资在公司注册资本中的比例；（2）表彰股权的证书。有限责任公司股东的权利并非由出资证明书本身所创设，股东所享有的股东权来源于股东的出资，自公司成立时产生，而出资证明书是公司成立后签发的，出资证明书只不过是起到表征股东地位和股东权益，记载和反映股东出资的客观状况和作用而已。因此，出资证明书并非设权证书，而是证权证书。如果股东进行股权转让，在股东依法转让其股权后，公司应当注销原股东的出资证明书，向新股东签发出资证明书，因此，出资证明书是表彰有限责任公司股东股权的证书；（3）要式证书。即出资证明书的制作和记载事项必须按照法定的方式进行。例如记载法定事项、加盖公司印章等。

3. 出资证明书和股票的区别。

有限责任公司的出资证明书与股份公司的股票之间存在区别，具体表现为：（1）出资证明书都是记名的，而股票有记名股票和无记名股票之分；（2）股票作为有价证券可以上市交易，而出资证明书不能在证券市场进行交易和流通，只有在股东依法转让股权时，随其股权一起转让；（3）票面金额的表现不同。出资证明书上记载股东的出资金额，一般情况下，不同的出资证明书记载的票面金额不一定相等，而股票的票面金额是相等的，同时股票还存在有额面股和无额面股之分，但是出资证明书是不可能不记载票面金额的。

（二）股东名册

1. 股东名册的记载事项。

股东名册是指有限责任公司依据公司法的规定必须置备的用以记载股东及其出资有关事项的名册。根据我国《公司法》第三十二条规定，有限责任公司的股东名册记载下列事项：（1）股东的姓名或名称及住所；（2）股东的出资额；（3）出资证明书编号。此外，公司应当将股东的姓名或者名称向公司登记机关登记；登记事项发生变更的，应当办理变更登记。未经登记或者变更登记的，不得对抗第三人。

2. 股东名册的效力。

有限责任公司的股东名册是有限责任公司的法定必备账册，有限责任公司应当制备。在无相反证明的情形下，公司股东名册具有以下效力：（1）确定股东身份的依据。如无相反证据，记载于股东名册上的人均应为公司股东。记载于股东名册上的股东，可以依股东名册主张行使股东权利，这也意味着公司只认定记载于股东名册上的股东才享有股东对公司的各项权利；（2）具有推定股东和公司关系的效力。公司仅以股东名册上当前记载的股东为其股东。因此，即使出资证明书发生转让，但未将受让人的姓名或名称及住所记载于股东名册，则不得以该转让对抗公司。（3）公司对股东发出通知的依据。公司向股东发出通知，仅以股东名册记载的股东及其住所为根据，如因此股东没有收到通知，公司并不承担未送达通知的责任；（4）具有公示的效力。根据我国《公司法》第三十二条规定，公司应当将股东的姓名或者名称向公司登记机关登记；登记事项发生变更的，应当办理变更登记。未经登记或者变更登记的，不得对抗第三人。因此，股东名册具有公示的效力。

二、有限责任公司股权转让的概念

有限责任公司的股权也称为股东权，一般包括基于股东对公司的投资而享有的资产收益、参与重大决策和选择管理者等权利。从广义的角度说，股权还包括股东对公司承担的义务。有限责任公司的股权转让称之为出资转让，股份有限责任公司股权转让称之为股份转让，但根据我国《公司法》的规定，把有限责任公司的出资转让也称之为股权转让。所谓股权转让，是指股东向其他股东或股东以外的其他投资人转让其部分或全部股权，从而减少出资或使自己退出公司的民事法律行为。从定义上看，有限责任公司股权转让可分为两种方式：一是内部转让，指将股权转让给其他股东；二是外部转让，指股权转让给股东以外的第三人。

三、有限责任公司股权转让的特征

有限责任公司股权转让，具有如下法律特征：

1. 以协议方式进行。由于有限责任公司的资本没有分解为标准划一、价值相等的以股票为变现形式的股份，就不可能在证券市场上公开交易，转让者与受让者买卖股权的行为必须以协商签署协议的方式进行。股权转让协议是当事人以转让股权为目的而达成的关于出让方交付股权并收取价金，受让方支付价金得到股权的意思表示。股权转让是一种物权变动行为，股权转让后，股东基于股东地位而对公司所发生的权利义务关系全部同时移转于受让人，受让人因此成为公司的股东，取得股东权。

2. 股权转让是要式行为。股权转让除必须符合实体条件外，在转让时还应按照法律规定的程序进行。

3. 股权转让不改变公司的法人资格。股权转让完成后，公司股东发生变化，在股权全部转让时，出让方的原股东地位被受让方取代，受让方成为公司的股东。在股权部分转让时，原股东并不丧失股东资格，而受让人成为公司新的股东。无论是全部转让还是部分转让，公司的独立法人资格并未发生任何变化，只是因股东变更、投资额变化而发生若干登记事项的改变。

4. 公司股权的转让涉及交易以外的其他利益主体，因此交易的进行应当取得利益相关者的许可。有限责任公司股权转让中的利益相关者主要是指其他股东，法律确认有限责任公司股东之间自然形成了信任关系，因而规定其他股东对拟转让股权的意见表达权和优先受让权。

5. 股权转让完成后应当由公司依据强制法的要求变更股东名册的记载事项并办理变更登记手续，从而对受让股权的股东给予公司确认和公示保护。

四、有限责任公司股权转让的法理基础

有限责任公司股权转让制度的法理基础植根于有限责任公司不同于其他公司组织形态的特殊属性。有限责任公司首创于 1892 年的德国，是一种介于无限公司和股份有限责任公司之间的公司形态，是通过简化股份有限责任公司，并揉入人合因素而创造出来的。因此，有限责任公司熔人合公司与资合公司的优点于一炉，集有限责任和灵活管理结构于一身。在后来 100 多年的制度演变过程中，有限责任公司兼具人资两合性的法律特性并未改变。正是有限责任公司股东之间的这种人资两合的关系，在股权转让时必须考虑其资合性和人合性的要求，尽量维持人资两合性的平衡，使得其股权转让制度呈现既不同于纯粹资合性公司的股份有限责任公司，又不同于纯粹人合性公司的无限公司的复杂特征。

在人合公司中，法律注重投资者的个人信用以及他们之间特殊的个人关系，投资者的出资被掩盖在公司商号的光环之下，因此，法律一开始就允许投资者退股，也允许公司基于法定理由对特定投资者除名。相反，在资合公司中，公司的存续并不依赖于投资者的个人资产、信用以及他们之间的良好关系，公司资本被看成是公司唯一的信用根基。因此，法律虽不允许股东退股，但允许股权自由转让。而在有限责任公司中，由于股东之间兼有人资两合的关系，股东收回投资或者退出公司的行为就要受到两种法律关系的约束：一方面，人合性和封闭性使股东不能像股份有限责任公司的股东那样可以自由转让股份，法律对股东转让出资进行限制，这是保障公司股东稳定性和公司健康运行所不可缺少的。另一方面，资合性使其受到传统公司法理论中资本维持原则的约束，股东不像纯粹人合性公司那样允许退股，只有出现法定情形如公司解散时，股东才可以收回投资。这样，一旦有限责任公司的股东意图收回投资时，法律就艰难地在这种人合和资合的夹缝中为其寻找退出公司的途径。事实上，有限责任公司股权转让制度的实质就是在保证股东收回投资与维持公司的人合兼资合属性之间做出平衡。

第二节 股权的内部转让

一、股权内部转让的概念

所谓股权内部转让，即公司内部股东之间的转让，是指股东将自己的股权全部或部分转让给公司的其他股东。在部分转让的情况下，公司股东的股权结构会发生变化，但股东人数不会因该转让而改变。在全部转让的情况下，股东人数会相应减少，受让股东的股权比例则会增加。由于股权的内部转让不产生新股东，其他股东已有的伙伴关系和信任关系不会受到影响，也不会改变公司的信用基础，因此，股权的内部转让不会对公司产生实质性影响，因而大多数国家公司法对此都未作出严格的限制性规定。

二、股权内部转让制度的立法例

尽管有限责任公司股权内部转让并不导致新股东的加入，相关法律规则也主要以"自由"为基调，但是不同国家或地区在对内部转让的立法中，宽严程度并不一致。纵观各国或地区公司立法，对有限责任公司股东之间股权转让的立法例主要有以下三种：一是股东间可自由转让其股权的全部或部分，无需经股东会同意。如《日本有限责任公司法》第19条第1款规定："股东可将其全部或者部分出资份额，转让给其他股东。"由此可见，日本法例将如此重大事项交由公司股东自行处置，不仅反映了对股东自治理念的尊重，更多地则表现出立法者对股东自治能力的信任。二是原则上股东之间可以自由转让其股权的全部或部分，但公司章程可以对股东之间转让股权附加其他条件。如《法国商事公司法》第47条第1款确立了股权内部转让自由的基本原则，规定"股份在股东之间自由转让"；第2款进而提示投资者可以在章程中对内部转让约定限制条件。三是股权内部转让适用与外部转让相同的规则，即转让股权须经股东会同意。如我国台湾地区"公司法"第111条第1项规定："股东非得其他全体股东过半数之同意，不得以出资之全部或一部，转让于他人。"根据上下文可知，此处转让人应为非董事股东，而接受转让的"他人"既包括股东也包括股东以外的人。

三、我国《公司法》的规定

我国《公司法》第七十一条第一款规定："有限责任公司的股东之间可以相互转让其全部或者部分股权"，这是关于股东内部转让股权制度的核心条款，很明显是借鉴日本原立法例作出的规定。从理论上看，这一规定没有不当之处，它不仅不会形成与公司的人合性因素相冲突的状况，而且贯彻了股东自由处分出资权利的原则，照顾了有限责任公司对公司原有股东信任关系的心理依归，因为自由转让的过程中没有新成员的加入，仍然局限在现有的股东之间，没有根本改变股东群体的封闭结构。

虽然按照我国《公司法》的规定，股东之间的股权转让法律没有限制性规定，但在股权转让的实际操作中应注意以下几个方面：

第一，如果公司章程对股东内部转让股权有规定的，应当按照公司章程的规定办理。我国《公司法》第七十一条第四款规定："公司章程对股权转让另有规定的，从其规定。"这体现了法律对公司和股东意思自治精神的尊重。商人自治，减少公共权力的不必要干预，是现代公司法普遍奉行的市场经济原则，我国《公司法》的这一规定当然符合国际社会公司法律制度的一般价值标准。但是，公司章程的规定不得违反法律、行政法规的强制性规范，否则无效。

第二，股东之间的股权转让虽然不涉及公司以外第三人的加入，不会产生股东人数的变化，但是会发生股东之间持股比例关系的变化，直接影响到股东个人在表决权和利益分配等方面的权益。

第三，公司章程对股东内部转让股权没有特别的规定，股东向特定的股东转让全部或者部分股权也没有发生障碍，公司只有两名股东或者有多名股东但受让股东以外的其他股东对转让股权不主张对等的受让权利，转让方与受让方可以通过协商作价或评估作价完成转让行为。

第四，公司章程对股东内部转让股权没有特别的规定，拟转让股权的股东提出转让的事宜，其他股东有两人以上主张受让股权的权利，应当协商确定各自的购买比例；协商不成的，按照转让时各自的持股比例分配购买转让的股权；转让股权的价格可以协商定价或者评估作价。

第三节　股权的外部转让

一、股权外部转让的概念

有限责任公司股权的外部转让是指股东将其所持股份向公司股东以外的人转让的行为。一般情况下，在公司内部进行股权转让不涉及第三人的加入，不会影响股东之间的相互信赖关系，因此各国或地区的公司法对于股权内部转让的限制较少，而公司股权的外部转让因涉及新股东的加入，为防止不受欢迎的人进入公司可能影响股东之间的信赖关系，进而影响到公司的稳定和经营的延续，因此各国公司法对股权外部转让的限制较严。

二、我国《公司法》关于股权外部转让的规定

我国《公司法》第七十一条第二、三、四款规定的内容是关于有限责任公司股东权外部转让制度的核心条款。其规定为："股东向股东以外的人转让股权，应当经其他股东过半数同意。股东应就其股权转让事项书面通知其他股东征求同意，其他股东自接到书面通知之日起满30日未答复的，视为同意转让。其他股东半数以上不同意转让的，不同意的股东应当购买该转让的股权；不购买的，视为同意转让。经股东同意转让的股权，在同等条件下，其他股东有优先购买权。两个以上股东主张行使优先购买权的，协商确定各自的购买比例；协商不成的，按照转让时各自的出资比例行使优先购买权。公司章程对股权转让另有规定的，从其规定。"此项规定主要表现为四个方面的内容：

第一，股东向股东以外的人转让股权，会发生新股东进入公司的情况，而新股东与其他股东之间并不一定存在相互信任的关系，为了维持有限责任公司人合因素，《公司法》规定，股东向股东以外的人转让股权应当经其他股东过半数同意。需要注意的是，"应当经其他股东过半数同意"指的是股东人数的多数，而不是持股数额的多数，此时以股东人数计算表决票数，而不是用股份数额计算表决票数。

第二，从我国《公司法》的规定可以看出，外部转让制度在规则结构上分为两个层面：第

一个层面是为了维护有限责任公司的人合性关系而设计的"外部转让同意制度",第二个层面是当外部转让被否决时,为保障出让股东收回资本意图的实现而设计的"强制放行制度"。所谓外部转让同意制度指意图转让股权的股东应该向其他股东发出书面通知,告诉其他股东其股权转让的有关事项,如转让多少股权,价格是多少,受让方是谁等,并询问其他股东是否同意这一股权转让,其他股东自接到书面通知之日30日向发出通知的股东表示是否同意该股权转让的答复。如果某一股东超过时间没有答复,则在法律上认为该股东同意股权转让,应当将其计入同意转让的股东数之内。所谓强制放行制度就是在股权转让过程中,如果其他股东有一半或一半以上不同意的,不同意的股东应该购买其不同意转让的股权。如果这些股东既不同意转让,又不购买其不同意转让的股权,则视为同意转让。此项制度表达了法律对转让股权的股东在转让行为遭到公司或者其他股东的否决时所能获取的利益关怀和平衡保护,通过对意图转让股权的股东的退出权给予救济,使其获得资金、退出公司的目的得到实现。

第三,其他股东的"优先购买权制度"。股东优先购买权是法律赋予股东的一种特别权利,也是对股东对外转让股权的一种限制手段,其目的在于保持有限责任公司股东的稳定。经股东同意转让的股权,在同等条件下,其他股东有优先购买权。两个以上股东主张行使优先购买权的,协商确定各自的购买比例;协商不成的,按照转让时各自的出资比例行使优先购买权。当然,这种优先购买权是一种选择权,原有股东可以行使,也可以放弃,如果多个股东同时主张优先购买权的,法律规定通过协商或者按出资比例购买,这样可以保障股东之间的持续合作,维护股东在持股比例上已经形成的结构关系。

第四,《公司法》在七十一条第四款规定,公司章程对股权转让另有规定的,从其规定。此项规定明确公司章程对股权转让规定内容的法律效力,体现了法律尊重股东意思自治的精神。

第四节　股权回购

一、有限责任公司股权回购的概念

有限责任公司股权回购是指有限责任公司股东在公司的决定、行为严重损害或者可能严重损害其利益的情况下,请求公司回购其持有的股权的行为。我国1993年《公司法》立法时经验不足,股东权益保护制度设计不全面,股东诉权安排粗疏,股东不能请求解散公司,也不能申请公司回购股权,造成有限责任公司中大股东滥用权利的情况十分严重,实践中常常归结其为大股东暴政。其实,即使有限责任公司按照每个股东一人一票的表决方式,也有可能造成多数股东对少数股东的不公平欺压结果。2005年在修订我国《公司法》时,立法机关把保护股东权利确立为修订法律的基本宗旨之一,公司股权回购制度被正式确立。此项制度设定的目的在于通过法律明确规定,保护股东的投资利益,让股东有机会收回投资、退出公司。

二、我国《公司法》的相关规定

我国《公司法》第七十四条规定:"有下列情形之一的,对股东会该项决议投反对票的股东可以请求公司按照合理的价格收购其股权:1. 公司连续五年不向股东分配利润,而公司该五年连续盈利,并且符合本法规定的分配利润条件的;2. 公司合并、分立、转让主要财产的;3. 公司章程规定的营业期限届满或者章程规定的其他解散事由出现，股东会会议通过决议修改章程使公司存续的。自股东会会议决议通过之日起 60 日内，股东与公司不能达成股权收购协议的，股东可以自股东会会议决议通过之日起 90 日内向人民法院提起诉讼。"首先，我国《公司法》奉行资本不变原则和资本维持原则，股东之间发生利益冲突，其处理方式不得损害公司债权人利益，因此，股东请求公司回购股权的行为必须符合法定原因。其次，回购股权是公司减资的一项直接动因。2014 年施行的《公司注册资本登记管理规定》第十二条规定："有限责任公司依据《公司法》第七十四条的规定收购其股东的股权的，应当依法申请减少注册资本的变更登记。"再次，自股东会会议通过上述决议后，反对股东便自动获得申请股权回购的权利，这项权利是股东享有的法定权利，公司不能以章程剥夺，如果反对股东向公司提出回购其股权的请求，则无需公司承诺，公司便负有收购反对股东所持有的全部股权的义务。但是，需要注意的是，公司回购的股权应当以反对股东在股东会做出上述决议时持有且请求公司回购时仍然持有的股权为限，反对股东在股东会做出上述决议后取得的股权不能请求公司回购。另外，公司应当与反对股东协商，就回购价格、价款支付方式和时间等事项达成协议。最后，法律规定的 90 日是股东行使股权回购请求权的诉讼时效，反对股东可以自股东会会议决议通过之日起 90 日内向人民法院提起诉讼，由人民法院判定。

第五节　股权转让登记

我国《公司法》第七十三条规定："依照本法第七十一条、第七十二条转让股权后，公司应当注销原股东的出资证明书，向新股东签发出资证明书，并相应修改公司章程和股东名册中有关股东及其出资额的记载。对公司章程的该项修改不需再由股东会表决。" 根据此项规定可知，有限责任公司股权转让后，公司应当将股权变动情况以及股东变动情况及时进行记载和登记。对于出让部分股权的股东，公司应当注销出让股东持有的原出资证明书，就其剩余的出资重新向其签发新的出资证明书；对于受让股权的公司其他股东，公司应该注销其原有的出资证明书，向其签发新的出资证明书；对于因受让股权而成为公司新股东的受让人，公司应当向其签发出资证明书。同时，公司应当相应地修改公司章程和股东名册中有关股东及其出资额的记载，并应当向公司登记机关办理变更登记，对公司章程的该项修改不需再由股东会表决。此项登记具有对抗效力，未经变更登记的，因股权转让而发生的股权变动及股东变动不得对抗第三人。

思考题

1. 股份转让将对有限责任公司产生何种影响？
2. 法律为何对股份的内部转让和外部转让做出不同的规定？

第四章 股份有限公司基本制度

本章重点知识：股份有限公司的概念和特征；股份有限公司的设立条件和设立程序；公司的组织机构和管理制度；公司高级管理人员的义务与责任；公司债券的概念、特征和分类；财务会计的基本制度。

建议课时：6课时。

第一节 股份有限公司概述

一、股份有限公司的概念

股份有限公司是指公司全部资本分为等额股份，股东以其所认购的股份为限对公司承担责任，公司以其全部资产对公司债务承担责任的企业法人。股份有限公司是典型的资合公司。自1600年英国首创东印度公司（世界上第一家股份有限公司）以来，股份有限公司在世界范围内逐步发展，特别是在18世纪中叶以后，其不仅集聚了人类已有的较大的资本财富，而且也把人类创造财富的能力不断引向极限。国外一些经济学家评价，股份有限公司的发明对人类文明进步所发挥的作用，比蒸汽机和电的发明还要大。在发达国家，大型企业和跨国公司均采用股份有限公司形式，它对国民经济以至世界经济的发展具有极其重要的作用和影响。当然，股份有限公司也是我国《公司法》所规定的一种重要的公司形式。

二、股份有限公司的特征

（一）公司组织的法人性

相对其他企业或社会组织而言，股份有限公司是最为典型的法人组织。从公司及法人制度的发展历史看，现代意义的公司概念，尤其是法人概念的形成始于股份有限公司的产生。股份有限公司独立的财产及责任、完备的组织机构最充分地体现了法人组织所具有的法律特征。因此，在各国或地区的公司立法和公司法理论中，对无限公司、两合公司是否为法人的问题存在分歧，但在肯定股份有限公司的法人地位方面，却取得了完全的一致。根据我国《公司法》第二条和第三条的规定，股份有限公司是企业法人，有独立的法人财产，享有法人财产权。

（二）公司信用基础的资合性

股份有限公司的信用基础在于其公司资本，而不取决于股东的自身人格。与无限公司重视股东的身份和地位相反，股份有限公司的资本不仅是公司进行经营的基本条件，也是公司承担债务的基本担保。对债权人来讲，其更愿意在商业交易中关注公司，而不管股东是谁，股东之间也不要求确立信任关系。因此，股份有限公司是典型的资合公司。

（三）公司资本的股份性

股份有限公司的全部资本划分为金额相等的股份，股份是构成公司资本的最小单位。这种资本股份化的采用，是为了适应股份有限公司独特的向社会公开募集资本的便利性需求，同时，也便于股东股权的确定和行使。而有限责任公司股东的出资不划分为等额股份，而是以其出资比例来确定和行使股权。

（四）公司股东责任的有限性

股份有限公司的股东仅以其认购的股份为限对公司承担责任。公司的债权人不能直接向公司股东提出清偿债务的要求，更不能要求股东用个人财产清偿公司的债务。股东责任的有限性，是股份有限公司区别于无限公司的重要特征。股份有限公司与有限责任公司在股东有限责任上并无不同。

（五）公司资本募集的公开性

股份有限公司产生的原因在于适应社会化大生产对巨额资本的需求。股份有限公司通过向社会公众广泛地发行股份来筹集资本，任何投资者只要认购股份和支付股款，均可成为股份有限公司的股东。资本募集的公开性决定了公司股东的广泛性，同时也决定了股份有限公司的财务必须公开，以使公司的股东对公司的经营情况有所了解。正是因为股份有限公司具有这一特征，一些英美法系国家才直接称其为开放式公司。

（六）公司股份流通的自由性

为提高股份的融资能力和吸引投资者，股份应具有较高程度的流通性，股票必须能够自由转让和交易，否则，不利于资本募集目的的实现。因此，股份有限公司的股票除可以在一般交易场所转让交易外，还应允许申请在证券交易所挂牌上市交易。股份有限公司股票的自由流通，促进了公司资本的证券化，也促进了证券市场的形成和发展。

（七）公司经营的公开性

由于股份有限公司资本募集的公开性及股份转让的自由性，使得其经营状况不仅向股东公开，还必须向社会公开，使社会公众及时、全面地了解公司的经营状况，从而最大限度地保护公司股东、债权人及社会公众利益。对于公开发行股票的股份有限公司来说，因其社会性更强，其经营状况公开的意义也更为突出。在证券法上，信息公开原则是最重要的法律原则，也是上市股份有限公司最重要的行为准则。上市公司有义务将其一切重要的经营事项，包括财务会计报告等全面、及时、准确地向社会公告。就法定或重大的事项而言，上市公司是没有秘密的。这种公开性的特点与有限公司的封闭性完全不同。

三、股份有限公司的评价和地位

（一）股份有限公司的总体评价

股份有限公司是资本主义市场经济的典型组织形式，也是垄断资本主义的起点。早期的资本主义是自由竞争的时代，为了在激烈的市场竞争中处于有利地位，为了兴办单独一个所有者无力开设的大工业企业，为了防止和分担经营的风险，客观上要求资本家联合起来，集资经营，而这正是社会化大生产日益发展的要求，是自由竞争推动资本集中这一资本主义经济运动过程的必然结果，股份有限公司则是在这一过程中发展起来的最有效的组织形式。股份有限公司的产生大大加速了社会资本的集中过程，成为社会积累的新的强有力的杠杆。正是在它问世之后，资本主义进入了巅峰时期，在不到 100 年的时间内，创造出比以往一切时代的总和还要强大的生产力。马克思也曾指出："假如必须等待积累去使某些单个资本增长到能够修建铁路的程度，那么恐怕直到今天世界上还没有铁路，但是，集中通过股份有限公司转瞬之间就把这件事完成了。"

（二）股份有限公司的具体评价

作为公司形式之一的股份有限公司，在商事经营活动中，具有其他公司和企业形式无可比拟的优越性，但同时它又有一些不可避免的缺陷或不足，因此，要对股份有限公司进行辩证地分析，以对其作出全面、客观的评价。

1. 股份有限公司的优越性。

（1）利于集资。股份有限公司是集中资本的一种最有力的公司形式，这不仅是由于它可以对外公开发行股票和债券，而且由于它的单股股份金额一般较小，可以更为广泛地吸收社会的小额分散资金。

（2）分散风险。由于单股股份金额较小，股份有限公司大量的股东个人所拥有的股份只占公司总资本很少的部分，而股东又仅以其拥有的股份金额对公司承担财产责任，从而有利于分散投资者的风险。

（3）公众性强。股份有限公司具有最广泛的公众性，实行公示主义的管理方法，公开向社会招募资金，任何人都可以通过购买股份而成为股东，一般不受身份和个人其他条件的限制。

（4）股东变更容易。股份有限公司的股份可以自由转让，股东遇有急需或认为公司经营不善、面临亏损或破产时，可以根据自己的意愿将股份及时转让。

（5）管理科学。股份有限公司适应了所有权与经营权相分离的生产方式的需要。在股份有限公司中，生产和经营的管理活动是由以董事会和经理为中心的专门管理机构负责，众多的股东只是作为"资本的单纯所有者"领取股息和红利。这种管理的专门化有利于提高公司的管理水平。

2. 股份有限公司的不足。

（1）股份有限公司设立程序比较复杂，设立责任比较重，公司管理机关复杂、庞大，公司的活动也多受约束和限制，因此较之其他公司缺乏灵活性。

（2）易于少数股东对公司的操纵、控制和垄断的形成。由于公司股份数量很大，股东人数很多，只要掌握一定比例以上的股份，就能操纵和控制公司的管理，因此它很容易被少数大股东所垄断，损害中小股东的利益。

（3）股份有限公司股东流动性很大，不易控制掌握。股东对于公司缺乏责任感，往往公司经营稍有不佳，股东就抛售股票，转移风险，甚至会使可能扭亏为盈的公司因股票价格的跌落而一蹶不振。

（4）股票的自由流通，使得股票交易市场易于成为不法者的投机场所。一些人不是通过合法的股票交易获取利润，而是通过操纵市场、内幕交易等非法行为牟取暴利。

针对股份有限公司的上述优点和不足，各国的公司法一直在不断地修改，通过对公司法的设立、经营、监督等严格的法律规定，并通过有关证券管理法规的制定与完善来扬长避短，使其符合社会的经济发展要求。

（三）股份有限公司在我国的地位

股份有限公司是我国社会主义条件下商业投资和资本联合的法律形式。现代经济的标志是社会化大生产，它要求生产力的广泛联合，要求融资渠道的扩大，资本联合的意义比以往任何时代都更加突出。股份有限公司是资本联合的高级法律形式，它把个别的闲散资金汇集成集中的生产资金，把小规模的商业行为变成大规模的社会经营，同时，它也打破了我国长期以来信用形式单调、融资渠道狭窄的局面，把单一的银行融资变成了多渠道、多形式的社会融资。因此，股份有限公司作为一种经济组织，是资本联合到一定程度在法律上的表现，是社会主义市场经济不断发展和深化必然要求的经济组织形式。

第二节　股份有限公司的设立

一、股份有限公司设立的方式

股份有限公司属于开放性公司，既可以采取发起方式设立，也可以采取募集方式设立。我国《公司法》第七十七条第一款规定："股份有限公司的设立，可以采取发起设立或者募集设立的方式。"

（一）发起设立

发起设立，也称共同设立或单纯设立，是指公司的资本由发起人全部认购，不向发起人之外的任何人募集而设立公司的方式。我国《公司法》第七十七条第二款规定："发起设立，是指由发起人认购公司应发行的全部股份而设立公司。"

发起设立具有设立程序简单的优点。其资本的筹集无须履行复杂的招股程序，可以有效地缩短股份有限公司设立的周期，减少公司的设立费用，降低公司的设立成本。一般而言，采取发起设立方式设立股份有限公司，是由于各个发起人的资金实力比较雄厚或者公司的资本总额无需太高，发起人自身即可认购公司的全部资本。因此，发起设立方式通常仅适合规模不大的公司。如果设立时公司所需股本较大，发起人又难以认购公司应发行的全部股份，则不宜采取发起设立方式。

（二）募集设立

募集设立，亦称渐次设立或复杂设立，是指由发起人认购公司应发行股份的一部分，其余股份向社会公开募集或者向特定对象募集而设立公司的方式。发起人采取募集设立方式设立股份有限公司，是希望通过向社会公众或者特定对象发行股份而募集更多的资金，从而使公司能够具有更多的资本额。

我国《公司法》第七十七条第三款规定："募集设立，是指由发起人认购公司应发行股份的一部分，其余股份向社会公开募集或者向特定对象募集而设立公司。"由此可见，我国的募集设立又分为社会募集设立和定向募集设立两种形式。社会募集设立，是指公司发行的股份除由发起人认购外，其余股份应向社会公开发行。定向募集设立，是指公司发行的股份除由发起人认购外，其余股份不向社会公开发行，但可以向特定组织或特定自然人（如内部职工等）发行。定向募集设立具有发起设立和社会募集设立所不具备的优点，特别是在股票市场尚未充分开放的情况下，公司可以不受股票发行配额的限制，通过向特定对象发行股份的方式达到筹集资金和改变公司单一产权结构的目的，既可以掌握控制公司股权的主动性，还可以在条件具备时转换成社会募集公司，因而被不少学者认为是国有企业进行股份制改造的一种稳健的方式。

二、股份有限公司设立的条件

公司设立的条件，是指公司取得法人资格所须具备的基本要素。设立股份有限公司，应当满足法律规定的条件，否则公司便不能有效成立。我国《公司法》第七十六条规定了设立股份有限公司应当具备六项条件。

（一）发起人符合法定人数

股份有限公司，因其性质决定不宜由全体股东同时实施设立行为，而只能通过若干名发起人来实施具体的设立行为。发起人也称创办人，是指参与制定公司章程，依法认购其应认购的股份，并承担公司筹办事务的人。我国《公司法》第七十八条规定："设立股份有限公司，应当有 2 以上 200 人以下为发起人，其中须有半数以上的发起人在中国境内有住所。"由此可见，我国《公司法》不仅规定了发起人的人数限制，同时还规定了发起人的身份限制和住所要求。

（二）有符合公司章程规定的全体发起人认购的股本总额或者募集的实收股本总额

我国现行《公司法》取消了股份有限公司注册资本的最低限额①，不再要求发起人认购和募集的股本必须达到法定资本最低限额，仅要求发起人认购的股本总额或者募集的实收股本总额符合公司章程的规定即可。但同时也规定了若法律、行政法规以及国务院决定对股份有限公司注册资本实缴、注册资本最低限额另有规定的，应从其规定。

（三）股份发行、筹办事项符合法律规定

股份有限公司的股份发行、筹办事项一般包括订立发起人协议、订立公司章程、履行必要的审批手续、出资、募集股份、认股、缴纳股款、召开创立会议、申请公司设立登记，以及公司设立期间与第三人进行必要的交易等。除了《公司法》的有关规定外，我国关于股份发行和筹办事项的法律规定还散见于其他有关的单行法规，如《中华人民共和国证券法》《首次公开发行股票并上市管理办法》《首次公开发行股票并在创业板上市管理办法》等法规。从法律规定的具体内容看，既有股份发行的原则、条件、方式、价格等实体方面的规定，也有股份发行的审批、募集等程序方面的规定。设立股份有限公司，必须按照法律规定的条件和程序发行股份并进行其他筹办事项。

（四）发起人制定公司章程，采用募集方式设立的经创立大会通过

公司章程，是由设立公司的股东制定并对公司、股东、公司经营管理人员具有约束力的调整公司内部组织关系和经营行为的自治规则。公司章程是公司设立的必备条件，也是公司经营行为的基本准则，还是公司制定其他规章制度的重要依据，因此，公司章程对公司的设立和运营具有重要意义。股份有限公司的章程由全体发起人共同制定，并应载明必要事项。我国《公司法》第八十一条规定："股份有限公司章程应当载明下列事项：1. 公司名称和住所；2. 公司经营范围；3. 公司设立方式；4. 公司股份总数、每股金额和注册资本；5. 发起人的姓名或者名称、认购的股份数、出资方式和出资时间；6. 董事会的组成、职权和议事规则；7. 司法定代表人；8. 监事会的组成、职权和议事规则；9. 公司利润分配办法；10. 公司的解散事由与清算办法；11. 公司的通知和公告办法；12. 股东大会会议认为需要规定的其他事项。"符合法律规定的公司章程制定后，以发起方式设立的，公司章程由全体发起人一致同意签署；以募集方式设

---

① 2005 年《公司法》第八十一条第三款规定："股份有限公司注册资本的最低限额为人民币 500 万元。法律、行政法规对股份有限公司注册资本的最低限额有较高规定的，从其规定。"2013 年修订《公司法》时删除该项规定。

立的，公司章程应在公司创立大会上表决通过。

（五）有公司名称，建立符合股份有限公司要求的组织机构

公司名称是公司在生产经营活动中用以相互区别的固定称谓，是公司人格特定化的标志，它是公司设立的必备要件之一。股份有限公司的名称应当符合法律关于企业名称的规定，并要申请预先核准登记。另外，公司作为典型的企业法人，其权利能力和行为能力的实现是通过其组织机构来完成的，这就要求公司建立相应的组织机构。股份有限公司的组织机构如股东大会、董事会、监事会及经理，应依《公司法》和公司章程的规定设立并积极履行职责。

（六）有公司住所

住所是指公司的主要办事机构所在地，是公司设立的必备条件。公司可以建立多处生产、营业场所，但是经公司登记机关登记的住所只能有一个，并且这个住所应当位于对其进行登记的公司登记机关的辖区内。

三、股份有限公司设立的程序

设立股份有限公司应当遵循法定的程序，并按照《公司法》和其他法规的要求实施公司的设立行为。股份有限公司的设立程序因发起设立和募集设立的不同而有所区别。

（一）发起设立股份有限公司的程序

1. 发起人签署发起人协议。

股份有限公司的设立程序始于发起人的发起行为。我国《公司法》第七十九条规定："股份有限公司发起人承担公司筹办事务。发起人应当签订发起人协议，明确各自在公司设立过程中的权利和义务。"适格的发起人确立了设立公司的共同意思后，应订立发起人协议，发起人协议只调整订立协议的各发起人的权利义务，对其他人没有约束力。发起人协议自订立时生效，于公司成立后失效，但是发起人协议被公司章程明确并入的除外。

2. 申请公司名称预先核准。

设立公司应当申请名称预先核准，即由全体发起人指定的代表或者共同委托的代理人向公司登记机关申请公司名称预先核准。法律、行政法规或者国务院决定规定设立公司必须报经批准，或者公司经营范围中属于法律、行政法规或者国务院决定规定在登记前须经批准的项目的，应当在报送批准前办理公司名称预先核准，并以公司登记机关核准的公司名称报送批准。

3. 制定公司章程。

全体发起人应共同参与公司章程的制定并共同签署。公司章程必须记载法定的绝对必要记载事项，也可以记载全部或部分相对必要记载事项，还可以在不违反法律强制性规范、公序良俗的前提下，记载发起人协商一致的任意事项。我国《公司法》第八十一条规定了股份有限公司章程应当载明的事项。由于以发起设立方式设立股份有限公司并不向除发起人之外的社会成员募集股份，全体发起人在公司设立后就是公司的全体股东，因此，发起人制定并签署的公司章程即为公司的正式章程。当然，公司章程在公司登记成立前或公司成立后，可由发起人依法定程序进行修改。

4. 办理审批手续。

我国现行《公司法》对股份有限公司的设立原则是严格准则主义和核准设立主义相结合。具体而言，设立一般的股份有限公司，符合法律规定条件的，原则上适用严格准则主义，直接

办理登记注册手续。但涉及国家安全、公共利益和关系国计民生等特定行业和项目的，法律、行政法规规定设立公司必须报经批准的，应当在公司登记前依法办理批准手续，即适用核准设立主义。

5. 发起人书面认足股份。

以发起设立方式设立股份有限公司的，并不要求发起人必须在登记时缴纳足额的股款，仅需书面认足其认购的股份即可进行注册资本的登记。我国《公司法》第八十三条第一款规定："以发起设立方式设立股份有限公司的，发起人应当书面认足公司章程规定其认购的股份，并按照公司章程规定缴纳出资。以非货币财产出资的，应当依法办理其财产权的转移手续。"同时第八十条第一款规定："股份有限公司采取发起设立方式设立的，注册资本为在公司登记机关登记的全体发起人认购的股本总额。在发起人认购的股份缴足前，不得向他人募集股份。"

6. 建立公司组织机构。

全体发起人书面认足公司章程规定其认购的股份后，应当选举董事会和监事会，并由董事会聘任经理，以建立符合法律规定的公司组织机构。

7. 申请设立登记。

完成公司组织机构的设置程序后，应由选举产生的董事会向公司登记机关报送公司章程以及法律、行政法规规定的其他文件，申请设立登记。依据 2014 年修订的《公司登记管理条例》第二十一条的规定，申请设立股份有限公司，应当向公司登记机关提交下列文件：（1）公司法定代表人签署的设立登记申请书；（2）董事会指定代表或者共同委托代理人的证明；（3）公司章程；（4）发起人的主体资格证明或者自然人身份证明；（5）载明公司董事、监事、经理姓名、住所的文件以及有关委派、选举或者聘用的证明；（6）公司法定代表人任职文件和身份证明；（7）企业名称预先核准通知书；（8）公司住所证明；（9）国家工商行政管理总局规定要求提交的其他文件。若法律、行政法规或者国务院决定规定设立股份有限公司必须报经批准的，还应当提交有关批准文件。

8. 受领营业执照。

公司登记机关在对股份有限公司设立申请文件审查无误后，向公司颁发《企业法人营业执照》，自此股份有限公司的设立完成，营业执照签发日期为公司成立日期。公司凭《企业法人营业执照》刻制印章，开立银行账户，申请纳税登记，进行生产经营活动。

（二）募集设立股份有限公司的程序

1. 发起人签署发起人协议。

以募集设立方式设立股份有限公司，因其性质决定不宜由全体股东同时实施设立行为，而只能通过若干名发起人实施具体的设立行为。发起人必须符合法律规定的人数及相应的身份、住所要求，此与发起设立股份有限公司的要求相同。适格的发起人应当签订发起人协议，明确各自在公司设立过程中的权利和义务。

2. 申请公司名称预先核准。

以募集设立方式设立股份有限公司应申请名称预先核准，此程序与发起设立股份有限公司相同。

3. 制定公司章程。

公司章程由全体发起人制定并签署，但该公司章程尚不是公司的正式章程，还应在发行股份的股款缴足后召开创立大会对其进行讨论或修改，由代表股份总数过半数的发起人、认股人出席并经出席会议的认股人所持表决权过半数通过，方可成为公司的正式章程。

4. 办理审批手续。

法律、行政法规规定设立公司必须报经批准的，应当在公司登记前依法办理批准手续。如依据我国《公司法》第九十二条第二款的规定，以募集方式设立股份有限公司公开发行股票的，应当报国务院证券监督管理机构进行核准。

5. 发起人认购部分股份。

根据募集设立的特点，不要求发起人认购应发行的全部股份，发起人只要认购应发行股份的一部分即可。我国《公司法》第八十四条规定："以募集设立方式设立股份有限公司的，发起人认购的股份不得少于公司股份总数的35%；但是，法律、行政法规另有规定的，从其规定。"

6. 发起人向社会公开募集或者向特定对象募集股份。

发起人认购符合法律规定的股份之后，可以向社会公开募集或者向特定对象募集股份，筹集公司注册资本中除发起人认购部分以外的其余资金。由于发起人向社会公开募集股份直接关系到社会公众尤其是不特定投资者的利益，为防止发起人以募股为名非法集资或从事商业欺诈活动，保护投资者利益，维护社会经济秩序，我国《公司法》对公开募股活动进行了一定规制。我国《公司法》第八十五条规定："发起人向社会公开募集股份，必须公告招股说明书，并制作认股书。认股书应当载明本法第八十六条所列事项，由认股人填写认购股数、金额、住所，并签名、盖章。认股人按照所认购股数缴纳股款。"第八十六条规定："招股说明书应当附有发起人制订的公司章程，并载明下列事项：（1）发起人认购的股份数；（2）每股的票面金额和发行价格；（3）无记名股票的发行总数；（4）募集资金的用途；（5）认股人的权利、义务；（6）本次募股的起止期限及逾期未募足时认股人可以撤回所认股份的说明。"同时第八十七条、第八十八条还规定，发起人向社会公开募集股份，应当由依法设立的证券公司承销，应当同银行签订代收股款协议。

7. 召开公司创立大会。

我国《公司法》第八十九条、第九十条对召开创立大会的程序、创立大会的职权、创立大会的表决程序等进行了规定。第八十九条规定："发起人应当自股款缴足之日起 30 日内主持召开公司创立大会。创立大会由发起人、认股人组成。发行的股份超过招股说明书规定的截止期限尚未募足的，或者发行股份的股款缴足后，发起人在 30 内未召开创立大会的，认股人可以按照所缴股款并加算银行同期存款利息，要求发起人返还。"第九十条规定："发起人应当在创立大会召开 15 日前将会议日期通知各认股人或者予以公告。创立大会应有代表股份总数过半数的发起人、认股人出席，方可举行。创立大会行使下列职权：（1）审议发起人关于公司筹办情况的报告；（2）通过公司章程；（3）选举董事会成员；（4）选举监事会成员；（5）对公司的设立费用进行审核；（6）对发起人用于抵作股款的财产的作价进行审核；（7）发生不可抗力或者经营条件发生重大变化直接影响公司设立的，可以作出不设立公司的决议。创立大会对前款所列事项作出决议，必须经出席会议的认股人所持表决权过半数通过。"

8. 申请设立登记。

董事会应于创立大会结束后30日内，向公司登记机关报送下列文件，申请设立登记：（1）公司登记申请书；（2）创立大会的会议记录；（3）公司章程；（4）验资证明；（5）法定代表人、董事、监事的任职文件及其身份证明；（6）发起人的法人资格证明或者自然人身份证明；（7）公司住所证明。若以募集方式设立股份有限公司公开发行股票的，还应当向公司登记机关报送国务院证券监督管理机构的核准文件。

9. 受领营业执照。

股份有限公司经公司登记机关登记后，领取《企业法人营业执照》，自此公司正式成立。公司凭营业执照刻制印章，开立银行账户，申请纳税登记，开展生产经营活动。另外，根据《中华人民共和国证券法》（下文称《证券法》）的规定，如果公司是采取公开募集股份的方式设立的，公司应当将股份募集的情况报国务院证券监督管理机构备案。

四、股份有限公司设立的效力

公司设立的效力，是指公司设立活动所产生的法律后果。股份有限公司设立最直接的法律后果有二：一是公司经过设立程序，符合法定条件，被依法核准登记，取得法人资格；二是公司经过设立程序，但不符合法定条件或违反法律强制性规定，公司不能设立或导致公司设立无效或撤销。无论是股份有限公司成立还是不成立，均存在发起人行为后果由谁承担及发起人的责任等问题，这也是公司设立行为效力的重要内容。

（一）设立中的股份有限公司的地位

从发起人设立股份有限公司到股份有限公司正式成立，需要经过一段时间。这一时期的股份有限公司，学理上称为设立中的公司或未完成的公司。一般认为，设立中的公司是一种没有权利能力的社团，而发起人则为设立中的公司的执行机关。设立中的公司与其后成立的公司具有密不可分的联系。台湾的柯芳枝教授认为二者犹如胎儿和婴儿的关系，两者超越人格的有无，在实质上属于同一体。据此，设立中的公司所享有的财产权利及形成的债权债务关系应由成立后的公司承继；但发起人的权限范围应该以公司设立必要的行为为限，以设立中的公司名义所进行的与设立公司无关的行为，属于超越发起人权限范围的行为，对设立中的公司和其后成立的公司均无约束力，原则上由发起人承担相应的法律责任。

1. 发起人为设立公司以自己名义实施的行为。

发起人为设立公司以自己名义所实施的行为，其后果由发起人自己承担，但是如果公司成立后对此行为予以追认的，可以由公司承担相应后果。我国《最高人民法院关于适用〈中华人民共和国公司法〉若干问题的规定（三）》（以下简称《公司法若干规定（三）》）第二条规定："发起人为设立公司以自己名义对外签订合同，合同相对人请求该发起人承担合同责任的，人民法院应予支持。公司成立后对前款规定的合同予以确认，或者已经实际享有合同权利或者履行合同义务，合同相对人请求公司承担合同责任的，人民法院应予支持。"

2. 发起人以设立中公司的名义实施的行为。

《公司法若干规定（三）》第三条规定："发起人以设立中公司名义对外签订合同，公司成立后合同相对人请求公司承担合同责任的，人民法院应予支持。公司成立后有证据证明发起人利用设立中公司的名义为自己的利益与相对人签订合同，公司以此为由主张不承担合同责任的，人民法院应予支持，但相对人为善意的除外。"

3. 发起人因履行公司设立职责侵犯他人权益的行为。

《公司法若干规定（三）》第五条规定："发起人因履行公司设立职责造成他人损害，公司成立后受害人请求公司承担侵权赔偿责任的，人民法院应予支持；公司未成立，受害人请求全体发起人承担连带赔偿责任的，人民法院应予支持。公司或者无过错的发起人承担赔偿责任后，可以向有过错的发起人追偿。"

（二）股份有限公司设立完成的效力

股份有限公司设立完成，意味着公司自此取得法律人格，可依注册登记的经营范围和经营方式开展生产经营活动。同时，发起人是股份有限公司设立行为的具体实施者，发起人的设立活动对于认股人和公司都有直接的影响。为了增加发起人的责任感，防止滥设公司、以公司名义进行欺诈活动，各国或地区公司法均对发起人规定了较为严格的责任。

1. 资本充实责任。

发起人的资本充实责任，又称"差额填补责任"，是指为了确保资本的充足和可靠，保证法律人格健全，由发起人相互担保出资义务的履行，从而确保实收资本与公司章程所规定的资本一致的民事责任。资本充实责任是由德国《公司法》所确立的一项重要义务。我国《公司法》第九十三条规定："股份有限公司成立后，发起人未按照公司章程的规定缴足出资的，应当补缴；其他发起人承担连带责任。股份有限公司成立后，发现作为设立公司出资的非货币财产的实际价额显著低于公司章程所定价额的，应当由交付该出资的发起人补足其差额；其他发起人承担连带责任。"需要注意的是，资本充实责任是一种严格责任，不论公司设立时发起人对资本不实这一事实是否知悉或应否知悉，均应无条件地承担连带责任。

2. 违约责任。

公司设立时的发起人不按照公司章程履行出资义务的，应对其他发起人承担违约责任。我国《公司法》第八十三条第一款和第二款规定："以发起设立方式设立股份有限公司的，发起人应当书面认足公司章程规定其认购的股份，并按照公司章程规定缴纳出资。以非货币财产出资的，应当依法办理其财产权的转移手续。发起人不依照前款规定缴纳出资的，应当按照发起人协议承担违约责任。"

3. 损害赔偿责任。

为了防止发起人假借设立公司之名侵害公司及第三人利益，各国或地区公司法多要求发起人须就自己的设立行为对公司负责。我国《公司法》第九十四条第三项规定："在公司设立过程中，由于发起人的过失使公司利益受到损害的，应当对公司承担赔偿责任。"这一规定与国际上的通常做法是一致的。在这里，发起人对公司承担损害赔偿责任的基础是过失，即发起人只对自己的过错行为承担责任。

（三）股份有限公司设立失败的效力

公司设立失败是公司未能完成设立行为，即公司未能成立。公司设立失败的原因有很多，但最为普遍的原因是公司在设立条件上不符合法律规定或在程序上有瑕疵，公司登记机关以合法理由拒绝登记，因而使得公司设立行为未能全部完成。股份有限公司设立失败时，因设立公司行为而产生的法律责任由发起人承担。

1. 对设立行为所产生的债务和费用负连带责任。

设立行为所产生的费用及债务本应由成立后的公司承担，但当公司不能成立时，只能由实施设立行为的发起人承担。由于发起人之间的关系类似于合伙关系，因此各国或地区公司立法一般准用合伙的有关规定，即由发起人对设立行为所产生的费用和债务负连带赔偿责任。我国《公司法》第九十四条第一项规定："公司不能成立时，股份有限公司的发起人应当对设立行为所产生的债务和费用负连带责任。"《公司法若干规定（三）》第四条规定："公司因故未成立，债权人请求全体或者部分发起人对设立公司行为所产生的费用和债务承担连带清偿责任的，人民法院应予支持。部分发起人依照前款规定承担责任后，请求其他发起人分担的，人民法院应当判令其他发起人按照约定的责任承担比例分担责任；没有约定责任承担比例的，按照约定的出资比例分担责任；没有约定出资比例的，按照均等份额分担责任。因部分发起人的过错导致公司未成立，其他发起人主张其承担设立行为所产生的费用和债务的，人民法院应当根据过错情况，确定过错一方的责任范围。"

2. 对已收股款本息负返还的连带责任。

在采取募集方式设立股份有限公司的情况下，发起人应对已收股款本息负返还的连带责任。我国《公司法》第九十四条二项规定："公司不能成立时，股份有限公司的发起人应当对认股人已缴纳的股款，负返还股款并加算银行同期存款利息的连带责任。"

第三节　股份有限公司的组织机构

一、公司组织机构概述

（一）公司治理与公司组织机构

公司治理与公司组织机构密不可分。在现代企业制度中，判断一个公司治理是否良好的基本衡量标准为该公司组织机构设置是否完善以及各组织机构之间的关系是否协调、是否有效率。因此可以说，公司治理无非是公司各组织机构在贯彻公司经营目标前提下的有效运行，公司组织机构在行使各自职权时相互制衡，最终在兼顾各利益相关者利益的基础上实现公司和股东的利益。公司组织机构在公司治理中处于核心位置。

（二）公司组织机构的设置原则

公司组织机构设置的原则，是指在《公司法》和公司章程的框架下构造公司的组织机构，明确其各自的职权范围，协调相互运作关系，以期实现良好的公司治理所应贯彻的基本精神和规则性要求。它不仅包含传统商法在意思自治理念支配下形成的商法人组织机构产生和活动的某些规则，还应体现由公司治理理论在现代企业制度构造实践中创设的一些重要规范。

1. 股东权利的原则。

该原则是指公司组织机构的设置应重视股东作为公司所有者的地位，使之能够确保股东充分行使权利。该原则具体可以分解为：（1）股东大会为最高权力机构原则。（2）股东的平等对待原则。公司组织机构的设置应确保所有股东，特别是中小股东享有平等的权利，并承担相应的义务。（3）股东权利救济原则。为了切实保护股东的权利，《公司法》应规定股东权利受到侵害时应得到相应的法律救济。

2. 激励与约束并举的权力制衡原则。

由于公司组织机构中的各方利益主体均为理性的"经济人"，其行为是成本收益衡量后追求自身利益最大化的结果。如果收益与付出不成正比，即使约束再强，也不能保证公司代理人忠实地不损害公司和股东的利益，更不能保证其有动力勤勉地追求公司和股东的利益。因此，良好的公司治理首先应充分重视激励机制，使公司的董事、监事、经理有动力积极履行其职责。

然而，因为公司股东之间、股东与董事及经理之间的利益并非完全一致，为了避免公司的各种利益主体在追求自己利益最大化时损害股东及利益相关者的权利，就必须对其进行约束以达到权力的平衡。

3. 信息披露与透明度原则。

公司治理中出现问题的根源之一在于信息不对称，公司的股东无法获得董事、经理等代理人行为的充分信息，从而无法对其行为进行及时、准确地绩效评价和监督。因此，为了提高公司组织机构的效率，就必须加强信息披露，保持公司的透明度，从而使股东获得真实、准确、完整、及时的公司经营信息，这也是公司组织机构有效运行的基本前提。

4. 利益相关者参与公司治理原则。

近年来，随着公司治理理论的发展，股东以外的利益相关者也逐渐被纳入公司治理主体范围，虽然各国或地区对利益相关者参与公司治理的程度规定不一，但各国或地区公司法已开始关注利益相关者问题。例如，德国《公司法》规定在雇员超过一定人数的企业中，公司监事会成员应有一半的比例为雇员监事；世界经济合作与发展组织出台的《OECD公司治理结构原则》中也规定："公司治理结构的框架应当确认利益相关者的合法权利，并且鼓励公司和利益相关者在创造财富和工作机会以及为保持企业财务健全而积极进行合作。"

此外，公司组织机构的设置还应当充分考虑和贯彻分权制衡原则、效率原则、经济民主原则等。

（三）公司组织机构的基本构成

受政治、经济、法律和文化等因素的影响，各国或地区公司治理模式差异较大。由于证券市场成熟、股权高度分散，以英美为代表的"外部监控模式"的公司治理更强调信息披露、公司外部监管等证券市场力量；而德国、日本等国家经济行为的集中度较强，其股权结构较为集中，因而其公司治理更强调股东、董事等通过公司内部权力机构对公司进行直接控制，故这种模式被称为"内部监控模式"。虽然各国或地区公司组织机构的类型和具体权力职责不尽相同，但还是存在基本共性。根据公司治理所需的四种职能，公司组织机构一般设立以下四类机构：1. 权力机构，一般为股东大会。公司是由股东设立的，股东作为公司的出资者和所有者理应对公司享有最高权力，而股东行使权力的机关即为全体股东组成的股东大会。2. 决策机构，一般为董事会。董事会是由股东大会选举产生的，由董事组成的行使经营决策权和管理权的公司机构。3. 监督机构，一般为监事会。监事会主要职责是监督董事、经理等高级管理人员的经营行为，对其违法或不当的经营行为和其他可能侵犯公司或股东利益的行为进行约束。4. 执行机构，即经理。经理是对公司日常经营进行管理的公司机构，也是董事会决议的执行机构。

以上四类机构的四种职能在各国或地区的公司组织机构中均有体现，但具体表现有所差异。在美英国家，不设监事会，董事中的非执行董事负有监督职责，同时在公众公司中又增设独立董事，独立董事承担对公司重大事项的监督职责。德国采用双层委员会制度，股东大会选举监事（有一部分监事为雇员监事）成立监督委员会（简称监事会），其职权强大，包括任命董事和行使监督权两大职能。监事会任命理事成立管理委员会（简称理事会），理事会是执行监事会决议并负责公司日常运作的执行机构，实际上就是董事会，与经理共同承担执行职能。我国公司立法对公司的四种基本组织机构均进行了规定，因此本章以下内容即以此为框架对公司组织机构进行详细论述。

二、股东大会

（一）股东大会的概念和特征

股东大会，是指由股份有限公司全体股东组成的公司权力机构。股东大会的概念是针对股份有限公司而言的，股东会的概念则是针对有限责任公司而言。股东大会具有如下法律特征：

1. 股东大会由股份有限公司全体股东组成。

股份有限公司的股东大会，其组成成员应是全体股东，不能将任何一个股东排除在外。凡具有股东资格者，均是股东大会的成员，有权出席股东大会会议，即使无表决权的优先股东也不例外。因为无表决权仅意味着持有这类股份的股东不能参与表决，并不意味着该类股东无出席股东大会的权利。我国《公司法》第九十八条规定："股份有限公司股东大会由全体股东组成。股东大会是公司的权力机构，依照本法行使职权。"但需要明确，作为公司机构的股东大会与作为股东会议的股东大会两者内涵并不相同，前者由全体股东组成，是公司的权力机构；而后者则是股东行使权利并形成统一意志的方式，分为定期会议和临时会议，它并不要求全体股东必须出席。

2. 股东大会是股份有限公司的最高权力机关。

股东大会作为股份有限公司的组织机构之一，是公司的最高权力机关，它表明了股东大会在股份有限公司组织机构中的地位。《公司法》一般赋予股东大会较大的职权，如股东大会有权选举和罢免董事、监事，有权修改章程，有权决定公司的经营方针和投资计划，董事会和监事会都要对其负责。从理论上讲，由全体股东组成的体现股东集体意志的股东大会应有权对公司的一切重要事务作出决议，但随着传统公司的股东大会中心主义被现代公司法的董事会中心主义所取代，股东大会的职权也受到了一定的限制。尽管如此，股东大会仍然是公司的最高意思机关，即股东大会形成的意思居于最高地位，对董事会、监事会具有约束力。但是，股东大会也并非能够对股份有限公司所有重要决策大权独揽，世界各国或地区公司法对股东大会和董事会的职权进行了不同的分配，股东大会也需在法定范围内行使职权。

3. 股东大会是股份有限公司的法定但非常设机构。

我国《公司法》明确规定股东大会是股份有限公司的法定必设机构。股东大会虽为必设机构，但并非常设机构，仅以定期年会和临时会议的形式行使职权。在股东大会闭会后，股东只能通过有关参与权的行使，对公司的生产经营活动施加影响。至于股东大会是常设机构或是非常设机构，学者之间存在不同见解。有的学者认为，股东大会诸多权力的行使，必须以召集会议方式方可进行。既然股东大会属公司法定必要的意思机关，就其地位而言，属于经常存在而随时召集开会的机构（尽管其开会次数有限），故应属常设机构。但通说认为，股东大会应属于非常设机构。

（二）股东大会的职权

股东大会为股份有限公司的最高权力机构，因此股东大会一般是针对公司的重大事项行使职权。股东大会的职权有两类：一类是法定职权，即《公司法》明确规定的职权；另一类是公司章程规定的职权，即公司以章程的形式规定的除法定职权以外的其他职权。

我国《公司法》关于股份有限公司股东大会职权的规定与有限责任公司是一致的。依据《公司法》第九十九条和第三十七条第一款的规定，股东大会行使下列职权：1. 决定公司的经营方针和投资计划；2. 选举和更换非由职工代表担任的董事、监事，决定有关董事、监事的报酬事项；3. 审议批准董事会的报告；4. 审议批准监事会的报告；5. 审议批准公司的年度财务预算方案、决算方案；6. 审议批准公司的利润分配方案和弥补亏损方案；7. 对公司增加或者减少注册资本作出决议；8. 对发行公司债券作出决议；9. 对公司合并、分立、解散、清算或者变更公司形式作出决议；10. 修改公司章程；11. 公司章程规定的其他职权。在上述 11 项职权中，前 10 项是股东大会的法定职权，第 11 项是章程规定的职权。需要注意的是，公司章程规定的股东大会职权不得与《公司法》规定的法定职权相矛盾，不得违反法律、法规的规定，不得无故剥夺股东的权利，否则这些规定应为无效。

（三）股东大会的种类

依据股东大会会议召开的原因及时间和方式不同，股东大会会议通常分为定期年会和临时会议两种。

1. 定期年会。

定期年会，又称股东常会、股东年会、普通股东大会，是指股份有限公司依据法律或章程的规定按时召开的全体股东会议。定期年会是每年必须召集的股东会议。一般是 1 年 1 次，也有的公司章程规定 1 年召开 2 次或 2 次以上。依据我国《公司法》第一百条的规定，股东大会应当每年召开 1 次年会。定期年会是全体股东行使最高决议权的基本形式，它通常行使法律或章程所规定的基本职权。当然，定期年会除行使股东大会的基本职权外，也可以安排议定一些其他特殊事项。

2. 临时会议。

临时会议，又称特别会议、特别股东大会，是指非定期的、必要时才召开的全体股东会议。我国《公司法》列举了 6 种应当召开临时股东大会的情形。依据我国《公司法》第一百条的规定，有下列情形之一的，应当在两个月内召开临时股东大会：（1）董事人数不足本法规定人数或者公司章程所定人数的 2/3 时；（2）公司未弥补的亏损达实收股本总额 1/3 时；（3）单独或者合计持有公司 10% 以上股份的股东请求时；（4）董事会认为必要时；（5）监事会提议召开时；（6）公司章程规定的其他情形。

（四）股东大会的召集

1. 召集人。

股东大会原则上由董事会负责召集，特殊情况下可由监事会、适格的股东等主体负责召集。在我国的公司实践中，因种种原因，经常存在着股东大会会议无法召开的情形。为杜绝此类现象的发生，我国《公司法》作出了十分缜密的规定。我国《公司法》第一百零一条规定："股东大会会议由董事会召集，董事长主持；董事长不能履行职务或者不履行职务的，由副董事长主持；副董事长不能履行职务或者不履行职务的，由半数以上董事共同推举一名董事主持。董事会不能履行或者不履行召集股东大会会议职责的，监事会应当及时召集和主持；监事会不召集和主持的，连续 90 日以上单独或者合计持有公司 10% 以上股份的股东可以自行召集和主持。"由此可以看出，我国股份有限公司的股东大会召集人依次为董事会、监事会、适格的股东，股东大会主持人依次为董事长、副董事长、推举的董事、监事会、适格的股东。

2. 召集时间。

我国《公司法》并未规定股东大会定期年会的召集时间，可以在公司章程中予以明确。股东大会临时会议需要在公司法规定的情形发生后 2 个月内召集，但有例外。我国《公司法》第一百零四条规定："本法和公司章程规定公司转让、受让重大资产或者对外提供担保等事项必须经股东大会作出决议的,董事会应当及时召集股东大会会议,由股东大会就上述事项进行表决。"

3. 召集通知。

由于股东大会并非股份有限公司的常设机构,股东也非公司工作人员,因此,股东们对公司需要的审议事项并不是很熟悉。为了提高股东大会开会的效率和股东的出席率,也为了防止董事会或控股股东在股东大会上利用突袭手段控制股东大会决议,各国或地区公司法均规定了股东大会的召集通知程序。我国《公司法》第一百零二条规定:"召开股东大会会议,应当将会议召开的时间、地点和审议的事项于会议召开 20 日前通知各股东;临时股东大会应当于会议召开 15 日前通知各股东;发行无记名股票的,应当于会议召开 30 日前公告会议召开的时间、地点和审议事项。单独或者合计持有公司 3% 以上股份的股东,可以在股东大会召开 10 日前提出临时提案并书面提交董事会;董事会应当在收到提案后 2 日内通知其他股东,并将该临时提案提交股东大会审议。临时提案的内容应当属于股东大会职权范围,并有明确议题和具体决议事项。股东大会不得对前两款通知中未列明的事项作出决议。无记名股票持有人出席股东大会会议的,应当于会议召开 5 日前至股东大会闭会时将股票交存于公司。"由此可见,股份有限公司召集股东大会,对记名股东采取"通知"方式,即"发信主义",而非"送达主义",受通知人是否确实收到,并不影响股东大会召集的效力。对于无记名股东则采取"公告"方式。

(五)股东大会的表决规则

为了使股东大会形成公平、有效率的决议,提高中小股东参与公司治理的积极性,同时防止大股东利用控股地位侵害中小股东的权利,各国或地区公司法均很重视对表决规则的规范。一个有效的表决决议必须是在法定比例股东出席的前提下,通过法律规定的表决方式,达到符合法定比例要求的支持率的决议。

1. 法定比例的股东出席会议。

召开合法有效的股东大会,出席会议的股东所代表的公司有表决权的股份数量应满足的法定标准。若参加股东大会的股东很少,不利于公司集思广益地决策,还可能出现少数股东操纵股东大会甚至损害其他股东利益的情形。各国或地区一般规定参加股东大会的股东必须达到法定人数,股东大会才能合法召开,通过的决议也才有效,例如美国《标准公司法》规定:"除公司章程另有规定外,有表决权的股份之多数拥有者亲自或由代理人出席会议,应构成股东会议的法定人数。但在任何情况下,法定人数不应少于在会议上有表决权股份的1/3 构成。"我国现行《公司法》并未规定股东大会股东的法定出席比例,这是立法上的空白。

2. 股东大会表决的一般原则。

表决是股东大会作出决议的重要方式,股东们通过表决作出决议,以表达他们对公司的意见和要求,参与公司重大事项的决策,实现对公司的控制。由股份有限公司的资合性特点所决定,多数国家或地区的公司立法都确立了股东行使表决权的基本原则,即一股一票原则。我国《公司法》也确立了股东大会的表决采取一股一票制,第一百零三条第一款规定:"股东出席股东大会会议,所持每一股份有一表决权。但是,公司持有的本公司股份没有表决权。"

3. 股东大会表决方式。

(1)本人投票制与委托投票制。

本人投票制,又称亲自投票制,是指股东亲自出席股东大会并进行投票。出席股东大会并依法行使表决权是股东的固有权利,因此,表决权通常是由股东亲自行使。委托投票制,又称代理投票制,是指股东委托代理人出席股东大会并进行投票。股东出席股东大会是其权利而非义务，因此股东可以不亲自出席而委托他人代为出席。特别对股权高度分散的股份有限公司而言，要求分散在各地且投资目的迥异的股东亲自出席股东大会既无必要也不可能。委托投票制有利于调动中小股东行使投票表决权的积极性，从而有效防止股东大会的"空壳化"。委托代理人在股东大会上行使表决权，已成为股份有限公司股东参与公司决策程序的典型模式。我国《公司法》也确立了股东表决权的代理机制，第一百零六条规定："股东可以委托代理人出席股东大会会议，代理人应当向公司提交股东授权委托书，并在授权范围内行使表决权。"

（2）现场投票制与通讯投票制。

现场投票制是指股东或其代理人在股东大会现场进行投票。这是股东大会最常见也是最原始的投票方式。通讯投票制是指股东或其代理人通过现代通讯的方式对股东大会表决事项进行投票。随着现代科技的发展，电话、传真、互联网等现代便捷通讯工具不断涌现，为了降低成本，提高中小股东表决的积极性，许多国家或地区公司立法承认了利用现代通讯工具投票的有效性。在实务中，我国股份有限公司尤其是上市公司召开股东大会时均认可通讯投票方式。

（3）直线投票制与累积投票制。

直线投票制，又称直接投票制、非累积投票制，是指在行使股东大会表决权时，针对某一项决议，股东只能将其持有股份代表的表决票数一次性直接投在这些决议上，决议的结果取决于支持、反对和弃权的票数的简单比较。直接投票制体现的是一种由大股东控制公司的权利义务对等的理念。累积投票制，是指股东大会选举 2 名以上的董事或监事时，股东所持的每一股份拥有与待选董事或监事总人数相等的投票权，股东既可用所有的投票权集中投票选举一人，也可分散投票选举数人，按得票多少依次决定董事或监事入选的表决权制度。在实行累积投票时，股东的表决权票数是按照股东所持有的股票数与所选举的董事或监事人数的乘积计算，而不是直接按照股东所持有的股票数计算。

累积投票制起源于英国，但在美国得到了重大发展。19 世纪 60 年代，美国伊利诺伊州报界披露了本州某些铁路经营者欺诈小股东的行为，该州遂在 1870 年《宪法》中赋予小股东累积投票权。伊利诺伊州《宪法》第 3 章节第 11 条规定，任何股东在法人公司选举董事或经理人的任何场合，均得亲自或通过代理人行使累积投票权，而且此类董事或经理不得以任何其他方式选举。随后，该州《公司法》第 28 条也规定了累积投票制度。至 1955 年，美国有 20 个州在其《宪法》或制定法中规定了累积投票制度。随后，很多国家或地区的公司立法采用了累积投票制。我国《公司法》也认可此种投票制度，第一百零五条规定："股东大会选举董事、监事，可以依照公司章程的规定或者股东大会的决议，实行累积投票制。本法所称累积投票制，是指股东大会选举董事或者监事时，每一股份拥有与应选董事或者监事人数相同的表决权，股东拥有的表决权可以集中使用。"

累积投票制的独特作用在于：第一，它通过投票数的累积计算，扩大了股东的表决权的数量。累积投票制的目的就在于防止大股东利用表决权优势操纵董事或监事的选举，矫正"一股一票"表决制度存在的弊端。按这种投票制度，选举董事或监事时每一股份代表的表决权数不是一个，而是与待选董事或监事的人数相同。股东在选举董事或监事时拥有的表决权总数，等于其所持有的股份数与待选董事或监事人数的乘积。第二，它通过限制表决权的重复使用，限制了大股东对董事、监事选举过程的绝对控制力。投票时，股东可以将其表决权集中投给一个或几个董事候选人，通过这种局部集中的投票方法，能够使中小股东选出代表自己利益的董事，避免大股东垄断全部董事的选任。举个例子：甲股份有限公司要选 5 名董事，公司股份共 1 000

股，股东共 10 人，其中 1 名大股东持有 510 股，即拥有公司 51% 的股份；其他 9 名股东共计持有 490 股，合计拥有公司 49% 的股份。若按直线投票制度，每一股有一个表决权，则控股 51% 的大股东就能够使自己推选的 5 名董事全部当选，其他股东毫无话语权。但若采取累积投票制，表决权的总数就成为 1 000×5=5 000 票，控股股东总计拥有的票数为 2 550 票，其他 9 名股东合计拥有 2 450 票。根据累积投票制，股东可以集中投票给一个或几个董事候选人，并按所得票数多少的排序确定当选董事。因此，从理论上来说，其他股东至少可以使代表自己利益的 2 名董事当选，而控股比例超过半数的股东最多只能选举 3 名代表自己利益的董事。再举个例子，假设甲股份有限公司有 2 位股东，A 股东占 70%（70 股）的股份，B 股东占 30%（30 股），公司章程规定设 5 位董事。若采取直线投票制，A 股东提名的 5 位候选人每人可以得到 70 票，而 B 股东提名的候选人每人只能得到 30 票。在此情况，B 的候选人将无一入选董事会。尽管从表面上看来，这种选举方式是公平的，符合"资本多数决"原则。但是，采取直线投票制的最大问题在于持股较多的股东有可能囊括董事会的所有席位，这存在明显的不合理。而累计投票制下，A 有 350 张选票（70 乘 5），B 有 150 张选票（30 乘 5）。假如 B 足够聪明，他至少可以有 1 名代言人入选董事会。因为 B 将 150 张选票都投给 1 名候选人的情况下，A 是无法阻止 B 的候选人入选的。A 必须十分小心地使用自己的 350 张选票才能确保自己的 4 位候选人当选。如果 A 不能明智地使用选票，他很可能只能保证自己的 3 位候选人或者更少的人入选。

从制度本身看，累积投票权制度虽为扩大中小股东的发言权提供了相应保证，但这种保证仍以中小股东持有或者合计持有一定数量的表决权为条件。若中小股东持股数量过低，在持股比例上与大股东悬殊太大或者不能有效地一致行动，累积投票制将难以充分地发挥作用。如上例中大股东持有或者控制的表决权达到了 85%，则即使其余股东都联合起来也仍然无法通过累积投票制选出自己中意的董事。因此，在实际操作中，从累积投票制中获益的往往是持股仅次于大股东的股东们。

4. 股东大会决议。

（1）股东大会决议的通过。

对于股东大会的不同决议事项，法律规定了不同的多数通过标准。根据具体的决定事项和多数通过标准，股东大会的决议分为普通决议和特别决议。

普通决议是指决定公司的普通事项时采用的以简单多数通过的决议。"简单多数通过"是指由出席会议的 1/2 的表决权通过决议即可生效。在我国，除了《公司法》明文规定应以特别决议通过的事项外，其他事项一律以普通决议通过即可。依据我国《公司法》第一百零三条第二款的规定："股东大会作出普通决议，必须经出席会议的股东所持表决权过半数通过。"特别决议是指决定公司的特别事项时采用的以绝对多数才能通过的决议。在不同的国家或地区，对特别表决事项通过的绝对多数的数量要求不同。依据我国《公司法》第一百零三条第二款的规定："股东大会作出修改公司章程、增加或者减少注册资本的决议，以及公司合并、分立、解散或者变更公司形式的特别决议，必须经出席会议的股东所持表决权的 2/3 以上通过。"

（2）股东大会决议的记录。

股东大会的决议事项应有完备的记录。在记录中，应标明会议的时间、场所、议事的内容和结果等，并由公司相关人员签名、盖章。我国《公司法》第一百零七条规定："股东大会应当对所议事项的决定作成会议记录，主持人、出席会议的董事应当在会议记录上签名。会议记录应当与出席股东的签名册及代理出席的委托书一并保存。"

（3）股东大会决议的无效。

股东大会决议的内容违反法律、行政法规的，该决议属无效决议。由于决议内容是否违反法律、行政法规，由决议本身即可作出判断，无须经其他程序确认，因此，这种无效被称作当然无效。此与民法中的绝对无效的民事法律行为相同，自始无效，绝对无效。股东大会决议的无效不以特定人提起诉讼为无效要件，当然股东也可向法院提起确认无效之诉，其提起的时效不受限制，可随时提出。需要注意的是，此处所指的违反法律、行政法规，应当是指违反法律、行政法规的强制性规定。我国《公司法》并未将违反公司章程作为股东大会决议无效的事由。依据我国《公司法》第二十二条第一款的规定，公司股东大会的决议内容违反法律、行政法规的无效。

（4）股东大会决议的撤销。

股东大会决议存在程序瑕疵或者内容瑕疵的，股东在一定期限内可以提起可撤销之诉，通过法院判决使已经作出的股东大会决议归于无效。股东大会决议可撤销制度的目的在于通过股东行使撤销权，对决议中存在的程序瑕疵或内容瑕疵进行修正，以维护中小股东的合法权益，维护公司的长远利益和资本市场的正常秩序。依据我国《公司法》第二十二条第二款、第三款和第四款的规定，股东大会的会议召集程序、表决方式违反法律、行政法规或者公司章程，或者决议内容违反公司章程的，股东可以自决议作出之日起60日内，请求人民法院撤销。股东依照前述规定提起诉讼的，人民法院可以应公司的请求，要求股东提供相应担保。公司根据股东大会决议已办理变更登记的，人民法院宣告该决议无效或者撤销该决议后，公司应当向公司登记机关申请撤销变更登记。

三、董事会

（一）董事会的概念和特征

董事会是由董事组成的、代表公司并行使经营决策权和管理权的常设执行机构。从上述定义可以看出董事会具有如下特征：

1. 董事会由董事组成。董事一般由股东大会选举产生，也可以由公司职工代表担任　董事。

2. 董事会是公司法定的常设机构。董事会自股份有限公司成立之日一直存在，虽然它的成员可依法随时更换，但董事会作为公司的一个组织机构始终存在。董事会作为股份有限公司的常设机构的法律地位是《公司法》所确认的，公司章程不能改变这种制度的设计结构。

3. 董事会是公司的业务执行机构。董事会对股东大会负责，执行股东大会的决议。股东大会是公司的权力机构和意思形成机构，股东大会作出的各项决议必须由一个组织负责执行，这个执行组织就是董事会。

4. 董事会是集体执行公司事务的机构。董事会是会议形式的机构，其权限通常应以会议的形式行使。董事会就公司重大事务形成决议，表达董事会成员的共同意思，故为集体执行公司事务的机构。

5. 董事会是公司的对外代表机构。股份有限公司是天然的外向型组织，其经营活动就是公司以交易条件为基础与外部社会的种种联系。公司对外活动应有代表人，否则不能确定交易活动的合法有效性。由董事会作为公司的对外代表机构可以节省公司的交易成本，提高运转的效率，这不仅符合商业惯例，而且为各国或地区公司法所接受。

6. 董事会是公司的经营决策机构。董事会执行股东大会的决议，负责公司的经营决策。它有自己独立的职权，在法律和章程规定的范围内对公司的经营管理行使决策权，并任命经理来执行公司的日常经营活动。特别是随着董事会权力的不断扩大和股东大会职权的日渐削弱，董事会已成为事实上的经营决策和领导机构。除法律和公司章程另有规定外，董事会对公司的各类重要事项，均可作出决定。

（二）董事会的职权

1. 对内经营管理权。

董事会对内的经营管理权主要包括：（1）决策权，即对公司生产经营的方向、战略、方针以及重大措施的决定权。由于股东大会日益脱离公司的管理过程，或由于其他种种原因无法真正行使权力，董事会事实上已成为公司主要的决策者。（2）执行权，即实施章程规定的宗旨以及执行股东大会所作的决议，负责具体业务的管理。（3）人事任免权，即选任公司的高级管理人员。（4）监督权，监督公司高级管理人员的活动。

2. 对外代表权。

代表权，是指以公司名义对外从事活动的权利。一般可以根据代表权的来源分为"法定代表人"和"一般代表人"。就法定代表人而言，各国或地区公司法的规定有很大差异。主要有4种类型：（1）规定董事会作为一个整体享有代表权。如奥地利、比利时等国的公司法均规定，任何董事个人未经董事会授权不得对外代表公司进行活动。（2）规定董事长享有代表权，如法国。（3）规定常务董事均享有代表权，如日本。（4）规定全体董事均有代表权，如德国。

我国公司立法对董事会的职权采用列举的方式进行规定，赋予董事会较为广泛的职权。依据我国《公司法》第一百零八条第四款和第四十六条的规定，股份有限公司的董事会对股东大会负责，行使下列职权：（1）召集股东大会会议，并向股东大会报告工作；（2）执行股东大会的决议；（3）决定公司的经营计划和投资方案；（4）制订公司的年度财务预算方案、决算方案；（5）制订公司的利润分配方案和弥补亏损方案；（6）制订公司增加或者减少注册资本以及发行公司债券的方案；（7）制订公司合并、分立、解散或者变更公司形式的方案；（8）决定公司内部管理机构的设置；（9）决定聘任或者解聘公司经理及其报酬事项，并根据经理的提名决定聘任或者解聘公司副经理、财务负责人及其报酬事项；（10）制定公司的基本管理制度；（11）公司章程规定的其他职权。

（三）董事会的产生

1. 董事的任职资格。

综观各国或地区公司立法的规定，董事的任职资格主要包括以下条件：

（1）身份条件。关于董事的身份问题，实质是董事是否必须是股东以及法人与自然人的问题。对于董事是否是股东的问题，各国或地区的规定大致可归纳为三种模式：一是有资格模式，即法律明文规定董事须拥有资格股。英国、法国及我国台湾地区均采用此种模式。二是无资格股模式，即公司立法对董事的选任无资格股的限制。如日本《商法》规定，公司不得以章程规定董事必须是股东；美国许多州的《公司法》对董事也无资格股的限制。三是任意选择模式，即公司立法原则上对董事无资格股的限制，但允许公司以章程要求董事具有资格股，如德国。从世界各国或地区立法的趋势看，为便利公司在股东之外寻找人才，以适应所有权与经营管理权分离的需要，一般都不再规定董事须持有资格股。我国公司立法亦顺应这一潮流，未对董事资格股作出规定，即董事既可由股东担任，也可由非股东担任。

在是否允许法人担任董事方面，美国、德国、法国（双重委员会制公司）、奥地利、意大利、瑞士、丹麦等国家规定，董事必须是自然人，法人不能担任董事；英国、法国（单一委员会制公司）、比利时、荷兰及我国台湾地区规定，法人可以担任董事，但须指定一名有行为能力的自然人为其常任代表。我国《公司法》对此未作规定，应理解为允许法人董事存在，但须指定一名有行为能力的自然人为其代表。

（2）年龄条件。对年龄条件的下限，各国或地区规定一致，即未成年人不能担任董事。我国规定无民事行为能力和限制民事行为能力者，不得担任公司的董事。对年龄条件的上限，多数国家或地区没有规定，也有的国家作了限制。如英国《公司法》规定，除非章程另有规定，或者股东会决议同意对超龄董事的任命并在决议中特别说明其已到达的年龄，否则，董事的年龄不得超过70岁。法国《公司法》规定，除非章程另有规定，已超过70岁的董事的人数不得超过董事会成员的1/3，且董事长和总经理年龄不得超过65岁。

（3）国籍条件。多数国家或地区对董事的国籍没有限制。但有少数国家限制董事的国籍或居民身份。如瑞士《公司法》规定，若公司只有1名董事，该董事必须是居住在瑞士境内的居民，若有数名董事，那么董事会的多数成员必须是居住在瑞士境内的瑞士公民。丹麦《公司法》规定，董事不一定必须是丹麦国民，但丹麦公司至少一半的董事和全部的经理应居住在丹麦，除非商务大臣特许例外（欧盟成员国不受此限制）。我国对董事的国籍没有作出限制。

（4）兼职限制。为了防止董事利用其特殊地位损害公司利益，并保证董事有充足的精力处理公司事务，各国或地区一般都对董事兼任其他公司的董事或实际管理人作出限制甚至禁止规定。例如，德国《公司法》规定，未经许可，董事不得成为其他公司或商号的董事或实际管理人；法国《公司法》限制兼职的数目，即除少数例外，任何人不得兼任8个以上法国公司的董事。我国《公司法》第一百四十八条第一款第五项规定，未经股东大会同意，董事不得利用职务便利为自己或者他人谋取属于公司的商业机会，自营或者为他人经营与所任职公司同类的业务。

（5）品行条件。多数国家或地区的公司立法都规定，曾被追究刑事责任或者有严重违法行为的人以及个人资信状况较差的人，在一定期限内不得担任公司的董事。我国《公司法》第一百四十六条对董事的消极资格作出了规定，详见本章第四节的内容。

（6）其他条件。有些国家公司法还规定政府官员、公证员、律师等不得兼任公司的董事。此外，为了保证监督权的独立行使，各国或地区公司法都规定董事不得兼任监事。

2. 董事的人数。

世界各国或地区公司立法对股份有限公司董事的人数规定不一。董事人数多少一般取决于公司的业务管理、经营范围、规模以及公司类型的需要。我国《公司法》第一百零八条第一款规定："股份有限公司设董事会，其成员为5人至19人。"由于董事会行使表决权的需要，董事会的人数应为单数。

3. 董事的任免。

对于公司的首届董事，如公司采取发起方式设立，由发起人选任；如公司采取募集方式设立，则由创立大会选任。在公司成立后，董事一般应由股东大会选任。但个别欧洲国家（如德国）规定，董事由监事会选举产生。

我国《公司法》第一百零八条第二款规定："董事会成员中可以有公司职工代表。董事会中的职工代表由公司职工通过职工代表大会、职工大会或者其他形式民主选举产生。"从该规定可知，我国股份有限公司的董事分为两类：一类是非职工董事，另一类职工董事，董事会成员中并非必须有职工董事，而是可以有职工董事。因此，在没有职工董事的股份有限公司中，依据股东大会的职权可知，作为董事会成员的董事全部由股东大会选举和更换；在有职工代表担任

▶▶▶▶▶▶▶

董事的股份有限公司中，非职工董事由股东大会选举和更换，职工董事则通过职工代表大会、职工大会或者其他形式民主选举和更换。董事在任职期间内，股东大会原则上不得无故罢免。但当董事工作不称职或有违反法律或公司章程的行为时，原选任机关可予以罢免。董事任期届满而又未能连选连任者，即应解任。董事在任期内可以辞职。

4. 董事的任期。

关于董事的任期，各国或地区的规定不同。依据我国《公司法》第一百零八条第三款和第四十五条的规定，董事任期由公司章程规定，但每届任期不得超过 3 年。董事任期届满，连选可以连任。董事任期届满未及时改选，或者董事在任期内辞职导致董事会成员低于法定人数的，在改选出的董事就任前，原董事仍应当依照法律、行政法规和公司章程的规定，履行董事职务。

（四）董事会的组成

董事会由符合条件的当选董事组成。根据董事在公司中作用的不同，董事会成员可分为执行董事和非执行董事。执行董事又称事务董事，是受薪的全职董事，他们与公司之间一般订有服务合约，负责管理公司事务。非执行董事又称非常务董事或兼职董事，他们在公司之外另有自己的事务，虽有权参加董事会各项决议的审议，但没有公司管理的执行能力。我国《公司法》对股份有限公司的董事未作执行董事与非执行董事的区分，仅以职务区分为董事长、副董事长、董事。我国《公司法》第一百零九条第一款规定："董事会设董事长一人，可以设副董事长。董事长和副董事长由董事会以全体董事的过半数选举产生。"

（五）董事会会议

1. 董事会会议的种类。

与股东大会会议的分类相一致，董事会会议也分为定期会议和特别会议两种。定期会议是法律或公司章程规定的董事会应定期召开的会议。临时会议是董事会不定期、于必要时召开的会议。我国《公司法》第一百一十条规定："董事会每年度至少召开 2 次会议，每次会议应当于会议召开 10 日前通知全体董事和监事。代表 1/10 以上表决权的股东、1/3 以上董事或者监事会，可以提议召开董事会临时会议。

2. 董事会会议的召集和主持。

董事会的召集和主持主体一般为董事长，特殊情况下可由副董事长、推举的董事负责召集和主持。我国《公司法》第一百零九条第二款规定："董事长召集和主持董事会会议，检查董事会决议的实施情况。副董事长协助董事长工作，董事长不能履行职务或者不履行职务的，由副董事长履行职务；副董事长不能履行职务或者不履行职务的，由半数以上董事共同推举一名董事履行职务。"对于董事会会议的召集期限和程序，依据我国《公司法》第一百一十条规定，定期会议应当于每次会议召开 10 日前通知全体董事和监事；临时会议应当自接到提议后 10 日内召开，并可以另定召集董事会的通知方式和通知时限。

3. 董事会会议的出席人数。

董事会会议要合法举行，并形成有效决议，出席的董事人数必须达到法定比例。依据我国《公司法》第一百一十一条的规定，董事会会议应有过半数的董事出席方可举行。董事会一般应由董事本人出席，但考虑到实际，也应允许董事在特殊情况下委托他人代为出席。我国《公司法》第一百一十二条第一款规定："董事会会议，应由董事本人出席；董事因故不能出席，可以书面委托其他董事代为出席，委托书中应载明授权范围。"可见，我国公司立法是认可董事委托出席制度的，但仅将受托对象限于本公司的董事，并需要明确授权范围。

4. 董事会会议的决议。

董事会作出决议与股东大会作出决议不同，它以董事的"人数"为计算出席及决议的标准，而不是以董事持有的"股份数"作为计算出席及决议的依据。依据我国《公司法》第一百一十条的规定，董事会决议的表决，实行一人一票。董事会作出决议，必须经全体董事的过半数通过。另外，为使决议公开并确保无损于公司或其他股东利益，各国或地区公司法或公司章程一般规定，凡涉及董事自身利害关系的事项，该董事不得参加表决，也不得代理他人进行表决，但应计算在董事会出席人数之内。

5. 董事会会议记录。

董事会应当将会议所议事项的决定作成会议记录，出席会议的董事应在会议记录上签名。董事会会议记录既是作为决议表决情况的证明和贯彻决议、执行业务的依据，又是董事对董事会决议承担责任或免除责任的根据。我国《公司法》第一百一十二条第二款和第三款规定："董事会应当对会议所议事项的决定作成会议记录，出席会议的董事应当在会议记录上签名。董事应当对董事会的决议承担责任。董事会的决议违反法律、行政法规或者公司章程、股东大会决议，致使公司遭受严重损失的，参与决议的董事对公司负赔偿责任。但经证明在表决时曾表明异议并记载于会议记录的，该董事可以免除责任。"据此，董事会有必要作好会议记录并妥善保存，以备审查。

6. 董事会决议的无效和撤销。

与股东大会决议的无效和撤销相类似，依据我国《公司法》第二十二条的规定："股份有限公司董事会的决议内容违反法律、行政法规的无效。董事会的会议召集程序、表决方式违反法律、行政法规或者公司章程，或者决议内容违反公司章程的，股东可以自决议作出之日起 60 日内，请求人民法院撤销。股东依照前述规定提起诉讼的，人民法院可以应公司的请求，要求股东提供相应担保。公司根据董事会决议已办理变更登记的，人民法院宣告该决议无效或者撤销该决议后，公司应当向公司登记机关申请撤销变更登记。"

四、经　理

（一）经理的概念和特征

股份有限公司的经理是由股份有限公司的董事会聘任的、负责组织公司日常经营管理活动的公司常设业务执行机构。与股东大会、董事会、监事会不同，经理作为公司的一个机构并非会议形式的机关，其行为不需要通过会议以多数原则形成意志和决议，而以担任经理的高级管理人员的个人意志为准，虽然公司也设副经理，但副经理只是由经理提名并经董事任命协助其工作的人员。

在传统公司法中，董事会一般被视为公司的业务执行机构，它既负责作出经营决策，也负责实际管理和代表公司对外活动。然而，现代化大生产的不断发展，对公司的经营水平和管理能力提出了更高的要求，原有的大多由董事组成的董事会已很难适应现代化管理的要求，需要广开才路，在更广泛的范围内选拔有专长、精于管理的代理人。于是，辅助董事会执行业务的经理机构便应运而生。公司设置经理的目的就是为了辅助董事会执行业务。

（二）经理的职权

经理对董事会负责，必须听从董事会的指挥和监督。对于专属于董事会作出决议的经营事项，经理不得越俎代庖，擅自作出决定并执行。依据我国《公司法》第一百一十三条第二款和第四十九条的规定，股份有限公司经理对董事会负责，行使下列职权：1. 主持公司的生产经营管理工作，组织实施董事会决议；2. 组织实施公司年度经营计划和投资方案；3. 拟订公司内部管理机构设置方案；4. 拟订公司的基本管理制度；5. 制定公司的具体规章；6. 提请聘任或者解聘公司副经理、财务负责人；7. 决定聘任或者解聘除应由董事会决定聘任或者解聘以外的负责管理人员；8. 董事会授予的其他职权。公司章程对经理职权另有规定的，从其规定。经理列席董事会会议。

（三）经理的选任和解聘

作为董事会的业务辅助执行机构，经理的选任和解聘均由董事会决定。我国《公司法》第一百一十三条第一款规定："股份有限公司设经理，由董事会决定聘任或者解聘。"第一百一十四条规定："公司董事会可以决定由董事会成员兼任经理。"对经理的任免及报酬决定权是董事会对经理实行监控的主要手段。董事会在选聘经理时，应对候选者进行全面综合地考察。我国《公司法》对经理的任职资格作出了与董事相同的要求，不符合法律规定的任职资格的人不得成为公司经理。出任公司经理的人，除应符合法律规定的任职条件外，还应当具备相应的经营水平和管理才能。

五、监事会

（一）监事会的概念和特征

股份有限公司监事会是依据公司法的规定由选举产生的监事组成，对公司的经营管理行为以及财务活动进行监督和检查的常设机构。监事会具有如下法律特征：

1. 监事会是由依法产生的监事组成的机构。监事一般由股东大会选举产生，有的国家或地区的公司法还规定了监事的其他产生途径。

2. 监事会是对公司事务进行监督的专门机构。监事会的监督职能一般包括两个方面：一方面是对董事、经理的经营管理行为进行监督；另一方面是财务监督，也称为专业监督，这是因为公司的财务状况是公司经营信息的直接反映。

3. 监事会行使职权具备独立性。监事会行使职权不应受到股东和公司其他经营主体的干扰，保持充分的独立性是监事会进行有效监督的重要前提。

4. 监事个人与监事会并行行使监督职权。监事会与董事会行使职权不同。董事会是决策机构，需要经过讨论然后形成统一的意志，它采取的是一种集体议事、少数服从多数的原则，贯彻决策系统中的民主原则；而监事会的职责是发现公司经营违法、违规或其他违背股东利益的行为，实施的是一种法律发现、法律分析、法律判断的行为。因此，为了充分掌握公司信息，法律规定了监事对公司业务和财务有平等的监督检查权，一般情况下并不需要形成集体决议行使职权。

（二）监事会的组成

1. 监事会的人数。

关于监事会的人数，各国或地区公司立法一般视公司的股本规模、职工人数而定。大多数国家或地区对监事会的人数都未作上限规定，授权公司根据具体情况以章程确定。我国《公司法》第一百一十七条第一款规定："股份有限公司设监事会，其成员不得少于 3 人。"

2. 监事会成员的任职资格。

监事会的成员即监事。我国《公司法》对监事任职资格的规定与董事、经理的任职资格基本相同，但同时第一百一十七条第四款规定："董事、高级管理人员不得兼任监事。"

3. 监事会的组成结构。

我国对监事会成员结构的规定类似于德国，规定监事会应当由股东监事和职工监事构成，并明确规定了股东监事和职工监事的产生方式。其中，股东监事由股东大会选举和更换，职工监事由职工代表大会、职工大会或者其他形式民主选举产生。我国《公司法》第一百一十七条第二款规定："监事会应当包括股东代表和适当比例的公司职工代表，其中职工代表的比例不得低于 1/3，具体比例由公司章程规定。监事会中的职工代表由公司职工通过职工代表大会、职工大会或者其他形式民主选举产生。"

另外，监事会内部又可以设置监事会主席、监事会副主席职务。依据我国《公司法》第一百一十七条第三款的规定，监事会设主席一人，可以设副主席，监事会主席和副主席由全体监事过半数选举产生。

4. 监事会成员的任期。

依据我国《公司法》第一百一十七条第五款和第五十二条的规定，监事的任期每届为 3 年。监事任期届满，连选可以连任。监事任期届满未及时改选，或者监事在任期内辞职导致监事会成员低于法定人数的，在改选出的监事就任前，原监事仍应当依照法律、行政法规和公司章程的规定，履行监事职务。

（三）监事会的职权

在大陆法系，公司的监事会如同政府的监察机构，提现了对权力的制约制度，贯彻了分权制衡的法律理念。在股份有限公司中，监事会受命于股东大会，代表全体股东对公司的经营管理活动进行监督，行使监督职能，是公司的专门监督机构。监事会一般不参与公司的决策和经营管理，其职责是依据法律和公司章程的规定履行监督职责。

依据我国《公司法》第一百一十八条和第五十三条的规定，股份有限公司监事会行使下列职权：1. 检查公司财务；2. 对董事、高级管理人员执行公司职务的行为进行监督，对违反法律、行政法规、公司章程或者股东大会决议的董事、高级管理人员提出罢免的建议；3. 当董事、高级管理人员的行为损害公司的利益时，要求董事、高级管理人员予以纠正；4. 提议召开临时股东大会会议，在董事会不履行公司法规定的召集和主持股东大会会议职责时召集和主持股东大会会议；5. 向股东大会会议提出提案；6. 依照《公司法》第一百五十一条的规定，基于股东的请求，代表公司对执行公司职务时因违反法律、行政法规或者公司章程的规定给公司造成损失的董事、高级管理人员提起诉讼；7. 公司章程规定的其他职权。同时我国《公司法》还规定了监事会行使职权的特别事项：1. 监事可以列席董事会会议，并对董事会决议事项提出质询或者建议；2. 监事会发现公司经营情况异常，可以进行调查；必要时，可以聘请会计师事务所等协助其工作，费用由公司承担；3. 监事会行使职权所必需的费用，由公司承担。

（四）监事会会议

1. 监事会会议的召集和主持。

监事会的召集和主持主体一般为监事会主席，特殊情况下可由监事会副主席、推举的监事负责召集和主持。依据我国《公司法》第一百一十七条第三款的规定，监事会主席召集和主持监事会会议；监事会主席不能履行职务或者不履行职务的，由监事会副主席召集和主持监事会会议；监事会副主席不能履行职务或者不履行职务的，由半数以上监事共同推举一名监事召集和主持监事会会议。

2. 监事会会议的种类。

监事会会议也分为定期会议和临时会议。我国《公司法》第一百一十九条第一款规定："监事会每6个月至少召开一次会议。监事可以提议召开临时监事会会议。"

3. 监事会的议事规则。

我国《公司法》第一百一十九条规定："监事会的议事方式和表决程序，除本法有规定的外，由公司章程规定。监事会决议应当经半数以上监事通过。监事会应当对所议事项的决定作成会议记录，出席会议的监事应当在会议记录上签名。"

第四节　董事、监事和高级管理人员的义务与责任

一、董事、监事和高级管理人员的义务

（一）义务概述

董事、监事和高级管理人员拥有公司的决策权、监督权和执行权，他们在很大程度上实际控制着公司的运营。但是，与股东不同，他们并非股份有限公司的所有者，而是公司的"代理者"。一方面，他们与公司及股东的利益有很大的一致性，并因此被赋予充分的职权；但另一方面，他们又有各自独立的利益，其利益不一定与公司和股东相容，甚至有可能冲突。因此，各国或地区公司法对董事、监事和高级管理人员的义务均进行了规定。大陆法系一般认为董事、监事和高级管理人员与公司之间是民法上的委任关系，并据以确认了董事、监事和高级管理人员的善管义务或勤勉义务；英美法系则视为信托关系，并通过立法、判例等确立了系统的受托义务，包括注意义务、忠实义务和其他法定义务，美国法还发展出经营判断原则作为判断其注意义务的标准。

我国《公司法》明确规定了董事、监事和高级管理人员对公司负有忠实义务和勤勉义务，第一百四十七条第一款规定："董事、监事、高级管理人员应当遵守法律、行政法规和公司章程，对公司负有忠实义务和勤勉义务。"同时为了保证董事、监事和高级管理人员有能力履行忠实义务和勤勉义务，我国《公司法》还规定了董事、监事和高级管理人员的消极任职资格，第一百四十六条规定："有下列情形之一的，不得担任公司的董事、监事、高级管理人员：1. 无民事行为能力或者限制民事行为能力；2. 因贪污、贿赂、侵占财产、挪用财产或者破坏社会主义市场经济秩序，被判处刑罚，执行期满未逾5年，或者因犯罪被剥夺政治权利，执行期满未逾5年；3. 担任破产清算的公司、企业的董事或者厂长、经理，对该公司、企业的破产负有个人责任的，自该公司、企业破产清算完结之日起未逾3年；4. 担任因违法被吊销营业执照、责令关闭的公司、企业的法定代表人，并负有个人责任的，自该公司、企业被吊销营业执照之日起未逾3年；5. 个人所负数额较大的债务到期未清偿。公司违反前款规定选举、委派董事、监事或者聘任高级管理人员的，该选举、委派或者聘任无效。董事、监事、高级管理人员在任职期间出现本条

第一款所列情形的，公司应当解除其职务。"

（二）忠实义务

1. 忠实义务的内涵。

忠实义务，又称信义义务，是指董事、监事和高级管理人员应当为公司利益最大化而尽力工作，当自己利益与公司利益发生冲突时，应将公司利益置于个人利益之上。董事、监事和高级管理人员的忠实义务是源自英美法系的一项制度。大陆法系一般仅仅规定受任人对于委任人负有善管义务，而不规定受任人的忠实义务，这是由于此种义务往往被视为一种道德义务，而非法律义务。但近年来，忠实义务相继被日本、韩国及我国台湾地区引入，并受到越来越多的大陆法系国家或地区的重视。我国《公司法》也对此作了明确规定。从实质上说，忠实义务是为公司经营权行使主体设置的一条"道德标准"。

2. 忠实义务的主要内容。

我国《公司法》第一百四十七条第二款规定："董事、监事、高级管理人员不得利用职权收受贿赂或者其他非法收入，不得侵占公司的财产。"本条从原则上规定了董事、监事和高级管理人员忠实义务的主要内容。第一百四十八条规定："董事、高级管理人员不得有下列行为：（1）挪用公司资金；（2）将公司资金以其个人名义或者以其他个人名义开立账户存储；（3）违反公司章程的规定，未经股东会、股东大会或者董事会同意，将公司资金借贷给他人或者以公司财产为他人提供担保；（4）违反公司章程的规定或者未经股东会、股东大会同意，与本公司订立合同或者进行交易；（5）未经股东会或者股东大会同意，利用职务便利为自己或者他人谋取属于公司的商业机会，自营或者为他人经营与所任职公司同类的业务；（6）接受他人与公司交易的佣金归为己有；（7）擅自披露公司秘密；（8）违反对公司忠实义务的其他行为。董事、高级管理人员违反前款规定所得的收入应当归公司所有。"

（三）勤勉义务

勤勉义务，又称注意义务，是指董事、监事和高级管理人员须以一个合理的谨慎的人在相似情况下所应表现的谨慎、勤勉和技能，积极地履行其职责，防止公司利益遭受损失，实现公司利益最大化。勤勉义务，在大陆法系被称为"善良管理人的注意义务"，在英美法系被称为"注意义务"或"勤勉、注意和技能义务"。勤勉义务要求董事、监事和高级管理人员的行为标准必须是以公司的利益为出发点，以适当的方式并尽合理的注意履行职责。如果董事、监事和高级管理人员履行其职责时，没有尽到合理的注意，应对公司承担赔偿责任。

董事、监事和高级管理人员的勤勉义务是比较抽象的义务，因而需要对其作适当的界定。实践中，应兼顾主客观两个方面对董事、监事和高级管理人员的勤勉义务加以界定。从主观方面看，董事、监事和高级管理人员应依诚实信用原则竭力处理公司事务；从客观方面看，董事、监事和高级管理人员应达到与其具有相同的知识、经验的人所应达到的注意程度。我国《公司法》第一百四十九条原则性地确立了董事、监事、高级管理人员的勤勉义务，该条规定："董事、监事、高级管理人员执行公司职务时违反法律、行政法规或者公司章程的规定，给公司造成损失的，应当承担赔偿责任。"第一百五十条在一定程度上体现了董事、监事、高级管理人员勤勉义务的内容，该条规定："股东会或者股东大会要求董事、监事、高级管理人员列席会议的，董事、监事、高级管理人员应当列席并接受股东的质询。董事、高级管理人员应当如实向监事会或者不设监事会的有限责任公司的监事提供有关情况和资料，不得妨碍监事会或者监事行使职权。"

二、董事、监事和高级管理人员的民事责任

董事、监事和高级管理人员违反对公司的忠实义务和勤勉义务，应当承担相应的法律责任。法律责任包括民事责任、行政责任和刑事责任三个方面。但就《公司法》作为民商法的特别法而言，此处特别论述董事、监事和高级管理人员的民事责任。

（一）承担民事责任的方式

1. 确认无效或撤销。

当董事、监事违反法律或公司章程的规定作出决议，公司或者股东有权请求法院确认该决议无效或者请求法院撤销该决议。我国《公司法》第二十二条规定："公司股东会或者股东大会、董事会的决议内容违反法律、行政法规的无效。股东会或者股东大会、董事会的会议召集程序、表决方式违反法律、行政法规或者公司章程，或者决议内容违反公司章程的，股东可以自决议作出之日起 60 日内，请求人民法院撤销。股东依照前款规定提起诉讼的，人民法院可以应公司的请求，要求股东提供相应担保。公司根据股东会或者股东大会、董事会决议已办理变更登记的，人民法院宣告该决议无效或者撤销该决议后，公司应当向公司登记机关申请撤销变更登记。"

2. 停止侵害。

在董事、监事和高级管理人员对公司实施或拟实施违法或违规行为时，公司及相关利益主体有权要求其停止侵害。

3. 赔偿损失。

若董事、监事和高级管理人员的违法或不当行为给公司或股东造成了损害，则其应该承担损害赔偿责任。我国《公司法》第二十一条规定："公司的控股股东、实际控制人、董事、监事、高级管理人员不得利用其关联关系损害公司利益。违反前款规定，给公司造成损失的，应当承担赔偿责任。"第一百四十九条规定："董事、监事、高级管理人员执行公司职务时违反法律、行政法规或者公司章程的规定，给公司造成损失的，应当承担赔偿责任。"

4. 返还财产。

若董事、监事和高级管理人员挪用本公司财产为本人或者第三人使用，则其负有返还公司财产的责任。

（二）追究民事责任的法律途径

1. 直接诉讼。

直接诉讼，是指公司或股东在自身权利受到董事、监事、高级管理人员侵犯时，以自己的名义对侵害者提起的诉讼。直接诉讼包括公司直接诉讼和股东直接诉讼。我国《公司法》第一百五十二条规定："董事、高级管理人员违反法律、行政法规或者公司章程的规定，损害股东利益的，股东可以向人民法院提起诉讼。"

2. 派生诉讼。

派生诉讼，又称代表诉讼，是指当公司的董事、监事、高级管理人员或他人的行为侵害了公司权益，而公司怠于追究其责任时，符合法定条件的股东可以自己的名义代表公司提起诉讼。股东派生诉讼制度是现代公司法上的一项重要制度，被认为是弥补公司治理结构缺陷及其他补救方法不足的必要手段，在保护中小股东权益等方面发挥着重要作用。我国现行《公司法》第

一百五十一条以法律形式正式确立了股东派生诉讼制度，并对股东派生诉讼的主体、提起诉讼的理由、诉讼前置程序等作了规定。

　　股东派生诉讼与股东直接诉讼的主要区别在于：第一，被侵害的权利性质不同。股东直接诉讼被侵害的权利属于股东自身的个体性权利；而股东派生诉讼被侵害的权利则属于公司的团体性权利。第二，提起诉讼的权利主体不同。股东直接诉讼可由股东个人以自己的名义提起，是一种单独股东权；而股东派生诉讼本应由公司提起，只是由于存在法定的特殊原因，才由符合法定条件的股东代为提起。第三，诉讼的目的不同。股东直接诉讼的目的是为了股东个人的利益，胜诉所获得的利益归属于股东个人；而股东派生诉讼是股东在为公司的利益进行诉讼，股东只是诉讼中名义上的原告，判决的利益仍由公司享有，作为原告的股东只能根据《公司法》及公司章程的规定与其他股东分享公司由此而获得的利益。

　　（1）股东派生诉讼的原告资格。在股东派生诉讼中，为了防止股东滥诉，各国或地区公司法一般都对起诉股东的资格进行限制。依我国《公司法》第一百五十一条的规定，可以提起股东派生诉讼的适格原告可以分为两类：一是有限责任公司的任一股东；二是股份有限公司连续180日以上单独或者合计持有公司1%以上股份的股东。

　　（2）股东派生诉讼的被告范围。依我国《公司法》第一百五十一条的规定，股东派生诉讼的被告主要是董事、监事和高级管理人员，也包括"他人"。立法上虽然没有对"他人"的范围予以明确，但公司的控股股东、其他股东、实际控制人等也应解释为包含在"他人"之中。因此，凡是对公司实施了不正当行为而对公司负有民事责任的人，在公司怠于对其行使诉权的情形下，都可以成为股东派生诉讼的被告。

　　（3）股东派生诉讼的可诉情形。根据我国《公司法》第一百五十一条和第一百四十九条的规定，股东派生诉讼的可诉情形具体包括两种：一是董事、监事、高级管理人员执行公司职务时违反法律、行政法规或者公司章程的规定，给公司造成损失，应当承担赔偿责任的情形。二是他人侵犯公司合法权益，给公司造成损失，应当承担赔偿责任的情形。

　　（4）股东派生诉讼的前置程序。由于股东派生诉讼是为公司内部监督体制失灵而设计的一种补充救济途径，因此，其适用的前提是公司内部救济手段的用尽。股东在公司遭到侵害行为后，不能立即提起派生诉讼，而必须先向公司监督机关提出由公司出面进行诉讼的请求，只有在请求已落空或注定落空、救济已失败或注定失败时，股东才可以代表公司以自己的名义提起诉讼。此为股东派生诉讼的前置程序。但与此同时，为避免僵化的前置程序可能带来的消极影响，我国《公司法》第一百五十一条又规定了免除前置程序的条件，即当"情况紧急、不立即提起诉讼将会使公司利益受到难以弥补的损害的"，股东可以不受前述前置程序的限制，直接提起派生诉讼。

　　（5）股东派生诉讼的法律后果。股东派生诉讼制度的出发点旨在保护中小股东利益和防止股东滥诉二者之间寻找平衡点。我国《公司法》对股东派生诉讼的法律后果未作规定。在各国或地区公司法实践中，一般区分原告胜诉和败诉而法律后果有所不同。第一种情况是原告胜诉。原告胜诉则意味着公司确实遭到了损害，胜诉后的利益归属于公司，公司应是被告履行赔偿义务的直接对象。另外，由于作为原告的股东在诉讼中花费了精力和费用，因此，各国或地区公司法也多规定此时被告应对原告股东进行赔偿或者补偿。第二种情况是原告败诉。在原告败诉的情况下，作为被告的董事等主体自然有向原告获得损害赔偿的权利。

第五节　公司债券

一、公司债券概述

（一）公司债券的概念和特征

公司债券是指公司依照法定程序发行、约定在一定期限还本付息的有价证券。公司债券是公司债的表现形式，公司债券是公司向债券持有人出具的债务凭证。公司债券的特征有以下方面：

1. 公司债券是有价证券。有价证券是代表一定财产权利的法定要式凭证，是证券性质的财产。公司债券是由公司发行的表明在规定期限支付本金及利息的权利证书，它代表了一定的财产价值。公司债券还具有流通性，可以在证券市场转让交易，也可以在特定情况下与实物资产、现金实现交换。因此，公司债券属于有价证券。

2. 公司债券是债权证券。债权证券是指以债权为内容的证券。债权属于请求权的范畴，为一方当事人请求对方当事人为一定行为或不为一定行为的权利。债权证券的形态多样，国债、公司债券、金融债券等都属于债权证券。公司债券的持有人在债券到期后享有请求发行公司还本付息的权利，符合债权证券的法律内涵。

3. 公司债券是证权证券。公司债券是证明债券持有人和发行人之间存在债权债务关系的有价证券，其并不起到创设证券权利的作用。

4. 公司债券是资本证券。资本证券是代表一定资本收益权和相关权利的证券。公司债券在到期后除了本金，还能够获得相应的利息，具备资本证券的生息或增值的功能。

（二）公司债券的实质

基于公司债券的发行，在债券的持有人和发行人之间形成了以还本付息为内容的债权债务关系，此种债务被学理上称为公司债。公司债是公司法上的一个特定概念，它并不泛指以公司作为债务人所形成的任何债务，而是仅指以特定的法定形式的"公司债券"所形成的公司债。公司债不同于普通公司债务，它们的共同之处是两者的内容均是债权债务，两者的不同主要表现在以下几个方面：

1. 债权债务产生的原因不同。公司债的产生是基于公司债券的发行，这是产生公司债的唯一原因，是合同之债的一种特殊情形；而普通公司债务的产生则是源于多种原因，可能是合同之债，也可能是侵权之债、不当得利之债、无因管理之债等。

2. 债权债务表现的形式不同。公司债以公司债券为表现形式，是一种证券化的公司债务，具有相应的发行市场和转让市场，转让便利，易于流通；普通公司债务不以有价证券来表彰，是非证券化的债务，不易转让，难以流通，也没有相应的发行市场和转让市场。

3. 债权之间的关系和地位不同。公司债是公司所负担的集团债务，同一次发行的公司债的债券持有人所享有的权利是相同的，即公司债券持有人的地位是平等的；而普通公司债形成的原因是多元的，即使普通公司债的债权人人数众多，也可能因债权的数量不同或受偿的优先次序不同等原因，而不能构成一个集团债务。

4. 受约束的法律规范不尽相同。普通公司债务主要由《合同法》来调整；公司通过发行公司债券向不特定的社会公众举债，需要经过复杂的债券发行程序，法律上的管制更为严格，公司债主要受《公司法》《证券法》的调整，当然也要受《合同法》调整。

（三）公司债券与股票

公司债券和股票是公司向社会公众募集资金的两种重要方式，都是有价证券中的资本证券，都要受到《公司法》和《证券法》等法律规范的调整。二者在经济功能上有共同之处：对于发行者来说，它们都是筹资手段，都可以由此获得所需要的资金，对于投资者来说，它们都是投资工具，都可能获得收益；它们都是虚拟资本，本身没有价值，却因能够带来一定的收益而具有价格；它们的价格形成都具有特殊性，通常市场价格都与其券面额或票面额不一致；它们都具有一定的流动性，都可以通过买卖等方式进行转让。但是，公司债券与股票也有显著区别：

1. 发行主体不同。在我国，公司债券的发行主体不限于股份有限公司，有限责任公司也可以发行公司债券。股票的发行公司只限于股份有限公司。

2. 性质不同。公司债券仅仅是一张债务凭证，属借贷性质，并不拥有公司的所有权。股票是一张所有权证书，表明持有人对公司拥有一定比例的所有权。

3. 持有者的权利和责任不同。公司债券持有人仅享有对公司的债权，而无对公司经营管理的参与权，自然对公司的经营状况也不承担责任。股票持有人则享有法律和公司章程规定的股东权利，即自益权与共益权，并且股东需要对公司的经营负有限责任。

4. 投资收益不同。对公司债券持有人来说，无论公司有无盈余，均有确定比率的利息请求权，在债券期限届满时，债权人有权要求公司还本付息，所以公司债券的收益具有相对稳定性。持有股票的股东则仅在公司有税后利润时，才有分配股息红利的请求权，且在公司存续期间，原则上不能请求返还股本。因此，股票的收益具有不稳定性。

5. 期限不同。任何一种形式的公司债券都有明确的期限。股票只有发行日期而没有到期日期，在一般情况下，股东不能向股份有限公司提出退股的要求，股份有限公司也不能收购本公司股票。

6. 风险程度不同。公司债券和股票的投资都存在风险。相比公司债券，股票的风险更大。在公司破产或解散时，按法定清偿顺序，公司债券排在股票前面，债券持有人先于股东就公司的财产受偿，股东在公司债权人受偿后，才能就公司剩余财产进行分配。因此，公司债券是一种保守性投资，股票是一种风险性投资。

二、公司债券的分类

（一）记名公司债券和无记名公司债券

以是否记名为标准，公司债券分为记名公司债券和无记名公司债券。记名公司债券是指债券券面上记载了持有人姓名或者名称的公司债券。无记名公司债券是指债券券面上没有记载持有人姓名或者名称的公司债券。此种分类的法律意义在于债券持有人行使权利的方式及意外灭失时的保护措施有所不同，这也是多数国家或地区对公司债券进行分类的方法之一。我国《公司法》也规定公司债券可分为记名公司债券和无记名公司债券，第一百五十六条规定："公司债券，可以为记名债券，也可以为无记名债券。"

（二）公募的公司债券和私募的公司债券

以是否公开发行为标准，公司债券分为公募的公司债券和私募的公司债券。公募的公司债券是指公开发行募集的公司债券，私募的公司债券是指非公开发行募集的公司债券。关于何为公开发行，我国《证券法》第十条第二款规定："有下列情形之一的，为公开发行：（1）向不特定对象发行证券的；（2）向特定对象发行证券累计超过 200 人的；（3）法律、行政法规规定的其他发行行为。"中国证监会于 2015 年 1 月 15 日颁布的《公司债券发行与交易管理办法》第三条规定："公司债券可以公开发行，也可以非公开发行。"可见，我国法律是承认公募的公司债券和私募的公司债券分类的。发行公募的公司债券必须依法报经国务院证券监督管理机构或者国务院授权的部门核准，发行私募的公司债券不得采用广告、公开劝诱和变相公开方式。

（三）无担保的公司债券和有担保的公司债券

以公司对其所发行的公司债券是否提供担保为标准，公司债券分为无担保的公司债券和有担保的公司债券。无担保的公司债券，又称信用公司债券，是指公司仅以其信用为担保，并无财产或第三人作为担保所发行的公司债券。有担保的公司债券的含义有广义和狭义之分。广义的有担保的公司债券是指发行公司以其全部或部分资产，或者由发行公司之外的第三人对偿还公司债券本息提供担保而发行的公司债券。狭义的有担保的公司债券是指附有物上担保的公司债券，即发行公司以其资产的全部或部分对偿还公司债券本息提供担保而发行的公司债券。

（四）可转换公司债券和不可转换公司债券

以是否可以转换为发行公司的股票为标准，公司债券分为可转换公司债券和不可转换公司债券。可转换公司债券是公司债券的一种，指公司债券持有人有权依照约定的条件将所持有的公司债券转为发行公司股票的公司债券。我国《公司法》只允许股份有限公司中的上市公司才可以发行可转换公司债券。不可转换公司债券是指不能转换为公司股票的公司债券。不可转换公司债券也就是普通的公司债券，公司债券持有人只能要求发行公司到期还本付息。

除上述四种分类情形外，公司债券还可依据其他的标准进行分类。主要包括：以债券的形态为标准，公司债券可分为实物债券、凭证式债券和记账式债券；以发行公司能否提前购回为标准，公司债券分为可提前赎回公司债券和不可提前赎回公司债券；以能否在证券交易所挂牌交易，公司债券分为上市公司债券和非上市公司债券；以期限的长短划分为短期公司债券、中期公司债券和长期公司债券；以债券票面利率是否变动分为固定利率公司债券、浮动利率公司债券和累进利率公司债券；以发行是否给予投资者选择权分为附有选择权的公司债券和不附有选择权的公司债券；以发行地及定值货币的不同分为国内公司债券和境外公司债券等。

三、公司债券的发行

（一）公司债券的发行主体

关于何种公司可以发行公司债券，各国或地区的规定不尽一致。概括的讲，允许股份有限公司发行公司债券是各国或地区的通例。但是，对于有限责任公司能否发行公司债券，各国或地区的法律规定并不一致，从总体上可以把此制度的立法体例归结为禁止型和限制型两大类。我国 1993 年《公司法》第一百五十九条规定："股份有限公司、国有独资公司和两个以上的国有企业或者其他两个以上的国有投资主体投资设立的有限责任公司，为筹集生产经营资金，可以依照本法发行公司债券。"在 2005 年《公司法》修订时删除了这一条文，这意味着公司债券的发行主体不再限于股份有限公司、国有独资公司和两个以上的国有企业或者其他两个以上的国有投资主体投资设立的有限责任公司，换言之，所有依法设立的有限责任公司和股份有限公司都有发行公司债券的权利能力。

（二）公司债券的发行条件

公司发行债券应当符合法律规定的条件。我国《公司法》《证券法》以及其他部门规章仅规定了公开发行公司债券的条件，并未明确规定非公开发行公司债券的条件，因此本部分重点阐述公开发行公司债券的条件。公开发行公司债券的条件包括两个方面：一是积极条件；二是消极条件。公司只有满足这两个条件，才能公开发行公司债券。

1. 积极条件。

我国《公司法》第一百五十三条第二款规定："公司发行公司债券应当符合《中华人民共和国证券法》规定的发行条件。"依据我国《证券法》第十六条第一款的规定，公开发行公司债券应当符合下列条件：（1）股份有限公司的净资产不低于人民币 3 000 万元，有限责任公司的净资产不低于人民币 6 000 万元；（2）累计债券余额不超过公司净资产的 40%；（3）最近 3 年平均可分配利润足以支付公司债券一年的利息；（4）筹集的资金投向符合国家产业政策；（5）债券的利率不超过国务院限定的利率水平；（6）国务院规定的其他条件。

2. 消极条件。

我国《证券法》第十八条规定："有下列情形之一的，不得再次公开发行公司债券：（1）前一次公开发行的公司债券尚未募足；（2）对已公开发行的公司债券或者其他债务有违约或者延迟支付本息的事实，仍处于继续状态；（3）违反本法规定，改变公开发行公司债券所募资金的用途。"同时，中国证监会颁布的《公司债券发行与交易管理办法》也规定了公开发行债券的消极条件，第十七条明确规定："存在下列情形之一的，不得公开发行公司债券：（1）最近 36 个月内公司财务会计文件存在虚假记载，或公司存在其他重大违法行为；（2）本次发行申请文件存在虚假记载、误导性陈述或者重大遗漏；（3）对已发行的公司债券或者其他债务有违约或者迟延支付本息的事实，仍处于继续状态；（4）严重损害投资者合法权益和社会公共利益的其他情形。"

（三）公司债券的发行程序

公司债券的发行程序，一般应由公司作出决议、公司提出申请、政府进行审核、公告募集办法、正式发行公司债券、置备公司债券存根簿等过程方得完成。本部分主要介绍公开发行公司债券的程序。

1. 公司作出决议。

公司作出决议分两个阶段实施：一是由董事会制订发行公司债券的方案。根据我国《公司法》第一百零八条和第四十六条的规定，董事会有权制订公司发行债券的方案。二是由公司权力机关作出发行公司债券的决议。根据我国《公司法》第九十九条和第三十七条的规定，股份有限公司发行公司债券，由股东大会作出决议。

2. 公司提出发行申请。

发行人应当按照中国证监会信息披露内容与格式的有关规定编制和报送公开发行公司债券的申请文件。我国《证券法》第十七条规定："申请公开发行公司债券，应当向国务院授权的部门或者国务院证券监督管理机构报送下列文件：（1）公司营业执照；（2）公司章程；（3）公司债券募集办法；（4）资产评估报告和验资报告；（5）国务院授权的部门或者国务院证券监督管理机构规定的其他文件。依照本法规定聘请保荐人的，还应当报送保荐人出具的发行保荐书。"

3. 主管机构进行审核。

在我国，审核公开发行公司债券的机构是中国证监会。中国证监会受理申请文件后，依法进行审核，自受理发行申请文件之日起 3 个月内，作出是否核准的决定，并出具相关文件。发行申请核准后，公司债券发行结束前，发行人发生重大事项，导致可能不再符合发行条件的，应当暂缓或者暂停发行，并及时报告中国证监会。影响发行条件的，应当重新履行核准程序。

4. 公告募集办法。

发行人应当按照《公司法》和《证券法》的规定公告公司债券募集办法。我国《公司法》第一百五十四条规定："发行公司债券的申请经国务院授权的部门核准后，应当公告公司债券募集办法。公司债券募集办法中应当载明下列主要事项：（1）公司名称；（2）债券募集资金的用途；（3）债券总额和债券的票面金额；（4）债券利率的确定方式；（5）还本付息的期限和方式；（6）债券担保情况；（7）债券的发行价格、发行的起止日期；（8）公司净资产额；（9）已发行的尚未到期的公司债券总额；（10）公司债券的承销机构。"《证券法》第25条规定："证券发行申请经核准，发行人应当依照法律、行政法规的规定，在证券公开发行前，公告公开发行募集文件，并将该文件置备于指定场所供公众查阅。发行证券的信息依法公开前，任何知情人不得公开或者泄露该信息。发行人不得在公告公开发行募集文件前发行证券。"

5. 正式发行公司债券。

按照《公司债券发行与交易管理办法》第三十三条的规定，公开发行公司债券的申请经中国证监会核准后，应当聘请具有证券承销业务资格的证券公司采取代销或包销的方式正式发行。《公司债券发行与交易管理办法》第二十二条规定："公开发行公司债券，可以申请一次核准，分期发行。自中国证监会核准发行之日起，发行人应当在12个月内完成首期发行，剩余数量应当在24个月内发行完毕。公开发行公司债券的募集说明书自最后签署之日起6个月内有效。采用分期发行方式的，发行人应当在后续发行中及时披露更新后的债券募集说明书，并在每期发行完成后5个工作日内报中国证监会备案。"

6. 置备公司债券存根簿。

我国《公司法》第一百五十七条规定："公司发行公司债券应当置备公司债券存根簿。发行记名公司债券的，应当在公司债券存根簿上载明下列事项：（1）债券持有人的姓名或者名称及住所；（2）债券持有人取得债券的日期及债券的编号；（3）债券总额、债券的票面金额、利率、还本付息的期限和方式；（4）债券的发行日期。发行无记名公司债券的，应当在公司债券存根簿上载明债券总额、利率、偿还期限和方式、发行日期及债券的编号。"

（四）公司债券发行的资金用途

依据我国《证券法》第十六条第二款、《公司债券发行与交易管理办法》第十五条的规定，公开发行公司债券筹集的资金，必须用于核准的用途，不得用于弥补亏损和非生产性支出；非公开发行公司债券，募集资金应当用于约定的用途。除金融类企业外，募集资金不得转借他人。

四、公司债券的转让

（一）公司债券转让概述

公司债券转让是指公司债券持有人通过法律规定的形式和场合将其持有的公司债券转让给其他主体的行为。我国《公司法》第一百五十九条规定："公司债券可以转让，转让价格由转让人与受让人约定。公司债券在证券交易所上市交易的，按照证券交易所的交易规则转让。" 伴随着公司债券的转让，公司债券所表彰的财产权随之转让，出让人基于持有公司债券对发行公司所享有的到期还本付息的请求权也随之转让。出让人不再是公司债券债权人，公司债券的受让人成为新的公司债券债权人。

（二）公司债券转让的形式

公司债券转让的形式因记名公司债券和无记名公司债券的不同而有所区别。我国《公司法》第一百六十条规定："记名公司债券，由债券持有人以背书方式或者法律、行政法规规定的其他方式转让；转让后由公司将受让人的姓名或者名称及住所记载于公司债券存根簿。无记名公司债券的转让，由债券持有人将该债券交付给受让人后即发生转让的效力。"

（三）公司债券转让的场合

按照《公司债券发行与交易管理办法》第二十三条和第三十条的规定，公开发行的公司债券，应当在依法设立的证券交易所上市交易，或在全国中小企业股份转让系统或者国务院批准的其他证券交易场所转让；非公开发行公司债券，可以申请在证券交易所、全国中小企业股份转让系统、机构间私募产品报价与服务系统、证券公司柜台转让。

（四）公司债券的上市交易

公司债券的上市交易，是指根据《证券法》的有关规定，公司债券在证券交易所挂牌交易。公司债券的上市交易采用公开的集中竞价交易方式，实行价格优先、时间优先的原则。我国《证券法》第五十七条规定："公司申请公司债券上市交易，应当符合下列条件：1. 公司债券的期限为 1 年以上；2. 公司债券实际发行额不少于人民币 5 000 万元；3. 公司申请债券上市时仍符合法定的公司债券发行条件。"

五、公司债券的偿还

（一）公司债券偿还的概念

公司债券的偿还，就是指发行公司按照事先约定的时间和利率等条件，将公司债券的本息交付给公司债券持有人的行为。从经济意义上讲，发行公司偿还其发行的公司债券，是公司债券持有人实现其投资收益的一种形式。从法律意义上讲，发行公司偿还其发行的公司债券，则意味着由公司发行债券所引起的债权债务关系的消灭。到期偿还公司债券本息是公司债消灭的最基本形式。除此之外，由公司债券表彰的债权债务关系，与其他公司债务一样，也会因提存、抵销、免除及混同等原因而消灭。

（二）公司债券偿还的方式

在正常情况下，公司债券应当到期偿还。但是在特殊情况下，也应当允许有条件地提前偿还。因此，公司债券的偿还方式有到期偿还与提前偿还两种。发行公司无论是到期偿还还是提前偿还，只要符合法律规定或当事人约定，均可使发行公司与债券持有人之间的债权债务关系归于消灭。

六、可转换公司债券

（一）可转换公司债券概念

可转换公司债券，是指发行人依照法定程序发行、在一定期间内依据约定的条件可以转换成股票的公司债券。它是公司债券中的一个特殊类型。可转换公司债券的持有人在约定的条件成就时享有是否将其持有的债券转换为股票的选择权。在可转换公司债券持有人请求行使转换权时，发行公司负有将可转换公司债券换发为发行公司股票的义务。

▷▷▷▷▷▷▷

（二）可转换公司债券的发行

我国《公司法》第一百六十一条规定："上市公司经股东大会决议可以发行可转换为股票的公司债券，并在公司债券募集办法中规定具体的转换办法。上市公司发行可转换为股票的公司债券，应当报国务院证券监督管理机构核准。发行可转换为股票的公司债券，应当在债券上标明可转换公司债券字样，并在公司债券存根簿上载明可转换公司债券的数额。"从该规定可以看出，我国可转换公司债券的发行主体仅限于上市公司，上市公司发行可转换公司债券需要经过股东大会作出决议、报国务院证券监督管理机构核准等程序。

上市公司发行可转换公司债券必须符合《证券法》等规定的条件。我国《证券法》第十六条第三款规定："上市公司发行可转换为股票的公司债券，除应当符合第一款规定的条件外，还应当符合本法关于公开发行股票的条件，并报国务院证券监督管理机构核准。"可见，上市公司发行可转换公司债券，一方面需要满足公开发行公司债券的条件，还必须满足公开发行股票的条件。

（三）可转换公司债券的转换

我国《公司法》第一百六十二条规定："发行可转换为股票的公司债券的，公司应当按照其转换办法向债券持有人换发股票，但债券持有人对转换股票或者不转换股票有选择权。"可转换公司债券持有人享有的是转换选择权，该转换选择权是一种形成权。将可转换公司债券持有人的转换选择权规定为形成权，有利于保护公司债券持有人的合法权益。发行公司必须及时向行使转换权的可转换公司债券持有人换发股票。若发行公司拒绝转换请求，即构成违约，可转换公司债券持有人可以根据民法中有关债务不履行的规定向发行公司请求赔偿。

可转换公司债券的转换是一种法律行为，所产生的法律后果是消灭可转换公司债券的发行公司与持有人之间的债权债务关系。随着可转换公司债券持有人行使转换权，持有人自身的身份也发生了转换，由原来的债权人转换为股东。持有人身份的变化也就带来了权利和义务内容的变化。由公司债券持有人转换而来的股东，与其他股东处于同一法律地位，享有其他股东所享有的权利、承担其他股东所应承担的义务。

对于可转换公司债券的发行公司而言，在可转换公司债券转换为股票之前，发行公司是可转换公司债券持有人的债务人。在可转换公司债券转换为股票之后，债券持有人与发行公司之间原来的债权债务法律关系归于消灭。因可转换公司债券所代表的债权转换为发行公司的股份，发行公司原来承担的还本付息的义务得以免除，发行公司的负债因此而减少，而已发行的股份数目及实收资本则相应的增加。

第六节　公司财务会计制度

一、公司财务会计制度概述

（一）公司财务会计的概念

公司财务是指公司生产经营活动中有关资金筹集、使用、管理和收益分配的活动。公司会计是指以货币为主要计量形式，对公司的整个财务活动和经营状况进行核算和监督的活动。公司财务与会计密不可分。对于公司财务会计的概念，可以从以下几个方面理解：

1. 公司财务会计活动的基本内容是编制和提供公司财务经营信息。财务会计人员通过对公司生产经营活动中大量、日常的业务数据进行记录、分类和汇总，定期编制和披露反映公司一定期间的经营成果和财务状况的报表，如资产负债表、损益表、现金流量表等，为有关利益主体提供公司财务经营信息。

2. 公司财务会计制度的基本要求是通过会计凭证、账簿、报表等会计资料，系统、真实、准确、全面地反映公司资金运动信息。

3. 财务会计的服务对象主要是与公司有利害关系的外部人，包括外部股东、债权人、潜在投资者、潜在的交易对象、政府财税机关等。公司各利益主体通过分析公司财务会计报表，了解公司的基本经营状况，以此作为他们进行投资、交易、监管活动的重要决策依据，因此财务会计又称为"对外报告会计"。

4. 公司财务会计报表虽然是为公司管理者以外的利益主体编制，但财务会计报表本身却是在公司内部管理者领导下，由会计人员具体编制的。由于公司管理者与公司外部利益主体之间存在着潜在的利益冲突，会计人员的会计行为很可能顺应公司管理者的意愿，而损害公司外部主体的利益。因此，财务会计行为必须按照法律的规定或者公认的会计准则来进行。

（二）我国公司财务会计制度立法概况

我国《公司法》第一百六十三条规定："公司应当依照法律、行政法规和国务院财政部门的规定建立本公司的财务、会计制度。"可见，股份有限公司同有限责任公司一样，需要依法建立本公司的财务、会计制度。调整公司财务会计活动的各项法律规则被称为公司财务会计制度。我国《公司法》第八章专门规定了公司的财务、会计制度。第六届全国人大常委会第九次会议于 1985 年 1 月 21 日通过了《中华人民共和国会计法》，该法于 1993 年和 1999 年进行了修订。为使企业建立科学的财务会计制度，同时也为了与国际接轨，1992 年底财政部相继颁布了《公司会计准则》《公司财务通则》以及各行业会计制度，1993 年 10 月 31 日第八届全国人大常委会第四次会议通过了《注册会计师法》，1998 年财政部发布了《股份有限公司会计制度——会计科目和会计报表》。2006 年和 2014 年财政部相继对会计法规进行修订。

（三）公司财务会计制度的法律意义

股份有限公司本身的资合性质决定了资产运营不完全是公司自己的私事，它关系到公司债权人、潜在投资者、潜在交易对象、公司职工及其他利益关系主体的利益。由于这些主体之间的利益分配直接受到财务信息的影响，因此，生成财务会计信息的会计行为就不仅仅只是一个技术问题。为了保护上述不同主体的利益，法律要求公司内部建立规范的财务会计制度。我国《公司法》设专章规定了公司财务会计制度，有其特定的立法背景和立法理由，具体分析如下：

1. 对于股东来讲，作为现代公司制度最典型的组织形式——有限责任公司和股份有限公司，特别是股份有限公司，最显著的特点是实现了财产所有权和经营管理权的分离。股东一旦将自己的财产以股份的形式投入公司，除享有收取股息红利、选择管理者和索回公司剩余财产等权利外，已丧失了对其出资财产的直接控制权。在这种情况下，建立规范化的财务会计制度，保证财务会计信息的真实、准确、完整，就成为股东了解公司财产运营状况、监督公司董事、高级管理人员行使职权并保护自身利益的重要途径。

2. 对债权人来讲，公司是一个独立的法律实体，股东对公司债权人不直接承担责任，债权人的债权实现只能依靠公司名下的财产，公司财产数额的变动直接关系到债权人债权能否实现的实质问题。公司的财务报表提供的与公司财务状况有关的重要信息有助于债权人更好地评估公司的信用，并采取适当的预防措施避免损失。

3. 对于社会公众来讲，公司的潜在投资者、潜在的交易对象等作出投资于公司或与公司进行交易的决定都依赖于公司财务信息的披露。因此，《公司法》要求向社会募集股份的公司必须公告其财务会计报告。

4. 对于公司管理者来讲，财务会计制度和相应的审计活动有助于确保公司的管理者谨慎行事，并符合财务纪律的最低标准，从而保护股东、债权人、社会公众、公司职工等主体的基本利益。

5. 对于国家来讲，规范化的财务会计制度使得国家财税部门能够切实监督和检查公司的财产运营状况，掌握公司盈亏情况，确保国家税收及时足额征收，防止偷税、漏税、避税等现象的发生。

二、公司财务会计报告

公司财务会计报告是指公司对外提供的反映公司某一特定日期财务状况和某一会计期间经营成果、现金流量等会计信息的文件，它由会计报表、会计报表附注和财务情况说明书组成。财务会计报告是会计信息的载体，是会计信息系统向外界输出财务信息的主要形式，其目的在于系统地、有重点地、简明扼要地反映公司的财务状况和经营成果，向股东、经营者、债权人、潜在投资者、潜在交易方、政府有关部门等会计报表使用人提供必要的财务资料和会计信息。

（一）财务会计报告的编制、验证与公示

1. 财务会计报告的编制。

关于财务会计报告的编制涉及三个问题：（1）编制要求。财务会计报告应当根据经过审核的会计账簿记录和有关资料编制，并符合《会计法》和国家统一的会计制度的规定。我国《公司法》第一百六十四条第二款规定："财务会计报告应当依照法律、行政法规和国务院财政部门的规定制作。"（2）编制时间。我国《公司法》第一百六十四条第一款规定："公司应当在每一会计年度终了时编制财务会计报告，并依法经会计师事务所审计。"（3）编制人员。我国《公司法》对财务会计报告的编制人员未作规定，但根据《公司法》关于组织机构权责的规定，公司财务会计报告应由董事会负责编制，董事会对其真实性、准确性、完整性负责。同时，我国《会计法》第二十一条规定："财务会计报告应当由单位负责人和主管会计工作的负责人、会计机构负责人（会计主管人员）签名并盖章；设置总会计师的单位，还须由总会计师签名并盖章。单位负责人应当保证财务会计报告真实、完整。"

2. 财务会计报告的验证。

财务会计报告依法进行审查验证，验证涉及两个问题：（1）财务会计报告的审核。监事会依据《公司法》赋予的"检查公司财务"的职权，审核董事会提交的财务会计报告，监事会认为必要时，可聘请公司之外的会计师事务所对财务会计报告进行审阅，所需费用由公司负担。监事会的审核意见以书面形式交于董事会。不论董事会对监事会的审核意见是否持有异议，都应将财务会计报告连同监事会审核报告一并提交股东大会审议。在股东大会对财务会计报告表决认可后，财务会计报告的真实性、准确性、完整性应由公司负责，除非董事、监事因主观过错（如隐瞒重大事实、误导、虚假陈述等）致使股东大会作出错误判断。（2）财务会计报告的审计。我国《公司法》第一百六十四条第一款规定："公司应当在每一会计年度终了时编制财务会计报告，并依法经会计师事务所审计。"由此可见，公司的年度财务会计报告应当依法经会计

师事务所审计。同时，我国《公司法》还对会计师事务所的聘用、解聘、审计财务会计报告时公司履行的义务作了明确规定，第一百六十九条规定："公司聘用、解聘承办公司审计业务的会计师事务所，依照公司章程的规定，由股东会、股东大会或者董事会决定。公司股东会、股东大会或者董事会就解聘会计师事务所进行表决时，应当允许会计师事务所陈述意见。"第一百七十条规定："公司应当向聘用的会计师事务所提供真实、完整的会计凭证、会计账簿、财务会计报告及其他会计资料，不得拒绝、隐匿、谎报。"第一百七十一条规定："公司除法定的会计账簿外，不得另立会计账簿。对公司资产，不得以任何个人名义开立账户存储。"

3. 财务会计报告的公示。

公司财务报告必须依法公示。股份有限公司的财务会计报告公示方式不同于有限责任公司，我国《公司法》第一百六十五条规定："有限责任公司应当依照公司章程规定的期限将财务会计报告送交各股东。股份有限公司的财务会计报告应当在召开股东大会年会的 20 日前置备于本公司，供股东查阅；公开发行股票的股份有限公司必须公告其财务会计报告。"对于上市公司财务会计报告的公示比普通的股份有限公司更复杂，详见本书第五章上市公司的特殊制度中的阐述。

（二）财务会计报告的种类

依据 2001 年 1 月 1 日实施的《企业财务会计报告条例》（国务院令第 287 号）的规定，财务会计报告分为年度、半年度、季度和月度财务会计报告；年度、半年度财务会计报告应当包括会计报表、会计报表附注、财务情况说明书，会计报表应当包括资产负债表、利润表、现金流量表及相关附表；季度、月度财务会计报告通常仅指会计报表，会计报表至少应当包括资产负债表和利润表，国家统一的会计制度规定季度、月度财务会计报告需要编制会计报表附注的，从其规定。

1. 资产负债表。

资产负债表是反映公司在某一特定日期财务状况的报表，根据"资产=负债+所有者权益"这一平衡公式，依照一定的分类标准和一定的次序，将某一特定日期的资产、负债、所有者权益的具体项目予以适当的排列编制而成。它是一张揭示公司在一定时点财务状况的静态报表，因而学理上又称之为静态会计报表。资产负债表是最基本的，也是国际上通行的财务报表。

2. 损益表。

损益表，又称利润表、损益平衡表，是一张动态报表，反映公司在一定会计期间经营成果的报表，是一段时间内公司经营业绩的财务记录，反映了这段时间的销售收入、销售成本、经营费用及税收状况，报表结果为公司实现的利润或亏损。

3. 现金流量表。

现金流量表是反映公司一定会计期间现金和现金等价物流入和流出的报表。它是原先财务状况变动表或者资金流动状况表的替代物。它详细描述了由公司的经营、投资与筹资活动所产生的现金流。

4. 会计报表中的相关附表。

相关附表是反映公司财务状况、经营成果和现金流量的补充报表，主要包括利润分配表以及国家统一的会计制度规定的其他附表。利润分配表是反映公司一定会计期间对实现净利润以及以前年度未分配利润的分配或者亏损弥补的报表。

5. 会计报表附注。

会计报表附注是为便于会计报表使用者理解会计报表的内容而对会计报表的编制基础、编制依据、编制原则和方法及主要项目等所作的解释。

6. 财务情况说明书。

财务情况说明书是对公司资产负债表、损益表、现金流量表以及其他报表所列示的资料和未能列示的但对公司财务状况有重大影响的其他重要事项所作出的必要说明，它是公司财务会计报告使用者据以进一步了解公司财务状况、经营成果及会计政策的重要依据。

三、公司的公积金

（一）公积金的概念和意义

公积金又称储备金，是指公司为了增强自身财产能力，扩大生产经营和预防意外亏损，依照法律和公司章程的规定而从公司税后利润中提取的不作为股利分配的累积资金。公积金的提取是法律对公司规定的强制性义务，不能由公司自行决定取舍，世界各国或地区公司法均无例外地规定了公积金制度。公积金虽然不属于公司资本，但其功能与公司资本相似，本质上仍属于股东权益，是股东未分配利润的积累。

公积金的提取对于公司的存在和发展是至关重要的，其作用表现在以下几个方面：第一，公司拥有财产的多少往往决定公司在市场经济发展中的地位，而财产不能仅靠股东的投资来积累。从公司所创造的利润中提取部分资金不作分配，就可以扩大公司资产拥有量，增强公司的经济实力和竞争能力。第二，公司生产经营规模的扩大，必然使公司资本增加，从公司的公积金中补充公司资本，比发行新股扩展资本更便利，也更符合公司原股东的利益要求。第三，公司提取充裕的公积金，使债权人及客户利益更有保障。第四，当公司发生亏损时，可以用公积金弥补亏损，增强公司抗击各种商业风险的能力，使公司保持原有的生产经营水平。第五，在特殊情况下，公积金还可以用来分配股息和红利，维护公司的股票市值和商誉。

（二）公积金的分类、提取及用途

公积金的分类在各国或地区公司法中有所不同。依据我国《公司法》的规定，公积金主要分为盈余公积金和资本公积金两大类。盈余公积金是指公司在会计年度决算时从税后净利润中按一定比例提取的公积金。盈余公积金又依是否属于《公司法》的强制性要求分为法定公积金和任意公积金。资本公积金是由法律规定的来源于资本收益及其他与资本有关的收益的资本积累或资本储备。

1. 法定公积金。

法定公积金是指公司依《公司法》的强制性规定而必须从公司当年净利润中按比例提取的储备金。法定公积金的强制提取以及提取的比例都由《公司法》加以规定，公司不得以任何形式变更或违反，故而也称为"强制公积金"。公司的法定公积金按规定只能用于弥补亏损、转增资本和扩大生产经营规模。我国《公司法》第一百六十六条第二款规定："公司的法定公积金不足以弥补以前年度亏损的，在依照前款规定提取法定公积金之前，应当先用当年利润弥补亏损。"第一百六十八条规定："公司的公积金用于弥补公司的亏损、扩大公司生产经营或者转为增加公司资本。但是，资本公积金不得用于弥补公司的亏损。法定公积金转为资本时，所留存的该项公积金不得少于转增前公司注册资本的25%。"

2. 任意公积金。

任意公积金也称为任意储备金，是指根据公司章程规定或者公司股东大会决议于法定公积金提取后从公司当年税后利润中再行提取的积累资金。任意公积金也来源于公司的税后盈余，故属于盈余公积金的范围。之所以称为任意公积金，是因为它的提取不取决于法律的强制性规定，是根据公司章程的规定或股东大会的决议而进行。任意公积金的提取往往具有明确的目的性，如以偿还公司债券为目的而提取、以平衡历年盈余分配为目的而提取、以增加公司资本而提取、以准备公司应急之需而提取、以弥补亏损为目的而提取以及为特定的生产项目启动和发展而提取等。我国《公司法》第一百六十六条第三款规定："公司从税后利润中提取法定公积金后，经股东会或者股东大会决议，还可以从税后利润中提取任意公积金。"可见，我国《公司法》对任意公积金的提取采取了授权方式，任意公积金的提取数额与使用方向皆由公司决定。但任意公积金作为公积金的一种，其使用范围仍应局限于弥补公司亏损、扩大公司生产经营或转增公司资本三个方面。

3. 资本公积金。

资本公积金也称为资本储备金，是在公司的生产经营之外，由资本、资产本身及其他原因形成的股东权益收入。资本公积金的来源按其用途主要包括两类：一类是可以直接用于转增资本的资本公积，包括资本（或股本）溢价、接受现金捐赠、拨款转入、外币资本折算差额和其他资本公积等。另一类是不可以直接用于转增资本的资本公积，包括接受捐赠非现金资产准备和股权投资准备等。我国《公司法》第一百六十七条规定："股份有限公司以超过股票票面金额的发行价格发行股份所得的溢价款以及国务院财政部门规定列入资本公积金的其他收入，应当列为公司资本公积金。"资本公积金的收入是一种资本的衍生利益而非公司的营业收入。凡属前述来源的收入均得列入资本公积金，法律上无比例或最高限额。由于资本本身是股东利益的体现，因而资本公积金也是股东利益的延伸。按照我国《公司法》第一百六十八条的规定，资本公积金可以而且只能用于扩大公司生产经营或者转为增加公司资本，不得用于弥补公司的亏损。

四、公司的股利分配

（一）股利的概念

股利是股息和红利的合称，是指公司依照法律或章程的规定，按期以一定的数额和方式分配给股东的利润。股息，是指在资本上计算的利息。公司可在公司章程或股东大会决议后按规定的期限和规定的比例向股东支付股息，也可以在股票上载明股息的利率。当然，支付股息的资金来源仍是公司的利润，如果公司亏损，原则上不能进行分配。红利，是指股息之外分配给股东的公司盈余。红利的分配数额或比例不确定，要根据公司年终决算的情况决定，税后盈余多，则可多分；盈余少，则少分。

（二）股利分配的原则

1. 纳税优先原则。公司的年终决算，其收入总额应首先向国家缴纳所得税，在完税前公司不得向股东派发股利，完税后的利润才是公司的净利润，而股利分配是在公司净利润中提取的。

2. 弥补亏损、提取公积金优先的原则。我国《公司法》强制性要求，公司应当从税后净利润中提取 10% 补充公积金，在公司法定公积金的积累额达到公司注册资本的 50% 时可不再提取。公司的公积金不足以弥补上一年度公司亏损的，在提取法定公积金之前，应当先用当年利润弥补亏损。公司股东大会或者董事会违反规定，在公司弥补亏损和提取法定公积金之前向股东分配利润的，股东必须将违反规定分配的利润退还公司。

3. 公司亏损时不分配股利的原则。如果公司当年亏损，则不应当分配股利。但公司已用公积金弥补亏损后，经股东大会决议，公司可以将公积金转为股本，以股东持股比例派送新股或者增加每股的面值。以法定公积金转增资本分配股利时，留存的该项公积金不得少于转增前注册资本的25%。

4. 同股同利的原则。同股同权与同股同利是股东权平等原则的具体体现。股东权的平等不仅体现在共益权，即公司事务管理权方面，也体现在自益权，即股利分配方面。同股同利，是指持有同一种股份的股东依同样的标准参与利益分配，持股多的多分，持股少的少分，不存在其他差别。

5. 公司持有的本公司股份不得分配利润。公司的利润归投资人所有，如果公司分配了利润，还要将这部分利润再分配给股东，这将导致不必要的循环往复。

（三）股利分配的形式

我国《公司法》第一百六十六条第四款规定："公司弥补亏损和提取公积金后所余税后利润，有限责任公司依照本法第三十四条的规定分配；股份有限公司按照股东持有的股份比例分配，但股份有限公司章程规定不按持股比例分配的除外。"关于公司股利分配的时间，一般是在营业年度决算后，股东大会对分配方案决议通过，即可进行分配。股利的具体分配形式有以下几种：1. 现金股利，指公司在年终决算后向股东派发的货币利润，这是最普通的股利分配形式。2. 财产股利，指公司以持有的有价证券或实物向股东支付的利润。3. 股票股利，指公司用增发本公司股票的方式代替现金向股东派发股利。

（四）违法分配股利的后果及法律责任

我国《公司法》第一百六十六条第五款和第六款规定："股东会、股东大会或者董事会违反前款规定，在公司弥补亏损和提取法定公积金之前向股东分配利润的，股东必须将违反规定分配的利润退还公司。公司持有的本公司股份不得分配利润。"一般来讲，公司违法分配利润的行为是无效的，这是因为《公司法》中对股利分配的条件、标准、原则的规定均是强制性规定，公司违法分配股利必然与这种强制性规范相冲突。同时，违法分配股利往往会损害公司债权人的利益，公司债权人在其债权利益的实现无保障的情况下可以通过诉讼途径确认分配的无效性，请求法院责令追回已分配的财产或停止违法分配行为。

思考题

1. 股份有限公司募集设立和发起设立的优缺点分析。
2. 如何理解公司高级管理人员的忠实义务和勤勉义务？
3. 累积投票制如何维护中小股东的利益？
4. 从法律关系的角度分析公司债券和公司股票的区别与联系。
5. 股东派生诉讼的前提条件是什么？

第五章　股份有限公司的资本与股份

本章重点知识：股份有限公司资本的概念和特点；资本三原则的具体内容；增减注册资本的条件；股票的概念、特征和分类；股份发行的原则；股份回购的条件；上市公司的基本规定。

建议课时：4课时。

第一节　股份有限公司的资本

一、公司资本概述

（一）公司资本的概念

公司资本，又称股本，是公司成立时章程规定的，由股东出资构成的财产总额。公司资本具有以下几个特点：

1. 资本是公司自有的独立财产。任何法人组织都必须拥有独立的财产，公司的资本就是其自有的独立的财产。在公司占有、使用的财产中，有的是自有，即自己所有的财产，有的是借贷来的财产，因此，经济学和会计学上有所谓自有资本与借贷资本之分。公司法上的资本仅指公司自己所有、不受他人支配的独立财产。资本也是公司的原始财产，公司成立后，会有多种财产来源，但最初的财产就是公司的资本。

2. 资本是一个抽象的财产金额。资本总是表现为资本额，即一定的财产金额。资本是抽象的价值金额，而不是具体的财产形式，虽然构成资本的财产总是以各种具体形式存在，或者以货币，或者以实物、知识产权、土地使用权等具体形式存在，而且这些财产形式之间亦经常发生转换，但资本却是不受具体财产形式影响的财产金额。因此，同样的资本会有完全不同的具体财产构成，而相同的财产构成也会代表完全不同的资本。

3. 资本来源于股东的出资。公司资本是公司全体股东的永久性投资，只能由股东出资构成，股东出资总额即为公司资本总额。经营积累或接受赠与等形成的财产，虽属公司自有资产，但非属股东出资而不能直接计入公司资本。资本亏损后，公司可以用其以往的盈余弥补，此种弥补既是弥补资本，也是弥补股东出资，因而其性质仍然属于股东出资。公司以公积金转增为资本，因公积金属于股东权益，本应分配于股东，因此亦可理解为股东的出资。需要指出的是，资本作为股东出资总额，在特殊情况下，有所例外。公司溢价发行股份情况下，发行价格高于股份的票面金额，而公司的资本额是按全部股份的票面金额计算，股东的实际出资总额会高于、甚至远远高于公司的资本额，超出资本额的股东出资要计入公司的资本公积金中。此属一般公司资本概念的例外。

4. 资本是在公司成立时由章程予以规定的。任何公司成立时都必须制定章程，而公司资本是章程必须予以记载的事项。此种资本数额是由公司发起人或将来公司股东通过协商确定并写入章程的。

5. 资本是一个确定的财产数额。公司资本一经确定，即不能自然或随意改变。公司成立后，可能盈利，也可能亏损，其资本可能增值，也可能贬值，从而导致其资产数额的变化，但这并不自然改变其资本额。如果需要改变，则必须依照法定的增加资本或减少资本的程序，经股东大会作出决议、修改章程、办理注册登记手续而变更。

股份有限公司的资本是公司资本的下位概念。股份有限公司的资本，是指在股份有限公司成立时由公司章程规定并由股东出资构成的公司财产总额。股份有限公司的资本也可称为股本，即股份有限公司的股份总额。由于股份有限公司的资本是划分为等额股份的，即每一股份的金额是相等的，故而股份总额即是资本总额。

（二）公司资本与相关概念的比较

1. 资本与资产。

公司资产，亦称为公司实有财产，是公司实际拥有或支配的全部财产，包括有形财产和无形财产。在财产形态上，资产分为流动资产、长期投资、固定资产、无形资产和递延资产等。货币、债权和某些实物属于其中的流动资产；房屋、机器、机械、运输工具以及其他与生产经营有关的设备属于其中的固定资产；土地使用权、商标权、专利权、非专利技术、著作权、商誉则属于其中的无形资产。在财产来源上，资产主要来自于三个方面：股东的出资即公司资本、公司对外负债、公司的资产收益和经营收益。资产与负债作为公司资产负债表中的两个栏目，存在互动的对应关系，由于负债是资产的来源，因此，公司负债的增减必然导致资产的相应增减。

就概念的范围而言，公司资产要大于资本，资本只是资产的一部分。但就实际情况而言，资本与资产的对应关系会因公司的经营状况而有很大差别。公司成立时，没有任何对外负债，其资本就是其全部资产。公司成立后，随着公司对外负债的发生，资产通常都会高于资本，但并不排除因公司的极度亏损或公司资产价值的剧烈变化而导致资产低于资本的情况发生。公司法人的独立财产责任，就是以公司实有的全部资产对其债务负责，公司资产才是公司对外承担财产责任的实际担保。

2. 资本与资金。

公司的资金，是一个理论上不甚明晰，也不甚一致的概念。狭义上的公司资金仅指可供公司支配的以货币形式表现出来的公司资产的价值，主要包括公司股东对公司的永久性货币出资、公司发行的债券、向银行的贷款等。事实上，公司的资金并不是公司法上的概念，而是会计学和管理学等其他领域中的概念，但其他领域中所称的资金实质上类似或等同于公司法中的资产，都是指公司所拥有的财产。只是公司法中资产的概念范围可能更宽，包含某些在会计上不能入账的特殊资产，如未变现的工业产权和商誉等。所谓自有资金与借贷资金之分，不过是表明资产或资金的来源。但无论如何，不应把公司的资金仅理解为货币形式的资产，也不应理解为是以货币价值计算的资产，因为任何其他形式的资产也都是以货币价值计算的。

我国由于历史习惯和观念意识的原因，在企业立法中，曾长期使用资金和注册资金的概念，其中的资金与现在所用资产的法律含义基本一致。其中的注册资金与现在所用的注册资本法律含义基本一致。自 1993 年《公司法》颁行后，各种公司法立法和企业立法已基本改用资产和注册资本的概念。

3. 资本与净资产。

公司的净资产，是指公司全部资产减去全部负债后的余额。公司的资产分为自有资产和借贷资产，借贷资产虽然形式上或暂时属于公司所有，但债务一经清偿，公司资产即相应的减少。真正归公司所有的是其中的自有资产，净资产正是公司自有资产的价值，也是公司实质的财产能力和资产信用的基础。公司成立时，没有任何对外负债，其资本就是其全部资产，同时也是其净资产。公司成立后，随着公司经营的盈利或亏损，资产本身的增值或贬值等，资产价值及相应的净资产的价值也就处于不断的变化之中，净资产可能高于资本，也可能低于资本。在公司资产等于负债时，净资产等于零，而在公司资不抵债时，净资产则为负值。

（三）公司资本的法律意义

1. 资本是公司成立的基本条件。

公司是依法成立的企业法人，公司要取得法人的人格和地位，必须具备一定的条件。《民法通则》和《公司法》对于企业法人和公司法人均规定了具体的成立条件，资本即为其中之一。在公司成立的条件中，有实体条件、程序条件、财产条件和组织条件，资本属于其中的实体条件和财产条件。不具备此种条件的公司不能取得公司的注册登记，已经登记的公司也会因此而被撤销或被否定人格。

2. 资本是公司进行经营活动的基本物质条件。

公司是营利性经济组织，具有从事商业性经营活动的权利能力，而这种能力的实现有赖于一定的物质条件，包括固定的生产经营场所、与生产经营和服务规模相适应的从业人员以及与经营活动相适应的资金。而这些条件的形成都需要有一定的资本。否则，公司既无法参与任何财产关系，也不能开展经营活动，不具备此种条件的公司，亦常被人们称为"皮包公司"。因此，公司法对公司资本的要求，对于公司经营能力的形成和维持具有重要作用。

3. 资本是公司承担财产责任的基本保障。

公司作为法人组织，以其全部财产对其债务独立负责。资产的范围和数量决定公司的债务清偿能力和对债权人的保护程度，而资本是公司资产形成的基础和来源，是公司最原始和最基本的资产，资本的规模和数额对公司资产的范围和数量有直接的影响。因此，确定和维持公司一定数额的资本，对于奠定公司基本的债务偿还能力、保障债权人的利益和交易安全，具有一定的意义。许多学者甚至认为，公司资本是公司债权人利益的财产担保或总担保，是公司对外交往的信用基础和他人判断其信用的依据。

4. 资本是股东对公司债务承担责任的界限。

所谓有限责任，是指股东对公司债务的责任，而非公司本身的责任。股东以其出资额为限对公司债务负责，对全体股东而言，实际上也就是以公司资本为限对公司债务负责。公司的资本额，就是全体股东债务责任的最大限度，如果股东履行了出资义务，公司资本真实到位，即使公司资不抵债，股东也不需要承担进一步的责任。

正如前述公司资本的法律意义一样，股份有限公司的资本是股份有限公司赖以生存的"血液"，是公司运营的物质基础，是公司债务的总担保。资本作为股份有限公司的"血液"，犹如人无血即无法生存，公司无资本则不能成立，更无法生存。同时，由于股份有限公司的股东承担有限责任，公司资本便成了公司债务的总担保。为了保护债权人的利益和交易的安全，股份有限公司必须确定和维持一定数额的公司资本，并将其公之于众，以便使与公司发生交易往来

▶▶▶▶▶▶▶

的相对人了解和掌握公司的资本状况，决定其交易的条件和范围。正是由于公司资本有着如此重要的意义，各国或地区公司法都把股份有限公司的资本作为一项不可或缺的内容，对其作出明确的规定。

二、公司资本形成制度

（一）法定资本制

关于何谓法定资本制，存在争议。赵旭东教授主编的《公司法学》和范健教授主编的《商法》中指出，法定资本制是指在公司设立时，必须在章程中明确规定公司资本总额，并一次性发行、全部认足或募足，否则公司不得成立的资本制度。赵中孚教授主编的《商法通论》和王建文教授著的《商法教程》中主张，法定资本制是指公司在设立时，必须在公司章程中明确记载公司的资本总额，由股东全部认足并予以实缴、实收的一种公司资本制度。本部分采赵旭东教授主编的《公司法学》和范健教授主编的《商法》中的观点。

法定资本制的主要内容为：1. 公司设立时，必须在公司章程中明确规定资本总额。2. 公司设立时，必须将资本或股份一次性全部发行并募足，由发起人或股东全部认足。3. 资本或股份经认足或募足后，各认股人应根据发行的规定缴纳股款。缴纳股款共有两种方式：其一为一次性缴纳，即各认股人必须一次性按认购额缴纳全部股款，不得分期缴纳；其二为分期缴纳，即各认股人可以分次缴纳股款而不必一次性缴纳，但法律对认股人首次和每次缴纳的股款和全部股款缴纳的时间有一定的限制。4. 公司成立后，因经营或财务上的需要而增加资本，必须经股东会作出决议、变更公司章程等程序。

法定资本制的主要特点是资本或股份的一次性发行，因此，才有发行资本与实缴资本的概念和区别。分期缴纳制度仍属法定资本制的一种形式，而不是授权资本制或折中资本制。几乎在实行法定资本制的所有大陆法国家，都允许股款的分期缴纳，只是要求首次缴纳的部分不得低于资本总额的一定比例，如法国规定为 25%；同时，对分期缴纳有一定的时间限制，如法国规定为 5 年。另外，对于实物出资，一般不允许分期缴纳，如德国、瑞士等。而在各国或地区的公司实践中，一次性缴纳的情况较为普遍，分期缴纳的则为少数。法定资本制是以德、日为代表的大陆法系国家所实行的公司资本制度，它不仅适用于股份有限公司，也适用于有限责任公司。我国公司法实行的也是典型的法定资本制。我国的法定资本制经历了一个改革的过程。1993 年《公司法》不仅要求股份一次认足，而且必须一次缴纳。当时，只有中外合资经营企业有所例外，允许中外双方分期缴纳出资。2005 年《公司法》全面改变为分期缴纳制，在明确注册资本为认缴资本而非实缴资本、允许分期缴纳的基础上，规定了相应的限制，即"全体股东首次出资额不得低于注册资本的 20%，也不得低于法定的注册资本最低限额；其余部分由股东自公司成立之日起 2 年内缴足；其中投资公司可以在 5 年内缴足"（《公司法》第二十六条、第八十一条）。2013 年修正的《公司法》中规定除以募集方式设立股份有限公司外，其余类型的公司资本均采认缴制，不再实行实缴制，并取消了分期缴纳的规定。

从理论上讲，大陆法系的法定资本制有以下优点：1. 有利于公司资本的稳定和确定；2. 有利于防止公司设立中的欺诈行为；3. 有利于使公司从成立开始就有足够资金担保债务的履行；4. 有利于提高市场交易安全性。但这一制度也因下述弊端而受到学者的批判：1. 对于一些大型的股份有限公司，强制发行全部资本，因其数目巨大，不容易立即认足，将影响公司的成立；

2. 各公司所从事的行业和经营范围千差万别，在设立之初并非都需要巨额资本，一味要求其全部发行，会导致某些公司资本的闲置和浪费；3. 公司需要增资时，必须履行繁杂的程序，费时费钱，给公司增加额外负担。为此，大陆法系不少国家和地区的公司法逐渐放弃了以往严格的法定资本制，吸收了英美法系公司法的做法，而改变为折中资本制，如德国、法国等。

（二）授权资本制

授权资本制是指在公司设立时，虽然应在章程中载明公司资本总额，但公司不必发行资本的全部，只要认足或缴足资本总额的一部分，公司即可成立。其余部分，授权董事会在认为必要时，一次或分次发行或募集。授权资本制的内容如下：1. 公司设立时，必须在章程中载明资本总额，这与法定资本制相同。但同时章程亦应载明公司首次发行资本的数额。2. 公司章程所定的资本总额不必在公司设立时全部发行，而只需认足或募足其中的一部分。如在英国，只要求每一发起人至少认购并缴纳一股。3. 各认股人就其在公司设立时认购的部分，可以一次缴纳，也可以分次缴纳。但有的公司法规定，不得分期缴纳。4. 公司成立后，如因经营或财务上的需要欲增加资本，仅需在授权资本数额内，由董事会决议发行新股，而无须再经股东会作出决议和变更公司章程等程序。授权资本制的主要特点是资本或股份的分期发行，而不是法定资本制要求的一次发行。正是在授权资本制之下，才有了授权资本与发行资本的概念和区别，公司章程所定的只是授权资本，发行资本则取决于公司决定发行的数额。

授权资本制是英国和美国公司法长期发展的产物。早期的英国，公司的设立采特许主义，公司股份的发行也是基于国家的授权，其授权发行的股份数额必须记载于公司章程，是为授权资本额，在授权的范围内发行股份既是公司的特权，也是对其发行的限制。在美国，独立战争后，公司的设立也采特许主义并对授权资本额进行规制。后虽改采准则主义，但出于对公司的防范，授权资本额仍作为限制公司规模的手段保留下来，此后，虽然授权资本额的上限在不断变化，但给予限制的法律原则一直被保留下来，直到后来，许多州才最后废除对授权资本额上限的规定。但由于赋予公司特殊权能的历史观念和英美法变迁的连续性，在公司章程中载明授权资本额的做法一直保留下来，由此形成了英美法中的授权资本制。

授权资本制具有如下优势：1. 公司不必一次发行全部资本或股份，减轻了公司设立的难度；2. 授权董事会自行决定发行资本而无须经股东会决议变更公司章程，简化了公司增资程序；3. 董事会根据具体情况发行资本，既适应了公司经营活动的需要，又避免了大量资金闲置，能充分发挥财产的效益。但授权资本制也有其弊端，由于公司章程中的资本仅是一种名义上的数额，加上未对公司首次发行资本的最低限额及其发行期限作出规定，因而极易造成公司实缴资本与其实际经营规模和资产实力的严重脱节，也容易发生欺诈性的商业行为，对债权人的利益构成风险。

但从总体上看，授权资本制还是一种比较成功的制度，基本上能满足市场经营的需要。因其固有的特点，许多大陆法国家纷纷改为采用授权资本制或修改原有的法定资本制向授权资本制靠拢，有学者甚至认为由法定资本制到授权资本制是现代西方国家公司法的发展趋势之一。

（三）折中资本制

折中资本制，是在法定资本制和授权资本制基础上衍生和演变而成的资本制度，具体又分为许可资本制和折中授权资本制两种类型。

1. 许可资本制。

许可资本制，亦称认许资本制，是指在公司设立时，必须在章程中明确规定公司资本总额，并一次性发行、全部认足或募足。同时，公司章程可以授权董事会在公司成立后一定期限内和公司资本一定比例范围内，发行新股，增加资本，而无须股东会的特别决议。原实行法定资本制的大陆法国家，包括德国、法国、奥地利等基本上都实行了许可资本制，如《德国股份法》第 202 至 206 条规定，公司章程可以授权董事会在公司成立后 5 年内，在授权范围内，经监事会同意而发行新股，增加资本。

许可资本制是在法定资本制基础上，通过对董事会发行股份的授权、放宽限制、简化公司增资程序而形成的。这种授权和放宽适用于公司成立后的增资行为，而对公司设立时的资本发行仍适用法定资本制的要求。这种制度既坚持了法定资本制的基本原则，又吸收了授权资本制的灵活性，但许可资本制的核心仍是法定资本制。

2. 折中授权资本制。

折中授权资本制，是指公司设立时，必须在章程中载明资本总额，并只需发行和认足部分资本或股份，公司即可成立，未发行部分授权董事会根据需要发行，但授权发行的部分不得超过公司资本的一定比例。折中授权资本制与许可资本制的相同点都是授权董事会发行股份，但许可资本制是在资本总额之外发行，而折中授权资本制是在资本总额范围内发行。原实行法定资本制的一些大陆法国家和地区，如日本和我国台湾地区实行的就是折中授权资本制。日本《商法》第 166 条规定，公司设立时发行的股份总数不得低于公司股份总数的 1/4。我国台湾地区"公司法"第 156 条规定，股份总数得分次发行，但第一次应发行之股份不得少于股份总数的 1/4。

折中授权资本制是在授权资本制基础上通过对董事会发行股份的限制，规定其发行股份的比例和期限形成的，这种限制适用于公司自设立时到成立后的所有股份发行行为。这种制度既坚持了授权资本制的基本精神，又体现了法定资本制的要求，但其核心仍是授权资本制。

三、公司资本的形式

（一）注册资本

注册资本，又称面额资本或核定资本，是公司章程记载并在公司登记机关登记的资本总额。注册资本一语，在各国或地区公司法中并不多见。我国是少有的对注册资本有严格界定的国家。在其他一些国家和地区的公司法亦规定资本是登记注册的重要事项，但并未明确使用注册资本这一术语，从其实质而言，此种登记的资本额就是注册资本。我国《公司法》第 80 条对股份有限公司的注册资本作了明确规定："股份有限公司采取发起设立方式设立的，注册资本为在公司登记机关登记的全体发起人认购的股本总额。在发起人认购的股份缴足前，不得向他人募集股份。股份有限公司采取募集方式设立的，注册资本为在公司登记机关登记的实收股本总额。法律、行政法规以及国务院决定对股份有限公司注册资本实缴、注册资本最低限额另有规定的，从其规定。"

（二）授权资本

授权资本，是指授予公司自由发行、记载于公司章程的资本总额。依英美公司法，公司章程中必须注明公司的授权资本，否则不予登记。但公司设立时不必将授权资本全部发行，只须部分发行即可，剩余部分授权董事会根据需要分次发行。授权资本的概念存在于授权资本制与折中授权资本制中，在法定资本制下，不允许有授权资本。

（三）发行资本

发行资本，又称已发行资本，是指公司一次或分期发行股份时，已经发行的资本总额。对公司，该资本称为已发行资本，对股东，又可称为认购股本，即股东承诺缴纳的股本。在法定资本制下，注册资本须由股东全部认购或认缴，故公司的注册资本即为发行资本。在授权资本制及折中授权资本制下，发行资本为公司实际发行的资本，其范围一般低于授权资本。

（四）实缴资本

实缴资本，又称已缴资本、实收资本，是指股东已经向公司缴纳的资本。资本已经发行不等于资本已经实际缴纳。在法定资本制下，亦允许股东对其认购的股份一次缴纳或分期缴纳，其实际缴纳的部分即构成实缴资本。如果发行的资本被全部募足，实缴资本即等于发行资本。在我国，以发起设立的方式设立股份有限公司的，其注册资本等于发行资本，但并不一定等于实缴资本，注册资本和发行资本可能大于或等于实缴资本；以募集设立的方式设立股份有限公司的，其注册资本与实缴资本是一致的。

（五）待缴资本

待缴资本，又称催缴资本，是指公司已发行、股东已认购但尚未缴纳的资本。对待缴资本，公司有权依照章程的约定向股东催缴，股东有义务按约定缴纳。因此，公司的待缴资本实际上已成为公司应得到的财产，已构成股东对公司债务的担保。

（六）保留资本

保留资本，又称储备资本，是指公司正常经营情况下，发行和待缴资本中不得向股东催缴的部分，对于待缴资本，只有在公司破产时才可催缴，是为保留资本。

由此可见，资本是十分复杂的法律概念，普遍适用于各国或地区公司法的统一资本概念是不存在的。事实上，在不同国家和地区，对不同类型的公司，在法定资本制之下和授权资本制之下，资本都会具有不同的含义或表现出不同的形式。在同一国家和地区的不同时期，由于公司法的改革和修订，资本的含义也在发生变化。如在英国，原实行授权资本制时，根本没有最低资本额的规定，亦无注册资本的概念，但后来为了适应欧盟公司法统一的要求，转采折中资本制，规定了公司最低资本额，也有了注册资本的概念，只是其注册资本非以实缴资本、亦非以授权资本确定，而是以发行资本确定。而在美国的公司法中，甚至没有统一的资本概念的界定，迄今也无注册资本的概念和规定。

四、公司资本原则

（一）资本确定原则

资本确定原则，是指公司在设立时，必须在章程中对公司的资本总额作出明确的规定，并须由股东全部认缴，否则公司不能成立。资本确定原则，其含义有二：一是要求公司资本总额必须明确记载于公司章程，使之成为一个具体的、确定的数额；二是要求章程所确定的资本总额在公司设立时必须分解落实到人，即由全体股东认缴。这一原则也称为资本法定原则，为一般大陆法系国家所采用。资本确定原则能够有效保证公司资本的真实、可靠，防止公司设立中的欺诈、投机行为。

▶▶▶▶▶▶▶

我国 2013 年修正的《公司法》关于股份有限公司的一些规定体现了资本确定原则的要求。如依照《公司法》的规定，以发起设立方式设立股份有限公司的，发起人应当书面认足公司章程规定其认购的股份，并按照公司章程规定缴纳出资；而以募集设立方式设立股份有限公司的，公司须在设立时一次性发行全部股份并实缴股款。

（二）资本维持原则

资本维持原则，又称资本充实原则，是指公司在其存续过程中，应当经常保持与其资本额相当的财产。公司资本不仅是公司赖以生存和经营的物质基础，也是公司对债权人的总担保。在公司成立后的经营活动中，由于盈利或亏损以及财产的无形损耗，都将使公司的实有财产的价值高于或低于公司的资本，使公司的资本实质上成为一个变数。当公司的财产价值高于公司资本时，其偿债能力也随之增强，但当公司的实际财产价值低于其资本时，就必然使公司无法按其资本数额来承担责任。为防止因公司资本的不当减少而危害债权人的利益，同时也是为了防止股东对盈利分配的过高要求，确保公司本身业务活动的正常开展，世界各国或地区的公司法都确认了资本维持原则。资本维持原则在我国《公司法》对股份有限公司的规定中具体表现为以下方面：

1. 股东或发起人不得抽逃出资。

为确保公司资本的真实可靠，我国《公司法》第三十五条规定："公司成立后，股东不得抽逃出资。"第九十一条规定："发起人、认股人缴纳股款或者交付抵作股款的出资后，除未按期募足股份、发起人未按期召开创立大会或者创立大会决议不设立公司的情形外，不得抽回其股本。"第二百条规定："公司的发起人、股东在公司成立后，抽逃其出资的，由公司登记机关责令改正，处以所抽逃出资金额 5%以上 15%以下的罚款。"

2. 有亏损必先弥补。

依据我国《公司法》第一百六十六条的规定，公司分配当年税后利润时，应当提取利润的 10%列入公司法定公积金；公司的法定公积金不足以弥补以前年度亏损的，在提取法定公积金之前，应当先用当年利润弥补亏损；在公司弥补亏损和提取法定公积金之前向股东分配利润的，股东必须将违反规定分配的利润退还公司。

3. 股票的发行价格不得低于票面金额。

股票是股份有限公司股份的表现形式，股份的总和即为公司的资本。为维持公司资本的实际财产价值，我国《公司法》第一百二十七条规定："股票发行价格可以按票面金额，也可以超过票面金额，但不得低于票面金额。"

4. 公司非因例外情形不得收购本公司的股份。

就公司的财产性质而言，公司不能成为自身的股东，当然也不能持有自己的股份。我国《公司法》第一百四十二条规定："公司不得收购本公司股份。但是，有下列情形之一的除外：（1）减少公司注册资本；（2）与持有本公司股份的其他公司合并；（3）将股份奖励给本公司职工；（4）股东因对股东大会作出的公司合并、分立决议持异议，要求公司收购其股份的。公司因前款第（1）项至第（3）项的原因收购本公司股份的，应当经股东大会决议。公司依照前款规定收购本公司股份后，属于第（1）项情形的，应当自收购之日起 10 日内注销；属于第（2）项、第（4）项情形的，应当在 6 个月内转让或者注销。公司依照第 1 款第（3）项规定收购的本公司股份，不得超过本公司已发行股份总额的 5%；用于收购的资金应当从公司的税后利润中支出；所收购的股份应当在 1 年内转让给职工。公司不得接受本公司的股票作为质押权的标的。"

5. 公司的发起人承担出资不足的连带责任。

我国《公司法》第九十三条规定:"股份有限公司成立后,发起人未按照公司章程的规定缴足出资的,应当补缴;其他发起人承担连带责任。股份有限公司成立后,发现作为设立公司出资的非货币财产的实际价额显著低于公司章程所定价额的,应当由交付该出资的发起人补足其差额;其他发起人承担连带责任。"

(三)资本不变原则

资本不变原则,是指公司的资本一经确定,即不得随意改变,如需增加或减少资本,必须严格按照法定程序进行。公司资本不变并非绝对不能改变,在公司成立后运营的过程中,因各种原因如经营规模的扩大或缩小、经营宗旨的改变、经营范围的变动、股东人数的增减等,都可能导致公司资本的增加或减少。公司的增资或减资,不仅为公司法所允许,且与资本不变原则亦不相悖,因为资本不变只是指不得随意改变,不能随意增减。就立法意图而言,资本不变原则与资本维持原则基本一致,都是为了防止因公司资本总额的减少而导致公司责任能力的缩小,从而强化对债权人利益和交易安全的保护。资本不变原则与资本维持原则有着密切的联系,这表现在前者是对后者内容的延伸和细化。因为如果没有资本不变原则的限制,资本维持原则即失去了其维持的依据;如果公司可以随意增减资本,资本维持也就没有了实际意义。为了体现资本不变原则,我国《公司法》对于股份有限公司的增减资程序作了严格规定,主要体现在我国《公司法》第一百零三条第二款、第一百七十七条、第一百七十八条第二款、第一百七十九条第二款中。

公司资本原则形成于大陆法国家,同时也为英美法国家不同程度地吸收和采纳。确立公司资本原则的根本原因是现代公司法人制度的成熟和完善,是公司独立的财产责任和股东有限责任的必然要求,其目的是为了保护债权人利益和保证公司的正常发展,维护交易安全和社会经济秩序的稳定。同时,这些原则又不是僵化不变的,随着经济关系和商业经营的不断发展,每个原则在不同的经济时期可能表现出不同的内涵,这从资本形成制度的变化中就可以看出,当然也表明了公司立法对此所采取的灵活和科学态度。

五、公司资本的构成形式

公司资本虽然在章程中均应货币化,表现为一定的货币金额,但就其具体构成形式而言,并不以货币或现金为限。在各国或地区的公司法规定中,公司资本的构成形式不尽一致,不同类型的公司的资本构成形式也不尽一致。我国《公司法》第二十七条规定:"股东可以用货币出资,也可以用实物、知识产权、土地使用权等可以用货币估价并可以依法转让的非货币财产作价出资;但是,法律、行政法规规定不得作为出资的财产除外。对作为出资的非货币财产应当评估作价,核实财产,不得高估或者低估作价。法律、行政法规对评估作价有规定的,从其规定。"第八十二规定:"发起人的出资方式,适用本法第二十七条的规定。"由此可见,我国股份有限公司资本的具体构成形式是多种多样的,由货币、实物、知识产权、土地使用权以及其他资本构成形式等组成。

(一)货 币

货币是公司资本最基本的构成形式。货币是法律关系最为简单、出资人之间最少发生争议和纠纷的出资形式，只要当事人按约定的金额和时间将货币交付于公司或汇入公司的设立账户，出资义务即为履行。其原因在于货币出资直接表现为货币的金额，不涉及财产价值的评估，同时作为一般等价物，货币出资只需简单的交付，不涉及特定的权利移转形式。货币是公司设立实务中最为公司所需、最受股东欢迎的出资形式。货币是最灵活的财产形式，虽然公司的经营可能需要某种具体的物品，但在发达的市场经济条件下，只要有足够的货币支付能力，任何公司经营所需物品都可通过市场获得，而一个竞争充分的市场又会使公司在物品的选择和价款的确定方面保持主动的地位。

　　为了保证公司资本中有足够的货币，用以满足公司的经营需要，许多国家和地区的公司法，特别是大陆法系国家的公司法，对现金应占公司资本的比例作出了明确的规定。例如，法国规定股份有限公司的现金出资应占公司总资本的 25%以上，德国规定股份有限公司的资本必须至少有 25%的现金，意大利规定现金出资为公司资本的 30%，瑞士、卢森堡规定为 20%。应该说，对现金出资应占公司资本的比例加以限定是有一定必要的，但如对现金出资的比例要求过高，在一定程度上，势必增加公司设立的难度，造成公司资金的积压或沉淀。因此，对现金出资数额的限制，原则上应以是否达到了启动公司经营为准。如果具备了这一条件，则无须对现金作出高比例的规定。我国 2005 年《公司法》第二十七条第三款规定："全体股东的货币出资金额不得低于有限责任公司注册资本的 30%。"我国 2013 年修正的《公司法》取消了对出资人最低货币出资比例的规定。

（二）实　物

　　实物是实践中十分普遍的资本构成形式。实物，也叫有形资产，主要包括房屋、车辆、机器设备、原材料、成品或半成品等。如前所述，货币出资确有诸多好处，但因种种原因，出资人不可能都以现金作为出资或股份的对价。事实上，有的实物又是公司运营必不可少的，如果出资人都以货币出资，为满足公司设立的条件，还必须再以货币购置公司进行生产经营活动所必需的实物，在一定程度上增加公司设立的成本。因此，当公司出资人有条件为公司提供其所需的实物时，各国或地区公司法都无一例外的允许以实物作为投资或股份的对价，我国的公司法也作出了同样的规定。

　　当然，并非任何实物都可以作为出资，用于出资的实物，首先应具有财产价值，因而才可能进行出资额和资本额的界定；其次，出资的实物一般应为公司生产经营所需的建筑物、设备或其他物资。对于与公司的生产经营无关的实物是否可以用作出资，应由出资人协商确定，允许其用作出资的目的在于公司可以对其变现、支配并实现其财产价值。出资人对用以出资的实物必须拥有所有权，并应出具拥有所有权和处分权的有效证明。

　　对于以实物出资的，各国或地区公司法都规定必须一次付清，并办理实物出资的移转手续。我国《公司法》规定，以实物出资的，应当依法办理其财产权的转移手续。实物出资是实物所有权从出资人向公司的转移，应遵循物权变动的法律原则，动产物权的转移一般以交付为要件，而不动产物权的转移则一般以登记为要件。综观各国或地区的公司实践，对实物出资所面临的共同问题是作价困难，特别是由于实物在运营中的耗损及物价指数的变动，使实物价值的确定更加困难。这就要求有较权威的评估机构和较科学的计算方法。对此，境外有许多经验可资借鉴，我国的国有资产管理机关在这方面也积累了许多成功的经验，确认了收益现值法、重置资本法、现行市价法、清算价格法等资产评估方法。实践证明，这些评估方法都是行之有效的。由于对实物价值的评估也直接涉及其他投资人的利益，因此，评估结果还必须得到其他出资人的认可。否则，被评估的实物资产难以成为出资人对公司的出资。为确保评估结果具有一定的公正性和权威性，评估应委托具有资格的资产评估机构进行；数额不大的，可由出资人各方按照国家有关规定确定实物的作价。其中用国有资产出资的，评估结果还应由国有资产管理部门核资确认。

（三）知识产权

知识产权属于无形资产，无论是专利权、商标权，还是著作权，其本身都具有一定的财产价值。同时，它也是许多公司赖以经营的重要手段和条件，尤其对于某些智力密集型的高科技公司，对知识产权这种无形资产的需求甚至超过了对货币、实物等有形资产的需求，有的公司可能就是为某项技术的开发而成立，有的公司可能就是凭借某种商标或品牌的优势而经营，一个作品可能成为出版公司重要的经营目标，一个计算机软件也可能是某个公司赖以经营的最重要的资源。随着社会生产力的发展和生产方式的变革，无形资产在公司经营中的作用和地位日益突出，知识产权由此成为重要的公司资本构成形式之一。

知识产权包括工业产权和著作权。根据《保护工业产权巴黎公约》第 1 条的规定，工业产权的保护对象至少应包括专利、实用新型、外观设计、商标、服务标记、厂商名称、货源标记、原产地名称等。通常所指和实践中普遍采用的工业产权出资是商标权和专利权出资，但根据法定出资形式的条件，除货源标记和原产地名称因其本身性质不能用于出资外，服务标记和厂商名称理论上不存在出资的障碍，应允许作为出资的形式。

对于著作权出资，1993 年《公司法》中没有规定此种出资形式，只规定了工业产权出资，2005 年《公司法》将其改为知识产权出资，这意味着著作权也可以成为法定的公司资本构成形式。其实，著作权完全具备法定出资形式的要件，它既具有可估价的财产价值，也完全可以依法转让。与商标权、专利权一样，著作权中包含有可转让的财产权内容，因此，完全可以将著作权用于出资。尤其是随着计算机技术的发展，计算机软件著作权受到越来越多的重视，成为知识经济时代重要的无形财产。允许以计算机软件著作权出资，是适应知识经济时代的要求，也是推动科技进步、加速科技生产力转化的要求。

（四）土地使用权

土地使用权是指非土地所有人依法对土地加以利用和取得收益的权利。土地是国家的重要资源，也是重要的生产资料。在我国，土地归国家和集体所有，非土地所有人可通过出让或转让方式取得土地使用权。设立公司时，涉及国有土地使用权的，必须作价入股。土地使用权的价格由县级以上人民政府的土地管理部门组织评估，并报县级以上人民政府审核批准后，作为核定的土地资产金额。土地使用权作价入股后，由公司享有土地使用权，原土地使用权人持有与其作价入股的土地使用权等值的股份。土地使用权是公司法实践中十分普遍而又重要的出资标的。基于中国土地制度和土地使用权本身的特点，我国对土地出资有着特殊的法律要求。归纳起来，土地使用权出资的法律要求和条件如下：

第一，土地的出资是使用权的出资，而不是所有权的出资。在中国，土地是一种十分特殊的财产，土地的国家所有和集体所有是公有制的基础，只有国家和集体才能作为土地所有权的主体。因此，其他任何主体对土地的占有都不是所有者的占有，而是使用者的占有，对土地享有的权利仅是使用权，而不是所有权，当出资人以土地出资的时候，所出资的标的是土地的使用权而不是土地的所有权。

第二，用于出资的土地使用权只能是国有土地的使用权，而不能是集体土地的使用权。以土地使用权出资，实质上就是土地使用权从出资人向公司的转让，而依据现行法律的规定，能够作为财产权进行转让的只是国有土地的使用权。如果集体组织欲以集体所有的土地对外投资，则必须首先将集体土地通过国家征用或征收的方式变为国有土地，再从国家手里通过土地出让的方式获得国有土地的使用权，然后才能进行有效的投资。

第三，用于出资的土地使用权只能是出让土地的使用权，而不能是划拨土地的使用权。在中国，国有土地的使用权分为划拨土地使用权和出让土地使用权两种，前者为各种社会组织基于其特定的社会职能从国家无偿取得，后者则是以向国家缴纳土地出让金的方式而有偿取得。以土地使用权出资，是土地使用者营利性的投资行为，因而只能以有偿取得的出让土地使用权出资，划拨土地的使用权只能由使用人自己使用，而不能用于对外投资。

第四，用于出资的土地使用权应是未设权利负担的土地使用权。因使用者的经营行为，土地使用权经常会背负如抵押权之类的权利负担，这种土地使用权不仅在权利的行使和处置上受到法律和抵押权人等其他权利人的限制，而且因其可能被其他权利人追索而在财产价值上发生贬损，甚至完全失去投资的价值。这种存在权利瑕疵的权利如用于出资，将使出资人的出资变得不实，违反公司法所确定的资本原则。在内部会损害其他投资者的利益，在外部则会损害公司债权人的利益。因此，出资的土地使用权不应背负权利的负担，而且，在出资之后，出资人应继续承担免除土地使用权负担的义务。

（五）其他资本构成形式

1. 专有技术。

专有技术，又称秘密技术或技术诀窍，是指从事生产、管理和财务等活动领域的一切符合法律规定条件的秘密知识、经验和技能，其中包括工艺流程、公式、配方、技术规范、管理和销售的技巧与经验等。在法律意义上，专有技术必须具备三个条件：（1）其整体或其确切结构和内容组合是秘密的，非通常从事该信息领域工作的人们所普遍了解或容易获得的；（2）其具有实用性并具有一定的商业价值；（3）其合法拥有者已按照实际情况采取了合理措施对其予以保密。专有技术完全符合现行公司法规定的法定出资形式的要件，应作为与知识产权类似的出资形式加以认可。当然，由于这种技术在权益占有和权益维护方面的困难，故而目前在公司资本构成形式中意义并不突出。但随着现代社会的"技术商品化"，技术从一般的工匠技艺演变成一般等价物的商品形式，技术商品的价值为人们所公认，专有技术有可能会被广泛地用于向公司的出资。专有技术，因不表现为特定的权利形式，只是当事人的一种特殊利益，其出资方式与一般动产出资类似，只需实际、有效的技术交付即可，此种交付通常采取移交图纸、数据、模型、程序等技术资料和技术人员培训等使公司能有效掌握和利用该项技术的各种必要形式。

2. 股权。

股权，是随着公司的产生而普遍存在的民事权利，是财产构成中越来越重要的部分。以股权对外投资是民事主体处置财产和投资理财的基本需要，尤其在企业改制、资产重组，包括上市公司组建的过程中，以股权的置换完成对公司的出资是许多投资者优先选择的出资方式，在目前的公司实践中已经不同程度地被采用。股权出资，即出资人以其对另一公司享有的股权投入公司，并由公司作为股东取得和行使对另一公司的股权，这种出资本质上属于股权的转让，是将出资人对另一公司拥有的股权转让给公司。

3. 债权。

债权是投资者拥有的一种重要财产，可以成为法定的公司资本构成形式。债权出资，即出资人以其对第三人享有的债权投入公司，并由公司取代出资人作为债权人对第三人享有债权，债权出资本质上属于债权让与或称债权转让，是出资人将对第三人的债权转让给公司。债权出资的特殊性与股权出资类似，虽然债权的价值或债权金额是确定无疑的，但债权的实现却具有较大的或然性，债务人的商业信用或支付能力对债权的实现起着决定性的作用，除债务人对债权本身的存在和数额可能存有异议、必须通过司法或仲裁程序加以裁决的情形外，即使已经获得司法或仲裁胜诉裁决的债权，甚至已经处于法院强制执行之下的债权，都可因债务人丧失客观的偿付能力或陷入破产而无法实现，在债务人恶意逃债成习的恶劣商业环境下，债权具有很大的落空风险。而在出资人有意将已经无望实现的债权、甚至连债务人都不见踪影的不良债权作为出资的时候，相应部分的资本事实上就变成了虚假资本。因此，对债权出资的价值评估应充分考虑其不能实现的风险。债权出资后因各种情况变化导致债权最终不能实现的，也不应因此而认定出资为不真实。

六、增加资本与减少资本

（一）增加资本

增加资本，简称增资，是指公司在成立后基于筹集资金、扩大经营规模等目的，依照法定条件和程序增加公司的资本总额。公司的增资是公司成立后的行为，因此，在公司设立阶段分期发行的股份并不视为增资。由于增资能够增强公司的实力，提高公司的信用，扩大公司的经营规模，不会造成对社会交易安全和债权的威胁，世界各国或地区公司法对增资的条件限制较少，各类公司在必要时均可依法定条件和程序增加资本。

1. 增资程序。

股份有限公司的增资程序较之其他类型公司的增资程序略显复杂，其中尤以实行法定资本制的股份有限公司的增资程序更为繁琐。根据我国《公司法》的规定，股份有限公司实施增资，应按照下述程序进行：（1）股份有限公司的增资决议应由股东大会进行表决。股东大会作出增加注册资本的决议，必须经出席会议的股东所持表决权的 2/3 以上通过。（2）根据股东大会的增资决议变更股份有限公司章程。（3）增资结束后还要办理相应的变更登记手续。

2. 增资方式。

股份有限公司增加资本有三种方式：（1）增加股份的数额，即公司在原定股份总额之外发行新的股份。新增的股份既可由原有股东优先认购，也可以向社会公众发行。向原有股东发行新增股份时，既可以采取由原有股东另外缴纳股款的方式，也可以采取将股息或红利转化为股东的股份的方式；向社会公众发行股份时，一般采取由社会公众缴纳股款的方式，但若存在可转换公司债券，也可采取将可转换公司债券转换成公司股份的方式。（2）增加股份的金额，即公司在不改变原定股份总数的情况下增加每股的金额。此种方式的增资，只能在原有股东内部进行，不向社会公众发行。（3）既增加股份的数额，又增加每股的金额，即同时采用前述两种方式。在实践中，因后两种方法的运用涉及股东的态度及复杂的计算，不便操作，故多采用第一种方法。

股份有限公司增加资本，除可采用上述方法外，还可以将公司的法定公积金转为公司资本。股份有限公司经股东大会决议将法定公积金转为资本时，按股东原有股份比例派送新股或者增加每股面值。但法定公积金转为资本时，所留存的公积金比例有特别规定。我国《公司法》第一百六十八条第二款规定："法定公积金转为资本时，所留存的该项公积金不得少于转增前公司注册资本的25%。"

3. 增资的限制。

股份有限公司以公开发行股份的方式增加资本，可能涉及社会公众的利益，因此我国《证券法》对股份有限公司公开发行新股规定了一定的条件。我国《证券法》第十三条规定："公司公开发行新股，应当符合下列条件：（1）具备健全且运行良好的组织机构；（2）具有持续盈利能力，账务状况良好；（3）最近3年财务会计文件无虚假记载，无其他重大违法行为；（4）经国务院批准的国务院证券监督管理机构规定的其他条件。上市公司非公开发行新股，应当符合经国务院批准的国务院证券监督管理机构规定的条件，并报国务院证券监督管理机构核准。"同时依据我国《证券法》第10条的规定，股份有限公司公开发行新股，除必须符合法律、行政法规规定的条件外，还必须依法报经国务院证券监督管理机构或者国务院授权的部门核准。

（二）减少资本

减少资本，简称减资，是指公司资本过剩或亏损严重，根据生产经营的实际情况，依照法定条件和程序减少公司的资本总额。按照资本不变原则的要求，一般不允许公司减少资本。因为资本的减少有可能危及社会交易的安全，容易减弱对债权人的保护。但当公司的预定资本过多，从而形成资本过剩，或者当公司的营业状况不佳、亏损严重，致使公司的资本额与实有资产差额悬殊时，如仍坚持资本不变，就可能造成资本在公司中的停滞，不利于充分发挥社会财富的经济效益，资本也就失去了它作为公司运营的物质基础和标示公司信用状况的应有作用。在这种情况下，就应当允许公司依照法定程序减少公司资本。因预定资本过多而迫使公司减资的是实质性减资，因经营不佳、亏损严重导致公司减资的是形式上的减资。

1. 减资程序。

股份有限公司资本的减少，直接涉及股东的股权利益，同时也可能在实际上减少公司的资产，缩小公司的责任范围，直接影响到公司债权人的利益，因此世界各国或地区公司法一般规定比增加资本更为严格的法律程序。根据我国《公司法》第一百七十七条和其他有关规定，公司减资的条件和程序如下：（1）由公司董事会拟定公司减资方案；（2）股东大会作出减资决议，并相应地对章程进行修改。股东大会作出减少注册资本的决议，必须经出席会议的股东所持表决权的2/3以上通过。（3）公司必须编制资产负债表及财产清单。（4）通知债权人和对外公告。公司应当自作出减少注册资本决议之日起10日内通知债权人，并于30日内在报纸上公告。（5）债务清偿或担保。债权人自接到通知书之日起30日内，未接到通知书的自公告之日起45日内，有权要求公司清偿债务或者提供相应的担保。（6）办理减资登记手续。公司减少注册资本，应当依法向公司登记机关办理变更登记。

2. 减资方式。

与增资方式相对应，股份有限公司的减资方式也有三种：（1）减少股份数额，即每股金额并不减少，只是减少股份总数。此方法还可细分为消除股份和合并股份两种，前者是指取消一部分特定股份，依是否需要征得股东的同意，又分为强制消除和任意消除；后者是指合并两股或两股以上的股份为一般。（2）减少股份金额，即不改变股份总数，只减少每股的金额。此方法又可细分为免除、发还、注销三种。免除是对尚未缴足股款的股份，免交全部或部分应缴股款；发还是对已缴足股款的股份，将部分股款返还于股东；注销是在公司亏损时减少每股金额，以抵销应由股东弥补的资本亏损。（3）既减少股份数额，又减少股份金额，即对上述两种方法并用。

七、2013年《公司法》资本制度改革的内容和意义

（一）新旧公司法条文对比

2013年12月28日中华人民共和国第十二届全国人民代表大会常务委员会第六次会议通过了《全国人民代表大会常务委员会关于修改〈中华人民共和国海洋环境保护法〉等七部法律的决定》。根据该决定，对《中华人民共和国公司法》所作的第三次修正，自2014年3月1日起施行。

表5.1　2013年《公司法》修正后新旧条文对比

修正内容	修改前	修改后
1. 删去第七条第二款中的"实收资本"。	第七条　依法设立的公司，由公司登记机关发给公司营业执照。公司营业执照签发日期为公司成立日期。 公司营业执照应当载明公司的名称、住所、注册资本、实收资本、经营范围、法定代表人姓名等事项。 公司营业执照记载的事项发生变更的，公司应当依法办理变更登记，由公司登记机关换发营业执照。	第七条　依法设立的公司，由公司登记机关发给公司营业执照。公司营业执照签发日期为公司成立日期。 公司营业执照应当载明公司的名称、住所、注册资本、经营范围、法定代表人姓名等事项。 公司营业执照记载的事项发生变更的，公司应当依法办理变更登记，由公司登记机关换发营业执照。
2. 将第二十三条第二项修改为："（二）有符合公司章程规定的全体股东认缴的出资额"。	第二十三条　设立有限责任公司，应当具备下列条件： （一）股东符合法定人数； （二）股东出资达到法定资本最低限额； （三）股东共同制定公司章程； （四）有公司名称，建立符合有限责任公司要求的组织机构； （五）有公司住所。	第二十三条　设立有限责任公司，应当具备下列条件： （一）股东符合法定人数； （二）有符合公司章程规定的全体股东认缴的出资额； （三）股东共同制定公司章程； （四）有公司名称，建立符合有限责任公司要求的组织机构； （五）有公司住所。
3. 修改第二十六条的规定，取消注册资本最低限额及缴纳期限的规定。	第二十六条　有限责任公司的注册资本为在公司登记机关登记的全体股东认缴的出资额。公司全体股东的首次出资额不得低于注册资本的20%，也不得低于法定的注册资本最低限额，其余部分由股东自公司成立之日起2年内缴足；其中，投资公司可以在5年内缴足。 有限责任公司注册资本的最低限额为人民币3万元。法律、行政法规对有限责任公司注册资本的最低限额有较高规定的，从其规定。	第二十六条　有限责任公司的注册资本为在公司登记机关登记的全体股东认缴的出资额。 法律、行政法规以及国务院决定对有限责任公司注册资本实缴、注册资本最低限额另有规定的，从其规定。

修正内容	修改前	修改后
4. 删去第二十七条第三款。	第二十七条　股东可以用货币出资,也可以用实物、知识产权、土地使用权等可以用货币估价并可以依法转让的非货币财产作价出资;但是,法律、行政法规规定不得作为出资的财产除外。 对作为出资的非货币财产应当评估作价,核实财产,不得高估或者低估作价。法律、行政法规对评估作价有规定的,从其规定。 全体股东的货币出资金额不得低于有限责任公司注册资本的30%。	第二十七条　股东可以用货币出资,也可以用实物、知识产权、土地使用权等可以用货币估价并可以依法转让的非货币财产作价出资;但是,法律、行政法规规定不得作为出资的财产除外。 对作为出资的非货币财产应当评估作价,核实财产,不得高估或者低估作价。法律、行政法规对评估作价有规定的,从其规定。
5. 删去第二十九条。	第二十九条　股东缴纳出资后,必须经依法设立的验资机构验资并出具证明。	
6. 将第三十条改为第二十九条,取消验资的规定。	第三十条　股东的首次出资经依法设立的验资机构验资后,由全体股东指定的代表或者共同委托的代理人向公司登记机关报送公司登记申请书、公司章程、验资证明等文件,申请设立登记。	第二十九条　股东认足公司章程规定的出资后,由全体股东指定的代表或者共同委托的代理人向公司登记机关报送公司登记申请书、公司章程等文件,申请设立登记。
7. 删去第三十三条第三款中的"及其出资额"。	第三十三条　有限责任公司应当置备股东名册,记载下列事项: (一)股东的姓名或者名称及住所; (二)股东的出资额; (三)出资证明书编号。 记载于股东名册的股东,可以依股东名册主张行使股东权利。 公司应当将股东的姓名或者名称及其出资额向公司登记机关登记;登记事项发生变更的,应当办理变更登记。未经登记或者变更登记的,不得对抗第三人。	第三十三条　有限责任公司应当置备股东名册,记载下列事项: (一)股东的姓名或者名称及住所; (二)股东的出资额; (三)出资证明书编号。 记载于股东名册的股东,可以依股东名册主张行使股东权利。 公司应当将股东的姓名或者名称向公司登记机关登记;登记事项发生变更的,应当办理变更登记。未经登记或者变更登记的,不得对抗第三人。
8. 删去第五十九条第一款。	第五十九条　一人有限责任公司的注册资本最低限额为人民币10万元。股东应当一次足额缴纳公司章程规定的出资额。 一个自然人只能投资设立一个一人有限责任公司。该一人有限责任公司不能投资设立新的一人有限责任公司。	第五十九条　一个自然人只能投资设立一个一人有限责任公司。该一人有限责任公司不能投资设立新的一人有限责任公司。

续表

修正内容	修改前	修改后
9. 将第七十七条改为第七十六条，并对第二项进行修改。	第七十七条 设立股份有限公司，应当具备下列条件： （一）发起人符合法定人数； （二）发起人认购和募集的股本达到法定资本最低限额； （三）股份发行、筹办事项符合法律规定； （四）发起人制订公司章程，采用募集方式设立的经创立大会通过； （五）有公司名称，建立符合股份有限公司要求的组织机构； （六）有公司住所。	第七十六条 设立股份有限公司，应当具备下列条件： （一）发起人符合法定人数； （二）有符合公司章程规定的全体发起人认购的股本总额或者募集的实收股本总额； （三）股份发行、筹办事项符合法律规定； （四）发起人制订公司章程，采用募集方式设立的经创立大会通过； （五）有公司名称，建立符合股份有限公司要求的组织机构； （六）有公司住所。
10. 将第八十一条改为第八十条，取消注册资本最低限额及缴纳期限的规定。	第八十一条 股份有限公司采取发起设立方式设立的，注册资本为在公司登记机关登记的全体发起人认购的股本总额。公司全体发起人的首次出资额不得低于注册资本的20%，其余部分由发起人自公司成立之日起2年内缴足；其中，投资公司可以在5年内缴足。在缴足前，不得向他人募集股份。 股份有限公司采取募集方式设立的，注册资本为在公司登记机关登记的实收股本总额。 股份有限公司注册资本的最低限额为人民币500万元。法律、行政法规对股份有限公司注册资本的最低限额有较高规定的*，从其规定。	第八十条 股份有限公司采取发起设立方式设立的，注册资本为在公司登记机关登记的全体发起人认购的股本总额。在发起人认购的股份缴足前，不得向他人募集股份。 股份有限公司采取募集方式设立的，注册资本为在公司登记机关登记的实收股本总额。 法律、行政法规以及国务院决定对股份有限公司注册资本实缴、注册资本最低限额另有规定的，从其规定。
11. 将第八十四条改为第八十三条，并对第一款和第三款进行修改。	第八十四条 以发起设立方式设立股份有限公司的，发起人应当书面认足公司章程规定其认购的股份；一次缴纳的，应即缴纳全部出资；分期缴纳的，应即缴纳首期出资。以非货币财产出资的，应当依法办理其财产权的转移手续。 发起人不依照前款规定缴纳出资的，应当按照发起人协议承担违约责任。 发起人首次缴纳出资后，应当选举董事会和监事会，由董事会向公司登记机关报送公司章程、由依法设定的验资机构出具的验资证明以及法律、行政法规规定的其他文件，申请设立登记。	第八十三条 以发起设立方式设立股份有限公司的，发起人应当书面认足公司章程规定其认购的股份，并按照公司章程规定缴纳出资。以非货币财产出资的，应当依法办理其财产权的转移手续。 发起人不依照前款规定缴纳出资的，应当按照发起人协议承担违约责任。 发起人认足公司章程规定的出资后，应当选举董事会和监事会，由董事会向公司登记机关报送公司章程以及法律、行政法规规定的其他文件，申请设立登记。

续表

修正内容	修改前	修改后
12. 删去第一百七十八条第三款。	第一百七十八条　公司需要减少注册资本时，必须编制资产负债表及财产清单。 公司应当自作出减少注册资本决议之日起 10 日内通知债权人，并于 30 日内在报纸上公告。债权人自接到通知书之日起 30 日内，未接到通知书的自公告之日起 45 日内，有权要求公司清偿债务或者提供相应的担保。 公司减资后的注册资本不得低于法定的最低限额。	第一百七十八条　公司需要减少注册资本时，必须编制资产负债表及财产清单。 公司应当自作出减少注册资本决议之日起 10 日内通知债权人，并于 30 日内在报纸上公告。债权人自接到通知书之日起 30 日内，未接到通知书的自公告之日起 45 日内，有权要求公司清偿债务或者提供相应的担保。

*《证券法》第一百二十四条规定："设立证券公司，应当具备下列条件：……（二）主要股东具有持续盈利能力，信誉良好，最近三年无重大违法违规记录，净资产不低于人民币二亿元；……"

《证券法》第一百二十七条规定："证券公司经营本法第一百二十五条第（一）项至第（三）项业务的，注册资本最低限额为人民币五千万元；经营第（四）项至第（七）项业务之一的，注册资本最低限额为人民币一亿元；经营第（四）项至第（七）项业务中两项以上的，注册资本最低限额为人民币五亿元。证券公司的注册资本应当是实缴资本。"

《商业银行法》第十三条规定："设立全国性商业银行的注册资本最低限额为十亿元人民币。设立城市商业银行的注册资本最低限额为一亿元人民币，设立农村商业银行的注册资本最低限额为五千万元人民币。注册资本应当是实缴资本。"

《保险法》第六十九条规定："设立保险公司，其注册资本的最低限额为人民币二亿元。国务院保险监督管理机构根据保险公司的业务范围、经营规模，可以调整其注册资本的最低限额，但不得低于本条第一款规定的限额。保险公司的注册资本必须为实缴货币资本。"

（二）新《公司法》资本制度的改革

1. 取消最低注册资本要求。

《公司法》修改中，最引人瞩目的是取消了法定最低注册资本，公司的注册资本改由公司章程规定。此前，《公司法》规定，有限责任公司最低注册资本为 3 万元，一人有限责任公司最低注册资本为 10 万元，股份有限公司最低注册资本为 500 万元。此次修改后的《公司法》将这些公司资本的规定全部取消，意味着在我国可以建立"一元公司"。

2. 取消了货币出资比例的限制。

《公司法》修改中，取消了股东货币出资不得少于 30% 的规定，股东的出资方式改由公司章程规定。该限制的取消，放宽了对实物尤其是高新技术作价出资比例的限制，拓宽公司的融资渠道，提高公司筹资、融资的能力，使人力资本、物力资本得以发挥最大的作用，体现了资本效率目标，并将极大地推动我国高新技术的进步和高新产业的发展。

3. 注册资本由实缴制改为完全认缴制。

新《公司法》中第二十六条和第八十条对注册资本由实缴制改为完全认缴制予以确定。尽管原公司法规定对于公司的注册资本可以先行予以认购，分期缴纳出资，但同时对首次出资比例以及缴纳出资期限作出了限制性的规定。而新《公司法》完全取消了上述限制性规定，实现了公司设立的"零首付"，即完全的认缴资本制，这为出资者提供了自由的资本支配空间，从而在总体上大幅降低了公司设立的难度。但是，需要注意的是，此项规定的修改并不意味着公司设立时的发起人在自由设定注册资本额后，不需再承担实际缴纳出资的义务。从本质上来讲，公司资本的实缴制和认缴制只是在股东缴纳其所认购的资本额的时间要求上有所不同：资本实缴制要求股东在认购公司资本额的同时还要实际缴纳相应的出资金额或者其他非货币财产，而资本认缴制不要求股东在认购公司资本额的同时实际履行出资义务，即出资的金额允许股东在商定的期限内缴清，但是，两种制度都要求股东如实履行出资的义务。

4. 取消了验资程序。

新《公司法》第二十九条和第八十四条取消了有限责任公司股东和发起设立的股份有限公司的发起人缴纳出资后必须经验资机构验资并出具证明的规定。除了募集设立的股份有限公司，公司设立登记时，验资证明不再是必须提供的法律文件。

（三）新《公司法》资本制度改革的意义

2014年3月15日开始施行的新公司法针对公司资本制度方面进行了一系列重大的改革，这些修改为我国公司法的改革和完善奠定了坚实的基础。相信随着公司资本制度的改革，我国公司法律制度在鼓励投资创业、促进公司发展、实现市场经济良好运行上将会发挥更大的作用。

1. 降低创业门槛，鼓励投资创业。

新《公司法》的改革实现了公司设立的"零门槛"。旧《公司法》规定了设立公司的最低资本限额，为公司资本的确定和保护债权人的合法利益提供了一定的条件。但是，最低资本限额在实际经济活动中的效果并不明显，法定的注册资本无法对债权人利益提供充分的保护，反而成为很多人创业道路上的障碍。许多有创业想法的人因为缺乏资金而被限制了机会，还有些人因为资金不充足而又想创业，为了设立公司不得不虚假出资、抽逃出资，影响了市场经济的稳定发展。新《公司法》取消了阻碍公司设立的资金门槛，为想要创业的人提供了进入市场公平竞争的机会，使他们的创业目的和经济诉求得以实现。

2. 减少公司资金闲置，促进公司发展。

旧《公司法》不仅设置了最低注册资本限额，还对首次出资比例以及缴纳出资的期限作出了限制性的规定，这些限制使大量的注册资本被闲置，无法真正投入到市场经营活动中，不利于资源的充分利用。新《公司法》在修订时取消了这些限制，这在很大程度上避免了公司资金的闲置，公司可以将原本积攒到注册资本的资金投入到产品技术的研发、市场的开拓等运行环节，实现自身利益的最大化，不但促进了公司的发展以及市场经济的动态运行，而且充分实现了资源的合理优化配置。

3. 避免出资违法现象的发生。

根据我国旧《公司法》的最低资本制度的规定，注册资本额相对较高，对于有投资意愿的人而言，在经济利益和投资愿望的双重驱使下，当投资者没有充足的资金来满足公司设立的条件时，他们可能会选择使用欺诈的手段来逾越严格的注册资本制，随之出现虚假出资、虚报注册资本或抽逃资金等违法行为，注册资本泡沫化的现象不但严重影响我国市场经济的健康稳定发展，而且严重影响债权人的利益和交易安全。新《公司法》取消注册资本制，放松对市场主体准入的管制，降低准入"门槛"，使设立人能够自主决定公司的设立，以往普遍存在且难以规避的注册资本违法现象也将随之消失。

4. 简化设立程序，节省额外开支。

新公司法取消了公司设立出资必须经过会计师事务所验资的规定，这样也就减少了设立公司的费用，避免了开设公司的额外支出。依据新《公司法》和《公司登记管理条例》的规定，除了注册登记公司所需的基本费用外，设立公司没有其他费用，这再次体现了国家的政策，顺应了国际潮流，为鼓励创业、解决就业提供了基础保障。

▷▷▷▷▷▷▷

相信随着公司治理机制、社会信用机制、责任保险机制、债务担保机制等相关制度的建立和完善，我国公司法律制度在促进公司发展、保护债权人利益、实现市场经济良好运行上将会发挥更大的作用。

第二节 股份有限公司的股份与股票

一、股份有限公司的股份

（一）股份的概念与特点

股份是股份有限公司资本构成的最小单位，即公司的全部资本分为金额均等的股份，全部股份金额的总和即为公司资本的总额。换言之，资本分为股份，股份集为资本。我国《公司法》第一百二十五条第一款规定："股份有限公司的资本划分为股份，每一股的金额相等。"

股份有限公司的股份与其他类型公司的股东出资相比较，具有以下特点：

1. 股份是资本构成的最小单位，具有不可分性。资本分为股份，股份则不可再分，是资本构成的基本单位。股份的不可分性并不排除某一股份为数人所共有，当股份为数人所共有时，股权一般应由共有人推选一人行使。共有人对股份利益的分享，不是对股份本身的分割。

2. 股份是对资本的等额划分，具有金额的均等性。股份所代表的资本额一律相等，对于面额股份，表现为股份金额相等；对于无面额股份，则表现为在资本总额中所占比例的相等。

3. 股份是股东权的基础，具有权利上的平等性。股份是股东法律地位的表现形式，股份包含的权利义务一律平等。每一股份代表一份股东权，股东权利义务的大小取决于其拥有股份数额的多少。除法律另有特别规定外（如对特别股股东权利的限制），公司不得以任何理由剥夺股东的固有权利。

4. 股份表现为有价证券，具有自由转让性。股份表现为股票，是股票的实质内容，而股票则是股份的证券形式，是公司签发的证明股东所持股份的凭证。除法律对特定股份的转让有限制性规定外，股份可以自由转让和流通。股份的转让和流通，是通过股票交易形式进行的，合法取得股票即合法取得股份，从而也取得相应的股权。

（二）股份的种类

1. 依股份上设定的权利不同，可将股份分为普通股、优先股和后配股。

（1）普通股即普通股份，是指对公司权利一律平等，无任何区别待遇的股份。普通股是公司资本构成中最基本的股份，也是公司中风险最大的股份。普通股股东按其所持有股份比例享有以下基本权利：一是公司决策参与权。普通股股东有权参与股东大会，并有建议权、表决权和选举权，也可以委托他人代表其行使其股东权利。二是利润分配权。普通股股东有权从公司利润分配中得到股息。普通股的股息是不固定的，由公司盈利状况及其分配制度决定。普通股股东必须在优先股股东取得固定股息之后才有权享受股息分配权。三是优先认股权。如果公司需要扩张而增发普通股股票时，现有普通股股东有权按其持股比例，以低于市价的某一特定价格优先购买一定数量的新发行股票，从而保持其对公司所有权的原有比例。四是剩余资产分配权。当公司破产或清算时，若公司的资产在偿还欠债后还有剩余，其剩余部分按先优先股股东、后普通股股东的顺序进行分配。

（2）优先股是指股份有限公司发行的比普通股具有优先内容或优先权的股份。与普通股相对应的特别股，包括两种股份，一是优先股，二是后配股。以普通股为基准，凡比普通股具有优先内容或优先权的股份为优先股；凡权利不及普通股权利者为后配股。由此可见，特别股包括优先股和后配股两种，将优先股直接等同于特别股的说法是不正确的。

相比普通股而言，优先股具有如下特点：一是优先分配权。在公司分配利润时，拥有优先股的股东比持有普通股的股东分配在先，但是优先股的股利是相对固定的。由于优先股股息率事先固定，所以优先股的股息一般不会根据公司经营情况而增减，在一定程度上表现出债权的性质，是股权债权化的典型表现。正因如此，优先股又被形象地称为"旱涝保收股"。二是优先求偿权。若公司因破产或解散清算而分配剩余财产时，优先股在普通股之前分配。三是表决权受到限制。优先股股东一般没有选举权和被选举权，对股份有限公司的重大经营决策无投票权，但在涉及优先股所保障的股东权益时，优先股股东可发表意见并享有相应的表决权。

（3）后配股又称劣后股，是在利益或利息分红及剩余财产分配时比普通股处于劣势的股份。如果公司的盈利巨大，后配股的发行数量又很有限，则购买后配股的股东可以取得很高的收益。发行后配股，一般所筹措的资金不能立即产生收益，投资者的范围又受限制，因此利用率不高。后配股一般在下列情况下发行：一是公司为筹措扩充设备资金而发行新股票时，为了不减少对旧股的分红，在新设备正式使用前，将新股票作后配股发行；二是企业兼并时，为调整合并比例，向被兼并企业的股东交付一部分后配股；三是在有政府投资的公司里，私人持有的股票股息达到一定水平之前，把政府持有的股票作为后配股。

2. 依是否在股票上记载股东的姓名，可将股份分为记名股和无记名股。

（1）记名股是将股东的姓名或名称记载于股票的股份。记名股的权利只能由股东本人享有，非股东持有股票，无资格行使股权。记名股的转让必须由股东以背书形式进行，将受让人的姓名或名称记载于公司股票上，并将受让人的姓名或名称记载于公司股东名册之中。否则，转让不产生对抗的效力。我国《公司法》第一百二十九条规定："公司发行的股票，可以为记名股票，也可以为无记名股票。公司向发起人、法人发行的股票，应当为记名股票，并应当记载该发起人、法人的名称或者姓名，不得另立户名或者以代表人姓名记名。"第一百四十三条规定："记名股票被盗、遗失或者灭失，股东可以依照《中华人民共和国民事诉讼法》规定的公示催告程序，请求人民法院宣告该股票失效。人民法院宣告该股票失效后，股东可以向公司申请补发股票。"

（2）无记名股是股票上不记载股东姓名或名称的股份。无记名股份与股票不可分离，凡持有股票者，即为公司股东，享有股东权。在转让无记名股票时，将股票交付给受让人，即发生转让的效力。

3. 依股票票面上是否记载金额，可将股份分为面额股和无面额股。

（1）面额股是在股票票面上标明了一定金额的股份。面额股的每股金额必须一致，但具体数额多少，各国规定不一。一些国家仅规定了股票面额的最低限额，而未作最高额限制，如德国规定股份最低额为 50 马克，法国规定为 100 法郎，日本规定为 500 日元。有些国家则对股票面值没有最低限额的规定，我国对此亦无规定，但在实践中以不低于人民币 1 元为限。面额股的发行价格可以等于或高于股份金额，即允许平价发行和溢价发行，但不允许以低于股票面额的价格发行股份，其目的是为了防止公司资本空虚。我国《公司法》第一百二十七条规定："股票发行价格可以按票面金额，也可以超过票面金额，但不得低于票面金额。"

（2）无面额股又称比例股或部分股，即股票票面不标示一定金额，只标示其占公司资本总额一定比例的股份。此种股份的价值随着公司财产的增减而增减，实际上占公司资产总额比例的价值也是一个变数。无面额股的好处在于当公司增资时，无须再发行或增加新的股份，只要实际上增加每股所代表的资本额即可；其弊端在于股份所代表的金额经常处于不确定状态之中，增加了股份转让和交易的难度。德国在19世纪后半叶发行过无面额股。目前，允许发行无面额股的国家已为数不多，只有美国、日本、卢森堡等少数国家，且大都对无面额股的发行作出了种种限制性的规定。我国禁止发行无面值股票（无面额股），只允许发行面额股。

4. 依股份有无表决权，可将股份分为表决权股和无表决权股。

（1）表决权股是指享有表决权的股份，表决权股还可以细分为普通表决权股和多数表决权股。普通表决权股是指每股享有一票表决权的股份；多数表决权股是指一股享有两票及两票以上表决权的股份。我国《公司法》只认可普通表决权股。我国《公司法》第一百零三条第一款规定："股东出席股东大会会议，所持每一股份有一表决权。"

（2）无表决权股是指不享有表决权的股份。无表决权股包括依法被剥夺表决权的股份和依据章程不享有表决权的股份。依法被剥夺表决权的股份主要是公司的自有股份，我国《公司法》第一百零三条第一款规定："公司持有的本公司股份没有表决权。"依据章程不享有表决权的股份，主要是享有特别分配利益的优先股。此外，还有表决权受到公司章程限制的股份，即限制表决权股。例如，有的国家公司法规定，股东持有股份占公司资本总额一定比例（如3%）以上时，公司应以章程限制其表决权，目的是为了防止大股东对公司事务的控制与操纵。

5. 依投资主体的不同，可将股份分为国家股、法人股、社会公众股和外资股。

（1）国家股是指国家以国有资产向股份有限公司投资所形成的股份。在我国股份制改造过程中，根据各地的不同做法，国家股曾经主要有这样几种代表模式：一是由政府国有资产管理部门来代表国家；二是由国家授权的其他政府部门来代表国家；三是由国家专门成立的国有资产经营公司来代表国家；四是由原国有企业的经营班子代表国家。在后两种情况下，在形式上是以法人股出现，但实际上的股东是国家。

（2）法人股是指具备法人资格的组织向股份有限公司投资而形成的股份。

（3）社会会众股是指社会个人投资者向股份有限公司投资而形成的股份。在我国公司法实践中，社会公众股包括一般社会公众股和公司职工股。一般社会公众股是指股份有限公司采取募集设立方式设立时向社会公众（非内部职工）募集的股份。公司职工股是指股份有限公司在本公司公开向社会发行股份时，由公司的职工按照发行价格所认购的股份。需要说明的是，公司职工股和内部职工股是两个完全不同的概念。在我国进行股份制试点初期，出现了一批特别股份有限公司，该类公司不向社会公开发行股票，只对公司内部职工募集股份，此种股份被称为内部职工股。1993年国务院已正式发文明确规定停止内部职工股的审批和发行。

（4）外资股有广义和狭义之分。狭义的外资股是指外国投资人所持有的我国股份有限公司的股份；广义的外资股还包括我国香港、澳门、台湾地区的投资人所持有的我国股份有限公司的股份。

值得注意的是，因为上述分类采取了混合标准，所以在国家股与法人股、法人股与外资股、社会公众股与外资股之间存在交叉关系。

6. 依股份能否在证券交易所自由流通，可将股份分为流通股与非流通股。

（1）流通股是指上市公司股份中，可以在交易所流通的股份。

（2）非流通股是指暂时不能上市流通的股份。随着中国股市的健全发展，非流通股将逐渐成为历史。

股票全部流通是我国近年股权分置改革的目标，是保证我国股市正常发展的重大举措，解决了公司股权结构复杂、分散不合理的问题，最终公司大小股东都站在一个起跑线上。

7. 依股票的上市地点和所面对的投资者不同，可将股份分为 A 股、B 股、H 股、N 股、S 股等。

（1）A 股即人民币普通股，是由中国境内公司发行，供境内机构、组织或个人以人民币认购和交易的普通股股票。A 股不是实物股票，以无纸化电子记账，实行"T+1"交割制度，有涨跌幅限制，参与投资者为中国大陆机构或个人。2005 年 11 月 5 日，中国证监会和中国人民银行联合发布《合格境外机构投资者境内证券管理暂行办法》，允许符合条件并经证监会和国家外汇管理局批准的境外机构投资于 A 股。2013 年 3 月 9 日，中国证监会宣布，从 4 月 1 日起，境内居住的港、澳、台居民可以开立 A 股账户。

（2）B 股即人民币特种股票，它是以人民币标明面值，以外币认购和买卖，在中国境内（上海、深圳）证券交易所上市交易的外资股。B 股公司的注册地和上市地都在境内。B 股不是实物股票，依靠无纸化电子记账，实行"T+3"交割制度，有涨跌幅限制，它的投资人限于外国的自然人、法人和其他组织，我国香港、澳门、台湾地区的自然人、法人和其他组织，定居在国外的中国公民以及中国证监会规定的其他投资人。2001 年 2 月 19 日，经国务院批准，中国证监会决定，允许境内居民以合法持有的外汇开立 B 股账户，交易 B 股股票。

（3）H 股是指注册地在内地、上市地在香港的外资股。因香港（Hong Kong）首字母而得名 H 股。

（4）N 股是指在中国大陆注册、在纽约上市的外资股，取纽约（New York）首字母 N 作为名称。

（5）S 股是指那些主要生产或者经营等核心业务在中国大陆、而企业的注册地在新加坡（Singapore）或者其他国家和地区，但是在新加坡交易所上市挂牌的企业股票。

二、股份有限公司的股票

（一）股票的概念

股票是指由股份有限公司签发的证明股东按其所持股份享有权利和承担义务的书面凭证。股票可以转让或作价质押，是资本市场主要的长期信用工具之一。股票作为股东向股份有限公司入股、获取收益的所有者凭证，持有它就拥有公司的一份资本所有权，成为公司的所有者之一，这种所有权为一种综合权利，如参加股东大会、投票表决、参与公司的重大决策、收取股息或分享红利等，但也要共同承担公司运作错误所带来的风险。股票与股份有着十分密切的联系，二者形同表里，股份采取股票的形式，而股票本身则只不过是股份的证券表现。我国《公司法》第一百二十五条第二款规定："公司的股份采取股票的形式。股票是公司签发的证明股东所持股份的凭证。"

（二）股票的特征

1. 股票是一种有价证券。

有价证券是指代表一定民事财产权利，依法可以自由流转的权利证书，证券上权利的发生、移转和行使均以持有该证书为必要。有价证券又可以分为资本证券、货币证券和商品证券，股票则属于有价证券中的资本证券。所谓资本证券是指代表一定资本收益权和相关权利的有价证券，其本质是一种长期投资工具，依法具有生息或增值的功能。股票的价值在于股份的价值，也即在于该股份所代表的资本金额及股权的大小。股票与一般有价证券的不同之处主要在于它不是单纯的财产权证券，当然更不是单纯的人格权证券，它是多种权利的集合体。凡有价证券，其所代表的权利与对证券的占有是不可分离的，证券转移则权利也随之转移。股票也是如此，股票持有人有权取得该股票所标示的权利。

2. 股票是一种证权证券。

证权证券和设权证券相对应。设权证券是指能够创设证券权利的证券，证券一经签发，证券权利随即产生。证权证券是旨在证明证券权利的证券。因为证权证券具有证券权利的证明作用，即使证券遗失或毁损，如有其他证据能够证明权利人的权利，权利人依然可以主张或行使证券权利。股票不是设权证券，而只是一种代表已经发生的股权的证券，也即股权并不因股票的发行而创设，股权因股份的认缴而产生，股票只是股份的一种表现形式。因此，股票是证明股东与公司之间股权关系的一种法律凭证，仅具有权利证书的效力，而不具有创设权利的效力。

3. 股票是一种流通证券。

股票可以在股票市场上自由转让，也可以继承、赠与、质押，但一般不能退股。所以，股票也是一种具有较强流通性的流动资产。无记名股票的转让只要把股票交付给受让人，即可达到转让的法律效果；记名股票的转让则要在转让人签章背书后才可转让。正是由于股票具有较强的流通性，才使股票成为一种重要的融资工具而不断发展。

4. 股票是一种要式证券。

股票须按法定方式制作，记载法定事项，并由公司法定代表人签名、公司盖章，才能发生法律效力。我国《公司法》第一百二十八条规定："股票采用纸面形式或者国务院证券监督管理机构规定的其他形式。股票应当载明下列主要事项：（1）公司名称；（2）公司成立日期；（3）股票种类、票面金额及代表的股份数；（4）股票的编号。股票由法定代表人签名，公司盖章。发起人的股票，应当标明发起人股票字样。"

5. 股票是一种风险证券。

股票在资本市场上作为交易对象，如同商品一样，有自己的市场行情和市场价格。由于股票价格要受到诸如公司经营状况、供求关系、银行利率、大众心理等多种因素的影响，其波动有很大的不确定性。正是这种不确定性，有可能使股票投资者遭受损失。价格波动的不确定性越大，投资风险也越大。因此，股票是一种高风险的金融证券。

6. 股票是一种永久性证券。

股票所载有的权利的有效性是始终不变的，因为它是一种无限期的法律凭证。股票的有效期与股份有限公司的存续期间相联系，两者是并存的关系。股票没有固定期限，除非公司终止，否则它将一直存在。股票的持有者可以依法转让股票，却不能要求到期还本付息，因为股票没有到期日。

7. 股票是一种收益性证券。

股东凭其持有的股票，有权从公司领取股息或红利，获取投资的收益。股息或红利的大小，主要取决于公司的盈利水平和公司的盈利分配政策。股票的收益性，还表现在股票投资者可以获得价差收入或实现资产保值增值。通过低价买入和高价卖出股票，投资者可以赚取价差利润。但需要注意的是，股票作为一种收益性证券，并不意味着持有股票必然获取收益。

8. 股票是一种稳定性证券。

股票的持有者除非有法定情形，否则一般情况下不能退股，即不能向股票发行公司要求抽回投资。同样，股票持有者的股东身份和股东权益也就不能改变，但其可以通过股票交易市场将股票卖出，使股份转让给其他投资者，以收回自己的投资。

三、股东名册

股份有限公司特别是募集设立的股份有限公司，股东众多，为了掌握股东的基本情况，保障股东的权益，各国或地区的公司立法一般都规定股份有限公司应置备股东名册。

（一）股东名册的记载事项

股东名册必须依法记载必要的事项。我国《公司法》第一百三十条规定："公司发行记名股票的，应当置备股东名册，记载下列事项：1. 股东的姓名或者名称及住所；2. 各股东所持股份数；3. 各股东所持股票的编号；4. 各股东取得股份的日期。发行无记名股票的，公司应当记载其股票数量、编号及发行日期。"

（二）股东名册的封闭

股东名册的封闭是指公司为了确定行使股东权的股东而在一定时期停止股东名册的记载。股东名册的封闭的意义主要体现在下列方面：第一，股东名册的封闭有时是因为有必要禁止在特定时期取得股份的人行使股东权利。如我国《公司法》第一百三十九条第二款就规定："股东大会召开前20日内或者公司决定分配股利的基准日前5日内，不得进行前款规定的股东名册的变更登记。但是，法律对上市公司股东名册变更登记另有规定的，从其规定。"第二，股东名册封闭后，封闭当时股东名册上的股东就被确定为可以行使股东权的股东。股份有限公司的股份转让频繁，股权随时都有可能发生变动，即使在股东权利的行使过程中，股权仍有可能发生变动，因此，有必要在一定期间停止股东名册的记载，以便公司确定股东权的行使者。

四、记名股票被盗、遗失或者灭失的处理

我国《公司法》第一百四十三条规定："记名股票被盗、遗失或者灭失，股东可以依照《中华人民共和国民事诉讼法》规定的公示催告程序，请求人民法院宣告该股票失效。人民法院宣告该股票失效后，股东可以向公司申请补发股票。"由此可见，记名股票被盗、遗失或者灭失的救济需要通过法定程序进行。

第三节　股份的发行

一、股份发行的概念

股份发行是指股份有限公司以募集资本为目的，分配或出售自己的股份。股份有限公司自设立到成立后的运营，一般都不止一次的发行股份。法律对股份有限公司在不同阶段发行股份有着不同的规定。

二、股份发行的种类

（一）设立发行和新股发行

这是按股份发行的时间或阶段进行的区分。

1. 设立发行是指公司设立过程中所进行的股份发行。公司的设立方式有发起设立和募集设立两种。依这两种方式发行股份，都属于设立发行。设立发行的主体为设立中的公司，设立发行的目的是募集公司得以成立的资本。

2. 新股发行是指公司成立后再次发行股份。新股发行的主体是已经存续的公司，新股发行的目的是增加公司资本、改变公司股份结构或股东持股结构。新股发行除具备设立发行的一般条件外，法律通常会对其规定更严格的条件，其中主要是经营业绩方面的严格要求。

（二）公开发行与不公开发行

这是按股份发行是否面向社会、投资者是否特定进行的区分，也称为公募发行与私募发行。

1. 公开发行是指面向社会、向不特定的任何人发行股份。公开发行在资本募集规模方面具有巨大的优势，同时也具有募集速度快、便于操纵控制的优点。因此，公开发行成为最普遍的发行方式，其不足之处是条件严格、程序复杂和发行费用高。公开发行由于涉及公众和社会的利益，各国或地区立法对其一般规定较为严格的条件和较为复杂的程序，其中包括经过主管机关的核准。我国《公司法》规定，公开募集股份，必须经国务院证券监督管理机构核准。

2. 不公开发行是指面向少数特定的投资者发行股份。不公开发行的特定对象包括个人投资者和机构投资者。个人投资者通常是公司的原有股东和公司管理人、普通雇员等。机构投资者通常是指具备投资知识背景、了解发行公司相关信息的金融机构或与公司来往密切的其他公司。不公开发行不得采用广告、公开劝诱和变相公开方式，如公告、广播、电视、网络、信函、电话等形式均不得采用。不公开发行具有操作便捷、发行成本低廉、条件灵活、易于掌握等优点，但也存在投资者数量有限、股份流通性差等缺点。

（三）直接发行与间接发行

这是按股份发行是否通过中介机构进行的区分。

1. 直接发行是指由公司直接向投资者发行股份，而不由证券承销机构承销。直接发行可以降低发行费用，但通常发行时间较长，发行风险较大，实践中较少采用。直接发行主要用于私募发行。

2. 间接发行是指公司委托证券承销机构发行股份，是公募发行中较为普遍的发行方式。间接发行通过股份承销方式发行，具体又分为股份的代销和股份的承销。股份代销是指证券承销机构代发行人发售股份，在承销期结束时，将未售出的股份全部退还给发行人的承销方式。股份包销是指证券承销机构将发行人的股份按照协议全部购入或者在承销期结束时全部自行购入剩余股份的承销方式。我国《公司法》第八十七条规定："发起人向社会公开募集股份，应当由依法设立的证券公司承销，签订承销协议。" 间接发行可以充分利用证券承销机构在发行渠道、资金支持和发行业务方面的优势，确保股份发行的效率和成功概率，但也会由此增加公司股份发行的成本。

（四）平价发行、溢价发行与折价发行

这是按股份发行价格进行的区分。

1. 平价发行也称面额发行，是指股票发行价格等于股票面额的发行，平价发行多适用于私

募发行。我国实践中国家股、法人股的发行一般都是平价发行，而平价发行的费用一般是通过向投资者加收一定比例手续费的方式弥补。

2. 溢价发行是指股票发行价格高于股票面额的发行，溢价发行是广泛采用的发行方式。在我国，几乎所有上市股份有限公司发行的社会公众股都是溢价发行。公司发行股份的高额费用通常是靠股份溢价发行的收益来支付或填补。在公司财务处理上，股份发行的溢价收益属于公司全体股东的共同权益，列为公司的资本公积金，并可用于扩大生产经营或转增资本，但不得用于弥补公司亏损。

3. 折价发行是指股票发行价格低于股票面额的发行。折价发行意味着公司实际获得的股款低于其发行的资本数额，这违反了资本确定和资本维持的原则，因而各国或地区公司法一般都禁止股份的折价发行。我国也明确禁止折价发行，《公司法》第一百二十七条规定："股票发行价格可以按票面金额，也可以超过票面金额，但不得低于票面金额。"

（五）增资发行与非增资发行

这是按股份发行是否增加公司资本进行的区分。

1. 增资发行是指公司在增加资本情况下发行股份，即公司章程所定的资本总额全部发行完毕后，为增加资本而再次发行股份。此种发行须按增加资本的程序进行，即由股东大会决议、修改公司章程并办理公司变更登记。我国实行法定资本制，新股发行均为增资发行。

2. 非增资发行是指在公司资本总额范围内不增加公司资本而发行股份。非增资发行一般发生在授权资本制和折中授权资本制之下，公司的股份可以分次发行，除公司设立时第一次发行的股份外，其后所进行的股份发行均属于非增资发行，此种发行只须董事会决议即可。另外，对已发行股份进行的股份拆细和股份合并，也被认为属于非增资发行。股份拆细又称为股份分割，是指减少原有股份的面额将其分为数量更多的股份。股份合并是指增加原有股份的面额将其合并为数量较少的股份。股份拆细和股份合并的目的在于增强或减弱公司股份的流通性。

（六）通常发行与特别发行

这是按新股发行的目的进行的区分。

1. 通常发行是指以募集资金为目的而发行新股，一般所说的新股发行都指通常发行。通常发行的结果既增加公司的资本，也增加公司的资产。

2. 特别发行是指不以募集资金为目的，而是基于某些特殊目的发行新股，如为向股东分配公司盈余、把公积金转为资本、把公司债转换成股份、与其他公司合并而置换股份等目的而发行股份。除与其他公司合并而置换股份的情况外，特别发行的结果通常只会增加公司的资本总额，而不增加公司的资产总量，因为用于认购新股的款项是以公司实际占有支配的财产进行支付的，这种发行只改变公司资产的性质和结构，而不改变其价值总额。但从将公司盈余或借贷资金留在公司、防止公司资金减少的角度看，特别发行也具有募集资金的间接作用。特别发行在我国被广泛采用，实践中，以向股东送股、配股的方式分配公司盈余已成为许多上市股份有限公司的常见做法。

三、股份发行的原则

我国《公司法》第一百二十六条规定："股份的发行，实行公平、公正的原则，同种类的每一股份应当具有同等权利。同次发行的同种类股票，每股的发行条件和价格应当相同；任何单位或者个人所认购的股份，每股应当支付相同价额。"该规定形成了股份发行的基本法律原则。

（一）公开原则

公开原则是指发行公司必须依照法定要求将与其发行股份相关的一切重要信息和情况公之于众。公开原则的目的在于防止欺诈行为，最大限度的保护投资者的利益，使投资者在获悉公司及其股份真实信息的情况下作出投资判断和决策。同时，公开原则的实行，有利于公众和投资者对公司行为的监督，也在一定程度上对公司的发起人或管理者以及公司本身的行为起着约束性的作用。

股份发行需公开的具体内容较为广泛，大体可分为两类：一类是关于公司及其发行股份的基本概况，包括发起人的情况、股份发行可行性、募集资金的用途、公司经营业绩、未来效益预测等，另一类是关于股份发行操作安排方面的情况，包括发行的数量、方式、对象、价格、条件、程序等。我国《公司法》第八十五条和第一百三十四条特别对公司公告招股说明书、财务会计报告作了具体规定。股份发行中的"公开"必须符合法律的要求，在内容上必须真实、全面、准确，不得进行虚假或误导性的陈述，不得有重大的遗漏。在方式上，必须将股份发行的有关文件在指定的报刊上及时刊载，必须保证投资者通过合法途径能够及时、有效地获得信息和有关资料。

（二）公平原则

公平原则是指股份发行对所有投资者应给予平等的对待，一视同仁，不得歧视。一是投资者有权获得平等的投资机会。二是同次发行的同种类股票，每股的发行条件和价格应当相同；任何单位或者个人所认购的股份，每股应当支付相同价额。三是公司发行的同类股份应具有相同的权利和利益，即同股同权、同股同利。

股份发行的公平原则是民商法自愿、公平、等价有偿的一般法律原则在股份发行中的具体体现，也是保护投资者利益和股东法律地位平等在股份发行中的具体要求。公平既是法律的原则，又是投资者追求的目标。公开与公平之间，公平是目标和结果，公开是手段和方法。由于公平原则的确立，使法律调整的手段更具有灵活性，使股份发行制度能够适应不断变化的现实，适时地建立和修订各种具体的规则，也使执法和司法机关能够对股份发行中出现的各种复杂的争议和纠纷作出适当的处理。

（三）公正原则

公正原则是指对股份发行活动的监管和对股份发行争议或纠纷的处理应正确适用法律，对当事人公正对待，处理结果客观公正。公正原则与公平原则历来不易区别，二者确有密切联系，但公平原则就是适用于当事人之间交易关系并确定其实体权利义务的法律原则。公正原则应是执法和司法机关监管当事人行为和处理权益争议时适用的法律原则。如此而言，公正同样是手段和方法，而当事人之间的实体公平则是追求的目标和结果。

公正原则的确立是在股份发行中正确适用法律的必然要求。股份发行中虚假陈述、内幕交易、操纵市场、欺诈客户等违法、违规行为时常出现，执法和司法机关在处理当事人之间的利益冲突和权益纠纷的过程中，只有正确适用法律，不偏不倚，才能有力地制止和防范各种不正当行为，化解各种矛盾和冲突，增强投资者信心，维持证券市场的稳定。

四、股份发行的条件

股份发行人必须是具有股份发行资格的股份有限公司，包括已经成立的股份有限公司和设立中的股份有限公司。除此之外，任何其他类型的公司都无权发行股份。公开发行是股份发行中最普遍的发行方式，比非公开发行要求的条件严格，虽然对公司发起人和公司具有巨大的融资利益，但却涉及广大投资者切身利益和社会经济结构的调整和经济秩序的稳定，故而各国或地区对公开发行股份有较为严格的条件。本部分主要概括介绍我国公开发行股份的条件。

（一）设立发行的条件

我国《证券法》第十二条规定："设立股份有限公司公开发行股票，应当符合《中华人民共和国公司法》规定的条件和经国务院批准的国务院证券监督管理机构规定的其他条件，向国务院证券监督管理机构报送募股申请和下列文件：1. 公司章程；2. 发起人协议；3. 发起人姓名或者名称，发起人认购的股份数、出资种类及验资证明；4. 招股说明书；5. 代收股款银行的名称及地址；6. 承销机构名称及有关的协议。依照本法规定聘请保荐人的，还应当报送保荐人出具的发行保荐书。法律、行政法规规定设立公司必须报经批准的，还应当提交相应的批准文件。"依据该规定，设立股份有限公司公开发行股份，首先要满足《公司法》规定的设立股份有限公司的条件，其次还要满足国务院证券监督管理机构规定的条件，即中国证监会颁布的部门规章中要求的条件。中国证监会在 2006 年 5 月 18 日施行的《首次公开发行股票并上市管理办法》和 2014 年 5 月 14 日施行的《首次公开发行股票并在创业板上市管理办法》对设立股份有限公司公开发行股份的条件进行了具体规定。

（二）新股发行的条件

我国《证券法》对股份有限公司公开发行新股的条件作了明确具体的规定，《证券法》第十三条规定："公司公开发行新股，应当符合下列条件：1. 具备健全且运行良好的组织机构；2. 具有持续盈利能力，财务状况良好；3. 最近 3 年财务会计文件无虚假记载，无其他重大违法行为；4. 经国务院批准的国务院证券监督管理机构规定的其他条件。上市公司非公开发行新股，应当符合经国务院批准的国务院证券监督管理机构规定的条件，并报国务院证券监督管理机构核准。"

五、股份发行的程序

不同类型的股份发行程序有所不同：设立发行的程序不同于新股发行的程序，公开发行的程序不同于不公开发行的程序。由于公开发行的程序较不公开发行程序复杂，本部分主要介绍股份公开发行的程序。股份有限公司发行股份，最常见的发行方式就是设立股份有限公司公开发行股份和公司公开发行新股。

（一）设立发行的程序

设立股份有限公司公开发行股份，一方面，要满足股份有限公司设立的程序；另一方面，要满足以下特殊程序：

1. 向国务院证券监督管理机构报送申请文件。依据《证券法》第十二条的规定，主要是报送公司章程、发起人协议、发起人姓名或者名称、发起人认购的股份数、出资种类及验资证明、招股说明书、代收股款银行的名称及地址、承销机构名称及有关的协议、发行保荐书、批准文

▶▶▶▶▶▶

件等。

2. 预先披露有关文件。我国《证券法》第二十一条规定："发行人申请首次公开发行股票的，在提交申请文件后，应当按照国务院证券监督管理机构的规定预先披露有关申请文件。"

3. 国务院证券监督管理机构审核股份发行申请。

4. 公告发行募集文件。股份发行申请经核准后，公告发行募集文件，并将该文件置备于指定场所供公众查阅。

5. 采取承销的方式正式发行股份。

6. 申请设立登记。

（二）新股发行的程序

股份有限公司公开发行新股应遵循下列程序：

1. 股东大会作出发行股份的决议。我国《公司法》第一百三十三条规定："公司发行新股，股东大会应当对下列事项作出决议：（1）新股种类及数额；（2）新股发行价格；（3）新股发行的起止日期；（4）向原有股东发行新股的种类及数额。"

2. 向国务院证券监督管理机构报送新股发行文件。我国《证券法》第十四条规定："公司公开发行新股，应当向国务院证券监督管理机构报送募股申请和下列文件：（1）公司营业执照；（2）公司章程；（3）股东大会决议；（4）招股说明书；（5）财务会计报告；（6）代收股款银行的名称及地址；（7）承销机构名称及有关的协议。依照本法规定聘请保荐人的，还应当报送保荐人出具的发行保荐书。"

3. 国务院证券监督管理机构审核股份发行申请。

4. 公告发行募集文件。我国《公司法》第一百三十四条第一款规定："公司经国务院证券监督管理机构核准公开发行新股时，必须公告新股招股说明书和财务会计报告，并制作认股书。"

5. 公司采取承销的方式正式发行股份，并应当同银行签订代收股款协议。

6. 登记和公告。我国《公司法》第一百三十六条规定："公司发行新股募足股款后，必须向公司登记机关办理变更登记，并公告。"

六、股份发行的法律责任

设立公司公开发行股份或公司增资时公开发行新股，牵涉经济安全、金融秩序、国家对国民经济的宏观管理以及公众利益，关系到其他认购股份的中小投资者的利益。因此，一方面，国家有必要运用公权力对其予以监控，对股份发行中的违规违法现象实施必要的行政处罚，对其中的犯罪行为施以刑事制裁；另一方面，对在股份发行中因有关责任人员实施或存在违法违规行为而造成中小股东利益损失的，法律应设定证券损害赔偿救济制度，使中小投资者的损失得以补偿。

股份的发行与交易应贯彻公平、公正、公开的原则，禁止证券欺诈、内幕交易和操纵市场等违法行为，对涉及股份发行的重要信息应当在发行前作全面、客观、准确、及时的披露，不允许对中小投资者进行误导、隐瞒或发布虚假消息。按照我国《证券法》的规定，股份发行中的违法行为应承担相应的法律责任，包括警告、责令停止发行、退还募集资金加算银行同期存款利息、罚款、没收违法所得、撤销相关资格等。①

---

① 《证券法》第十一章法律责任第一百八十八至第二百三十五条。

第四节 股份的转让

一、股份转让的概念

股份转让是指股份有限公司的股东依照一定的程序将自己的股份让与受让人，由受让人取得股份成为公司的股东。股份有限公司是典型的资合公司，以公司资本为其信用基础，股东间的人身关系较为松散，因此，股份可以自由转让和流通。股东可以通过股份转让收回投资，实现收益，转移风险。股份有限公司的股份可以自由转让和流通是各国或者地区公司立法所贯彻的一条基本原则，这也是股份有限公司的特点之一。我国《公司法》第一百三十七条规定："股东持有的股份可以依法转让。"

二、股份转让的方式

（一）记名股票的转让

记名股票须以背书方式或者按照电子化股票交易规则转让。我国《公司法》第一百三十九条第一款规定："记名股票，由股东以背书方式或者法律、行政法规规定的其他方式转让；转让后由公司将受让人的姓名或者名称及住所记载于股东名册。"

（二）无记名股票的转让

无记名股票的转让是由股份所有人将股票交付给受让人，只要交付便发生法律效力，不需要背书，也无须过户。我国《公司法》第一百四十条规定："无记名股票的转让，由股东将该股票交付给受让人后即发生转让的效力。"

（三）上市公司股票的转让

上市公司股票的转让，一般转让双方并不见面，股票买卖的交割通过证券经纪人进行，证券和资金从账簿上进行划拨。我国《公司法》第一百四十四条规定："上市公司的股票，依照有关法律、行政法规及证券交易所交易规则上市交易。"

（四）股份质押

根据我国《物权法》第二百二十三条以及《担保法》第七十五条的规定，依法可以转让的股份或股票可以质押。

（五）股份回购

股份回购是指公司按照一定的程序回购发行或流通在外的本公司股份的行为。公司回购本公司的股份可能产生以下问题：1. 使公司在形式上成为自己的股东，导致权利义务的混乱；2. 股份回购事实上减少了公司资本，可能损害债权人利益；3. 公司回购股份时可能利用信息优势，操纵股价。因此，公司原则上不得回购自己发行的股份，但有例外。我国《公司法》第一百四十二条第一款规定："公司不得收购本公司股份。但是，有下列情形之一的除外：1. 减少公司注册资本；2. 与持有本公司股份的其他公司合并；3. 将股份奖励给本公司职工；4. 股东因对股东大会作出的公司合并、分立决议持异议，要求公司收购其股份的。"其中，股东在第四种可以回购的情形中享有的权利称为异议股东股份收购请求权。

所谓异议股东股份收购请求权，是指当股东大会对股份有限公司重大变化事项作出决定时，对该决定持有异议的股东依法享有要求公司以公平的价格回购他们手中的股份，从而退出该公司的权利。公司重大变化事项通常是指公司的合并、资产收购、章程变更和股份交换等。股份收购请求权制度是少数股东退出公司的一种机制，对股东而言是一种重要的保护制度，其目的不在于使多数股东承担责任，而是使少数股东以公平的价值退出公司。公司是股东投资获取收益的工具，股东投资后，有权依照自己的合理判断对公司经营过程中的重大事件尤其是影响自己实质利益的事项作出决定。但是，当股东大会被少数控股股东所操纵时，很多中小股东实际上没有表达自己意志的机会，即使根据资本多数决原则，中小股东的声音往往也十分微弱。为了平衡公司各方面的利益，保护中小股东的利益，应当允许中小股东在特定情况下要求公司回购其股份，从而退出公司。而控股股东只要简单地把持有异议的股东的股份回购，就能顺利地实施自己的经营方针，这对公司和控股股东来说，也是最佳的选择。

三、股份转让的限制

股份转让以自由为原则是各国或者地区公司立法的通例。由于股份的转让可能影响公司财产的稳定，某一部分股东对股份的处分也有可能损害另一部分股东的利益，而且股份转让还可能会带来股票投机，因此，为了保护公司、股东及公司债权人的整体利益，许多国家或地区的立法对股份转让作出了一些必要限制，以便将股份转让可能产生的弊端限制在尽可能小的范围内。依我国《公司法》第一百三十八条、第一百三十九条、第一百四十一条、一百四十二条的规定，股东依法转让股份要受到一定的限制。

（一）对转让场所的限制

我国《公司法》第一百三十八条规定："股东转让其股份，应当在依法设立的证券交易场所进行或者按照国务院规定的其他方式进行。"此处所说的证券交易场所，包括全国性证券集中交易系统、地方性证券交易中心和从事证券柜台交易的机构等。我国的上海证券交易所和深圳证券交易所是最具有代表性的证券交易场所。除了在上述证券交易场所进行转让外，股东转让其股份也可以按照国务院规定的其他方式进行。比如，非上市公司的股份大多数是通过私下协议转让的。

（二）对发起人所持股份的转让限制

由于股份有限公司的发起人对公司的成立及公司成立初期的财产稳定和组织管理具有重要的影响，所以，为了保证公司成立后一段时期能够顺利经营，保护其他股东和公众的利益，防止发起人利用设立公司进行投机活动和逃避发起人责任，各国或地区的公司立法一般对发起人所持股份的转让予以一定限制。我国《公司法》第一百四十一条第一款规定："发起人持有的本公司股份，自公司成立之日起1年内不得转让。"

（三）对上市公司公开发行股份前已发行股份的转让限制

我国《公司法》第一百四十一条第一款规定："公司公开发行股份前已发行的股份，自公司股票在证券交易所上市交易之日起1年内不得转让。"

（四）对公司董事、监事、高级管理人员持有本公司股份的转让限制

公司的董事、监事、高级管理人员的行为对公司经营管理影响极大。我国《公司法》第一百四十一条第二款规定："公司董事、监事、高级管理人员应当向公司申报所持有的本公司的股份及其变动情况，在任职期间每年转让的股份不得超过其所持有本公司股份总数的 25%；所持本公司股份自公司股票上市交易之日起 1 年内不得转让。上述人员离职后半年内，不得转让其所持有的本公司股份。公司章程可以对公司董事、监事、高级管理人员转让其所持有的本公司股份作出其他限制性规定。"这一限制规定，一方面是为了防止担任这些职务的人员利用内幕信息从事股票交易，非法牟利；另一方面是为了将公司经营状况同这些人员的利益联系起来，以促使其更好地履行职责。

（五）对股票质押的限制

我国《公司法》第一百四十二条第四款规定："公司不得接受本公司的股票作为质押权的标的。"一般认为，作此限制的原因主要有：首先，如果公司接受本公司的股票作为质押权的标的，无异于用自己的财产担保自己的债权，显然不妥。其次，当公司的债务人无力清偿到期债务而公司拍卖质押股票所代表的股份又无人应买时，公司自然就成为质押股票的所有人，这又违背了公司不得拥有自身股份的一般原则。

（六）股东在法定的"停止过户期"不得进行股东名册登记

我国《公司法》第一百三十九条第二款规定："股东大会召开前 20 日内或者公司决定分配股利的基准日前 5 日内，不得进行前款规定的股东名册的变更登记。但是，法律对上市公司股东名册变更登记另有规定的，从其规定。"严格来说，本条款并不属于股份转让的限制情形。所谓在法定期限内不得进行股东名册的变更登记，并不意味着在此期间不得进行股份转让。也就是说，股份转让仍是自由的，但如果受让人在此期间申请股东名册的变更登记，公司应当拒绝；如果公司接受其申请，并办理过户手续，应属无效。

第五节 上市公司的特殊制度

一、上市公司的概念和特征

股份有限公司依其发行的股票是否公开上市交易，分为上市公司和非上市公司。所谓上市公司，是指所发行的股票在证券交易所上市交易的股份有限公司。我国《公司法》第一百二十条规定："本法所称上市公司，是指其股票在证券交易所上市交易的股份有限公司。"上市公司有如下法律特征：

（一）上市公司是股份有限公司的一种

公司发行的股票上市交易，表明其具有很强的公开性，只有股份有限公司具有这种公开性的特点。各国或地区法律也都规定，只有股份有限公司享有股票上市交易的权利，其他任何类型的公司，包括有限责任公司等都不具有公开发行股票并使其股票上市交易的权利。但也应注意，并非所有股份有限公司发行的股票都能够上市交易，股票上市交易的只是股份有限公司中的一部分。因此，上市公司一定是股份有限公司，但股份有限公司并不一定是上市公司。

（二）上市公司是股票获准上市的股份有限公司

股票上市涉及公众利益和公开市场秩序，各国或地区政府通常予以不同程度地干预和管理。在我国，股份有限公司要成为上市公司必须符合法律、行政法规以及证券交易所交易规则规定的条件，且须履行必须的审批程序，方能成为上市公司。

（三）上市公司是股票在证券交易所交易的股份有限公司

股票的公开交易不等于股票的上市，公开交易具有各种不同的市场范围和交易方式。证券交易所是实行证券集中交易的特殊市场，在证券交易所进行的交易又称为挂牌交易，只有股票在证券交易所上市交易的公司才属于上市公司。

二、公司上市的作用

股份有限公司发行的股票上市交易，又称为公司的上市。股份有限公司成为上市公司，将为公司和投资人带来以下好处：

（一）增强公司融资功能

证券交易所进行的交易是市场最为集中、交易方式最为便捷、快速的交易方式。在现有市场条件下，股票上市交易将使股票具有最强的流通性和变现性，因而成为最受投资者欢迎的投资方式。因此，公司上市将为其日后进行的增资和新股发行创造有利条件，将使公司在资本市场上的融资能力得到实质性的增强。事实上，股份有限公司的融资功能主要是表现在上市公司身上。尤其在我国目前情况下，国家对公司的上市条件和上市数量实行严格控制，上市公司是一种较为稀缺的市场资源，是一种宝贵的融资壳体，许多公司都是基于融资的迫切需要而争取上市。

（二）提高股东的投资回报

股东对股份有限公司的投资，不仅是为获取公司盈余分配的收益，而且也包括获取股票在市场上进行交易的增值收益，甚至对于许多投资者来说，交易市场上的收益可能是其更主要的投资目的。公司的上市，将使股东获得在交易市场上获利的机会，从而提高了股东的投资回报。

（三）提高公司的知名度和商誉

上市公司实行严格的信息公开制度，公司一经上市，其一切的重要事项都要向社会公开，《证券法》对上市公司的信息公开有全面、系统、具体的规范和要求，并且上市公司的信息公开必须在指定的媒体上进行。在现代市场经济条件下，证券市场成为社会经济的重要组成部分和经济发展状况的晴雨表，证券交易的行情成为社会普遍关注的经济新闻，上市公司成为公众密切关注的对象，上市公司由此具有一般公司难以达到的市场认知度和知名度，业绩优良的公司由此会获得更高的商业信誉和更强的市场竞争优势。

（四）规范公司的经营行为

上市公司的行为受到比普通公司更多的规范和约束。首先，除受《公司法》规范外，上市公司特别受《证券法》的调整和规范。其次，上市公司必须接受证券市场的监管机关和证券交易所的行政管理或市场管理。最后，上市公司因其信息公开而受到社会公众和广大投资者的监督和约束，包括媒体的舆论监督。这些都使得上市公司的行为更为规范，更能符合法律的要求。同时，上市公司也要求公司的管理者具有较高的业务素质和管理能力，并促使管理者勤勉尽责、提高业务管理水平和经营效益。

三、股票上市的条件

对于股票上市的条件，各国或地区《公司法》《证券法》均有较严格的条件限定。我国《证券法》第五十条第一款规定："股份有限公司申请股票上市，应当符合下列条件：（一）股票经国务院证券监督管理机构核准已公开发行；（二）公司股本总额不少于人民币3 000万元；（三）公开发行的股份达到公司股份总数的25%以上；公司股本总额超过人民币4亿元的，公开发行股份的比例为10%以上；（四）公司最近3年无重大违法行为，财务会计报告无虚假记载。"同时第二款规定："证券交易所可以规定高于前款规定的上市条件，并报国务院证券监督管理机构批准。"事实上，我国上海证券交易所制定的《上海证券交易所股票上市规则（2014年修订）》和深圳证券交易所制定的《深圳证券交易所股票上市规则（2014年修订）》均规定了高于《证券法》要求的上市条件。

由于在我国公司股份管理实践中，股份向社会公众募集后也都要上市交易，因此募股的条件与上市的条件基本上是一致的，不论是经国务院批准募集设立公司时发行股份，还是新增资本时发行股份。中国证监会在2006年5月18日施行的《首次公开发行股票并上市管理办法》、2014年5月14日施行的《首次公开发行股票并在创业板上市管理办法》等行政规章中针对发行人的主体资格、合规运营、独立性、财务健全、关联交易、风险管理等方面细化规定了各项条件。此外，证券交易所也对股票上市交易制定了一些章程性质的规则，上市公司必须一并遵守。

四、股票上市的程序

股份有限公司符合我国《证券法》规定的上市条件，可以按照《证券法》规定的程序向证券交易所申请证券上市交易。依据我国《证券法》的规定，股票上市的程序主要有：

（一）向证券交易所申请上市并报送上市申请文件

上市申请文件主要包括上市报告书、申请股票上市的股东大会决议、公司章程、公司营业执照、依法经会计师事务所审计的公司最近3年的财务会计报告、法律意见书和上市保荐书、最近一次的招股说明书、证券交易所上市规则规定的其他文件。

（二）证券交易所进行审核

在通常情况下，证券交易所在内部设立上市审核委员会，负责具体审核工作；上市审核委员会审核合格后，再由证券交易所作出同意上市的决定。

（三）签订上市协议

股票上市交易申请经证券交易所审核同意后，申请人应与证券交易所正式签订上市协议。上市协议是上市申请人与证券交易所签订的用以明确彼此权利义务关系的民事协议。

（四）进行上市公告

签订上市协议的公司应当在规定的期限内公告股票上市的有关文件，并将该文件置备于指定场所供公众查阅。除此之外，还应当公告下列事项：股票获准在证券交易所交易的日期、持有公司股份最多的前10名股东的名单和持股数额、公司的实际控制人、董事、监事、高级管理

▶▶▶▶▶▶

人员的姓名及其持有本公司股票和债券的情况。

（五）正式挂牌交易

股份有限公司公告股票上市文件后，如无重大变故因素的干扰，应依据上市协议的约定，缴纳上市费用，进行股票挂牌上市交易。此外，上市公司还必须与证券登记结算机构签署股票保管并提供登记结算服务的协议。挂牌交易是完成股票上市程序的最终标志。挂牌上市的股票称为上市股票，上市股票的发行公司称为上市公司。

五、上市公司的特别规定

由于股票上市交易直接牵涉社会公共利益和公众股东利益，牵涉国家宏观经济管理制度的建立与完善，加之股票交易存在较大的投机性，因此各国或地区对上市公司均有严格的管制措施。我国对上市公司的监督管理主要是通过立法实施的，《公司法》对上市公司的设立和运行作出一般的规定，侧重于上市公司的组织结构与公司治理问题，《证券法》则从公司股票的发行和交易角度对上市公司的行为加以规制，注重与股票发行和交易直接关联的公司运行方面的问题。

（一）公司治理的特别规定

上市公司股份分散，中小股东不愿意付出时间与金钱成本监督公司控制权的行使，而大股东或者董事、经理的利己行为容易得手，并能进一步伤害到资本市场的秩序和安全。因此，我国《公司法》第一百二十一条至一百二十四条针对上市公司的法人治理结构单独规定了特殊的制度。

我国《公司法》第一百二十一条规定："上市公司在 1 年内购买、出售重大资产或者担保金额超过公司资产总额 30% 的，应当由股东大会作出决议，并经出席会议的股东所持表决权的 2/3 以上通过。"本条是作为公司股东大会的特别事项予以补充规定的，其目的在于阻止大股东利用资产转让和提供担保两项惯用手段掏空上市公司的行为，规定两种行为牵动的资产比例超过 30% 的，得由股东大会决议处理，且规定 2/3 的通过比例就是设置防火墙。《公司法》第一百二十二条和第一百二十三条规定了上市公司的特殊机构设置。第一百二十二条规定："上市公司设独立董事，具体办法由国务院规定。"第一百二十三条规定："上市公司设董事会秘书，负责公司股东大会和董事会会议的筹备、文件保管以及公司股东资料的管理，办理信息披露事务等事宜。"《公司法》第一百二十四条规定："上市公司董事与董事会会议决议事项所涉及的企业有关联关系的，不得对该项决议行使表决权，也不得代理其他董事行使表决权。该董事会会议由过半数的无关联关系董事出席即可举行，董事会会议所作决议须经无关联关系董事过半数通过。出席董事会的无关联关系董事人数不足 3 人的，应将该事项提交上市公司股东大会审议。"本条规定的是董事必须履行的法定义务，针对的对象是上市公司的董事，针对的事项是与上市公司董事有关联关系的事项。在这种情况下，相关董事需要从对公司的忠实义务出发告知与决议事项存在关联关系，并应自觉回避该事项的讨论和表决，以防止出现自己的利益、他人的利益与公司利益对抗、冲突的局面。

（二）发行股份的特别规定

上市公司公开发行新股，应遵循我国《公司法》和《证券法》规定的股份有限公司公开发行新股的条件和程序。上市公司非公开发行新股，也应当符合经国务院批准的国务院证券监督管理机构规定的条件，并报国务院证券监督管理机构核准。

（三）信息披露的特别规定

在证券市场上奉行的最重要的原则是公开、公平、公正，其中以公开为最主要的原则。公司的种种信息事关公众持股者的利益，任何与证券发行和交易有关的活动不可以被少数人秘密操控，只有公开为大家所知，才会公平。只有将影响股票交易价格的所有重要资料公布于众，让每位投资者平等地享有获知这些资料的机会，从而作出是否投资及投资规模的判断，才能保证投资者的知情权真正实现，也才能促进证券市场的健康良性运行。

我国《公司法》和《证券法》均规定了对上市公司信息披露的要求。我国《公司法》第一百四十五条规定："上市公司必须依照法律、行政法规的规定，公开其财务状况、经营情况及重大诉讼，在每会计年度内半年公布一次财务会计报告。"我国《证券法》第六十五条、第六十六条、第六十七条规定了上市公司应按照法定的披露方式向国务院证券监督管理机构和证券交易所披露中期报告、年度报告和临时报告，并在第六十九条规定了上市公司各主体在信息披露存在瑕疵时应承担的法律责任。

（四）暂停和终止上市的特别规定①

股票上市后，上市公司应当积极采取措施，持续满足股票上市的条件。否则，就可能面临暂停上市或者终止上市的局面。暂停、终止上市，是指在法律、法规和规章规定的事由出现时，证券交易所主动或者根据上市公司的申请，决定暂停、终止公司或者证券的上市资格。其中，暂停上市是对上市公司或者证券上市资格的限制，终止上市是对上市公司或其证券上市资格的终止。

思考题

1. 如何理解资本对股份有限公司的重要性？
2. 对法定资本制、授权资本制、折中资本制进行利弊分析。
3. 资本三原则如何在《公司法》中体现？
4. 新《公司法》在公司资本制度方面有哪些重要变化？

---

① 我国《证券法》第五十五条、第五十六条规定了暂停、终止上市制度。第五十五条规定："上市公司有下列情形之一的，由证券交易所决定暂停其股票上市交易：（一）公司股本总额、股权分布等发生变化不再具备上市条件；（二）公司不按照规定公开其财务状况，或者对财务会计报告作虚假记载，可能误导投资者；（三）公司有重大违法行为；（四）公司最近3年连续亏损；（五）证券交易所上市规则规定的其他情形。"第五十六条规定："上市公司有下列情形之一的，由证券交易所决定终止其股票上市交易：（一）公司股本总额、股权分布等发生变化不再具备上市条件，在证券交易所规定的期限内仍不能达到上市条件；（二）公司不按照规定公开其财务状况，或者对财务会计报告作虚假记载，且拒绝纠正；（三）公司最近3年连续亏损，在其后一个年度内未能恢复盈利；（四）公司解散或者被宣告破产；（五）证券交易所上市规则规定的其他情形。"同时，中国证监会制定的《亏损上市公司暂停上市和终止上市实施办法（修订）》《关于执行〈亏损上市公司暂停上市和终止上市实施办法（修订）〉的补充规定》《关于改革完善并严格实施上市公司退市制度的若干意见》（2014年11月16日起施行）以及证券交易所制定的上市规则，也明确规定了暂停、恢复和终止上市制度。

第六章　公司的合并与分立

　　本章重点知识：吸收合并与新设合并；派生分立与新设分立；公司合并的法律后果；公司分立的法律后果。

　　建议课时：1 课时。

第一节　公司的合并

一、公司合并概述

（一）公司合并的概念

　　公司合并是指两个或两个以上的公司订立合并协议，依照公司法的规定，不经过清算程序，直接合并为一个公司的法律行为。公司合并是企业兼并的形式之一。公司合并可以使原有的企业扩大生产经营范围和规模，有利于公司组织结构和产品结构的调整，实现生产要素的优化组合，从而提高竞争能力，产生规模效益。

（二）公司合并的特征

　　1. 公司合并是数个公司之间的共同法律行为，合并的主体是公司，而非股东个人。公司合并以拟合并主体之间订立有合并协议为前提。2. 公司合并是当事人之间的一种自由行为，其合并与否及合并的方式完全取决于当事人的意志。3. 公司合并是一种无须通过解散、清算程序即可消灭和变更公司的行为。公司合并可以在不进行清算的前提下改变公司的存在、财产结构和股权结构等。

（三）公司合并的种类

　　《公司法》第一百七十二条规定："公司合并可以采取吸收合并或者新设合并。一个公司吸收其他公司为吸收合并，被吸收的公司解散。两个以上公司合并设立一个新的公司为新设合并，合并各方解散。"由此可见，我国公司合并采取吸收合并和新设合并两种方式。

　　1. 吸收合并。

　　吸收合并也称为吞并式合并或接收合并，在经济学上称为兼并。吸收合并中，一个或几个公司（转让公司）的财产通过协议安排整体并入到另一个公司（接收公司），转让公司的股东变为接收公司的股东或取得接收公司的价款支付，转让公司免经清算程序而解散，其权利义务由接收公司承继。用公式表示就是 $A + B = A'$，A 公司应当进行变更登记，B 公司应当进行注销登记。

　　2. 新设合并。

　　新设合并也称创设合并或新建合并，指两个以上的公司（加入公司）共同组建一个新的公司（新设公司），每个加入公司的财产整体转让给新设公司，由加入公司的股东交换获取新设公司的股份或价款支付，各加入公司免经清算程序而解散，其权利义务由新设公司承继。用公式表示就是 A + B = C，A 公司和 B 公司进行注销登记，C 公司进行设立登记。

二、公司合并的程序

公司的合并应当遵循以下程序：

（一）订立合并协议

《公司法》第一百七十三条规定，公司合并，应该由合并各方签订合并协议。《公司法》第四十六条规定董事会的职权，其中第七项规定"制订公司合并、分立、解散或者变更公司形式的方案"。一般来讲，在公司合并实践中，往往是公司管理层在得到公司董事会的授权后即进行合并谈判，并代表双方公司拟定合并协议。合并协议需要经过公司董事会同意后推荐给股东会，然后征得各自公司股东会的同意。如果合并各方股东会批准了合并协议，则合并协议发生法律效力。

（二）股东会决议

公司合并属于公司的重大变更事项，对股东利益影响甚大。因此，公司合并必须经由股东会同意后方可实施。《公司法》第三十七条规定股东会的职权，其中第九项规定"对公司合并、分立、解散、清算或者变更公司形式作出决议"。公司合并属于股东会的特别决议，法律对这一决议的通过规定了严格的条件。《公司法》第四十三条第二款以及第一百零三条第二款规定，股东会或股东大会作出公司合并决议，必须经代表 2/3 以上表决权的股东通过。

（三）编制资产负债表及财产清单

《公司法》第一百七十三条规定，公司决议合并时，应立即编制资产负债表和财产清单。编制资产负债表和财产清单的目的是为了便于了解公司现有资产状况。

（四）对债权人的通知或者公告

公司合并将对债权人的利益造成重要影响，因此，法律要求公司自作出合并决议之日起通知或者公告债权人。《公司法》第一百七十三条规定："公司应当自作出合并决议之日起 10 日内通知债权人，并于 30 日内在报纸上公告。债权人自接到通知书之日起 30 日内，未接到通知书的自公告之日起 45 日内，可以要求公司清偿债务或者提供相应的担保。"

（五）办理合并登记手续

公司合并完成后，应当办理相应的注销、变更或设立登记。

三、公司合并的法律后果

（一）公司主体的变化

公司合并是两个以上公司并为一个公司，合并将导致公司主体发生变化。在吸收合并中，转让公司并入接收公司，其法律人格丧失，而接收公司的公司资本、股权份额、公司章程、组织机构方面也将发生变化。在新设合并中，在原公司消灭的同时，要创设新的公司。

（二）公司合并导致权利义务的概括转移

被合并公司生命延续的概念在法律上表现为接收公司和新设公司享有被合并公司以前享有的公法和私法上的所有权利。《公司法》第一百七十四条规定："公司合并时，合并各方的债权、债务，应当由合并后存续的公司或者新设的公司承继。"《合同法》第九十条规定："当事人订立合同后合并的，由合并后的法人或者其他组织行使合同权利，履行合同义务。"在公司合并中，合并各方的所有权利都通过法律的作用直接转移到接收公司或者新设公司，不需要经过转让权利义务的协议或者程序。即是说，这种转移以法律规定而直接产生，只要合并生效，被合并公司的权利义务就转归接收公司、新设公司，有效地成为接收公司、新设公司的权利义务。这种权利包括被合并公司所有财产权利，如动产、不动产、知识产权等有形、无形财产的所有权和使用权以及公司基于合同和其他法律产生的债权。除了私法上的权利外，接收公司、新设公司还拥有被合并公司享有的公法上的权利，如特许经营权、营业权等。

第二节　公司的分立

一、公司分立概述

（一）公司分立的概念

公司分立是指一个公司依照有关法律、法规规定分成两个或两个以上公司的法律行为。国外立法例对公司分立一般不作规定，而我国《公司法》将公司合并、分立专列为一章做出明确规定，原因是在我国社会主义市场经济初创时期的公司实践中，大量存在着公司分立行为不规范，并借以规避债务的现象。公司分立不仅是公司自己的事情，而且关系到分立公司的股东及债权人的权益，因此，法律必须作出明确规定

（二）公司分立的特征

公司分立具有以下法律特征：1. 公司分立是在原有公司基础上的"一分为二"或"一分为多"，它与公司合并恰好是反向操作，既不是"转投资"设立子公司或参股公司的行为，也不是为拓展经营而设立分公司的行为。原公司与分立后的公司之间、分立后公司相互之间，既无公司内部的总公司与分公司的管理关系，也不是企业集团中成员相互间控股或参股的关系，而是彼此完全独立的法人关系。2. 公司分立是公司组织法定变更的一种特殊形式。公司的分立不是公司的完全解散，无论是新设分立还是派生分立，均无须经过清算程序而实现在原公司基础上成立两个或两个以上公司的目的。从这个意义上说，公司分立是法律设计的一种简化程序，使公司在无须消灭的情况下实现"一分为二"或"一分为多"。3. 公司分立是依照法定的条件和程序来进行的行为。由于公司分立将会引起分立前公司主体和权利义务的变更，而且也必然涉及相关主体的利益，为了保护各方主体利益，分立行为必须严格依照《公司法》所规定的条件和程序来进行。

（三）公司分立的种类

公司分立主要有派生分立和新设分立两种形式。

1. 派生分立。

派生分立也称存续分立，是指一个公司分立成两个以上的公司，原公司法律主体继续存在，

但将其部分业务划出去另设一个以上新公司。派生分立中，原公司继续存在但注册资本减少，原股东在原公司、新公司的股权比例可以不变。在实践中，总公司为了实现资产扩张，降低投资风险，往往把其分公司改组成具有法人资格的全资子公司。此时，总公司也转化为母公司，母公司仅以其投资额为限对新设子公司的债务承担有限责任。用公式表示就是 $A' = A + B$，A'公司应当进行变更登记，B 公司应当进行设立登记。

2. 新设分立。

新设分立也称解散分立，是指一个公司将其财产全部进行分割，分解为两个以上公司，原公司解散并设立两个以上的新公司。用公式表示就是 $C = A + B$，C 公司应当进行注销登记，A 公司和 B 公司应当进行设立登记。

二、公司分立的程序

公司的合并应当遵循以下程序：

（一）公司董事会拟定公司分立协议

该项程序与公司合并类似，但在公司分立协议中，除应当对分立原因、目的，分立后各公司的地位，分立后公司章程及其他相关问题作出安排外，应当特别注意财产及债务分割问题的妥善处理。

（二）股东会决议

公司分立属于《公司法》上所称重大事项，应当由股东会以特别决议方式决定。《公司法》第四十三条第二款以及第一百零三条第二款规定，股东会或股东大会作出公司分立决议，必须经代表 2/3 以上表决权的股东通过。股东会决议通过方案时，特别要通过公司债务的分担协议，即由未来两家或多家公司分担原公司债务的协议。为了保证分立协议的顺利执行，应当同时授权董事会具体实施分立协议。

（三）编制资产负债表及财产清单

根据《公司法》第一百七十五条的规定，公司分立时应当进行财产分割。为妥善处理财产分割，应当编制资产负债表及财产清单。经股东会授权后，应当由董事会负责实施。

（四）履行债权人保护程序

根据《公司法》第一百七十五条第二款规定，债权人保护程序主要涉及分立通知及公告程序。公司应当自作出分立决议之日起 10 日内通知债权人，并于 30 日内在报纸上公告。债权人自接到通知书之日起 30 日内，未接到通知书的自公告之日起 45 日内，有权要求公司清偿债务或者提供相应的担保。

三、公司分立的法律后果

公司分立是一种法律行为，分立成功必然要引起一系列的法律后果，主要包括：

（一）公司主体的变化

公司分立必然涉及公司的解散、变更和新设。在新设分立中，原公司解散，新公司设立。

▶▶▶▶▶▶▶

在派生分立中，原公司存续，但主体因股东、注册资本等发生变化而必须进行变更，新公司设立。

（二）股东身份及持股额的变化

由于公司的"一分为二"或"一分为多"，股东的身份也可能随之发生变化，即由原公司的股东变成了新公司的股东。就留在原公司的股东而言，虽然股东身份没有变化，但在原公司的持股份额却可能发生变化。由于公司分立一般要导致原公司规模的缩小，因此，随着股东和公司注册资本的减少，剩余股东对公司持股份额必然会有所增加。

（三）债权债务的变化

随着公司的分立，原公司承受的债权债务也将因分割而变化成为两个或两个以上公司的债权债务。《公司法》第一百七十六条规定："公司分立前的债务由分立后的公司承担连带责任。但是，公司在分立前与债权人就债务清偿达成的书面协议另有约定的除外。"《合同法》第九十条规定："当事人订立合同后分立的，除债权人和债务人另有约定的以外，由分立的法人或者其他组织对合同的权利和义务享有连带债权，承担连带债务。"《最高人民法院关于审理与企业改制相关的民事纠纷案件若干问题的规定》（法释〔2003〕1号）第十二条规定："债权人向分立后的企业主张债权，企业分立时对原企业的债务承担有约定，并经债权人认可的，按照当事人的约定处理；企业分立时对原企业债务承担没有约定或者约定不明，或者虽然有约定但债权人不予认可的，分立后的企业应当承担连带责任。"《规定》第十三条规定："分立的企业在承担连带责任后，各分立的企业间对原企业债务承担有约定的，按照约定处理；没有约定或者约定不明的，根据企业分立时的资产比例分担。"

思考题

1. 吸收合并与新设合并的区别与联系。
2. 派生分立与新设分立的区别与联系。

第七章　破产法律制度

本章重点知识：破产的概念和特征；《破产法》的适用范围；破产原因；管理人的职责；债务人财产的范围；破产债权的概念；债权人会议的法律性质；重整制度的特点；和解制度的特点；破产财产的分配顺序；破产程序终结的法律意义。

建议课时：4课时

第一节　破产概述

一、破产的概念与特征

（一）破产的概念

破产是商品经济社会发展到一定阶段必然出现的法律现象。破产一词在中国早有使用，在不同的语言环境下有所不同。日常生活中，破产是指彻底的、不可挽回的失败，通常有贬义。在经济生活方面，破产通常是指当事人的经济生活发生严重亏损，财务上无法继续维持下去。法律上破产概念有其特定含义，即对丧失清偿能力的债务人，经法院审理与监督，强制清算其全部财产，公平清偿全体债权人的法律制度。

（二）破产的特征

从不同的角度分析，破产的法律特征主要有以下几项：

1. 从对债务的清偿角度看，破产具有执行程序的属性。破产是一种概括的执行程序，即为全体债权人的利益而对债务人的全部财产进行的执行程序。普通的民事执行程序则是为个别债权人的利益而进行的个别执行程序。两者虽有区别，但作为执行程序的基本性质是相同的。首先，执行程序属于司法程序，所以破产必须在法院的管辖、支配下进行。其他机构没有处理破产案件的权力。其次，作为一种特殊的执行程序，破产与普通程序一样，不具有解决当事人间实体民事争议的功能。虽然《破产法》对一些实体民事权利义务问题有规定，但在破产程序中并没有设置解决当事人间实体民事争议、保护当事人诉讼权利的相应程序。对破产程序中当事人间发生的实体民事争议，各国破产立法均规定在破产程序之外通过诉讼程序解决。只有无争议的或已经法院或仲裁机关生效裁判确定的债权债务关系，才能在破产程序中得到执行。

2. 从启动原因看，破产是在特定情况下适用的一种法律程序。首先，债务人不能清偿债务是启动破产程序的原因。除法律有特别规定的外，在其他情况下不能适用破产程序。其次，破产作为概括性的、为全体债权人利益而进行的执行程序，具有对一般债务清偿程序的排他性。所以在破产程序适用以后，其他相冲突的对债务人财产的执行程序或清偿行为都应当停止。

3. 产是对债务人现存全部法律关系的彻底清算，在破产人为法人的情况下，还直接导致债务人民事主体资格消灭的法律后果。破产对企业债务人全部财产的清算，使企业丧失继续从事商事经营的经济基础和经营资格，并因终止经营导致对其全部法律关系的清算。这种清算由管理人在法院的主持下进行，而不是由当事人自行进行。

4. 破产程序的实施宗旨，是要保证对债权人的公平清偿和对债务人正当权益的合理保护，并进而实现对社会整体利益的维护。《破产法》所要解决的主要矛盾，是多数债权人之间因债务人有限财产不足以清偿全部债权而发生的相互冲突。因此，立法针对此情况下的一些问题做了特殊规定，设有专门的制度（如停止个别清偿、确定破产分配顺序等）。同时，破产程序对债务人的正当权益也做了一些特殊的保护规定，比如和解制度、免责制度等。

二、《破产法》的概念、特征和立法体例

（一）《破产法》的概念

《破产法》是规定在债务人丧失清偿能力时，法院强制对其全部财产清算分配、公平清偿债权人，或通过债务人与债权人达成的和解协议清偿债务，或进行企业重整，避免债务人破产的法律规范的总称。《破产法》可以从形式意义与实质意义、狭义与广义等不同层面理解。在形式意义上，狭义的《破产法》专指《破产法典》，如我国 2006 年 8 月 27 日通过的《中华人民共和国企业破产法》；广义的《破产法》则还包括其他有关破产的法律、法规、行政规章、司法解释，及散见于其他立法中的调整破产关系的法律规范。在实质意义上，狭义的《破产法》仅指对债务人进行破产清算的法律，广义的《破产法》则还包括以避免债务人破产为主要目的的和解与重整制度的法律。

（二）《破产法》的特征

1.《破产法》的调整范围一般仅限于债务人已经丧失清偿能力的特殊情况（重整程序除外）。《破产法》解决的主要是如何公平清偿债务即权利的执行实现问题，对当事人之间的实体权利义务争议则通过破产之外的诉讼和仲裁等方式解决。

2.《破产法》是集实体与程序内容合一的综合性法律。实体性法律规范主要有关于破产原因、破产财产、破产债权、取回权、别除权、抵销权、撤销权、破产费用、共益债务等内容的规定。程序性法律规范主要有关于破产申请与受理、管辖、破产宣告、债权人会议、管理人、破产财产的管理、变价与分配、破产程序的终结、和解程序、重整程序等内容的规定。

3.《破产法》的基本制度主要源于民事债权和民事诉讼与执行制度，并根据破产程序的特点、原则加以变更，对当事人的权利、义务予以必要的扩张或限制，同事兼顾对社会利益的维护。

（三）《破产法》的立法体例

《破产法》的立法体例主要有两种：一是将《破产法》放在商法典中，成为商法的一个组成部分，如法国。二是让《破产法》单行独立，如中国、美国、英国、德国、日本等。在内容编排上，有的国家实行实体与程序分编规定，如德国和日本，有的国家则把实体与程序规定在一起，如中国、美国和英国。

三、我国《破产法》的立法沿革

新中国成立之后，通过对农业和工商业进行社会主义改造，建立了社会主义制度。在计划

经济条件下，由于实行全民公有制，没有破产的情况发生，当然也不会产生《破产法》的要求。改革开放之后，由于经济体制的改变，市场主体多元化，在社会主义市场经济条件下为了促进经济的发展，建立激励机制，1986 年中国颁布了《中华人民共和国企业破产法（试行）》，与此同时其他涉及破产制度的法律散见于《中华人民共和国民事诉讼法》和《公司法》之中。1986年的《企业破产法》（试行）存在立法思想陈旧、体系杂乱、适用范围过窄、重要制度缺失、不当行政干预等诸多问题，已经不能适应调整社会关系的需要。2006 年 8 月 27 日第 10 届全国人民代表大会常务委员会第 23 次会议通过了《中华人民共和国破产法》，新法自 2007 年 6 月 1 日起施行，旧法同时废止。

四、《破产法》的适用范围

根据我国现行《破产法》的规定，《破产法》的适用范围可分为直接适用范围与参照适用范围两种情况。《破产法》第二条规定，其直接适用范围是所有的企业法人，同时，《破产法》第一百三十五条规定："其他法律规定企业法人以外的组织的清算，属于破产清算的，参照适用本法规定的程序。"《破产法》中"参照适用范围"的规定，将企业法人以外的组织也纳入其调整之下，包括合伙企业、农民专业合作社、民办学校等组织。此外，《破产法》还规定了主体适用的一些特殊情况。该法第一百三十三条规定："在本法施行前国务院规定的期限和范围内的国有企业实施破产的特殊事宜，按照国务院有关规定办理。"这是指国有企业的政策性破产。该法第一百三十四条规定："金融机构实施破产的，国务院可以依据本法和其他有关法律的规定制定实施办法。"这是因为金融机构的破产存在一些特殊问题，需要制定具体实施办法解决。

第二节　破产申请的提出与受理

一、破产原因

（一）破产原因的法律含义

破产原因又称为破产界限，指认定债务人丧失清偿能力，当事人得以提出破产申请，法院据以启动破产程序的法律事实，即引起破产程序发生的原因。破产原因不仅是破产清算程序开始的原因，而且也是和解与重整程序开始的原因。但是，重整程序开始的原因较破产清算、和解程序更为宽松，不仅在破产原因已经发生时可以申请重整，在企业法人有明显丧失清偿能力可能时，即有发生破产原因可能时，就可以依法进行重整。债务人是否存在破产原因，是确认当事人能否提出破产申请、法院应否受理破产案件、在清算程序中应否做出破产宣告的法定依据。对破产原因立法规定的宽严，不仅影响到对债权人和债务人利益的平衡及保护力度的大小，而且影响到企业破产率的高低，进而影响到失业人数的多少，还可能影响到社会经济秩序，故各国立法均予以充分重视。

（二）破产原因的立法方式

在各国的破产立法中，债务人的实质破产原因是丧失债务清偿能力。如何确定债务人是否丧失债务清偿能力，达到破产界限，在各国破产立法上，主要有两种具体规定方式，一种是列举主义，一种是概括主义。列举主义，即在法律中列举规定若干种表明债务人丧失清偿能力，或影响债务人清偿能力的损害债权人利益的具体行为，凡实施行为之一者便认定发生破产原因，这些行为称为破产行为或无力清偿债务行为。此种方式主要是英美法系国家采用，如英国、加拿大、澳大利亚。概括主义，即对破产原因从法学理论上作抽象概念性的规定，它着眼于破产发生的一般原因，而不是具体行为，通常在立法中有三种概括规定破产原因的方式：1. 不能清偿或支付不能；2. 资不抵债，在国外通称为债务超过；3. 停止支付。此种立法方式主要是大陆法系国家采用。

我国《破产法》对破产原因采取的是概括主义的立法方式。《破产法》第二条规定，破产原因是企业法人不能清偿到期债务，并且资产不足以清偿全部债务或者明显缺乏清偿能力。最高人民法院关于适用《中华人民共和国企业破产法》若干问题的规定（一）（以下简称《破产法司法解释一》）第一条规定："债务人不能清偿到期债务并且具有下列情形之一的，人民法院应当认定其具备破产原因：1. 资产不足以清偿全部债务；2. 明显缺乏清偿能力。相关当事人以对债务人的债务负有连带责任的人未丧失清偿能力为由，主张债务人不具备破产原因的，人民法院应不予支持。"

（三）破产原因的理论分析

我国属于大陆法系，《破产法》在破产原因上采取的是概括主义的立法方式，故在此对概括主义的破产原因加以详细分析。

1. 不能清偿。

所谓不能清偿，是指债务人对请求偿还的到期债务，因丧失清偿能力而无法偿还的客观财产状况，也称支付不能或不能支付。不能清偿在法律上的着眼点是债务关系能否正常维系。其要件为：（1）债务人丧失清偿能力，即不能以财产、信用或者能力等任何方法清偿债务。（2）债务人不能清偿的是已到偿还期限、提出清偿请求且无争议的债务。（3）债务不限于以货币支付为标的，但必须是能够以货币评价即能够折合为货币的债务，否则因其债务形式在破产程序中无法得到偿还，宣告债务人破产无实际意义。（4）债务人在较长期间内持续不能清偿，或者说一般的停止清偿，而不是因一时资金周转困难等问题暂时中止支付。（5）不能清偿指债务人的客观财产状况，不依其主观认识而定，应由法院依据法律和事实认定。

《破产法司法解释一》第二条规定："下列情形同时存在的，人民法院应当认定债务人不能清偿到期债务：（1）债权债务关系依法成立；（2）债务履行期限已经届满；（3）债务人未完全清偿债务。"第四条规定："债务人账面资产虽大于负债，但存在下列情形之一的，人民法院应当认定其明显缺乏清偿能力：（1）因资金严重不足或者财产不能变现等原因，无法清偿债务；（2）法定代表人下落不明且无其他人员负责管理财产，无法清偿债务；（3）经人民法院强制执行，无法清偿债务；（4）长期亏损且经营扭亏困难，无法清偿债务；（5）导致债务人丧失清偿能力的其他情形。"

2. 资不抵债。

资不抵债是指债务人的资产不足以清偿全部债务，即消极财产（债务）的估价总额超过了积极财产（资产）的估价总额的客观状况，在国外通称为债务超过。资不抵债的着眼点是资债比例关系，考察债务人的偿还能力仅以实有财产为限，不考虑信用、能力等可能的偿还因素，计算债务数额时，不考虑是否到期，均纳入总额之内。《破产法司法解释一》第三条规定："债务人的资产负债表，或者审计报告、资产评估报告等显示其全部资产不足以偿付全部负债的，人民法院应当认定债务人资产不足以清偿全部债务，但有相反证据足以证明债务人资产能够偿付全部负债的除外。"

二、破产申请的提出

（一）破产程序的启动

在破产程序的启动方式上，各国破产立法的规定有申请主义与职权主义的区别。所谓申请主义，是指法院必须依据债权人、债务人等当事人的申请启动破产程序，无权在无人申请的情况下，自行依职权启动破产程序，以法院对破产申请的受理为破产程序的开始。所谓职权主义，是指法院启动破产程序，并不以当事人的申请为必备条件，只要债务人发生破产原因，在法律规定的特定情况下，法院可以依职权启动破产程序，以法院作出破产宣告为破产程序的开始。我国《破产法》在破产程序启动问题上，采取申请主义的原则，即人民法院应当依据当事人的申请启动破产程序。无人申请时，人民法院不得自行启动破产程序。《破产法》第七条规定："债务人有本法第二条规定的情形，可以向人民法院提出重整、和解或者破产清算申请。"

（二）破产申请权

1. 债权人的申请权。

债权人申请破产，也称非自愿破产。债权人提出破产申请，是在债务人丧失清偿能力的情况下主张自己民事权利的法定方式，具有中断诉讼时效的法律效力。其他债权人在破产案件受理后申报债权，同样具有中断诉讼时效的法律效力。

（1）无担保债权人的破产申请权。

对债务人特定财产无担保权的债权以债务人的全部财产（非特定财产）为清偿对象，须依赖债务人的清偿行为实现。该种债权无优先受偿权利，在债务人丧失清偿能力时只能通过破产程序受偿，故债权人享有破产申请权。

（2）担保债权人的破产申请权。

各国《破产法》对担保债权人即别除权人是否享有破产申请权有两种主张。一种观点认为，别除权人的债权有担保物担保，其受偿不受债务人是否破产的影响，原则上没有必要赋予其破产申请权。另一种观点认为，别除权人也是破产人的债权人，其作为债权人的基本权利不因债权有担保而受限制，更何况还存在担保物不足清偿担保债权的可能，所以别除权人也应享有破产申请权。我国《破产法》对此问题未作明文规定，而且在第 8 条规定的破产申请书应当载明的事项中，未再明文列入提出申请的债权人其债权有无物权担保的内容，应当认为担保债权人同样享有破产申请权。

（3）其他特定债权人的破产申请权问题。

关于公法上的债权如税款、罚款、罚金等债权人有无破产申请权的问题，通常认为，公法上的主体一般有足够的法律保障手段实现债权，无需适用破产程序，因此，公法上的债权人无破产申请权。关于职工债权人有无破产申请权的问题，目前我国法律尚无规定。

2. 债务人的申请权。

根据《破产法》第七条的规定，债务人享有破产申请权。债务人提出破产申请的案件称为自愿破产，申请破产可为债务人带来破产后的免责等利益。我国《公司法》第一百八十八条规定："清算组在清理公司财产、编制资产负债表和财产清单后，发现公司财产不足清偿债务的，应当依法向人民法院申请宣告破产。公司经人民法院裁定宣告破产后，清算组应当将清算事务移交人民法院。"据此，公司清算组在法定的情况下，作为准债务人享有破产申请权，并负有破产申请义务。

（三）破产申请的撤回

最高人民法院《关于审理企业破产案件若干问题的规定》（以下简称《破产规定》）第十一条规定："在人民法院决定受理企业破产案件前，破产申请人可以请求撤回破产申请。人民法院准许申请人撤回破产申请的，在撤回破产申请之前已经支出的费用由破产申请人承担。"

三、破产申请的受理

（一）破产案件的管辖

破产案件由法院审理，当事人的申请应向对破产案件有管辖权的法院提出。我国《破产法》第三条规定："破产案件由债务人住所地人民法院管辖。"债务人住所地是指债务人的主要办事机构所在地。债务人无办事机构的，由其注册地人民法院管辖。确认人民法院对破产案件有无管辖权，应以破产案件受理时债务人的情况为准，破产案件受理后债务人改变所在地的，不影响管辖权的确定。对破产案件的级别管辖，《破产法》未作规定，留待最高人民法院通过司法解释解决。根据最高人民法院对旧《破产法》的司法解释规定，破产案件的级别管辖依破产企业的工商登记情况确定。

（二）破产案件受理的法律效力

破产案件受理裁定作出后便产生相应的法律效力，停止个别清偿，起到财产保全的作用，以保障全体债权人在破产程序中的公平受偿。

1. 禁止债务人对个别债权人的清偿行为。

为保证对全体债权人的公平清偿，《破产法》第十六条规定："人民法院受理破产申请后，债务人对个别债权人的债务清偿无效。"但是，债务人以其自有财产向债权人提供物权担保的，其在担保物价值内向债权人所作的债务清偿，不受上述规定限制。因物权担保债权人享有对担保物的优先受偿权，对其清偿债务可使债务人收回担保财产，用于企业经营或对所有债权人的清偿，不违反公平清偿原则。为此，《破产法》第三十七条规定："人民法院受理破产申请后，管理人可以通过清偿债务或者提供为债权人接受的担保，取回质物、留置物。前款规定的债务清偿或者替代担保，在质物或者留置物的价值低于被担保的债权额时，以该质物或者留置物当时的市场价值为限。"

2. 中止对债务人财产的执行程序。

《破产法》第十九条规定："人民法院受理破产申请后，有关债务人财产的执行程序应当中止。"依据法理，在同一财产之上不能同时存在两种性质冲突的执行程序，故破产程序启动后，有关债务人财产的其他执行程序应当中止。立法规定中止个别执行的目的，是为保障对全体债权人的公平清偿。

据此规定，第一，对已提起的执行程序应当中止，已经审结但尚未申请或移送执行的，不得再提起新的执行程序。债权人可凭生效的法律文书向受理破产案件的人民法院申报债权，但对于已执行终结的程序以及已部分执行完毕的财产，该规定无溯及力。第二，应当中止的仅限于以财产为标的的执行程序，对债务人提起的非财产性执行程序可继续进行。第三，有物权担保的债权人即别除权人就担保物提起的执行程序，不受中止效力的约束，除非当事人申请的是重整程序。

3. 解除有关债务人财产的保全措施。

人民法院受理破产申请后，债务人财产自动受到破产程序禁止个别清偿保全效力的保护，所以，有关债务人财产的其他保全措施应当解除。如果人民法院在受理破产案件后又裁定驳回破产申请，该法院在作出驳回破产申请裁定的同时，应当通知对债务人财产已解除保全措施的各人民法院恢复保全措施。

4. 对债务人企业的债务人和财产持有人的效力。

《破产法》第十七条规定："人民法院受理破产申请后，债务人的债务人或者财产持有人应当向管理人清偿债务或者交付财产。"一方面，这是因为破产申请受理后，债务人企业已丧失对其财产的管理、处分权利，无权再接受债务的清偿和财产的交付。另一方面，也是为防止财产交付给债务人企业的人员后被隐匿、私分或者挥霍、毁弃，损害债权人的合法利益。债务人的债务人或者财产持有人恶意违反法律规定向债务人清偿债务或者交付财产，使债权人受到损失的，不免除其清偿债务或者交付财产的义务。

5. 管理人对未履行完毕合同的处置权。

《破产法》第十八条的规定："人民法院受理破产申请后，管理人对破产申请受理前成立而债务人和对方当事人均未履行完毕的合同有权决定解除或者继续履行，并通知对方当事人。管理人自破产申请受理之日起 2 个月内未通知对方当事人，或者自收到对方当事人催告之日起 30 日内未答复的，视为解除合同。管理人决定继续履行合同的，对方当事人应当履行；但是，对方当事人有权要求管理人提供担保。管理人不提供担保的，视为解除合同。"管理人决定解除或者继续履行合同，应当以保障债权人权益最大化为原则，同时还应当考虑到对方当事人因合同解除而可能提出的损害赔偿额。

第三节　管理人制度

一、管理人的概念

管理人的概念有狭义和广义之分。狭义的管理人是专指破产案件受理后依法成立的，在法院的指导和监督下全面接管债务人企业并负责债务人财产的保管、清理、估价、处理和分配等事务的专门机构。管理人是破产程序中最为重要的一个机构，因其专门负责破产清算，所以也被称为破产管理人。

二、管理人的选任范围

《破产法》第二十四条规定："管理人可以由有关部门、机构的人员组成的清算组或者依法设立的律师事务所、会计师事务所、破产清算事务所等社会中介机构担任。人民法院根据债务人的实际情况，可以在征询有关社会中介机构的意见后，指定该机构具备相关专业知识并取得职业资格的人员担任管理人。"据此规定，管理人可以由以下机构或个人担任：

▶▶▶▶▶▶▶

（一）由有关部门、机构的人员组成的清算组

为明确清算组担任管理人的案件范围，《最高人民法院关于审理企业破产案件指定管理人的规定》第十八条规定了可以指定清算组担任管理人的案件范围：1. 破产申请受理前，根据有关规定已经成立的清算组，人民法院认为符合司法解释有关规定的。2. 审理《破产法》第一百三十三条规定的案件[①]。3. 有关法律规定企业破产时成立清算组的。4. 人民法院认为可以指定清算组为管理人的其他情形。

（二）由律师事务所、会计师事务所担任

由律师事务所、会计师事务所担任管理人，是世界各国破产立法的通例。只不过，在大多数国家均是由律师或注册会计师个人担任管理人，而我国立法虽也允许律师或注册会计师个人担任管理人，但却是以律师事务所、会计师事务所等中介机构担任管理人为主导模式。

（三）破产清算事务所

破产清算事务所可以担任管理人，是我国《破产法》的特殊规定，在其他国家的立法中较为少见。破产清算事务所的性质是商业性中介机构，但在实践中，其组织形式既不统一，也不规范，相关立法对设立律师事务所、会计师事务所规定有较为严格的法定条件，但设立破产管理事务所则没有任何资质条件。

（四）其他中介机构

其他中介机构包括资产评估事务所以及金融资产管理公司等。

（五）中介机构中具备相关专业知识并取得职业资格的个人

《破产法》第二十四条第三款规定："有下列情形之一的，不得担任管理人：1. 因故意犯罪受过刑事处罚；2. 曾被吊销相关专业执业证书；3. 与本案有利害关系；4. 人民法院认为不宜担任管理人的其他情形。"

三、管理人的职责

我国《破产法》在第二十五条、第二十六条、第六十九条等条款中，对管理人的职责作出了具体规定：1. 接管债务人的财产、印章和账簿、文书等资料；2. 调查债务人财产状况，制作财产状况报告；3. 决定债务人的内部事务；4. 决定债务人的日常开支和其他必要开支；5. 在第一次债权人会议召开之前，决定继续或者停止债务人的营业；6. 管理和处分债务人的财产；7. 代表债务人参加诉讼、仲裁或者其他法律程序；8. 提议召开债权人会议；9. 人民法院认为管理人应当履行的其他职责。

四、对管理人的监督

《破产法》第二十三条规定："管理人依照本法规定执行职务，向人民法院报告工作，并接受债权人会议和债权人委员会的监督。管理人应当列席债权人会议，向债权人会议报告职务执行情况，并回答询问。"

对管理人的监督来自人民法院和债权人两个方面。人民法院对管理人的监督，主要是监督

[①]《破产法》第一百三十三条规定的为纳入国家计划的国有企业政策性破产案件。

其依法执行职务，监督的方式是由管理人向人民法院报告工作。债权人方面对管理人的监督，来自债权人会议和债权人委员会。管理人应当列席债权人会议，向债权人会议报告职务执行情况，并回答询问。有需要紧急处理的事项时，管理人可以向债权人会议主席提议召开债权人会议，以汇报工作。此外，管理人制定的债务人财产管理方案、变价方案、分配方案，均需由债权人会议表决通过后，才可以执行。

在债权人会议的闭会期间，债权人会议设置债权人委员会的，由债权人委员会负责对管理人的日常监督工作。为更好地维护债权人的利益，《破产法》第六十九条规定，管理人实施涉及债务人的土地、房屋等不动产权益、探矿权、采矿权、知识产权等财产权以及全部库存或者营业的转让、借款、设定财产担保等重要财产性管理行为，应当及时报告债权人委员会。在第一次债权人会议召开之前，或债权人会议未设立债权人委员会的，管理人有上述行为之一的，应当经人民法院许可。

五、管理人报酬的确定与调整

世界各国破产立法均规定，管理人享有取得报酬的权利，作为其所付劳动和承担风险责任的对价，从而激励管理人更好地在破产案件中提供服务。我国《破产法》也明确规定管理人有取得报酬的权利。《破产法》第二十八条规定："管理人的报酬由人民法院确定，债权人会议对管理人的报酬有异议的，有权向人民法院提出。"《最高人民法院关于审理企业破产案件确定管理人报酬的规定》（以下简称《确定管理人报酬规定》）第一条规定："管理人履行《破产法》第二十五条规定的职责，有权获得相应报酬。"管理人报酬的决定权虽在法院，但债权人会议对管理人报酬的确定有知情权、协商权和异议权。

《确定管理人报酬规定》第二条规定，人民法院有权根据债务人最终清偿的财产价值总额，在一定比例限制范围内分段确定管理人的报酬，人民法院可以根据破产案件的实际情况，确定管理人分期或者最后一次性收取报酬，但是不能全部预付。这一报酬方案仅是预案，最终管理人收取的报酬还可以根据破产案件的进展变化情况而进行调整。

六、管理人的义务与责任

我国《破产法》规定，管理人应当勤勉尽责，忠实履行职务。管理人因玩忽职守或者其他违法行为，造成债权人、债务人或者第三人经济损失的，应当依法承担赔偿责任。如果管理人为多数时，彼此应承担连带责任。

第四节　债务人财产

一、债务人财产的概念

对债务人财产即破产财产的概念，可以从形式意义与实体意义两方面加以界定。从形式意义上讲，债务人财产是指在破产程序中用于清偿债务的财产，其着眼点在于财产的分配程序与去向。从实体意义上讲，债务人财产是指在破产申请时或破产宣告时，以及自该时点至破产程序终结前，债务人供破产清偿的全部财产，其着眼点是财产的构成与来源。

二、债务人财产的构成范围

（一）对债务人财产构成范围的不同立法原则

在债务人财产即破产财产的构成范围上，各国破产立法采取的主要有固定主义与膨胀主义两种立法主义。固定主义以破产案件受理时或破产宣告时债务人所有的财产包括将来行使的财产请求权为破产财产。所谓固定，是指破产宣告时破产财产的范围即已确定。日本、德国、美国等采用这一立法方式。膨胀主义是指破产财产不仅包括债务人在宣告破产时所有的财产，而且包括其在破产程序终结前新取得的财产，破产财产的范围在破产宣告后仍有所膨胀。英国、法国等采用这一立法主义。

（二）我国立法对债务人财产范围的规定

我国《破产法》在破产财产范围上采用的是膨胀主义。《破产法》第三十条规定："破产申请受理时属于债务人的全部财产，以及破产申请受理后至破产程序终结前债务人取得的财产，为债务人财产。"

三、破产撤销权

（一）破产撤销权的概念与意义

破产撤销权（以下简称撤销权，与民法撤销权对称使用时称破产撤销权），指债务人财产的管理人对债务人在破产申请受理前的法定期间内进行的欺诈债权人或损害对全体债权人公平清偿的行为，有申请法院予以撤销的权利。撤销权的设立，是为防止债务人在丧失清偿能力的情况下，通过无偿转让、非正常交易或者偏袒性清偿债务等方法损害全体或多数债权人的利益，破坏《破产法》的公平清偿原则。

（二）我国破产撤销权的构成要件

《破产法》第三十一条规定："人民法院受理破产申请前 1 年内，涉及债务人财产的下列行为，管理人有权请求人民法院予以撤销：1. 无偿转让财产的；2. 以明显不合理的价格进行交易的；3. 对没有财产担保的债务提供财产担保的；4. 对未到期的债务提前清偿的；5. 放弃债权的。"第三十二条规定："人民法院受理破产申请前 6 个月内，债务人有本法第二条第一款规定的情形，仍对个别债权人进行清偿的，管理人有权请求人民法院予以撤销，但是，个别清偿使债务人财产受益的除外。"由此可见，撤销权的构成要件包括：1. 债务人有损害债权人利益的行为且该行为继续有效存在；2. 行为发生在破产程序开始前的法定可撤销期间内；3. 撤销权在法定期间内行使。

（三）撤销权行使的法律后果

撤销权行使的法律后果，是使债务人在破产申请受理前法定期间内实施的损害债权人利益的行为，因被撤销而丧失效力，管理人收回被处分的财产或恢复被处分的权利，利益归入破产财产，用于对全体债权人的分配。

四、破产无效行为

《破产法》第三十三条规定，破产无效行为包括为逃避债务而隐匿、转移财产的行为以及虚构债务或者承认不真实债务的行为。对无效行为无论何时发现，均可追回被行为人非法处分的财产，而且任何人均得主张其行为无效，人民法院也应主动进行审查，不以利害关系人提出请求为认定行为无效、追回财产的前提。

（一）为逃避债务而隐匿、转移财产的行为

隐匿是指将债务人财产秘密藏匿或转移至他人无法找到或自认为他人无法找到的处所，或者隐瞒不报债务人财产，使之不能依破产程序被管理人接管和处分。根据《破产法》第八条、第十一条的规定，债务人提出破产申请时，或债权人提出破产申请为人民法院受理时，债务人应当向人民法院提供财产状况说明等证据材料。凡债务人未将企业财产列入财产清单，在没有相反证据的情况下，均属于隐匿财产的行为。转移财产是指将债务人企业的财产转移至原所在地之外或债务人企业的控制之外，使管理人无法接管和处分。转移必涉及财产的移动，所以其适用的范围应为动产。

（二）虚构债务或者承认不真实债务的行为

由于债务人在破产之时其全部财产已不足以清偿债务，此时债务的虚假增加对其本人已经没有实际利益影响，损害的只是其他债权人的利益。所以，债务人可能与他人恶意串通，通过虚构债务或者承认不真实债务的方法转移利益，变相抽逃财产，逃避债务，对此种欺诈行为应当严厉打击。

债务人实施的损害债权人利益的行为一旦被认定为无效，管理人有权收回被处分的财产或恢复被处分的权利，利益归入破产财产，用于对全体债权人的分配。

五、债务人财产的收回与清理

（一）债务人财产的收回

管理人就任之后，其一项重要职责就是要尽力收回、清理债务人的财产，使债权人得到更多的清偿。除收回债务人在外的财产、追讨其债权等一般性工作之外，立法还对债务人的财产收回、清理作有一些特殊规定。《破产法》第三十五条规定："人民法院受理破产申请后，债务人的出资人尚未完全履行出资义务的，管理人应当要求该出资人缴纳所认缴的出资，而不受出资期限的限制。"第三十六条规定："债务人的董事、监事和高级管理人员利用职权从企业获取的非正常收入和侵占的企业财产，管理人应当追回。"

（二）取回权

《破产法》上的取回权分为一般取回权与特别取回权。一般取回权，是指在管理人接管的债务人财产中有他人财产时，该财产的权利人享有的不依破产程序取回其财产的权利。对一般取回权，各国《破产法》中均有规定。特别取回权通常包括出卖人取回权、行纪人取回权和代偿取回权，并非所有国家的立法对各项特别取回权均有规定。

1. 一般取回权。

《破产法》第三十八条规定："人民法院受理破产申请后，债务人占有的不属于债务人的财产，该财产的权利人可以通过管理人取回。但是，本法另有规定的除外。"一般取回权在破产案件受理后即形成，其行使不受破产程序限制，既不需要依破产程序向法院或管理人申报权利，也不需要等待破产财产的分配。行使一般取回权，在双方无争议时可直接取回财产，如有争议，按照《破产法》的规定，则应通过诉讼解决。

▶▶▶▶▶▶▶

2. 出卖人取回权。

《破产法》第三十九条规定："人民法院受理破产申请时，出卖人已将买卖标的物向作为买受人的债务人发运，债务人尚未收到且未付清全部价款的，出卖人可以取回在运途中的标的物。但是，管理人可以支付全部价款，请求出卖人交付标的物。"这是我国立法对出卖人取回权的规定。据此规定，出卖人取回权是指在隔地动产买卖合同中，卖方已经发货，买方尚未收到货物也未付清货款时，买方的破产案件为法院所受理，卖方有权取回货物。但管理人有权付清货款并要求对方交付货物。由于代偿取回权和行纪人取回权我国法律并未规定，故此处不再赘述。

（三）抵销权

1. 破产抵销权的意义。

《破产法》上的抵销权，是指债权人在破产申请受理前对债务人即破产人负有债务的，无论是否已到清偿期限、标的是否相同，均可在破产财产最终分配确定前向管理人主张相互抵销的权利。我国《破产法》第四十条规定："债权人在破产申请受理前对债务人负有债务的，可以向管理人主张抵销。"《破产法》上的抵销制度，是破产债权只能依破产程序受偿的例外。在破产程序中承认抵销权的理由，一是抵销制度是为了担负担保性功能，通过行使抵销权，而不根据破产手续就能优先得到清偿；二是如果不允许抵销，就会产生不公平的现象，即自己欠破产人的债务，被要求作出全面的履行；与此相对，自己拥有的债权则作为破产债权，只能受到按比例平均分配的待遇。相同的当事人之间，同样性质的债权却处于不平等的清偿地位，有违公平原则。

2. 破产抵销权的禁止。

为防止破产抵销权被当事人滥用，损害他人利益，《破产法》对抵销权的行使均规定有禁止条款，违法抵销的行为无效。我国《破产法》第四十条规定："债权人在破产申请前对债务人负有债务的，可以向管理人主张抵销。但是，有下列情形之一的，不得抵销：（1）债务人的债务人在破产申请受理后取得他人对债务人的债权的；（2）债权人已知债务人有不能清偿到期债务或者破产申请的事实，对债务人负担债务的；但是，债权人因为法律规定或者有破产申请 1 年前所发生的原因而负担债务的除外；（3）债务人的债务人已知债务人有不能清偿到期债务或破产申请的事实，对债务人取得债权的；但是，债务人的债务人因为法律规定或者有破产申请 1 年前所发生的原因而取得债权的除外。"

第五节　破产债权

一、破产债权的概念和特征

（一）破产债权的概念

通常认为，破产债权是在破产程序启动前成立的，经依法申报确认，并得由破产财产中获得清偿的可强制执行的财产请求权。破产债权系特定性质的债权在破产程序启动后依法演化而来。我国《破产法》第一百零七条第二款规定，"人民法院受理破产申请时对债务人享有的债权称为破产债权"。

（二）破产债权的特征

根据《破产法》的规定，破产债权具备以下特征：

1. 在破产程序启动前成立。

根据各国破产立法的规定，破产债权应当是在债务人破产程序启动前成立的债权，但法律有特别规定者除外。在破产程序启动后，债务人企业即丧失对财产的管理权、处分权，其财产由管理人接管，任何其他人再以债务人名义进行民事活动，所发生的债务都不属于破产债权，应由行为人自行负责清偿。

2. 破产债权是财产上的请求权。

通常情况下，债务人进入破产程序后便停止经营活动，诸多债务已不可能再实际履行，只能以货币对债权人进行清偿。所以必须把债权货币化，才能以统一标准计算清偿数额与比例，才能在破产程序中予以偿还。因此，破产债权必须是财产上的请求权，即可表现为货币的债权。非财产请求权，因破产程序仅能以财产清偿的特点，在破产程序中便无法受偿，故不属于破产债权。

3. 破产债权是可以强制执行的债权。

破产从债务清偿的角度讲，是在债务人不能清偿到期债务的情况下对其财产的一般强制执行程序。所以，破产债权应具备的性质之一，必须是能够予以强制执行。已超过诉讼时效、失去胜诉权的自然债权，或因走私、赌博等违法犯罪行为形成的非法债权，因不受司法保护，不得强制执行，故不属于破产债权。

4. 须是经依法申报并取得确认、有权在破产程序中受偿的债权。

债权人客观上享有债权，还必须主动、及时地行使权利才能获得清偿。债权人必须在破产程序启动后，依法向管理人申报登记债权。债权人申报的债权，要经债权人会议由各方利害关系人审查，并得到各方的确认或人民法院的确认，才能享有受偿的权利。

二、债权人申报的一般规则

根据《破产法》的规定，破产案件受理后，债权人只有在依法申报债权并得到确认后，才能行使在破产程序中的参与、受偿等权利。债权人行使各项权利，应依照《破产法》规定的程序进行。《破产法》第四十五条规定："人民法院受理破产申请后，应当确定债权人申报债权的期限。债权申报期限自人民法院发布受理破产申请公告之日起计算，最短不得少于 30 日，最长不得超过 3 个月。"在法律规定的期间内，人民法院可以根据案件具体情况确定申报债权的期限，这种灵活确定申报债权期限的方式有助于节省破产案件的审理时间，尽快结案。

债权人应当在人民法院确定的申报期限内向管理人申报债权。债权人申报债权时，应当书面说明债权的数额和有无财产担保，并提供有关证据。如果债权人逾期未申报债权，不视为放弃权利，在破产分配之前仍可补报，但该债权人就已进行的破产程序与事项无权再提出异议，须自行承担对其债权调查和确认的费用，且只能参加补充申报时尚未分配的破产财产的分配。《破产法》第五十六条规定："在人民法院确定的债权申报期限内，债权人未申报债权的，可以在破产财产最后分配前补充申报；但是，此前已进行的分配，不再对其补充分配。为审查和确认补充申报债权的费用，由补充申报人承担。债权人未依照本法规定申报债权的，不得依照本法规定的程序行使权利。"

三、破产债权的确认

（一）破产债权确认的主体

我国《破产法》第五十八条规定："依照本法第五十七条规定编制的债权表，应当提交第一次债权人会议核查。债务人、债权人对债权表记载的债权无异议的，由人民法院裁定确认。债务人、债权人对债权表记载的债权有异议的，可以向受理破产申请的人民法院提起诉讼。"据此，破产债权的确认主体为人民法院。

（二）债权确认的范围

债权人申报的债权需经确认后才能在破产程序中行使。债权确认的一般原则是，凡法律允许通过一般司法程序提出异议的债权，即未经发生法律效力的裁判所确认的债权，均应在审查确认之列，凡已经发生法律效力的裁判所确认的债权，原则上不在审查确认之列。从债权的性质上看，无论债权有无财产担保，均应申报，并应经审查确认。《破产法》第五十六条第二款规定："债权人未依照本法规定的申报债权的，不得依照本法规定的程序行使权利。"据此规定，有财产担保的债权也应申报债权，才能依《破产法》行使权利。

在破产程序中，债权确认的内容主要有以下几项：申报的债权是否成立；债权依其性质能否在破产程序中受偿；债权的数额；债权有无财产担保，担保物价款预计是否足以清偿担保债权，可能不足清偿的数额；债权尚不能确定或存在争议者，在债权人会议上是否享有表决权以及其代表的债权数额等。

（三）债权确认程序

我国《破产法》规定的债权核查确认程序为：管理人收到债权申报材料后，应当对申报的债权进行审查，并编制债权表。这里的审查包括形式审查与实质审查，两者意义和作用不同。管理人在编制债权表时只需进行形式审查，凡是符合登记形式要件的债权，就必须将其编入债权表，不允许管理人以其认为债权实质上不能成立、超过诉讼时效等为由拒绝编入债权表。同时管理人还需对编入债权表的债权进行实质审查，如债权是否真实存在、是否超过诉讼时效、数额是否正确等，并附在提交第一次债权人会议的债权表后，供债权人会议核查使用。债权表和债权申报材料由管理人保存，供利害关系人查阅。债权的核查程序如下：首先，由管理人宣读被核查债权的申报登记情况以及有关证据材料，并由该债权人进行说明。随后依次由管理人、债务人、其他债权人陈述意见。然后由该债权人解释，他人仍有疑问者可继续进行询问调查。经核查后，管理人、债务人、其他债权人对债权无异议的，列入债权表。债权表由人民法院裁定确认，其确认具有与生效裁判同等的法律效力。

根据《破产法》第五十八条第三款的规定，债务人、债权人对债权表记载的债权有异议的，可以向受理破产申请的人民法院提起诉讼。此外，有权提起债权确认诉讼的还应当包括管理人。

第六节　债权人会议

一、债权人会议概说

破产程序主要是为保障债权公平清偿而设置的制度，故应充分尊重全体债权人的意志，保障他们对破产程序的参与权。为使破产程序能够顺利进行，需要对各个债权人的意志、利益、行为通过一定的组织方式进行协调，尽量公正的统一起来，并体现到对破产程序的共同参与之中。为此，我国破产立法根据世界大多数国家或地区破产立法的通例，设立债权人会议这一破产机关，以表达债权人的共同意志，就有关其利益的破产事项协调意见，以决定共同采取的法律行动。我国破产程序的债权人会议，是由依法申报债权的债权人组成，以保障债权人共同利益为目的，为实现债权人的破产程序参与权，讨论决定有关破产事宜，表达债权人意志，协调债权人行为的破产议事机构。债权人会议在破产程序中占有重要地位，它是债权人参与破产程序、维护其利益的自治团体。

在破产程序中，债权人会议不是一个独立的民事权利主体，而只是具有自治团体性质的机构。债权人会议仅在破产程序中与法院、管理人、债务人或破产人等有关当事人进行交涉，负责处理涉及全体债权人共同利益的问题，协调债权人的法律行为，采用多数决的决定方式在其职权范围内议决有关破产事宜。债权人会议不能与破产程序之外的主体发生民事法律关系。债权人会议以召集会议的方式进行活动，虽属于法定必设机构，但不是常设机构，而是临时性机构，仅在会议期间存在。依据法律规定，债权人会议是决议机关，虽享有法定职权，但无执行功能，其所作出的相关决议一般由管理人负责执行。

我国的债权人会议在破产程序中占有重要地位，它主要通过行使决议和监督职能进行活动。前者由法律明文规定各项具体权限，后者则包括监督企业重整程序的进行、监督和解协议的执行、监督破产案件受理后管理人对债务人财产的管理、处分、清算、分配等活动，以保护债权人的共同利益。我国《破产法》规定，在设立债权人会议的同时，可以设立债权人委员会作为债权人会议的常设监督组织，解决债权人会议闭会期间的监督权问题，使债权人的利益得到保障。

二、债权人会议的成员资格与权利

我国《破产法》第五十九条规定："依法申报债权的债权人为债权人会议的成员，有权参加债权人会议，享有表决权。债权尚未确定的债权人，除人民法院能够为其行使表决权而临时确定债权额的外，不得行使表决权。对债务人的特定财产享有担保权的债权人，未放弃优先受偿权利的，对于本法第六十一条第一款第七项、第十项规定的事项不享有表决权。债权人可以委托代理人出席会议，行使表决权。代理人出席债权人会议，应当向人民法院或者债权人会议主席提交债权人的授权委托书。债权人会议应当有债务人的职工和工会的代表参加，对有关事项发表意见。"

三、债权人会议成员的权利

债权人会议成员享有出席会议的权利，此项权利属于民事权利。债权人可以自己行使出席会议的权利，也可以委托代理人出席债权人会议。法律对代理人的资格并无特别限制，符合一般代理人条件即可。代理人出席债权人会议，应当向负责召集会议的人民法院或者债权人会议主席提交被代理人的授权委托书。债权人有权放弃自己的部分民事权利而保留其他民事权利，所以，如果债权人自愿不出席债权人会议，包括不委托代理人出席会议，不得对其在破产程序中的受偿权利加以限制或剥夺。

债权人会议的成员（包括代理人）有权依法请求召开债权人会议，有权在会议上发言、进行询问，有权依法行使表决权（未放弃优先受偿权的别除权人对特定事项的表决权除外），有权

▶▶▶▶▶▶

依法对债权人会议的决议提出异议等。我国《破产法》对别除权人在债权人会议上的权利作有特殊规定，其第五十九条第三款指出，"对债务人的特定财产享有担保权的债权人，未放弃优先受偿权利的，对于本法第六十一条第一款第七项、第十项规定的事项不享有表决权"。这两项决议事项是通过和解协议与通过破产财产的分配方案。如果别除权人放弃优先受偿权，其债权将转化为普通债权，其在债权人会议中完全享有表决权。别除权人的债权存在担保物价款不足清偿的部分时，债权人便兼有别除权人与普通债权人双重身份，在债权人会议中享有表决权，但其行使表决权的数额仅限于从担保物价款上不能受偿的部分债权。

四、债权人会议主席

我国《破产法》第六十条规定："债权人会议设主席一人，由人民法院从有表决权的债权人中指定。债权人会议主席主持债权人会议。"根据我国法律的规定，债权人会议主席不是与债权人会议相独立的机构，而仅是债权人会议的召集者与主持者。根据法律规定和实际需要，债权人会议主席应有以下职责：1. 在法定人员申请召集债权人会议时，确定第一次债权人会议后的其他债权人会议的日期，并负责召集会议；2. 编定债权人会议的议事日程；3. 宣告债权人会议的开会、闭会；4. 主持债权人会议的进行，包括对会议发言的许可与限制，决定讨论事项，维持会议秩序，等等；5. 负责作出会议记录与决议。根据债权人会议的需要，主席还可行使其他有关职权。

五、债权人会议的职权

债权人会议的职权是指债权人会议在法定议事范围内讨论决定与破产程序有关事务的权限，是协调各债权人意志以从事合法活动的依据。我国《破产法》第六十一条规定："债权人会议行使下列职权：1. 核查债权；2. 申请人民法院更换管理人，审查管理人的费用和报酬；3. 监督管理人；4. 选任和更换债权人委员会成员；5. 决定继续或者停止债务人的营业；6. 通过重整计划；7. 通过和解协议；8. 通过债务人财产的管理方案；9. 通过破产财产的变价方案；10. 通过破产财产的分配方案；11. 人民法院认为应当由债权人会议行使的其他职权。"

六、债权人会议的召开

（一）债权人会议的种类

根据我国《破产法》的规定，债权人会议分为首次债权人会议和首次以后的债权人会议。首次会议是法定会议，是在破产程序开始后人民法院在法定期间内召集的债权人会议。首次以后的债权人会议是一种必要时召开的会议。

（二）债权人会议的召开条件

我国《破产法》第六十二条规定："第一次债权人会议由人民法院召集，自债权申报期限届满之日起15日内召开。以后的债权人会议，在人民法院认为必要时，或者管理人、债权人委员会、占债权总额1/4以上的债权人向债权人会议主席提议时召开。"

（三）债权人会议的决议

我国《破产法》第六十四条规定："债权人会议的决议，由出席会议的有表决权的债权人过半数通过，并且其所代表的债权额占无财产担保债权总额的1/2以上。但是，本法另有规定的除外。"第八十四条第二款规定："出席会议的同一表决组的债权人过半数同意重整计划草案，并且其所代表的债权额占该组债权总额的 2/3 以上的，即为该组通过重整计划草案。"第九十七条规定："债权人会议通过和解协议的决议，由出席会议的有表决权的债权人过半数同意，并且其所代表的债权额占无财产担保债权总额的 2/3 以上。"由此可见，根据重要性不同，债权人会议的决议分为普通决议和特别决议。普通决议由出席会议的有表决权的债权人过半数通过，并且其所代表的债权额占无财产担保债权总额的 1/2 以上。特别决议包括通过重整计划草案和通过和解协议的决议，它对债权额的要求比普通决议更高，需占无财产担保债权总额的 2/3 以上。我国《破产法》第六十四条第三款规定："债权人会议的决议，对于全体债权人均有约束力。"因此，全体债权人无论是否出席债权人会议、无论在债权人会议表决时是否同意决议，对债权人会议的决议均要遵照执行。

七、债权人委员会

（一）债权人委员会的含义

债权人委员会是遵循债权人的共同意志，代表债权人会议监督管理人行为以及破产程序的合法、公正进行，处理破产程序中的有关事项的常设监督机构。债权人委员会有助于保护全体债权人的利益，保障债权人会议职能的有效执行，并在债权人会议闭会期间对破产程序进行必要的监督。我国《破产法》第六十七条规定："债权人会议可以决定设立债权人委员会。债权人委员会由债权人会议选任的债权人代表和 1 名债务人的职工代表或者工会代表组成。债权人委员会成员不得超过 9 人。债权人委员会成员应当经人民法院书面决定认可。"

（二）债权人委员会的职权

我国《破产法》第六十八条规定："债权人委员会行使下列职权：1. 监督债务人财产的管理和处分；2. 监督破产财产分配；3. 提议召开债权人会议；4. 债权人会议委托的其他职权。债权人委员会执行职务时，有权要求管理人、债务人的有关人员对其职权范围内的事务作出说明或者提供有关文件。管理人、债务人的有关人员违反本法规定拒绝接受监督的，债权人委员会有权就监督事项请求人民法院作出决定；人民法院应当在 5 日内作出决定。"

第七节　重整制度

一、重整的概念与特征

（一）重整的概念

根据我国《破产法》的规定，重整是指对可能或已经发生破产原因但又有挽救希望的法人型企业，通过对各方利害关系人的利益协调，强制性地进行营业重组与债务清理，以使企业避免破产、获得新生的法律制度。重整程序具有优先适用的性质，在同时或先后存在破产、和解与重整申请或程序的情况下，优先考虑重整申请的受理、重整程序的适用。

（二）重整的特征

1. 重整申请时间提前、启动主体多元化。

提出破产与和解申请，以债务人已发生破产原因为前提，而重整申请不仅在债务人已发生破产原因时可以提出，而且在其有发生破产原因的可能时就可以提出。不仅债务人、债权人可提出重整申请，债务人的股东也可在一定条件下提出申请。根据《破产法》第一百三十四条的规定，国务院金融监督管理机构也可以向人民法院提出对金融机构进行重整的申请。

2. 参与重整活动的主体多元化、重整措施多样化。

债权人、债务人及债务人的股东等各利害关系人均有权参与重整程序的进行。重整企业可运用多种重整措施，达到恢复经营能力、清偿债务、避免破产的目的，除延期或减免偿还债务外，还可采取向重组者无偿转让全部或部分复权，核减或增加注册资本，向特定对象定向发行新股或债券，将债权转为股份，转让营业或资产等方法。

3. 担保物权受限。

在重整程序中，物权担保债权人的优先受偿权受到限制，这是其与《破产法》上其他程序的重大不同之处。限制担保物权的目的是保证债务人不因担保财产的执行而影响生产经营，无法进行重整。

4. 重整程序具有强制性。

根据我国《破产法》规定，只要债权人会议各表决组及股东组以法定多数通过重整计划，经人民法院批准，对所有的当事人均具有法律效力。而且，在未获得全部表决组通过的情况下（但至少需有 1 组通过），如重整计划符合法定条件，债务人或者管理人可以申请人民法院予以批准。人民法院可在保证反对者的既得利益不受损害的法定条件下强制批准重整计划，以避免因部分利害关系人的反对而使重整计划无法进行。

5. 债务人可负责制订、执行重整计划。

除非债务人存在破产欺诈、无经营能力等情况，根据《破产法》的规定，在重整期间，经债务人申请、人民法院批准，债务人可以在管理人的监督下制订重整计划，在重整计划批准后自行管理财产和营业事务。

二、重整申请和重整期间

（一）重整原因

启动重整程序应当具备法律规定的重整原因。《破产法》第二条规定："企业法人不能清偿到期债务，并且资产不足以清偿全部债务或明显缺乏清偿能力的，依照本法规定清理债务。企业法人有前款规定情形，或者明显缺乏清偿能力的，可以依照本法规定进行重整。"据此，重整原因为发生破产原因或有明显丧失清偿能力的可能。允许申请权人在企业有发生破产原因可能时提出重整申请，有助于尽早启动对企业的挽救程序，使重整更易获得成功。

（二）重整申请

我国《破产法》第七十条规定："债务人或者债权人可以依照本法规定，直接向人民法院申请对债务人进行重整。债权人申请对债务人进行破产清算的，在人民法院受理破产申请后、宣告债务人破产前，债务人或者出资额占债务人注册资本 1/10 以上的出资人，可以向人民法院申请重整。"国务院金融监督管理机构可以向人民法院提出对金融机构进行重整的申请。但是，在无上述申请权人提出重整申请的情况下，人民法院不得依职权裁定债务人重整。

　　人民法院接到重整申请之后应进行审查。首先，人民法院应进行形式审查，如确定法院有无管辖权、申请主体是否适格、申请书是否符合法律要求等。其次，法院应进行实质审查，目的是确认公司是否存在重整原因，有无重建希望。法院在对重整申请进行实质审查时，可依职权对债务人的情况进行必要的调查，包括向政府有关部门、其他有关机关和有关人员调查情况、征询意见、召开论证会等。人民法院经审查重整申请符合法律规定的，应当裁定债务人重整，并予以公告。由于重整程序的启动具有冻结所有债权包括担保物权强制执行的强大效力，人民法院在审查重整申请时，要严格把握案件受理标准，不能让重整程序变成债务人阻止债权人实现正当权利的手段，偏离其立法宗旨，尤其不能使重整程序变成政府以不正当行政干预破坏国有企业市场化破产的避风港。人民法院一旦裁定债务人重整后，即发生《破产法》第二章"申请与受理"第二节"受理"中相应的法律效力，不仅自动冻结所有的债务清偿，而且对债务人的特定财产享有的担保权在重整期间也暂停行使。

（三）重整期间

　　所谓重整期间，仅指重整申请受理至重整计划草案得到债权人会议分组表决通过及人民法院审查批准，或重整计划草案未能得到债权人会议分组表决通过或人民法院不予批准的期间，不包括重整计划得到批准后的执行期间。我国《破产法》第七十二条规定："自人民法院裁定债务人重整之日起至重整程序终止，为重整期间。"第八十一条规定，被批准的重整计划应有重整计划的执行期限。据此，我国《破产法》规定的重整期间不包括重整计划的执行期限。在重整期间，债务人的财产与营业管理可以有两种情形，即管理人监督下的债务人自行管理或者管理人管理。我国《破产法》第七十三条规定："在重整期间，经债务人申请，人民法院批准，债务人可以在管理人的监督下自行管理财产和营业事务。"

　　在重整期间，为保护债务人的营业能够继续进行，有必要对债权人、担保物权人、出资人等利害关系人行使权利作出特殊规定。我国《破产法》第七十五条规定："在重整期间，对债务人的特定财产享有的担保权暂停行使。但是，担保物有损坏或者价值明显减少的可能，足以危害担保权人权利的，担保权人可以向人民法院请求恢复行使担保权。在重整期间，债务人或者管理人为继续营业而借款的，可以为该借款设定担保。"第七十七条规定："在重整期间，债务人的出资人不得请求投资收益分配。在重整期间，债务人的董事、监事、高级管理人员不得向第三人转让其持有的债务人的股权。但是，经人民法院同意的除外。"

（四）重整程序的非正常终止

　　重整程序的非正常终止指由于债务人的不良状态或者不当行为而导致重整程序提前终止。我国《破产法》第七十八条规定："在重整期间，有下列情形之一的，经管理人或者利害关系人请求，人民法院应当裁定终止重整程序，并宣告债务人破产：1. 债务人的经营状况和财产状况继续恶化，缺乏挽救的可能性；2. 债务人有欺诈、恶意减少债务人财产或者其他显著不利于债权人的行为；3. 由于债务人的行为致使管理人无法执行职务。"

三、重整计划的制订与批准

（一）重整计划的制订

　　《破产法》规定，在当事人的重整申请被人民法院受理之后，应当在法定期限内提交重整计划草案。重整计划是重整程序能否顺利进行的核心环节，只有切实可行、科学合理的重整计划才有可能获得债权人会议的表决通过，并提高企业重整成功的概率。重整计划是旨在促进企业再建更生，维持债务人的营业事务，解决债务清偿问题的综合性合同。我国《破产法》第七十九条规定："债务人或者管理人应当自人民法院裁定债务人重整之日起 6 个月内，同时向人民法院和债权人会议提交重整计划草案。"第八十条规定："债务人自行管理财产和营业事务的，由债务人制作重整计划草案。管理人负责管理财产和营业事务的，由管理人制作重整计划草案。"

（二）重整计划的内容

我国《破产法》第八十一条规定："重整计划草案应当包括下列内容：1. 债务人的经营方案；2. 债权分类；3. 债权调整方案；4. 债权受偿方案；5. 重整计划的执行期限；6. 重整计划执行的监督期限；7. 有利于债务人重整的其他方案。"

（三）重整计划草案的表决与批准

重整程序一个重要的特点，就是对重整计划草案不是采取集体的方式表决，而是采取分组的方式表决，分组表决机制可以更全面、准确地反映不同利害关系人的意见，提高重整程序的整体效率，更好地维护债权人等利害关系人的正当权益。

根据我国《破产法》第八十二条规定："下列各类债权的债权人参加讨论重整计划草案的债权人会议，依照下列债权分类，分组对重整计划草案进行表决：1. 对债务人的特定财产享有担保权的债权；2. 债务人所欠职工的工资和医疗、伤残补助、抚恤费用，所欠的应当划入职工个人账户的基本养老保险、基本医疗保险费用，以及法律、行政法规规定应当支付给职工的补偿金；3. 债务人所欠税款；4. 普通债权。人民法院在必要时可以决定在普通债权组中设小额债权组对重整计划草案进行表决。"人民法院应当自收到重整计划草案之日起 30 日内召开债权人会议，对重整计划草案进行表决。债务人或者管理人应当向债权人会议就重整计划草案作出说明，并回答询问。根据《破产法》第八十四条第二款的规定，出席会议的同一表决组的债权人过半数同意重整计划草案，并且其所代表的债权额占该组债权总额的 2/3 以上的，即为该组通过重整计划草案。当各个表决组均表决通过重整计划草案时，重整计划即为通过。自重整计划通过之日，债务人或者管理人应当向人民法院提出批准重整计划的申请。人民法院经审查认为符合法律规定，应当自收到申请之日起 30 日内裁定批准，终止重整程序，并予以公告。人民法院对重整计划的批准，是代表国家对当事人的民事处分行为进行审查，以保证重整计划公正、合理，以维护利害关系人的权益。

四、重整计划的执行、监督与终止

（一）重整计划的执行

重整计划由何人负责执行，因各国立法背景与价值取向有别而规定不同，主要有两种立法例，其一是以债务人为执行人，其二是以管理人为执行人。我国《破产法》第八十九条规定："重整计划由债务人负责执行。人民法院裁定批准重整计划后，已接管财产和营业事务的管理人应当向债务人移交财产和营业事务。"

（二）重整计划的监督

我国《破产法》第九十条规定："自人民法院裁定批准重整计划之日起，在重整计划规定的监督期内，由管理人监督重整计划的执行。在监督期内，债务人应当向管理人报告重整计划执行情况和债务人财务状况。"第九十一条规定："监督期届满时，管理人应当向人民法院提交监督报告。自监督报告提交之日起，管理人的监督职责终止。管理人向人民法院提交的监督报告，重整计划的利害关系人有权查阅。经管理人申请，人民法院可以裁定延长重整计划执行的监督期限。"

（三）重整计划的效力

我国《破产法》第九十二条规定："经人民法院裁定批准的重整计划，对债务人和全体债权人均有约束力。债权人未依照本法规定申报债权的，在重整计划执行期间不得行使权利；在重整计划执行完毕后，可以按照重整计划规定的同类债权的清偿条件行使权利。债权人对债务人的保证人和其他连带债务人所享有的权利，不受重整计划的影响。"由此可见，无论债权人、债务人是否接受重整计划，经法院批准的重整计划对其均有约束力。

（四）重整程序的正常终止

我国《破产法》第九十三条规定："债务人不能执行或者不执行重整计划的，人民法院经管理人或者利害关系人请求，应当裁定终止重整计划的执行，并宣告债务人破产。人民法院裁定终止重整计划执行的，债权人在重整计划中作出的债权调整的承诺失去效力。债权人因执行重整计划所受的清偿仍然有效，债权未受清偿的部分作为破产债权。前款规定的债权人，只有在其他同顺位债权人同自己所受的清偿达到同一比例时，才能继续接受分配。有本条第一款规定情形的，为重整计划的执行提供的担保继续有效。"

（五）重整计划执行完毕的法律效果

我国《破产法》第九十四条规定："按照重整计划减免的债务，自重整计划执行完毕时起，债务人不再承担清偿责任。"

第八节　破产和解制度

一、破产和解的概念和特征

（一）破产和解的概念

我国《破产法》在第九章中规定了和解制度。破产和解指发生破产原因的债务人与债权人会议之间就债务人延期清偿债务、减少债务数额等事项达成和解协议，经人民法院认可后终止破产程序、避免破产的法律制度。目前，在各国破产立法的改革过程中，一个新的趋势是突出重整程序的作用，不断扩大其适用范围，完善其制度，同时，和解制度则被弱化，有的国家甚至在部分领域废除了和解制度。

（二）破产和解的特征

我国的破产和解与诉讼中的法院调解、破产重整相比，具有以下特征：1. 债务人已具备破产原因；2. 由债务人提出和解的请求；3. 和解请求以避免破产清算为目的；4. 和解协议由债务人与债权人团体达成；5. 和解协议是以债权人让步的方法了结债务；6. 和解程序须经法院裁定认可方能生效；7. 和解协议具有强制性。

二、和解程序的进行

（一）和解申请的提出

我国《破产法》第九十五条规定："债务人可以依照本法规定，直接向人民法院申请和解；也可以在人民法院受理破产申请后，宣告债务人破产前，向人民法院申请和解。债务人申请和解，应当提出和解协议草案。"《破产法》规定的和解申请程序具有以下特点：1. 只有债务人享有和解申请权，如果债务人没有和解意愿，和解程序是无法启动、顺利进行的。2. 债务人可以直接向法院申请和解，也可以在法院受理破产申请后、作出破产宣告前申请和解。后者通常发生在债权人提出破产申请的情况下。3. 债务人提出和解申请的时间被限定在破产宣告之前，如果债务人被宣告破产后不得再提出和解申请。

（二）和解申请的受理

我国《破产法》第九十六条规定："人民法院经审查认为和解申请符合本法规定的，应当裁定和解，予以公告，并召集债权人会议讨论和解协议草案。对债务人的特定财产享有担保权的权利人，自人民法院裁定和解之日起可以行使权利。"人民法院对和解申请进行的审查应属于形式意义上的审查，债务人是否具备和解的实质条件则应由债权人会议审议决定。

（三）和解协议草案的表决

债务人在向人民法院提出和解申请时，应当提交和解协议草案，供债权人会议讨论审查，并表决是否通过。《破产法》第九十七条规定："债权人会议通过和解协议的决议，由出席会议的有表决权的债权人过半数同意，并且其所代表的债权额占无财产担保债权总额的 2/3 以上。"《破产法》第九十八条规定："债权人会议通过和解协议的，由人民法院裁定认可，终止和解程序，并予以公告。管理人应当向债务人移交财产和营业事务，并向人民法院提交执行职务的报告。"人民法院对和解协议的裁定认可，是代表国家对当事人就其民事权利所作的处分进行监督与干预。一般而言，人民法院审查的主要内容有：1. 和解协议是否违反法律、法规；2. 决议通过程序是否合法；3. 债务人有无和解诚意，如有无破产欺诈行为等。《破产法》第九十九条规定："和解协议草案经债权人会议表决未获得通过，或者已经债权人会议通过的和解协议未获得人民法院认可的，人民法院应当裁定终止和解程序，并宣告债务人破产。"

三、和解协议的法律效力

（一）和解协议对债权人的效力

《破产法》第一百条规定："经过法院裁定认可的和解协议，对债务人和全体债权人均有约束力。"但是，对不同性质的债权人和解协议的约束力不同。

1. 和解债权人。

和解债权人是指法院受理破产申请时对债务人享有无财产担保债权的人。对于这一部分债权人，无论其是否申报了债权，是否参加了债权人会议，是否同意了和解协议，他的受偿权利都是受到和解协议限制的。也就是说，他不得要求或接受和解协议以外的利益，也不能再提出个别的民事执行程序，只能按照和解协议受偿。

2. 对债务人的特定财产享有担保权的债权人。

别除权人虽然有权参加债权人会议，但是对与其利益不相关的事项如是否通过和解协议草案、破产财产的分配方案，则不享有表决权。因此，此类债权人不受和解协议效力约束，仍可提起对特定财产即担保物的执行程序。

3. 新生债权的债权人。

和解协议生效后新产生的债权属于共益债权，例如在和解期间因债务人生产经营而新产生的债权，这类债权不受和解协议约束，可要求单独受偿，并可提请民事执行。

（二）和解协议对债务人的效力

和解协议对债务人也会产生相应的法律效力。首先，债务人应当按照和解协议规定的条件清偿债务。其次，债务人不得违背公平清偿的原则在和解程序中给个别和解债权人以和解协议以外的额外利益，但公平地给全体债权人增加同等清偿利益者除外，比如对全体债权人都提前清偿或提高清偿比例。最后，在债务人完全履行和解协议后，对和解债权中依和解协议而免除的债务部分不再承担清偿责任。

四、和解协议的无效与终止执行

（一）和解协议的无效

《破产法》第一百零三条规定："因债务人的欺诈或者其他违法行为而成立的和解协议，人民法院应当裁定无效，并宣告债务人破产。有前款规定的，和解债权人因执行和解协议所受的清偿，在其他债权人所受清偿同等比例范围内，不予返还。"对于和解协议因违法而无效的审查，应当由人民法院依职权进行，无论利害关系人是否提出请求。

（二）和解协议的终止执行

《破产法》第一百零四条规定："债务人不能执行或者不执行和解协议的，人民法院经和解债权人请求，应当裁定终止和解协议的执行，并宣告债务人破产。人民法院裁定终止和解协议执行的，和解债权人在和解协议中作出的债权调整的承诺失去效力。和解债权人因执行和解协议所受的清偿仍然有效，和解债权未受清偿的部分作为破产债权。前款规定的债权人，只有在其他债权人同自己所受的清偿达到同一比例时，才能继续接受分配。有本条第一款规定情形的，为和解协议的执行提供的担保继续有效。"不执行和解协议的行为包括两种：不按和解协议使债权人得到相应的清偿；对个别债权人进行偏袒性清偿。这两种情况，和解债权人均可提出终止和解协议执行的申请。

（三）和解协议的强制执行力问题

当债务人不能执行或者不执行和解协议时，债权人能否依和解协议提起强制执行程序，这涉及和解协议有无强制执行力的问题。我国《破产法》规定，在债务人不能执行或者不执行和解协议时，和解债权人只能请求人民法院裁定终止和解协议的执行，并宣告债务人破产。可见，和解协议不具有强制执行的法律效力。

第九节 破产清算

一、破产宣告

（一）破产宣告的概念

破产宣告是指法院依据当事人的申请或法定职权裁定宣布债务人破产以清偿债务的活动。破产宣告是破产清算程序开始的标志。我国《破产法》第一百零七条规定："人民法院依法宣告债务人破产，应当自裁定作出之日起5日内送达债务人和管理人，自裁定作出之日起10日内通知已知的债权人，并予以公告。债务人被宣告破产后，在破产程序中的有关称谓也发生相应变化，债务人称为破产人，债务人财产称为破产财产，人民法院受理破产申请时对债务人享有的债权称为破产债权。"

（二）破产宣告的适用条件

破产宣告的适用条件主要包括四个方面：1. 债务人具有破产能力；2. 企业发生破产原因且无法通过其他方式消除；3. 申请人提出破产清算申请；4. 法院审查并裁定宣告债务人破产。

（三）免予破产宣告的条件

《破产法》第一百零八条规定："破产宣告前，有下列情形之一的，人民法院应当裁定终结破产程序，并予以公告：1. 第三人为债务人提供足额担保或者为债务人清偿全部到期债务的；2. 债务人已清偿全部到期债务的。"在以上情形下，债权人的债权得到全部清偿或者足额担保，已经不具备破产原因，因此法院免予宣告债务人破产。

二、破产财产的变价与分配

（一）破产财产的变价

破产财产的分配以货币分配为基本方式，所以，在破产宣告后，管理人应当及时拟定破产财产变价方案，提交债权人会议讨论。管理人应当按照债权人会议通过的或者人民法院依法裁定的破产财产变价方案，适时变价出售破产财产。变价出售破产财产应当通过拍卖方式进行，但债权人会议另有决议的除外。破产企业可以全部或者部分变价出售。企业变价出售时，可以将其中的无形资产和其他财产单独变价出售。按照国家规定不能拍卖或者限制转让的财产，应当按照国家规定的方式处理。

（二）破产财产的分配

1. 破产财产分配的概念和种类。

破产财产分配是指将破产财产按照法律规定的债权清偿顺序和案件实际情况决定的受偿比例进行清偿的程序。破产财产的分配应当遵守法定的分配顺序和分配方案。对破产财产可以进行一次性分配，也可以进行多次分配，需视破产财产的多少、变价难易等情况而定。依照破产财产分配进行的时间不同，可分为中间分配、最后分配和追加分配。中间分配是指在破产程序进行过程中，有可供先行分配的财产时所进行的分配。最后分配是指将全部破产财产对破产债权人分配完毕的分配。最后分配完毕后，破产程序终结。追加分配是在最后分配完成后，又发现可供分配的破产财产时进行的分配，如行使撤销权追回的财产的分配。

2. 破产财产的分配顺序。

破产财产的分配贯彻顺序、比例清偿的原则。我国《破产法》第一百一十三条规定："破产财产在优先清偿破产费用和共益债务后，依照下列顺序清偿：（1）破产人所欠职工的工资和医疗、伤残补助、抚恤费用，所欠的应当划入职工个人账户的基本养老保险、基本医疗保险费用，以及法律、行政法规规定应当支付给职工的补偿金；（2）破产人欠缴的除前项规定以外的社会保险费用和破产人所欠的税款；（3）普通破产债权。破产财产不足以清偿同一顺序的清偿要求的，按照比例分配。破产企业的董事、监事和高级管理人员的工资按照该企业职工的平均工资计算。"据此规定，破产财产分配时，在前一顺序的债权得到全额清偿之前，后面顺序的债权不予分配。同一顺序的债权不能得到全部清偿时，按照各债权的比例进行分配。

此外，其他立法对破产财产分配顺序有特别规定的，依其规定执行。如《商业银行法》第七十一条规定："商业银行破产清算时，在支付清算费用、所欠职工工资和劳动保险费用后，应当优先支付个人储蓄存款的本金和利息。"《破产法》第一百三十四条第二款还规定："金融机构实施破产的，国务院可以依据本法和其他有关法律的规定制定实施办法。"

《破产法》第一百三十二条对职工债权的清偿问题作了特别规定。根据该条规定："本法实行后，破产人在本法公布之日所欠职工的工资和医疗、伤残补助、抚恤费用，所欠的应当划入职工个人账号的基本养老保险、基本医疗保险费用，以及法律、行政法规规定应当支付给职工的补偿金，依照本法第一百一十三条的规定清偿后不足以清偿的部分，以本法第一百零九条规定的特定财产优先于对该特定财产享有担保权的权利人受偿。"

3. 破产分配方案。

《破产法》第一百一十五条规定："管理人应当及时拟定破产财产分配方案，提交债权人会议讨论。破产财产分配方案应当载明下列事项：（1）参加破产财产分配的债权人名称或者姓名、住所；（2）参加破产财产分配的债权额；（3）可供分配的破产财产数额；（4）破产财产分配的顺序、比例及数额；（5）实施破产财产分配的方案。债权人会议通过破产财产分配方案后，由管理人将该方案提请人民法院裁定认可。"经人民法院裁定认可后的破产财产分配方案，由管理人执行。管理人按照破产财产分配方案实施多次分配的，应当公告本次分配的财产额和债权额。管理人实施最后分配的，应当在公告中指明，并载明法律规定的事项。

破产财产的分配应当以货币分配方式进行。但是，债权人会议另有决议的除外。在实践中，有些破产财产处分较为困难，或在变价过程中会造成较大损失，有些破产企业的债权一时难以收回，在破产财产分配时，经债权人会议决议，可以进行实物分配、债权分配。破产财产分配时，对于诉讼或者仲裁未决的债权，管理人应当将其分配额提存。自破产程序终结之日起满 2 年仍不能受领分配的，人民法院应当将提存的分配额分配给其他债权人。

三、破产费用与共益债务

（一）破产费用

破产费用是在破产程序中为全体债权人共同利益而支付的各项费用的总称。《破产法》第四十一条规定："人民法院受理破产申请后发生的下列费用，为破产费用：1. 破产案件的诉讼费用；2. 管理、变价和分配债务人财产的费用；3. 管理人执行职务的费用、报酬和聘用工作人员的费用。"

（二）共益债务

共益债务是在破产程序中为全体债权人利益而由债务人财产负担的债务的总称。《破产法》第四十二条规定："人民法院受理破产申请后发生的下列债务，为共益债务：1. 因管理人或债务人请求对方当事人履行双方均未履行完毕的合同所产生的债务；2. 债务人财产受无因管理所产生的债务；3. 因债务人不当得利所产生的债务；4. 为债务人继续营业而应支付的劳动报酬和社会保险费用以及由此产生的其他债务；5. 管理人或者相关人员执行职务致人损害所产生的债务；6. 债务人致人损害所产生的债务。"

（三）破产费用与共益债务的清偿

破产费用和共益债务都是为全体债权人的共同利益而发生，并应由债务人财产中支付，具有优先受偿的效力，且无须债权申报。《破产法》第四十三条规定："破产费用和共益债务由债务人财产随时清偿。债务人财产不足以清偿所有破产费用或者共益债务的，按照比例清偿。债务人财产不足以清偿破产费用的，管理人应当提请人民法院终结破产程序。人民法院应当自收到请求之日起 15 日内裁定终结破产程序，并予以公告。"

四、破产程序终结

（一）破产程序终结的概念

破产程序终结是指破产财产分配结束之后或者因故没有必要继续进行相关破产程序，经由管理人或当事人申请法院裁定终结破产案件。破产程序的终结可能源于破产程序预期目标的实现，也可能源于预期目标的不能实现。

（二）破产程序终结的具体情形

1. 因破产财产分配完毕而终结。

《破产法》第一百二十条第二款规定："管理人在最后分配完结后，应当及时向人民法院提交破产财产分配报告，并提请人民法院裁定终结破产程序。"

2. 因破产人无财产可供分配而终结。

《破产法》第一百二十条第一款规定："破产人无财产可供分配的，管理人应当请求人民法院裁定终结破产程序。"

3. 因债务人的破产财产不足以支付破产费用而终结。

《破产法》第四十三条第四款规定："债务人财产不足以清偿破产费用的，管理人应当提请人民法院终结破产程序。人民法院应当自收到请求之日起 15 日内裁定终结破产程序，并予以公告。"

4. 因全体当事人自行达成和解协议而终结。

《破产法》第一百零五条规定："人民法院受理破产申请后，债务人与全体债权人就债权债务的处理自行达成协议的，可以请求人民法院裁定认可，并终结破产程序。"

5. 因重整程序顺利完成而终结。

当重整程序顺利完成后，破产程序自然终结。

（三）破产程序终结的效力

1. 对于破产人的效力。

破产程序终结后，企业的主体资格经过注销登记而归于消灭。《破产法》第一百二十一条规定："管理人应当自破产程序终结之日起 10 日内，持人民法院终结破产程序的裁定，向破产人的原登记机关办理注销登记。"

2. 对于破产债权人的效力。

在破产程序终结后，破产人的主体资格消灭，其所负剩余债务当然免除，债权人未得到分配的债权于破产终结裁定作出后视为消灭。

3. 对于破产人的保证人和其他连带债务人的效力。

《破产法》第一百二十四条规定："破产人的保证人和其他连带债务人，在破产程序终结后，对债权人依照破产清算程序未受清偿的债权，依法继续承担清偿责任。"

4. 对于管理人的效力。

破产程序终结后，管理人停止执行职务，但存在诉讼或者仲裁未决等遗留事务时，仍需负责对破产财产的提存额进行管理和分配等工作。《破产法》第一百二十二条规定："管理人于办理注销登记完毕的次日终止执行职务。但是，存在诉讼或者仲裁未决情况的除外。"

五、追加分配

追加分配是指破产程序终结后，又发现可供分配的破产财产时，经法院许可而实行的补充分配。《破产法》第一百二十三条规定："自破产程序依照本法第四十三条第四款或者第一百二十条的规定终结之日起 2 年内，有下列情形之一的，债权人可以请求人民法院按照破产财产分配方案进行追加分配：1. 发现有依照本法第三十一条、第三十二条、第三十三条、第三十六条规定应当追回的财产的；2. 发现破产人有应当供分配的其他财产的。有前款规定情形，但财产数量不足以支付分配费用的，不再进行追加分配，由人民法院将其上交国库。"

思考题

1. 破产无效行为和破产撤销行为的区别。
2. 重整制度和和解制度的区别与联系。
3. 破产程序和普通民事执行程序的关系。

第八章　外资企业法律制度

本章重点知识：中外合资经营企业的概念、特征、设立程序、管理制度；中外合作经营企业的概念、特征、设立程序、管理制度；外资企业的概念、特征、设立程序、管理制度。

建议课时：2课时。

第一节　外资企业法律制度概述

一、对外开放是我国的基本国策

中国的发展离不开世界。早在1984年10月，邓小平就明确地指出："关起门来搞建设是不能成功的，中国的发展离不开世界。"他强调指出："对内经济搞活，对外经济开放，不是短期的政策，而是长期的政策，即使是变，也只能变得更加开放。"对外开放，是实现我国社会主义现代化的一项长期的基本国策，是建设有中国特色社会主义的历史性选择。第一，实行对外开放政策，是科学总结我国历史经验教训的必然结果。我国历史上经济社会长期停滞落后，一个重要的原因就是闭关自守。历史经验教训说明，不开放不行。第二，实行对外开放政策，是追随世界经济发展趋势的客观选择。在当代，世界最新通讯技术的运用和现代交通工具的变革，使各种交往手段越来越现代化，国际经济生活的时空大大缩短，使国际交往互惠更加便利；资源、劳力、技术、资金、信息等生产要素普遍纳入经济生活国际化的洪流之中，生产、流通和消费领域的社会化、国际化、一体化普遍要求各国打开国门，采取更加开放的政策。世界市场的扩大，要求各国实行开放政策，既发展自己，也推动全世界的发展。第三，实行对外开放政策，是加速我国社会主义现代化建设的迫切需要。处于社会主义初级阶段的中国，在推进传统产业革命，赶上世界新技术革命，实现社会主义现代化的过程中，面临着诸如资金短缺、技术落后、管理经验不足、生产效益不佳等困难。这些困难如果得不到克服，已经确定的经济社会发展战略目标将很难实现。而要尽快妥善地解决现代化建设中面临的困难和矛盾，一个不可缺少的条件就是实行对外开放，参与国际分工与合作，发展对外贸易和经济技术交流。因此，实行对外开放，是保证中国经济持续、快速、健康发展的一个极其重要的条件。

二、我国引进、利用外商直接投资的基本情况

外商直接投资是一个资本、知识、技术的复合体，我国引进外商直接投资必然对经济增长起推动作用。外商直接投资凭借其拥有的资本、技术等一揽子资产，会对东道国的资本形成、技术进步、就业和贸易等方面产生影响。国际贸易、国际直接投资和国际技术转让成为第二次世界大战后拉动经济全球化的主要动因。自20世纪70年代以来，在经济全球化趋势下，外商直接投资（FDI）在世界各国之间发展迅速。改革开放后，我国开始引进外商直接投资。外商投

资额不断增加的同时，也促进了我国经济的增长。近年来，我国利用外商直接投资额一直居于世界各国的前列，成为仅次于美国的吸收外资的第二大国。外商直接投资为我国带来了大量资本，直接弥补了我国发展资金的不足，对我国经济发展起着不可忽视的作用。

（一）总体规模

通过表8.1可以看出，截至2013年，我国实际使用外资金额14 768.27亿美元，设立的外资企业数达到了786 217个，近几年设立的企业数稳定在两万个左右。图8.1显示，我国引进外商直接投资总额不断增加，比较稳定，分为五个阶段。1979至1985年，起步阶段；1986至1991年，稳步上升阶段；1992年至1995年，高速增长阶段；1996至2001年，结构调整阶段；2002年至今，平稳发展阶段。

表8.1　截至2013年外商直接投资情况[①]

金额单位：亿美元

年度	企业数	实际使用外资企业
总　计	786 217	14 768.27
1979—1982	920	17.69
1983	638	9.16
1984	2 166	14.19
1985	3 073	19.56
1986	1 498	22.44
1987	2 233	23.14
1988	5 945	31.94
1989	5 779	33.93
1990	7 273	34.87
1991	12 978	43.66
1992	48 764	110.08
1993	83 437	275.15
1994	47 549	337.67
1995	37 011	375.21
1996	24 556	417.26
1997	21 001	452.57
1998	19 799	454.63
1999	16 918	403.19
2000	22 347	407.15
2001	26 140	468.78
2002	34 171	527.43
2003	41 081	535.05
2004	43 664	606.30
2005	44 019	724.06
2006	41 496	727.15
2007	37 892	835.21

[①] 商务部：《中国外资统计2014》，http：//www.fdi.gov.cn/1800000121_33_4320_0_7.html?style=1800000121-33-10000318. 2015-12-1，访问时间：2015-12-10。

续表

年度	企业数	实际使用外资企业
2008	27 537	1 083.12
2009	23 442	940.65
2010	27 420	1 147.34
2011	27 717	1 239.85
2012	24 934	1 210.73
2013	22 819	1 239.11

数据来源：商务部外资统计

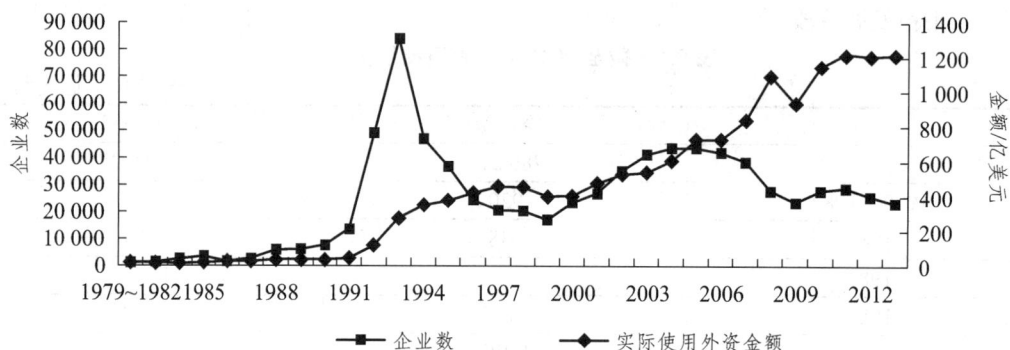

图 8.1

（二）结构分析

1. 产业结构。

我国统计局将我国经济分为三个产业。第一产业为农林牧副渔；第二产业是工业及建筑业；第三产业为服务业。从外商直接投资的产业结构分布来看，我国吸收外商直接投资存在一些问题。第一，外商在我国第一产业的投资偏低。原因是在农业体制方面，我国实行以家庭联产承包责任制为主的农业经营体制，使得外商直接投资所需的规模经济难以实现；投资来源方面，我国外商投资主要来源为我国港澳台地区，主要从事制造业，而经营第一产业的企业很少，而且目前在我国投资于第一产业没有明显优势。第二，我国制造业吸收外资的比重高于发展中国家的平均水平。20世纪90年代中期，发展中国家制造业中外商直接投资的存量占全部外商直接投资存量的比重略高于45%，而我国这一比例为56.33%。90年代前，我国吸收外商直接投资主要集中在纺织、服装、电子元件和轻工业等劳动密集型的产业，虽然至今这些还是吸引外资较多的行业，但进入21世纪以来，外商直接投资多集中在制造业这种资金和技术密集型的产业。第三，外商直接投资在第三产业中的投资比例偏小，投资的布局比较分散。

表 8.2　截至 2013 年外商直接投资行业结构[①]

金额单位：亿美元

行业名称	企业数	比重/%	合同外资金额	比重/%
总计	786 217	100	30 640.65	100
农、林、牧、渔业	22 766	2.90	710.86	2.32
采矿业	2 024	0.26	158.25	0.52

① 商务部：《中国外资统计2014》，http://www.fdi.gov.cn/1800000121_33_4320_0_7.html?style=1800000121-33-10000318. 2015-12-1，访问时间：2015-12-10。

续表

行业名称	企业数	比重/%	合同外资金额	比重/%
制造业	501 219	63.75	17 261.08	56.33
电力、燃气及水的生产和供应业	3 595	0.46	437.50	1.43
建筑业	12 930	1.64	539.78	1.76
交通运输、仓储和邮政业	10 455	1.33	870.29	2.84
信息传输、计算机服务和软件业	12 013	1.53	520.49	1.70
批发和零售业	78 246	9.95	1 533.22	5.00
住宿和餐饮业	7 547	0.96	216.69	0.71
金融业	1 509	0.19	300.86	0.98
房地产业	51 848	6.59	4 825.41	15.75
租赁和商务服务业	47 030	5.98	1 819.61	5.94
科学研究、技术服务和地质勘查业	15 923	2.03	656.61	2.14
水利、环境和公共设施管理业	1 433	0.18	184.24	0.60
居民服务和其他服务业	12 618	1.60	372.13	1.21
教育	1 738	0.22	33.91	0.11
卫生、社会保障和社会福利业	1 373	0.17	74.00	0.24
文化、体育和娱乐业	1 936	0.25	125.31	0.41

数据来源：商务部外资统计

2. 来源地结构。

改革开放以来，我国吸收的外商直接投资来自 120 多个国家和地区，从表 8.3 可以看出，对华直接投资来源地结构特点为：首先，在实际吸收的外商直接投资总额中，来自于中国香港、中国台湾、日本、韩国和东南亚等地区或国家的投资占 65.6%，其中中国香港是我国外商投资最大来源地。其次，中国香港、维尔京群岛、开曼群岛、萨摩亚等自由港的投资比例逐年上升。原因在于：第一，跨国公司因避税的目的在自由港注册。维尔京群岛、开曼群岛和西萨摩亚等都是有名的避税地。第二，海外的中资企业加大了对国内的投资力度。为了吸引外资，我国制定了很多优惠政策。在某些领域外商直接投资甚至享有超国民待遇，使国内同行企业陷入不利的竞争局面。所以，越来越多的国内企业在自由港注册后，再返回国内投资，一则可享有国内优惠政策，二来可以合理避税。这也是近年来部分自由港对国内的投资比例迅速上升的原因之一。

表 8.3　截至 2013 年部分国家和地区对华直接投资情况[①]

金额单位：亿美元

国别/地区	企业数（个）	比重%	实际使用外资金额	比重%
总计	786 217	100	14 768.27	100
部分亚洲国家或地区	604 263	76.86	9 688.39	65.60
中国香港	360 898	45.90	6 656.70	45.07
印度尼西亚	1 768	0.22	22.93	0.16
日本	48 544	6.17	943.04	6.39

① 商务部：《中国外资统计 2014》，http：//www.fdi.gov.cn/1800000121_33_4320_0_7.html?style=1800000121-33-10000318. 2015-12-1，访问时间：2015-12-10。

续表

国别/地区	企业数（个）	比重%	实际使用外资金额	比重%
澳门	13 452	1.71	113.49	0.77
马来西亚	5 401	0.69	66.08	0.45
菲律宾	2 842	0.36	30.92	0.21
新加坡	20 962	2.67	664.90	4.50
韩国	56 224	7.15	559.46	3.79
泰国	4 154	0.53	39.52	0.27
中国台湾	90 018	11.45	591.34	4.00
欧盟主要国家	35 764	4.55	890.85	6.03
比利时	912	0.12	13.29	0.09
丹麦	815	0.10	26.62	0.18
英国	7 477	0.95	184.67	1.25
德国	8 193	1.04	218.40	1.48
法国	4 630	0.59	129.23	0.88
爱尔兰	284	0.04	7.96	0.05
意大利	5 023	0.64	60.46	0.41
卢森堡	374	0.05	23.43	0.16
荷兰	2 835	0.36	140.97	0.95
希腊	122	0.02	0.95	0.01
葡萄牙	198	0.03	1.83	0.01
西班牙	2 061	0.26	29.46	0.20
奥地利	1 110	0.14	16.72	0.11
苏兰	477	0.06	9.76	0.07
瑞典	1 253	0.16	27.09	0.18
北美	76 191	9.69	823.17	5.57
加拿大	63 430	8.07	730.10	4.94
美国	12 761	1.62	93.07	0.63
部分自由港	35 803	4.55	2 014.45	13.64
毛里求斯	2 367	0.30	123.77	0.84
巴巴多斯	309	0.04	42.47	0.29
开曼群岛	2 945	0.37	274.73	1.86
英属维尔京群岛	22 774	2.90	1 355.60	9.18
萨摩亚	7 408	0.94	217.86	1.48
其他	34 196	4.35	1 351.42	9.15

数据来源：商务部外资统计

3. 投资方式结构。

从表8.4可以看出，我国2011年至2014年外商新设企业数量稳中略降，实际使用外资资金稳中略升。自从2008年国际金融危机以来，外商到中国投资设立企业的数量大量下降，近几年都在 25000 个左右，相对于金融危机前几年 4 万个企业数量不可同日而语。但是实际利用外资金额每年都在上升，也就是说每个外商投资企业使用外资的金额在不断增大。外商直接投资的主要方式是成立外资企业，2011 年至 2014 年外商直接投资设立的外资企业为 79764 家，占企业总数的 80.4%，外资企业实际使用外资金额为 3616.66 亿美元，占实际使用外资金额的 77.8%，外商直接投资方式主要选择成立外资企业，主要原因是管理方便易行、利润分配集中、技术保密性强等。

表 8.4　2011 年—2014 年外商直接投资方式情况[①]

金额单位：亿美元

直接投资方式	新设外商投资企业数				实际使用外资金额			
	2011 年	2012 年	2013 年	2014 年	2011 年	2012 年	2013 年	2014 年
中外合资企业	5 005	4 355	4 476	4 824	214.15	217.06	237.72	210.0
中外合作企业	284	166	142	104	17.57	23.08	19.44	16.3
外资企业	22 388	20 352	18 125	18 809	912.05	861.32	895.89	947.4
外商投资股份制	35	52	30	41	16.34	15.7	22.81	21.9
合计	27 712	24 925	22 773	23 778	1 160.11	1 117.16	1 175.86	1 195.6

三、外商投资企业立法

外商投资企业法是调整国家协调经济运行过程中发生的关于外商投资企业的经济关系的法律规范的总称。外商投资企业的主体法共有三部，即《中华人民共和国外资企业法》《中华人民共和国中外合作经营企业法》《中华人民共和国中外合资经营企业法》。其上位法包括《公司法》《合伙企业法》《破产法》等。各项外商投资企业的主体法及其《实施细则》《实施条例》分别是《公司法》和《合伙企业法》的特别法。我国中央政府有关部门特别是商务部、国家工商行政管理总局、国家发改委在其职责范围内或是单独或是联合针对外商投资企业，围绕市场准入、出资方式和要求、特定行业合资企业的最低资本金标准、合营期限、承包经营、外汇管理、股权变更、收购合并、登记制度、联合年检等发布了诸多的行政规章，对企业的设立、运行、终止发挥了重要的规范作用，构成了法律适用体系的必要组成部分。如近年来经国务院批准由国家发改委与商务部联合发布的《外商投资产业指导目录》就是非常重要的行政规章。此外，我国最高人民法院结合相关立法和总结全国外商投资企业纠纷审判实践经验，发布的审理案件的司法解释，也是非常重要的规范性法律文件，如 2010 年 8 月 16 日起施行的最高人民法院《关于审理外商投资企业纠纷案件若干问题的规定（一）》。从 2013 年年末开始，我国针对外商投资企业的市场准入启动了制度改革，方向是准入前国民待遇加负面清单，《外商投资产业指导目录》将遇彻底改革，先期在自贸区试行，尔后推广至全国。

（一）中外合资经营企业立法

1979 年 7 月 1 日，我国对外开放的政策刚刚确立不久，第 5 届全国人民代表大会第 2 次会议即通过《中华人民共和国中外合资经营企业法》（下文称《中外合资经营企业法》），同年 7 月 8 日公布实施，这是单行的企业主体基本法律。1990 年 4 月 4 日由第 7 届全国人民代表大会第 3

---

① 商务部：《全国利用外资情况统计》，http://www.mofcom.gov.cn/article/tongjiziliao/v/. 2015-12-1，访问时间：2015-12-10。

次会议作了第一次修正，2001 年 3 月 15 日由第 9 届全国人民代表大会第 4 次会议作了第二次修正。1983 年 9 月 20 日国务院颁行了《中外合资经营企业法实施条例》之后，国务院于 1986 年 1 月 15 日、1987 年 12 月 21 日、2001 年 7 月 22 日、2014 年 2 月 19 日分别作出了修订。

（二）中外合作经营企业立法

中外合作经营企业形式在我国是自 20 世纪 80 年代初首先在广东等地发展起来的，后这种企业形式很快在全国推广开来。由于中外合作经营企业属于契约式合营企业，中外合作者通过合同而非以股份来确认比例并分享利润、承担责任，因而在实践中存在较大的差别。直到 1988 年 4 月 13 日《中华人民共和国中外合作经营企业法》（下文称《中外合作经营企业法》）才颁布实施。1995 年 9 月 4 日，原对外贸易经济合作部（现已整合为商务部）经国务院批准发布了《中华人民共和国中外合作经营企业法实施细则》（下文称《外资企业法》），并于发布之日起施行。2000 年 10 月 31 日，我国第 9 届全国人大常委会第 18 次会议通过了对《中外合作经营企业法》的修正案。2014 年 2 月 19 日，国务院对《中外合作经营企业法实施细则》作出了修订。

（三）外资企业立法

20 世纪 70 年代末，广东沿海地区开始制定吸引外国投资者来华设立外资企业的地方立法，1980 年 8 月 26 日，第 5 届全国人大常委会第 15 次会议批准实施的《广东省经济特区条例》明确规定鼓励外国公民或者企业在我国深圳经济特区投资办厂。之后，随着经济特区在全国的扩展，外资企业在全国各地相继设立，国家相继制定和颁布了涉及外汇、税收等方面的法规。1986 年 4 月 12 日，第 6 届全国人民代表大会第 4 次会议通过了《中华人民共和国外资企业法》（下文称《外资企业法》），1990 年 12 月 12 日，经国务院批准原对外贸易经济合作部颁布了《外资企业法实施细则》。这两项文件是我国有关外资企业立法的基本文件。2000 年 10 月 31 日，第 9 届全国人大常委会第 18 次会议对我国《外资企业法》作了修改。2001 年 4 月 12 日国务院对我国《外资企业法实施细则》相应地作了共 18 项修订，2014 年 2 月 19 日又作出了 6 项修订。

四、外商投资企业的设立审批制度

（一）外商投资企业审批管理权限

根据国家现行法律规定，外商投资企业的设立实行政府逐项审批登记制度。投资总额大小和《外商投资产业指导目录》的项目分类是划分中央政府和地方政府审批外商投资企业权限的主要依据。国家发改委、商务部负责审批投资总额在 3 亿美元（含 3 亿美元）以上的生产性外商投资项目和需由国务院主管部门审批的其他项目。《外商投资产业指导目录》鼓励类、允许类总投资 3 亿美元和限制类总投资 5 000 万美元（以下简称限额）以下的外商投资企业的设立及其变更事项，由省、自治区、直辖市、计划单列市、新疆生产建设兵团、副省级城市（包括哈尔滨、长春、沈阳、济南、南京、杭州、广州、武汉、成都、西安）商务主管部门及国家级经济技术开发区（以下简称地方审批机关）负责审批和管理。其中，外商投资股份有限公司的限额按注册资本计，改制为外商投资股份有限公司的限额按评估后的净资产值计，外国投资者并购境内企业的限额按并购交易额计。限额以上鼓励类且不需要国家综合平衡的外商投资企业的设立及其变更事项，由地方审批机关负责审批和管理。注册资本 3 亿美元以下外商投资公司和资本总额 3 亿美元以下外商投资创业投资企业、外商投资创业投资管理企业的设立及其变更事项，由地方审批机关负责审批和管理。单次增资额在限额以下的增资事项由地方审批机关负责审批和管理。

除法律法规明确规定由商务部审批外，服务业领域外商投资企业的设立及其变更事项（包括限额以上及增资）由地方审批机关按照国家有关规定进行审批和管理。根据相关规定需取得国家行业主管部门前置许可或向其征求意见的，应取得书面文件或同意意见。金融、电信领域外商投资企业的设立和变更事项仍按现行法律法规办理。

（二）外商投资企业的设立程序

1. 设立中外合资经营企业、中外合作经营企业的基本程序。

（1）项目建议书的申报审批。中方或外方投资者可以通过各种途径选择合资（合作）者，在了解合资（合作）者的业务范围和资信状况，确定合作意向后，由中方投资者编写项目建议书，报审批部门（发展改革委员会审批。项目建议书批准后，中方投资者应向工商行政管理部门申请企业名称登记，以保护名称专用权和防止重名。

（2）可行性研究报告的申报审批。中外投资者应在项目建议书批准后，就合资（合作）项目涉及的市场、资金、规划选址、工艺、技术、设备、环保、原材料销售、经济效益、外汇平衡以及基础设施配套等事项进行可行性研究，共同编制可行性报告，报审批部门（发展改革委员会）审批。在可行性研究报告的基础上，中外投资者可协商签订设立企业的合同、章程等法律文件。

（3）合同、章程的申报审批及申领外商投资企业批准证书。可行性研究报告经批准后，由中方投资者将合同、章程等法律文件报送审批部门（商务或地方相应政府机构）审批。审批部门在收到可行性研究报告和合同、章程等文件之日起，90 日内决定批准或不批准。申请设立合作企业，应在 45 日内决定批准或不批准。经批准后，由审批部门颁发外商投资企业批准证书。

（4）营业执照的申领。中外投资者在领取外商投资企业批准证书之日起，30 日内向工商行政管理部门办理登记注册手续，并领取营业执照。营业执照签署日期为合资（合作）企业的成立日期。

2. 设立外资企业的基本程序。

外国投资者设立外资企业，可委托具有相应资格的咨询代理机构办理申请和报批等事项。外资企业的设立程序较为简单，只需填写《在中国设立外资企业申请表》、编制可行性研究报告、编写公司章程等有关文件，向审批部门（商务部或地方相应政府机构）申请报批。根据《外资企业法》的规定，审批部门应当在收到申请之日起 90 天内决定批准或不批准。经批准后，由审批部门颁发外商投资企业批准证书，凭批准证书办理相关登记注册手续。外商投资企业在领取营业执照起 30 日内还需到有关部门办理相关登记手续，如到银行开立外汇及人民币账户；到税务部门办理税务登记；办理海关登记；到外汇管理部门办理外汇管理登记；到商检局办理商检登记；到劳动保障部门办理招工、招聘手续，境外人员就业手续等。

3. 外商投资企业设立详细流程。

（1）申领设立外商投资企业的批准证书。首先需要申报项目立项，接着提交可行性报告、合同、章程，向外经贸审批机关申请审批，取得批准证书。具体需提交以下材料：填写《外商投资企业申请书》、外方营业执照、商业登记证、银行的资信证明；中方营业执照；项目建议书及批准文件；可行性研究报告及批准文件；合同、章程（含外文本）和附件及批准文件；董事会名单及董事长、董事的组成及委派证明；名称登记；租房协议或房产证明等。

（2）办理工商注册登记。在取得外商投资企业批准证书之前，要先进行企业名称预先核准。填写《企业（公司）名称预先核准申请书》，并由股东签名或盖章（自然人股东签名、法人股东盖章）向工商部门申请企业（公司）名称保留，取得《企业（公司）名称预先核准通知书》。经商务部门批准设立的外商投资企业，应在收到批准证书后 30 天内向工商行政管理局办理注册登记。外商投资企业取得营业执照后，便可刻制公司印章。

（3）办理组织机构代码手续。外商投资企业取得营业执照后，应当向技术监督管理局申领组织机构代码证。需提交以下材料：《组织机构代码申报表》、批准证书原件及复印件、营业执照副本原件及复印件、法定代表人身份证或者护照及复印件。

（4）办理用地手续。通过签订土地使用协议或者厂房租赁协议取得外商投资企业生产场地。外商投资企业获得土地使用权需到国土资源管理部门办理用地手续。

（5）办理外汇登记手续。外商投资企业自营业执照颁发之日起 30 天内，向注册地外汇管理局办理外汇登记手续，领取《外商投资企业外汇登记证》，需提交以下材料：审批机关批准生效的合同、章程；审批机关核发的批准证书；工商行政管理局颁发的营业执照及副本等。外汇管理局审核上述文件后，填写并颁发《外商投资企业外汇登记证》。企业持《外商投资企业外汇登记证》到所在地外汇指定银行开立外汇账户。经外汇管理局批准，外商投资企业也可以在注册地点以外的境内其他地区或在境外的金融机构开立外汇账户。

（6）银行开户。① 开立外汇账户。外商投资企业可任选一家获准经营外汇业务的银行开立外汇账户。开户时，需向银行提交营业执照和审批机关核发的批准证书等。② 开立人民币账户。外商投资企业可任选一家获准经营人民币业务的银行开立人民币账户。

（7）税务登记。外商投资企业应在领取营业执照之日起 30 日内，持以下材料向主管税务机关申报办理税务登记：营业执照副本，合同、章程及其批准文件，审批机关核发的批准文件，可行性研究报告及批准文件，企业董事会组成名单，等等。

（8）海关备案手续。外商投资企业报关注册需提交以下材料：审批机关核发的批准证书，营业执照，企业合同、章程，批准进口设备清单，企业验资报告，等等。

（9）办理统计、财政管理登记。外商投资企业在领取批准证书之后，需到统计部门、财政部门办理统计、财政管理登记手续，需提交以下材料：出示企业的标准证书正本，企业统计登记表，营业执照副本，审批机关核发的批准证书；企业的可行性研究报告及批准文件，企业的合同、章程，等等。

（10）办理用工登记及社会保险费登记。外商投资企业应在领取营业执照后，到劳动保障部门办理用工登记、企业劳动制度备案等手续，并按国家规定进行社会保险登记，缴纳社会保险费，为职工参加各类社会保险。

（三）取消对外商投资企业的若干限制

2014 年 6 月 7 日，为贯彻落实《国务院关于印发注册资本登记制度改革方案的通知》（国发〔2014〕7 号）和《国务院关于废止和修改部分行政法规的决定》（国务院令第 648 号），商务部颁布《关于改进外资审核管理工作的通知》（以下简称《通知》），就部分外商投资管理工作提出改进措施。《通知》明确规定取消对外商投资（含台、港、澳投资）的公司首次出资比例、货币出资比例和出资期限的限制或规定。认缴出资额、出资方式、出资期限由公司投资者（股东、发起人）自主约定，并在合营（合作）合同、公司章程中载明。另外，《通知》规定，除法律、行政法规以及国务院决定对特定行业注册资本最低限额另有规定外，取消公司最低注册资本的限制。不过，公司注册资本和投资总额的比例仍需符合《关于中外合资经营企业注册资本与投资总额比例的暂行规定》及其他现行有效规定。

第二节 中外合资经营企业

一、中外合资经营企业的概念和特征

（一）中外合资经营企业的概念

中外合资经营企业亦称股权式合营企业，是指外国公司、企业和其他经济组织或个人依照中国有关法律在中国境内与中国公司、企业或其他经济组织共同投资，共同经营，共负盈亏，共担风险的股权式合营企业。中外合资企业的基本特点是合资各方共同投资、共同经营，共担风险、共负盈亏。合资各方可以用货币出资，也可以用建筑物、机器设备、场地使用权、工业产权、专有技术出资。中外合资经营企业的组织方式为有限责任公司，董事会为最高权力机构。在合营企业的注册资本中，外国合营者的投资比例一般不低于 25%。随着中国股份制试点的开展，已有少数中外合资企业采用股份有限公司方式。

事实上，在 1986 年以前中外合资经营企业是中国吸引外商直接投资的唯一途径。中外合资企业在近 30 年的发展过程中，确实也体现了其自身的优势和特点。对于外方投资者来说，合资经营减少或避免了政治风险和投资风险，可以享受优惠待遇，尤其是优惠税率，外方可以通过当地合营者了解中国的政治、社会、经济、文化等情况，有利于增长商业及经营知识，提高商业信誉，还可以通过当地渠道，取得财政信贷、资金融通、物资供应、产品销售等便利。对于中方投资者来说，合资经营可以引进先进技术和设备，发展新技术，促进企业的技术改进和产品升级换代，可以利用外国投资者的国际销售网，开拓国际市场，扩大出口创汇，可以学习国外先进的管理经验，提高国内管理人员的管理水平。但合资企业又是一种内部冲突水平比较高的特殊的企业形式，由于中外合营双方可能来自不同的国家和地区，其社会政治法律制度不同，文化背景不同，由此而形成的经营理念、管理决策思维、企业行为方式等也有着很大的差异，因此在合作过程中出现管理冲突是不可避免的。

（二）中外合资经营企业的法律特征

中外合资经营企业具备以下法律特征：

1. 中外双方或多方为合营企业的设立人和股东。在中外合资经营企业的股东中，外方合营者包括外国的公司、企业、其他经济组织或者个人，中方合营者则为中国的公司、企业或者其他经济组织，不包括中国公民个人。中外合资经营企业不同于纯内资企业或纯外资企业，资本来源于中国境内和境外，实际上是一种多国企业或称多国公司。外国投资者可以是一个，也可以是两个或两个以上；可以来自同一国家或地区，也可以来自不同的国家和地区。

2. 营企业应为独立的经济实体，法律形式为有限责任公司或者股份有限公司，具有中国法人资格。企业的资产，独立于合营者各方的其他财产；企业的名义，独立于合营者各方的自身名义，任何一方合营者均不得以自己的名义进行合营企业的经营活动及其他活动。中外投资者以投资额或所持股份为限对企业债务承担有限责任。

3. 合营企业不设股东会，其最高权力机构为董事会，董事会成员由合营各方按投资比例协商分配，并载明于合营企业合同和章程。合营企业一方对他方委派的董事不具有否决权，但董事的资格应当不违反公司法关于董事任职条件的规定。

4. 合营企业的合营期根据不同行业和项目的具体情况由合营各方协商确定。约定合营期限的合营企业，合营各方同意延长合营期限的，应在距合营期限届满 6 个月前向审批机关提出申请，审批机关应当在 1 个月内决定批准或不批准。

5. 合营企业的注册资本是指为设立合营企业在登记管理机构登记的资本总额，应为合营各方认缴的出资额之和。合营企业的章程资本数额，可以用人民币表示，也可以用各方商定的外币表示。

6. 合营企业享有直接经营产品进出口业务的权利，可以直接从国际市场采购原材料，也可以直接向国际市场销售本企业的产品，直接向外国银行筹集生产经营所需资金。

二、中外合资经营企业的治理结构

出于对提高企业的运营效率和简化机构的考虑，《中外合资经营企业法》对于中外合资的有限责任公司，舍去了股东会这一机构，也未规定监事制度。依据我国《中外合资经营企业法》第六条的规定，合营企业设立董事会。董事会根据平等互利原则，决定合营企业的重大事项。《中外合资经营企业法实施条例》第三十条规定，董事会是合营企业的最高权力机构，决定合营企业的一切重大问题，这与我国之后颁行的《公司法》的规定是不同的。董事会作为决策机构的同时替代股东会成为企业的权力机构，是中外合资经营企业治理结构最为突出的特色。公司董事、董事长、总经理和其他高管人员对公司股东及公司的责任，应当适用我国《公司法》的有关规定。此外，如果合营企业的各个投资方一致同意按照我国《公司法》的规定建立有限责任公司的组织机构，或者采用股份有限公司形式的，则应当建立股东会、股东大会、监事会等机构。

合营企业的董事会成员不得少于 3 人，董事名额的分配由合营各方参照出资比例协商确定，在合同、章程中明确，并由合营各方委派和撤换。董事的任期为 4 年，经合营各方继续委派可以连任。董事长和副董事长由合营各方协商确定或由董事会选举产生。中外合营者的一方担任董事长的，由他方担任副董事长。合营各方可以单独撤换董事，撤换董事应当以书面文件通知合营企业和合营企业的其他股东，然后由合营企业报审批机构批准。

董事会是合营企业的最高权力机关，其职权是按合营企业章程规定，讨论决定合营企业的一切重大问题，主要包括企业发展规划、生产经营活动方案、收支预算、利润分配、劳动工资计划、停业，以及总经理、副总经理、总工程师、总会计师、审计师的任命或聘请及其职权和待遇等。下列事项由出席董事会会议的董事一致通过方可作出决议：1. 合营企业章程的修改；2. 合营企业的中止、解散；3. 合营企业注册资本的增加、减少；4. 合营企业的合并、分立。其他事项，可以根据合营企业章程载明的议事规则作出决议。

董事会设董事长 1 人，副董事长 1～2 人。董事长是合营企业的法定代表人。董事长不能履行职责时，应当授权副董事长或者其他董事代表合营企业。董事会会议每年至少召开 1 次，由董事长负责召集并主持。董事长不能召集时，由董事长委托副董事长或者其他董事负责召集并主持董事会会议。经 1/3 以上董事提议，可以由董事长召开董事会临时会议。董事会会议应当有2/3 以上董事出席方能举行。董事不能出席的，可以出具委托书委托他人代表其出席和表决。董事会会议一般应当在合营企业法定地址所在地举行，董事会讨论重要问题要制作详细的会议记录。

合营企业在董事会下设经营管理机构，负责企业的日常经营管理工作。经营管理机构设总经理1人，副总经理若干人。副总经理协助总经理工作。正副总经理由合营各方分别担任。总经理、副总经理由合营企业董事会聘请，可以由中国公民担任，也可以由外国公民担任。经董事会聘请，董事长、副董事长、董事可以兼任合营企业的总经理、副总经理或者其他高级管理职务。总经理处理重要问题时，应当同副总经理协商。总经理或者副总经理不得兼任其他经济组织的总经理或者副总经理，不得参与其他经济组织对本企业的商业竞争。

总经理执行董事会会议的各项决议，组织领导合营企业的日常经营管理工作。在董事会授权范围内，总经理对外代表合营企业，对内任免下属人员，行使董事会授予的其他职权。总经理、副总经理及其他高级管理人员有营私舞弊或者严重失职行为的，经董事会决议可以随时解聘。

三、中外合资经营企业的合同和章程

合营企业协议，是指合营各方对设立合营企业的某些要点和原则达成一致意见而订立的文件。合营企业合同，是指合营各方为设立合营企业就相互权利、义务关系达成一致意见而订立的文件。合营企业章程，是指按照合营企业合同规定的原则，经合营各方一致同意，规定合营企业的宗旨、组织原则和经营管理方法等事项的文件。合营企业协议与合营企业合同有抵触时，以合营企业合同为准。经合营各方同意，也可以不订立合营企业协议而只订立合营企业合同、章程。合营企业合同的附件与合营企业合同具有同等效力。合营企业协议、合同和章程经审批机构批准后生效，其修改时同样须经审批机构批准后生效，审批机构和登记管理机构对合营企业合同、章程的执行负有监督检查的责任。合营企业合同的订立、效力、解释、执行及其争议的解决，均应当适用中国的法律。

合营企业合同应当包括下列主要内容：1. 合营各方的名称、注册国家、法定地址和法定代表人的姓名、职务、国籍；2. 合营企业名称、法定地址、宗旨、经营范围和规模；3. 合营企业的投资总额、注册资本、合营各方的出资额、出资比例、出资方式、出资的缴付期限以及出资额欠缴、股权转让的规定；4. 合营各方利润分配和亏损分担的比例；5. 合营企业董事会的组成、董事名额的分配以及总经理、副总经理及其他高级管理人员的职责、权限和聘用办法；6. 采用的主要生产设备、生产技术及其来源；7. 原材料购买和产品销售方式；8. 财务、会计、审计的处理原则；9. 有关劳动管理、工资、福利、劳动保险等事项的规定；10. 合营企业期限、解散及清算程序；11. 违反合同的责任；12. 解决合营各方之间争议的方式和程序；13. 合同文本采用的文字和合同生效的条件。

合营企业章程应当包括下列主要内容：1. 合营企业名称及法定地址；2. 合营企业的宗旨、经营范围和合营期限；3. 合营各方的名称、注册国家、法定地址、法定代表人的姓名、职务、国籍；4. 合营企业的投资总额、注册资本、合营各方的出资额、出资比例、出资方式、出资缴付期限、股权转让的规定、利润分配和亏损分担的比例；5. 董事会的组成、职权和议事规则、董事的任期、董事长、副董事长的职责；6. 管理机构的设置、办事规则、总经理、副总经理及其他高级管理人员的职责和任免方法；7. 财务、会计、审计制度的原则；8. 解散和清算；9. 章程修改的程序。

第三节　中外合作经营企业

一、中外合作经营企业的概念和特征

（一）中外合作经营企业的概念

中外合作经营企业是指外国公司、企业和其他经济组织或个人依照中国有关法律在中国境内与中国公司、企业或其他经济组织共同投资举办的，以合同规定双方权利义务关系的一种契约式企业。

我国的中外合作经营企业与国际上的"契约式合营"有相同的地方，即合作企业因契约而合营，它的设立、终止、投资方式、收益分配方式和比例以及风险承担等完全以契约意志为转移。合作企业的经营，实际上就是对合作经营合同的实际履行。因此从这个意义上说，中外合作经营企业是"契约式合营"。在我国利用外资的实践中存在诸如中外合作生产、合作销售、合作开发技术等形式，它们与国际上的契约式合营基本相同，但是这并不是《中外合作经营企业法》所规定的合作企业。因为中外合作经营企业不仅可以组成新的经济实体（合作式联营），甚至可组成法人。从我国目前的实践来看，法人式的合作企业都采取有限责任公司的组织形式，合作关系受《公司法》调整，这与国际通行的做法存在差异。

（二）中外合作经营企业的法律特征

中外合作经营企业作为我国吸引外资的一种重要形式，既借鉴了国外企业合营的一些成功经验，又有我国实践的具体安排，形式灵活，利于融资，方便投资者。其法律特征如下：

1. 出资方式和资本结构方面的特征。

在中外合作经营企业中，中方只提供实物，包括土地使用权、厂房、设备、劳动服务等，不出现金。提供的实物要作价，但不折算成股份。同样，外商提供的技术、设备等可作价，但连同他们投资的现金在内，也不折算成股份，对外商的投资也无上下限的规定。合作经营企业在出资和资本结构上与合资经营企业的不同之处在于：（1）中方不出现金；（2）双方的投资都不折算成股份；（3）对外商的投资无上下限规定。

2. 利润分配方面的特征。

中外合作经营企业由于双方的投资不折算成股份，因此利润分配形式比较灵活，可以根据合营的内容不同，具体商定双方认为适宜的形式。实践中，主要的分配形式有以下三种：（1）按利润分成的办法进行分配，其中有的是按纯利润进行分配，有的按毛利润进行分配，但分配比例不是固定的，而由双方根据不同情况商定。（2）用产品分成的形式进行分配。这种分配既包括了双方的投资，也包括了双方的利润在内，因此它实质上是收回投资和所得盈利的结合。（3）按双方议定的其他形式进行分配。有的按产值进行分配，即按照规定的比例分享产品出售的总值。有的按经营包干的时间分享利润和收回投资。

3. 收回投资方面的特征。

中外合作经营企业中，合营期间外商可以提前收回投资，等外商投资收回完毕并获得一定的利润后，中方才逐步收回。因此，收回投资一般采取以下形式：（1）在分配利润中，提高外商的分成比例，让其优先收回。（2）从提取折旧费中偿还外商的投资。（3）通过产品分配形式收回。

4. 企业形式方面的特征。

中外合作经营企业既可以是企业法人即有限责任公司，也可以根据中外合作者的具体要求成立非法人企业。无论是法人企业，还是非法人企业，投资者均可对投资或合作条件及责任承担的方式和比例作出约定。在现实中，合营企业为非法人企业的情况极少见，非法人企业类似于我国境内的非法人联营组织。

5. 企业成立的基本依据方面的特征。

合作经营合同是合作经营企业成立的基本依据。合作者只要不违反中国法律，就可以对涉及双方权利义务关系的任何重大问题进行协商。因此，合作企业具有一定程度的任意性，双方只要在平等互利的基础上协商达成一致，就形成对双方均有约束力的合作合同。

6. 组织机构、经营管理方面的特征。

中外合作经营企业的组织管理形式比较灵活，目前主要有以下几种：（1）与合资企业一样，实行董事会领导下的总经理负责制，设立上下两层机构，但董事长不一定由中方担任。（2）由双方组成联合管理机构，负责管理协调企业的一切内外业务，共同经营，分工负责，统一管理。（3）由双方商定委托合作的一方经营管理，另一方进行监督。监督一方对经营业务有建议权，对财务管理有检查审核权。（4）由合作企业出面委托第三者对合作企业进行经营管理，这种形式主要适合于经营管理较为复杂和技术水平较高的企业。

二、中外合作经营企业的利益分配与资产归属

我国《中外合作经营企业法》第二十一条第一款规定："中外合作者依照合作企业合同的约定，分配收益或者产品，承担风险和亏损。"由此可见，对于中外合作经营企业来讲，投资利益的回报和企业亏损的承担不全以投资比例来确定，由合作各方根据企业是否具备法人资格、各方投资的条件等因素协商确定，即使是各方以比例形式投入且所办企业具有法人资格，也可对利益分配和亏损承担作出不以比例安排的约定。分配的成果形式可以是利润，也可以是产品。

实践中，由于国外合作者一般以现金和设备投资，中方往往以土地使用权、劳务、厂房、设备及服务作为合作条件，外方的投资占有较大的比重，承担的风险相对要大。据此，我国《中外合作经营企业法》规定，中外合作者在合作企业合同中约定合作期满时，合作企业的全部资产归中国合作者所有的，可以在合同中约定外国合作者在合同期限内先行收回投资。这是我国根据合作企业性质所作出的旨在保护外商利益、增进其投资安全感的一项重要制度。这一制度有利于外商尽快收回投资，降低风险。对中方来讲，虽然放弃了部分应得的利益，但事实上提前买下了外方合作者的投资，并在合作期间学习外方的管理经验和技术，最后取得企业资产的完整的所有权。外方先行收回可有三种办法：一是，从企业税后利润中多分配，逐年递减；二是，经财政税务机关批准，外国合作者在合作企业缴纳所得税前收回投资；三是，经税务机关批准从固定资产折旧费中收回投资。不论采取哪种办法先行收回投资，都有一个前提条件，即在合作企业有盈利的情况下进行。根据我国《中外合作经营企业法实施细则》第四十五条的规定，合作企业的亏损未弥补前，外国合作者不得先行收回投资。如果合作期限届满，外方合作者仍未收回投资的，可以申请延长合作期限。但外方先行收回的只是投资，而不是利润，利润不应采取保障获得的办法。外国合作者先行收回投资的申请方案，包括总额、期限和方式，经财政税务机关审查同意（税务机关的审查同意只能局限于所得税前的投资收回）后，报审批机关批准后执行。

对于亏损，中外合作者依合同约定来承担。为保证合作企业正常的生产经营活动得以维持，当企业年度亏损时，中外双方不能分配利润，外方也应停止收回投资，以防止外方的利益得以满足而使合作企业形成债务黑洞，甚至损害债权人的利益。对于具有法人资格的中外合作企业，亏损意味着企业实有资产的减少，各方对于企业债务只是以投资额度为限承担责任，不承担连带责任或无限责任。对于非法人合作企业，应依合同约定的方式和比例承担责任，可以约定由中方或外方以各自所有的或经营管理的财产承担责任，也可约定相互承担连带责任。

中外合作经营企业合同中未约定外方先行收回投资的，在合作期限届满时组织进行清算，清偿债务后的剩余财产由合作各方按合同约定或按投资比例分配；有约定外方先行收回投资且收回完毕的，在合作期限届满时，由双方组织进行清算，企业债务应由双方按约定的方式和比例承担，企业的全部剩余资产应归中方所有。

三、中外合作经营企业的经营期限

中外合作经营企业的经营期限由中外合作者协商确定，并在合作企业合同中明确规定。由于中外合作经营企业一般均有外方先行收回投资的要求，因此，合作期限的长短往往与外方的投资规模、收回周期有关，投资大、收回周期长的企业则期限长，反之则短。

第四节　外资企业

一、外资企业的概念和特征

（一）外资经营企业的概念

外资企业是指依照中国法律在中国境内设立的、全部资本由外国企业或其他经济组织或个人投资并拥有，由外国投资者独立经营、独享利益和风险、自负盈亏的企业。

外资企业是一个独立的经济实体，独立经营、独立核算、独立承担法律责任。在组织形式上，外资企业可以是法人，也可以是非法人实体，具备法人条件的外资企业，依法取得法人资格，其组织形式一般为有限责任公司，外国投资者对企业的责任以其认缴的出资额为限。不具备法人条件的外资企业，可以采取合伙和个人独资的形式，外国投资者对企业债务负无限责任或者无限连带责任。

（二）外资经营企业的法律特征

1. 外资企业的全部资本由外国投资者投资，相应的，企业的全部利润归外国投资者，风险和亏损也由外国投资者独立承担。外国投资者可以是公司、企业以及其他经济组织或者个人，至于外国的投资主体是单独在中国投资，还是联合投资，法律并不作区分。

2. 外资企业是外国投资者根据中国法律在中国境内设立的。尽管外资企业的全部资本均来自于外国投资者，但它根据中国法律在中国境内设立，受中国法律的管辖和保护，是具有中国国籍的企业。而外国企业具有外国国籍，受该外国的属人管辖，中国仅对其在中国的活动进行属地管辖。这是外资企业与外国企业的根本不同。

3. 外资企业是独立的法律主体。一般情况下，外资企业以自己的名义进行经营活动，独立承担民事责任。而外国企业的分支机构不具有独立的民事主体资格，其进行经营活动的法律责任由外国企业承担。这是外资企业与外国企业在中国境内设立的分支机构的根本不同。

二、外资企业的组织形式

我国《外资企业法实施细则》第十八条规定："外资企业的组织形式为有限责任公司。经批准也可以为其他形式。外资企业为有限责任公司的，外国投资者对企业的责任以其认缴的出资额为限。外资企业为其他形式的，外国投资者对企业的责任适用中国法律法规的规定。"有限责任公司为我国《外资企业法》所规定的基本形式，而有限责任公司是典型的法人形式，外国投资者一旦采取这种形式，所设企业就是中国法人。这种形式对于吸引中小规模的投资者到我国投资是有积极意义的，一方面，境外投资者只以投资额为限对企业债务承担民事责任，减少投资经营风险；另一方面，外商投资者通过设立有限责任公司使其企业成为中国的居民公司，其合法权益受到中国法律的一体承认和保护。当然，外资企业经过批准，也可以采取独资企业、普通合伙企业、有限合伙企业等形式。

外资企业取得中国法人资格后，同中国的其他企业和公司居于平等的地位，它们之间的关系是国内法律关系，完全受中国法律的管辖。尽管这些企业的资本全部为外国投资者所有，并受其控制，但外国投资者的本国不得依据资本控制对其行使和主张管辖权，因为这些企业不具有该外国的国籍。此外，外资企业取得中国法人资格后，投资者只以其出资额对企业债务承担有限责任，这就要求投资者须按章程规定的认缴数额和期限、方式缴足注册资本，在经营期间非经法定程序不得任意减少注册资本，并应在公司名称中标明"有限责任公司"字样。如企业资金未缴足或有抽逃出资行为的，该外国的投资者应对企业债务承担注册资本缺额的补足责任。

思考题

1. 中外合资经营企业与中外合作经营企业的区别是什么？

2. 2014 年修订后的《中外合资经营企业法实施条例》《中外合作经营企业法实施细则》《外资企业法实施细则》的主要变化是什么？

下编

东盟十国公司法律制度

第九章　泰国公司法律制度

本章重点知识：泰国的企业组织形式；泰国公司的分类和设立程序；泰国大众有限公司的基本制度。

建议课时：2 课时。

第一节　泰国概述

一、自然地理状况

泰国，全称泰王国（The Kingdom of Thailand），旧称暹罗（Siam），地处中南半岛中部（北纬 5°30′~21°，东经 97°30′~105°30′），东连柬埔寨，东南临太平洋泰国湾，南接马来西亚，西南濒印度洋安达曼海，西部及西北部与缅甸交界，东北部与老挝毗邻，湄公河为天然国界。国土面积 51.3 万平方公里，陆地边界线长约 3 400 公里，海岸线长 2420 公里（暹罗湾海岸线 1930 公里，安达曼海岸线 490 公里）。1992 年，在亚洲开发银行的倡议下，澜沧江－湄公河流域内的 6 个国家共同发起了大湄公河次区域经济合作（GMS）机制，以加强各成员国间的经济联系，促进次区域的经济和社会发展，实现区域共同繁荣。

二、政治体制

泰国于 1932 年起施行君主立宪制。按照宪法规定，国王是国家元首，是泰国武装部队的最高统帅，通过国会行使立法权，通过政府行使行政权，通过法院行使司法权。国王必须是佛教徒，同时是各宗教的最高护卫者。国会是国家最高立法机构，主要职权包括选举和罢免总理、审查财政预算法案、审议法律草案、审议宪法修正案、监督政府施政等。国会分为下议院和上议院，两院议长分别为国会主席和副主席。泰国政府行使国家行政权，管理国家事务。泰国政府采用内阁制，最高行政机关为内阁。内阁由一名总理和不超过 35 名部长组成。总理由下议院议员互选产生并由国王任命。内阁成员包括总理府部长、各部部长和副部长，均由总理提名、国王任命，任期与国会相同。目前泰国政府设有总理府以及国防部、财政部、外交部、工业部、教育部、卫生部、农业部、交通部、科学技术部、劳动部、商务部、内政部、司法部、能源部、信息通信技术部、文化部、自然资源与环境保护部、旅游与体育部、社会发展与人类安全部等 19 个部。泰国司法体系属大陆法系，以成文法作为法院判决的主要依据。泰国的法律体系是法典化的法律体系，主要的成文法典包括民商法典、刑法典、民事诉讼法、刑事诉讼法、税法和土地法，其法律内容借鉴了建立法典体系的其他国家的法律以及继承了泰国的传统法律文化。

三、经济贸易概况

历史上泰国是农业国，19 世纪中叶，西方国家打开泰国市场后，对大米、橡胶、锡和其他原料的需求刺激了泰国经济发展，但泰国的经济格局单一，基础落后。20 世纪 80 年代起，泰国积极调整工业结构，引进技术密集型和附加值高的中轻型工业，电子工业等制造业发展迅速，经济持续增长，为"亚洲四小龙"之一。进入 90 年代后，泰国政府加强农业基础投入，促进制造业和服务业发展。1996 年人均 GDP 达 3 035 美元，被列为中等收入国家。泰国是 WTO 的正式成员，与澳大利亚、新西兰、日本、印度、秘鲁等国家有双边优惠贸易安排，并通过东盟与中国、韩国、日本、印度、澳大利亚和新西兰等国签订了自贸区协议。近两年，伴随中国—东盟自贸区的全面建成及 2015 年东盟经济共同体建成，泰国吸收外资进入快速增长期。据联合国贸易和发展会议发布的 2015 年《世界投资报告》显示，2014 年，泰国吸引外资流量为 125.66 亿美元；截至 2014 年底，泰国吸收外资存量为 1 993.11 亿美元。据泰国投资促进委员会（BOI）统计，受泰国原有的以投资地域为基础的投资优惠政策即将到期企业集中申报的影响，2014 年泰国共接受外商直接投资优惠申请项目 1 573 个，同比增长 38.96%；涉及投资额 10 229.96 亿铢（约合 315 亿美元），同比增长 94.94%，投资主要来源包括日本、美国、欧盟、中国以及新加坡和马来西亚等东盟国家。[①]

第二节　泰国公司法概述

一、泰国公司法概述

随着中泰两国双边贸易往来不断加深，在泰国的外商投资者与日俱增，而泰国公司的注册成立就成为境外投资者首要关心的问题。无论是泰籍还是外籍，都可以个人独资、有限公司、合伙企业、合作企业、外企分公司或者代表处或区域办事处等形式参与商业活动，而境外投资者通常需要泰籍企业的参与才能设立公司，只有某些特定行业外资才可 100%控股，例如制造业。泰中罗勇工业园作为享受泰国投资委第三区优惠政策的中国工业区，所在企业都可以注册 100%外资持股的泰国私营有限公司，不必受限于泰资 51%和外资 49%的限制。泰国《大众公司法》于 1978 年颁布，并于 1992 年和 2001 年进行修订。该法主要对公司的设立，公司的组织机构，股份和股东，公司债券，公司的合并、分立、解散、清算等内容进行了规定。

二、公司的分类

依据《民商法典》(也称《民事商业法案》)的规定，泰国的公司分为下列三类：无限公司、两合公司和有限公司。

（一）无限公司

无限公司系同一性质合伙人组成的公司，每一个合伙人须无限承担公司的全部债务。这种无限公司，法律上规定"需要时可进行登记注册"，即是否登记为法人，可由设立人自行选择确

---

① 泰国概况，资料来源于中华人民共和国驻泰王国大使馆经济商务参赞处网，http://th.mofcom.gov.cn/article/ddgk/，访问时间：2015-8-12。

定。因此，无限公司可分为两类：一是不经登记注册的无限公司，不具有法人资格；二是经登记注册的无限公司，具有法人资格，这类公司称为"无限公司法人"。

（二）有限责任公司

在泰国，有限责任公司的形式及性质与其他法域中基本类似。有限责任公司是由每份股值均等的若干股份组成的公司，公司资本平均划分，并由具有特定票面价值的股份代表。每一个股东的责任仅限于所持有股份的未付部分。

（三）两合公司

两合公司系由两种不同性质的合伙人组成的公司，两合公司按性质不同的合伙人可分为两类：一类是一人以上的有限责任合伙人，该合伙人对公司的责任以自己在两合公司确认的投资额为限；另一类是一人以上的无限责任合伙人，该合伙人须无限承担两合公司的全部债务。

第三节　公司的设立

泰国的商业登记主要分为法人企业和非法人企业的登记事项。在此，主要介绍需要按照法律办理注册登记手续的法人登记注册事项。

一、两合公司的设立

两合公司是指由至少 2 人以上商定，以合伙人名义共同投资经营的公司。公司经理人选为两合公司股东，法律规定公司经理须由无限责任股东一方承担，由公司全体合伙人共同委托，公司经理负责前往公司所在地的公司登记部门，按照官方有关法律条例和规章所规定的执行办法，向主管部门申请设立两合公司。设立以后，若该两合公司法人需变更任何登记内容，可前往原公司登记部门申请办理变更登记手续。申请登记两合公司或有限公司，申办地点以申办人的两合公司或有限公司的总营业处所在地区的公司登记办事处为主。如该两合公司或有限公司的总营业处设在曼谷市，申办地点则为商业登记厅商务登记处和曼谷市合伙企业公司登记办事处。若总营业处所设在外地各府（县），申办地点则为该府的公司登记办事处所在地，即府（县）级商业办事处或地区商业登记中心。办理商业登记以后，每次需要申办登记注册手续时，可到驻单位总营业处合伙企业公司登记办事处申办。

二、私营有限责任公司的设立

在泰国，有限责任公司可以是遵循《民事商业法案》设立的私立有限公司，也可以是遵循《大众公司法》设立的上市公司。申请成立私立有限公司，必须至少有 3 位申请者（以下称"发起人"），且每 1 位发起人必须至少持有 1 份股权，实收资本至少应达到认购股份金额的 25%，并须在商务部注册公司章程。在签署股权协议后，发起人应根据公司章程组织召开会议，选举第一届董事会成员，指派审计人员等。若符合《民事商业法案》的各项要求，私人有限公司可在一天内组建完成。私人有限公司要求至少有 7 名股东。一般情况下，除从事某些特定商业活动的公司外，董事的国籍不受限制。私人有限公司的股权不公开销售。但是，根据《证券交易法案》的规定，在得到证券交易委员会的批准后，私立有限公司可向公众发行某些债券。

（一）公司名称预先核准

公司的设立人应当提供三个英文公司名称，按优先顺序排列整齐，如公司名出现"泰国"两字需放入括号内，即 XXX（Thailand）Co., Ltd.英文公司名称经翻译成泰文后，在商业发展厅网站使用发起人护照信息预定公司名称，经商业发展厅注册部对照核实泰文字意、公司名称是否重复等情况后发送批文至申请者邮箱，如果公司名称被否决，发起人应修改后重新递交。公司名称确认时间为 3 天，名称预先核准不需花费任何费用。公司名称不得与其他公司名称重复或相似，某些名字不准用作公司名称，必须按商务部商业发展厅公布的公司名称核准原则办理。核准的公司名称的有效期为 30 天，不准延期。

（二）公司注册文件

泰国商业部商业发展厅注册部规定公司名保留期限为 30 天，过期无效。公司名称确定后 1 个月内设立人应当递交注册申请文件，申请文件包含公司成立的各项信息，具体如下：1. 公司注册资本。《泰国注册法》规定注册资本 100 万泰铢就可以注册，外商直接投资额度不低于 300 万泰铢。注册资本的 25%需在注册当年进入公司账户，剩余 75%在注册后 3 年内到账。2. 公司股额。泰国法律禁止发行无面值股票，规定每股面值不得低于 5 泰铢。3. 公司的经营范围。泰国私营有限公司的普通经营范围都是一致的，即有限公司已经包含了 22 项普通经营范围，特殊之处由第 23 项开始，每家公司会拟定特有的经营范围，内容涵盖生产、经营、加工、进出口和服务、研发等经营业务，因此每家公司的经营范围一般在 25～27 项之间。4. 董事委员、股东及法定签字人。私营有限公司董事委员作为发起人，规定不少于 3 个自然人，这 3 名自然人可同时持有或不持有公司股份，股东所承担的责任以其持有的核定资本面值为限。法定签字人必须在发起人中进行选择，可采取 1 人单签、2 人双签或 3 人中任何 1 人单签的形式制定有效的法定签字人权限。5. 董事委员和股东护照信息、住址信息、签证信息。提供董事委员和股东护照复印件、英文地址信息、入境记录（注册部未规定入境签证类别，但需保证在公司提交注册文件期间签证有效）。6. 公章设计。注册申请文件中有一份文件为公章证明，因此公司名称确定后可进行公章设计，泰国公章设计没有样式限制及指定地点，一般名片制作店铺都可设计制作，公章信息一般包含英文、泰文公司名称和公司标志。7. 其他申请文件。除上述 6 项需要发起人提供信息外，其他申请文件如组织章程、公司规章、公司成立会议记录等文件都大同小异，设有特定的格式，申请人只需把相关泰文信息填入表格就可以了。

（三）登记公司章程

向商业发展厅登记的公司章程应包括以下项目：公司名称、公司地址、经营范围、注册资本和 7 名发起人的姓名。在泰国设立公司无最低注册资本要求，但注册资本应合理及足以满足公司的业务营运。登记公司章程的手续费按注册资本额缴付，每 100 000 泰铢缴付 50 泰铢。最低手续费为 500 泰铢，最高手续费为 25 000 泰铢。

（四）召开成立公司的法定会议

一旦确立了股东结构，须召开成立公司的法定会议，会上须批准通过公司章程及规章制度，选出公司董事会并任命审计师，公司的实收资本至少应达到认购股份金额的 25%。在召开法定会议后的 3 个月内，公司董事必须递交登记成立公司的申请。登记成立公司的手续费按注册资本缴付，具体手续费各不相同。

（五）公司注册申请

泰国商业部商业发展厅规定公司注册申请文件仅限泰文版本，此文件齐全后需由法定签字人签字盖章后递交至商务厅注册部，在满足《民事商业法案》所规定的私营有限公司注册条件时，可在一天内完成注册。公司注册涉及两项政府收费：（1）公司发起书规费：规定为注册资本的 5‰，最低 500 铢，最高 25 000 铢。（2）注册费：规定为注册资本的 55‰，最低 5 500 铢，最高 250 000 铢。

（六）税务登记

泰国税务局规定，但凡需要缴纳企业所得税的商业组织都必须在设立或注册之日起 60 天内到税务局申请办理税务登记证。收入应缴纳所得税的公司须在公司成立或开业后 60 天内向税务厅办理税务登记证。年营业额超过 1 800 000 泰铢的所有经营实体，必须自年营业额超过该数额之日起 30 日内，登记缴纳增值税，有特别免除情形的除外。如果企业符合税务厅厅长所规定的条件，也可以在开始营业前申请增值税登记证。税务登记主要办理增值税申请、增值税权利使用申请和公司税卡，办理地点在注册所属区域的税务厅，文件齐全的情况下，前两份申请当天完成，增值税卡在 45 天内由地方税务局发送正本至公司注册地址。税务登记需提供注册地址户口本、公司注册证明书、法人护照、公司经营范围、公司招牌和门牌、注册地址地图等，所有文件均由法定签字人签字盖章方可递交至地方税务局。

上述全部步骤顺利完成才意味着公司注册程序全部结束。在注册完成之后公司可立即准备注册文件和法人证件，由法人亲自到泰国各大银行或中资银行申请开设各币种账户，泰国账户开户完成和获得国内境外投资许可批准证书后，投资资金才可以股东名义合法汇入泰国公司账户，继而到投资促进委员会验资领证。

三、大众有限公司的设立

大众股份有限公司是指以向广大民众发行公司股票为宗旨而组织成立的公司，持股人对公司承担的责任仅限于自己所认购股份的金额，公司这一宗旨在公司章程中应当载明。申请设立大众有限公司的发起人至少为 15 名，发起人所持有股份比例至少为全部股份的 5%，并且非经公司股东大会的特别批准，自公司注册成立之日起须持股 2 年。此外，至少 50% 的发起人须为泰国居民。大众有限公司的股份认购款项必须全额支付。同私人有限公司一样，发起人必须召开法定股东会议，选举董事并指派审计人员等。董事会必须包含不少于 5 位董事，且董事中至少有一半定居在泰国。董事必须完全披露所持有的公司股份。与私人有限公司董事相比，大众有限公司的董事通常负有更大的责任。大众有限公司至少需要 16 天组建完毕。根据《证券交易法案》授权，证券交易委员会负责审批向公众发行证券的行为，并监管泰国股票交易所。只有大众有限公司的股份才可在泰国股票交易所进行公开交易。大众有限公司还可以公开发行债券、债权凭证以及其他形式的证券。

（一）设立要件

组建大众有限公司时，应有 15 人以上的个人组合成公司的发起人，共同负责筹办下列工作：1. 编制公司章程，并前往公司登记部门办理申请登记手续；2. 公司章程经公司登记部门主管审批并登记后，发起人可以在下列两种作法中择一进行；（1）按证券交易所有关规定，向公众或任何人发行公司股票；（2）购买公司全部股份。3. 公司股票按规定数额被全部认购后 2 个月内，或最迟须于公司章程经官方登记部门审批并登记注册后 6 个月内召开成立大会；4. 成立大会召开后 7 天内，须将公司业务及所有文件交予董事会管理。

（二）公司董事会负责事项

1. 负责通知申购人交付股款，若申购人以资产形式偿付股款，则须把资产所有权转让给公司。2. 公司股款全部交齐后即可办理登记手续，最迟应在组建公司会议召开后 3 个月内提出申请。

（三）公司设立登记部门

申请登记大众股份有限公司，申请人可到下列部门申请办理登记手续。1. 向商业登记厅，向商务登记二处主管官提出申请。2. 向公司总营业处所在府的府级商业办事处提出申请。3. 把申请材料通过邮政挂号方式，递送商业营业厅商务登记处主管收。

第四节　公司管理的基本法律制度

在此，本章以《大众公司法》为主要依据介绍泰国公司管理的相关法律规定。

一、公司的名称和住所

1. 名称的使用。名称中必须有"公司"或"有限"字样，如果使用的是外语，依照部门法的规定，可以使用有"大众有限公司"意思的词来代替；2. 在函件、布告、通知单、发货单和收款单中注明公司名称、办事处所在地和公司注册号码；3. 在印章上刻上公司名称；4. 在公司总办事处和分办事处门前设立公司招牌，在没有公司总办事处和分办事处的地方或总公司和分公司已注销的情况下，不得设有以上公司招牌。5. 如果注册官员认为申请登记的公司名称，无论是泰语名称还是外语名称与已登记或者已经申请登记的公司或者私立公司的名称相同或者相似的，注册官员不得给予注册登记并通知申请人。

二、公司股份的认购

依据泰国《大众公司法》规定，发起人认购的股份及其他认购的股份以现金支付的部分共计不得低于全部注册资本的 5%，公司发起人不得支配公司认购的股份财产，或者挪用公司的认购股份资金用于他业务开支，除非另有条文规定。

若在公司成立大会结束之前，发生公司发起人死亡或退出而剩下的发起人想继续设立公司的情况，则按照以下办法予以处理：1. 公司发起人死亡或退出之日起 1 个月内找人替补，剩下的公司发起人的人数不少于第 16 条所规定的人数，商定不必找人替补的除外；2. 自找到替补人或剩下的公司发起人决定不用找人替补之日起 14 日内，以书面形式通知股份认购者；3. 自公司发起人死亡或退出之日起 3 个月内，修订股份有限公司章程中有关公司发起人和人数的条款，并对修订后的公司章程进行登记；4. 从公司发起人中退出，必须得到公司全体发起人的同意；5. 在某一个公司发起人死亡或者退出的情况下，股份认购者可以撤销预定股份的申请，并自收到通知之日起 7 天内以书面形式通知公司发起人；6. 在股份认购者死亡的情况下，可由其继承人撤销认购股份的申请,并自公司发起人死亡之日起的 14 日内以书面形式通知其他公司发起人,全部股价已支付或全部股份已认购的,或者公司发起人已经发出召开公司成立大会通知的除外。在其他的公司发起人不继续创办公司或者不按照以上规定执行的情况下,自公司发起人死亡或退出之日或者超出规定的期限之日,已经登记的股份有限公司的章程视为无效。自章程失效之日起 14 日内,公司发起人必须向注册官员及股份认购者发出通知。

三、公司章程

(一)公司章程的内容

公司章程是指股东依法制定的、规定公司名称、住所、经营范围、经营管理制度等重大事项的基本文件,也是公司必备的规定公司组织及活动基本规则的书面文件。公司章程是股东共同一致的意思表示,是公司的宪章。公司章程的内容包括:股份的分配和转让;公司组织机构的选举方式、人数、任期、任期届满前的离任;组织机构的权利、义务和责任;公司财务、会计的审查;优先股的分配;优先股转换成普通股的条件和程序。公司的规章制度必须与股份有限公司的章程和本法的规定不相违背或矛盾。

(二)公司章程的修订

股东大会上有不少于全部到会并有表决权的股东所持表决权 3/4 通过,公司可以修订公司章程,公司应当自大会通过表决之日起的 14 日内申请修订登记。

四、公司的成立大会

(一)邀请函

在公司成立大会召开的过程中,公司发起人必须距开会时间 14 日之内连同如下文件向股份认购者发出会议邀请函:1. 会议议程;2. 将要在公司成立大会上通过或者批准的有两个公司发起人担保的文件;3. 公司章程草案;4. 制作股份认购者的名册,载明姓名、国籍、住址和公司发起人预收的股份份额,以便开会时股份认购者在会场上查阅。在向股份认购者发出预约开会邀请函连同文件后,公司发起人必须在开会前至少 7 天前向注册官员发送以上邀请函和文件的副本。

(二)会议召开的时间和地点

1. 会议召开的时间。

公司发起人在按照章程中规定的股份数额或者按照向公众出售股份的报告文件中规定的不少于章程中规定的股份数额 50%的数额认购满后,要召开公司成立大会。会议必须在认购满股份后的 2 个月内召开,但不得不超过自章程登记之日起的 6 个月。有合理原因不能在以上规定的时间内结束公司成立大会的,如果公司发起人拟继续创办公司,必须至少在以上规定时间到期前 7 日,向登记机关递交说明原因的申请书,申请延长期限。但成立大会必须自规定时间到期之日起 1 个月不超过 3 个月的时间内完成。如果公司的成立大会不能在本法规定的时间内结束,应当在以上规定的时间过期时废除章程,并在废除章程之日起的 14 日内,由公司发起人向股份认购者退款。

2. 会议召开的地点。

公司成立大会应当在即将成为公司总办事处或其临近县召开，并且必须有持有全部已认购股份数一半的股份认购者到会，才符合法定的到会人数。

（三）投票权

出资认购股份的公司发起人，分配好股份后，在公司成立大会上有参加会议的权利和投票表决权，任何股份认购者在某个行业上有过特大亏损的，将在那个行业上无投票表决权，投票选举董事的除外。投票过程中，股份认购者有与认购的股份数相等的选票，一股视为一票，实行公开投票。有不少于 5 人的股份认购者要求实行无记名投票，或者会议决定实行无记名投票的除外。无记名投票的方式应当按照会议主席的规定来进行。公司成立大会的表决应当以到会并有表决权的股份认购者的多数为准。如果出现选票相当的情况，应当让会议主席加投一票作为决定票。

在股份认购人会议上，股份认购者可以委托达到法定年龄的人参加会议，代替自己投票，委托必须要有委托书及委托人的签名，并在受托人参加会议之前交给公司发起人指定的人员。委托书必须按照登记机关规定的格式制作并载明以下项目：1. 委托人持有的股份数；2. 受托人的姓名；3. 委托参加会议和投票的次数。在投票过程中，应当把受托人持有的选票数视为与委托人选票数相当，受托人在投票前向会议声明自己的投票只代表委托人持有的股份数的一部分的除外。

（四）公司成立大会的主要内容

公司成立大会的主要内容包括：1. 检查公司的章程；2. 批准公司发起人联系的业务和有关公司成立的费用开支；3. 规定发给公司发起人的金额数，规定优先股的性质；4. 限定以非现金的其他财产认购普通股和优先股的数量，这些财产方式包括著作权、艺术权、科学权、专利权、商标权、塑像权、图样权、配方权或者各种秘密工序或者有关产业、商业或者科学方面的情报等；5. 选举董事；6. 选举查账员和规定公司的查账费用。

五、公司资本

（一）股款的缴纳

公司发起人必须在公司成立大会结束之日起 7 日内把公司的全部业务和文件提交董事会，董事会在收到公司业务和文件后，应当通知股份认购人自收到通知之日起 14 日内，在通知函规定的时间内缴足股款。同时通知转让所有权的股份认购者自公司登记之日起的 1 个月内按规定办理各种使用权的转让手续。股份认购者不能按照规定支付股价或转让各种财产所有权给公司的，董事会应当发出催促通知，催促其自收到通知之日起 14 日内向公司付清股款，或转让财产所有权，如果认购者还未向公司付清股款或者转让财产所有权，或不办理各种使用权的转让，董事会应当自以上规定时间过期之日起 7 天内拍卖未尽出资义务的股份认购人所持有的股份。如果按照以上规定把股份拍卖后，所得股款不足股价的，董事会应尽快向股份认购者募集不足的股款。

（二）股份的登记

股款缴足后，董事会应自公司成立大会结束之日起的 3 个月内登记以下事项：1. 缴纳的股本及比例；2. 可以分配的股份共分为：（1）以现金形式支付股款的普通股和优先股；（2）以其他财产估价支付股款的普通股和优先股;(3)普通股和优先股的简要说明事项。3. 董事的姓名、出生日期、国籍和住所;4. 有权代表公司签名的董事的姓名及人数和公司章程中规定的限制权利的条款;5. 公司总办事处和分办事处的所在地。董事会应该报送标明持股人的姓名、国籍、住所、持有的股份数及股票编号的花名册和成立大会的报告至公司登记管理部门。

(三)股款的管理

1. 股价。公司的股份必须是等价的,每一股的金额相等,同期发行的股份每一股价额相等。

2. 溢价款。公司以超过股票票面金额发行股份的情况下,必须向股份认购人提取盈余的股款,并把盈余的股款设立成储备金。按《大众公司法》第116条的规定把盈余资金从储备金中独立出来。

3. 股份的出售。经营时间不少于1年的公司,如果出现亏损现象,可以以低于股票票面金额的股价出售股份,确定的降价比例必须得到股东大会的同意,但降价出售的股份不得分配。在登记公司之前或者或股份购买人全额支付股款之前,禁止向任何人出售股票。

4. 债转股。通过债务转换成资本或发行新股的方式向债权人清偿债务并调整债务结构的,须在公司股东大会上获得有表决权的全体股东所持表决权3/4通过。

5. 股份的转让。(1)公司不得制定任何章程来禁止股份的转让,为维护公司利益或者为维护泰国人和外国人的持股比例的规章除外。(2)自公司登记之日起2年内,发起人认购的股份不得转让,但得到股东大会同意的除外。(3)转让记名股票的,必须在股票票面上记载受让人的姓名和转让人的姓名,并将股票交付给受让人。公司收到股份转让登记申请后,可以由公司直接收购股份;公司登记转让股份后,可以由外籍人来收购。这个过程中,如果公司认为合法,应该自收到申请之日起14日内进行股份转让登记;如果认为股份的转让不完全合适,应该在7日内通知申请人。(4)股份类型的变更。优先股不得变更为普通股,公司另行规定的除外。变更股份类型时,应当由股东向公司递交变更股份申请,同时返还原股份。(5)股份转让的要件。在受让人想获得新股的情况下,应该以书面形式进行。申请书应当有受让人的签名并至少有一个担保人签名,受让人应当把原股票和其他证据交还公司。这个过程中,如果公司认为股份的转让合法,应该自收到申请之日起的7日内进行股份转让,1个月内发行新股。每次股东大会召开前2天,公司有权停止办理股份的转让登记,但必须自停止办理之日起的14日内,在公司各个总办事处和分办事处提前通告持股人。

(四)股东名册

股东名册应当记载以下内容:股东的姓名、国籍和住所;股票种类、票面金额、股票编号和代表的股份数;登记成为股东和中断股东身份的日期。公司必须在公司总办事处内保存有股东名册和公司登记成立的证据,保存地点可以不限,但必须通知股东和注册官员及保管人员。在股东名册丢失、字迹模糊或者主要内容破损残缺的情况下,公司应该自发现股东名册丢失、字迹模糊或破损的4日之内向登记机关报告,并在自报告之日起的1个月内填补完毕。在股东名册保管工作时间内,股东有权要求核查股东名册及公司登记时的证据,股东名册保管员可以限定工作时间,但每天不得少于2个小时。股东有权索要全部或部分股东名册,或者要求公司发行新股票来代替丢失、字迹模糊或者破损残缺的股票,一旦股东按公司章程向公司交付常规费后,公司应当自收到申请之日起10日内办理或者给股东补发新的股票。

(五)股权的回购

在下列情形之下,公司可以回购股权,不受以下有关公司不得成为本公司股权人的规定的限制:1. 公司拟在股东大会上否决修订公司章程中有关投票表决权和利润分配权的决议,认为不公正的股东购入股份；2. 该公司有盈余和总体形势良好，公司拟回购股份并且股份的回购不得影响公司的财务。按上述规定回购的股份，公司必须在规定的时间内分配出去，如果在规定限期内不分配或者不能全部分配出去，公司应当降低注册资本并减少股份来补足那部分股份。按上述规定进行的股份回购、股份的分配及减少股份，应当按规定的准则和办法进行。公司持有的股份没有投票表决权和利润分配权。

六、公司的组织机构

（一）董事会

1. 董事会的构成。

为经营公司的业务，公司必须设立一个至少由 5 人组成的董事会，并且至少有一半以上的董事在国内有住所，董事必须是自然人并具备以下条件：（1）达到法定年龄；（2）不是破产者、无行为能力人或者如同无行为能力的人；（3）不曾犯有经济贪污罪而终身判决监禁；（4）不曾因职务犯罪而被从国家公务员或者单位中撤职或者开除。

2. 董事的选举。

除公司章程另有规定外，董事应当由股东大会按照如下准则和办法选举：（1）1 名股东拥有的选票等于股东自己持有的股份数乘以即将选举的董事人数；（2）每名股东应当使用所有的选票来选举 1 名或者多名董事，在选举多名董事的情况下，可以将选票分配给各个董事；（3）按得票最多的原则依次选出规定的董事人数，在得票相等者超出规定的董事人数的情况下，应该以抽签的方式选出符合规定的董事人数。

3. 董事名册。

公司必须制作董事名册、董事会会议记录和股东大会会议记录，并在公司总办事处保存。公司可以委托代理人保管文件和名册，保存地点不限，但必须预先通知注册官员并保存在公司总办事处所在地或临近县内。董事名册应当载明以下事项：（1）董事的姓名、出生日期、国籍和住所；（2）每一名董事持有的股票的种类、面值、编号及股份数额；（3）当选为董事和免除董事身份的日期。董事会应当在会议召开之日起的 14 日内完成董事会会议记录和股东大会会议记录的制作。

4. 董事的离职、免职与辞职。

公司登记成立后第 1 年或者第 2 年必须离任的董事，应该进行抽签选择，往后让任职最久的董事离职。在整届董事离职的情况下，为了持续经营公司，应该暂时让离职的董事会执行职务，直到新一届董事会接受职务为止。自离职之日起 1 个月内，董事会必须召开股东大会，选举新一届董事会，并在会议召开前的 14 日内向股东发会议邀请函。除到期离职，董事有如下情形的应该免去其职务：缺乏信誉品德或者不符合第 18 条规定；股东大会按第 76 条规定决定免除其职务；法院有免职指令的。要辞职的董事，应该向公司呈报辞职申请书，自辞职申请送达公司之日起辞职生效。董事可以向注册官员报告自己的辞职。

5. 代理董事。

除到期离职的原因外，当董事职位空缺时，董事会应该选举有信誉和不受法律规定限制的人为代理董事，代理董事的任期为其代理的董事的剩余任期，代理董事在董事会会议中行使权利，董事剩余任期不到 2 个月的除外。股东大会可以决议在董事任期届满之前撤销其职务，但必须获得到会并享有表决权的股东所持表决权 3/4 通过。

6. 董事会的召开。

董事会应该选举 1 名董事长。在董事会核查认为符合条件时，可以选举 1 名或几名董事为副董事长，副董事长的职责为董事长委托的职责或业务规章中所规定的职责。董事长负责召集董事会，如果有 2 人以下的董事申请召集董事会会议，董事会应该从收到申请书之日起 14 日内指定会议日。董事长或者发送会议邀请函的委托人应当在会议日前 7 天向董事发出会议邀请函，在维护公司利益的必要情况下，可以以其他方式通知董事，并且可以通知提前召开会议。董事会必须在公司总办事处所在地或者临近县至少 3 个月召开一次会议，公司规定其他会议地点的除外。董事会会议必须有全部董事人数一半的董事出席才符合法定到会人数。在董事职位空缺，剩下的董事人数不到法定到会人数的情况下，剩下的董事应该以董事会的名义召开股东大会，选举代理董事替补空缺的职位。按上述规定召开的会议，应该在剩下的董事人数少于法定到会人数之日起 1 个月内进行，选举出的代理董事的任职期限为其代理的董事的剩余任期。在董事长不出席会议或者不能履行职责的情况下，如有副董事长的，选举副董事长为会议主席。如果没有副董事长或者副董事长不能履行职责的，应在到会的董事中选举 1 人担任会议主席。会议的裁决应该以多数票通过为准。1 名董事享有 1 票表决权，在某方面有亏损的董事无权投票表决。如果选票相等，由会议主席增投一票作为决定票。

7. 董事会的义务和责任。

董事会的义务包括：（1）忠诚谨慎的义务。在经营公司业务的过程中，董事必须遵照法律、公司的宗旨、公司章程及股东大会上的决议忠诚并谨慎地履行职责、维护公司的利益。（2）竞业禁止的义务。禁止董事经营与公司的经营项目一致或者与公司存在竞争的业务，禁止成为普通股份公司的股东或股份有限公司的无限责任股东，或成为经营项目与公司一致或与公司存在竞争的私立或其他公司的董事，在决定任职前事先通知股东大会的除外。（3）通告义务。如有以下情形，董事应该及时通告公司：① 公司在年度结算期间，签订的标明合同性质、合同双方姓名及合同中董事的盈亏的合同中，有直接或间接的盈亏；② 持有在年度结算中标明增长或减少总数的各种集团公司的股份或债券。董事会或董事或受董事委托的人，以公司的名义进行的全部事务，必须对公司有益，即使以后证明在选举、委任相关人员时存在缺陷。

当董事会成员违反以上法定义务时，公司将享有以下权利：（1）索赔权。任何一名董事如果不按规定作为或不作为而使公司遭受损失的，公司可以向违反规定的董事索赔，在公司不要求索赔的情况下，总共持有的股份数少于全部已分配的股份数的 5% 的 1 名或多名股东可以书面形式对公司进行索赔。如果公司不按照股东的通知执行，股东可以进行控告，代替公司索赔。（2）制裁请求权。如果董事不遵守规定作为而使公司遭受损失的，所持股份总数少于已分配股份数 5% 的 1 名或多名股东可以向法院要求做出免除董事职务的裁定。

8. 董事的禁止行为。

（1）经营行为。任何一名董事，无论是以自己的名义还是以他人的名义购买公司的财产，或向公司出售财产或者与公司合作经营某种业务，如果不经过董事会同意，该买卖或者业务经营与公司无关联，公司无须承担任何责任。（2）贷款行为。禁止公司为公司的董事、职员或雇员提供贷款，以下情况除外：① 按照救济规章为职员或雇员提供的贷款；② 按照《商业银行法》《人寿保险法》或其他法律发放的贷款。（3）酬金或财产发放行为。禁止公司发给董事现金或其他各种财产，按公司章程规定的办法支付的酬金除外。在公司章程没有规定的情况下，上述酬金的支付应当由全体股东所持表决权 2/3 通过。

9. 损失的承担。

董事共同承担责任的基本情形有：（1）股份认购人不按照规定缴纳股款或者转让其财产所有权给公司；（2）违规挪用公司的股款或出售抵作股款的财产；（3）违规借贷行为；（4）违规给董事分发现金或其他各种财产；（5）不依照本法制作或者保存公司的账目、登记簿或者文件的，能证明自己的行为符合法律、公司章程规定的除外。但如果能证明存在以下情形，董事可免于承担责任：（1）证明自己没有参与违规事项；（2）在董事会会议中，会议记录记载董事持反对意见或自会议结束之日起的 3 天内以书面形式向会议主席提出反对意见的。

（二）股东大会

董事会必须在自公司年度结算结束之日起的 4 个月内召开股东年度会议，其余的股东大会称为特别会议。若有必要，可以随时把股东大会当作特别会议召开。

1. 股东大会的召开。

持有股份总数不少于已经分配的全部股份的 1/5 的股东，或 25 人以上的股东共计持有股份总数不少于已经发行的全部股份数的 1/10，可以联名制作申请书向董事会申请召开股东大会的特别会议，但是必须在以上申请书中明确说明申请召开会议的原因。在这种情况下，董事必须自收到申请书之日起的 1 个月内召开股东大会。在股东大会召开过程中，董事会应当制作会议邀请函，载明会议地点、会议日期、会议议程和要向会议提议的事项，邀请函连同董事会的意见至少要在会议召开前 7 天一并送交投股和注册官员，并在会议日前 3 天在报纸上发布会议通知。会议地点必须设在公司总办事处所在地或者临近的县，有规章限定的除外。

2. 参会法定人数。

股东有参加股东大会和投票表决的权利，但也可以委托其他人参加会议并投票表决。一股一票的投票表决，不适用于公司发行优先股和规定投票表决权少于普通股的情况。股东大会必须有不少于 25 名股东和受股东委托的人出席会议，或有不少于全体股东一半的人数并且必须持有股份总数不少于全部发行股份数的 1/3 的人参加会议，才符合法定到会人数。在股东大会上出现超过规定时间 1 个小时，到会的股东人数未达到上述规定的法定人数的情况下，如果此次会议是由股东申请召开的，将取消此次会议；如果股东大会不是由股东申请召开的，应当预约重新召开，并应该至少在会议日前 7 天通知股东。在最后的这次会议中，不限定必须达到的法定人数。

3. 会议议程。

董事长为股东会议主席，在董事长缺席或不能履行职责的情况下，如有副董事长的由副董事长担任会议主席，如果没有副董事长或副董事长不能履行职责的，到会的股东应该选举一名股东担任会议主席。股东大会主席有职责遵守公司章程，并按照会议邀请函中规定的议程进行，有不少于到会股东人数 2/3 的选票通过变更会议议程的除外。在会议不能按照议程对股东提议的事项审议完毕的，或有必要进行改期审议的情况下，会议必须规定下次会议的时间和地点，并且要在会议日前 7 日向股东寄送载明会议时间、地点和议程的邀请函，同时在会议日前 3 天在报纸上发出会议预约通告。

4. 投票与决议。

通常情况下，通过一项决议必须获得到会并有投票表决权的股东的多数票，如果选票相等，应由会议主席增加投票作为决定票。在以下情形中，必须获得不少于到会并有投票表决权股东的选票的 3/4：（1）全部出售或转让公司的业务或者把主要部分授予他人；（2）购买或接收其他公司或私立公司转让的业务；（3）签订、修改或取消有关出租公司的全部业务或主要业务的合同，委托他人办理公司的事务或与他人的业务合并。股东大会如果违背公司章程的规定预约会议或通过表决的，不少于 5 人或共计持有股份数不少于全部分配的股份数 1/5 的股东，可以申请法院下令取消股东大会的决议，但必须自会议通过决议之日起的 1 个月内向法院提出申请。

七、增资和减资

（一）增资

公司可以通过发行新股来增加已经注册的资本总额。增资的具体要求包括：1. 全部股份已分配完毕和已经收齐股款或者股份尚未全部分配，剩余的股份出售是为了抵消债券认购权或者作为认购权的证件；2. 在股东会议上有不少于到会并且有表决权的全部股东人数的 3/4 的选票通过决议；3. 自股东会议通过以上决议之日起 14 日内携带决议向注册官员办理变更注册手续。新增的股票可以部分出售也可以全部出售，或者可以按每名股东原先持有的股份数向股东出售或者向公众或其他人出售，但必须遵守股东大会的决议并适用于《大众公司法》第 28 条的规定。

公司的部分股份分配后，可以分期向注册官员申请变更登记已经注册的资本。除上述规定以外，公司应当在按出售数额或者说明书及有关向大众分配股份的文件中，规定自收齐股款之日起 14 天内向注册官员申请注册资本总额变更登记。在根据上述规定申请变更登记的过程中，公司必须同时交送载明新增股东姓名、国籍、住所、所持股份数和股票编号的股东名册。

（二）减资

公司可以通过降低每股股价或者减少股份数来减少已经注册的资本，但不能降至股份总数的 1/4。但在公司无储备金或者补偿后仍有盈余的情况下，公司可以把注册资本减少到全部股份数的 1/4。关于减资的具体内容，如降低多少股价或者减少多少股份或者以什么方式降价或者减少股份数量，应当按照股东大会全部到会并有表决权的全部股东人数的 3/4 的选票通过的决议来实施。股东大会以减少不能分配或者还没有分配股份的方式来减少注册资本，公司要自会议通过之日起 14 天内向注册官员申请减少注册资本登记。其他情形的资本减少，公司必须自股东会议通过减少资本的决议之日起 14 日内向公司债权人报送减少资本的决议书，并规定自收到决议书之日起 2 个月内交送反对意见，公司应当在规定的 14 日内在报纸上公布决议书。如果债权人有异议，公司不得减少资本，直至支付或者提供债务担保后。

公司减少资本后应当在下列规定时间向注册官员申请登记：1. 自第 140 条规定的时间过期之日起 14 天内，债权人无反对意见的情况下；2. 自支付债务或者提供债务担保之日起 14 天内，债权人有异议的情况下。减少注册资本后，公司要自登记增加资本或者减少资本之日起 14 天内以书面形式通知股东并至少在一份报纸上公布。债权人因没有获悉减少资本决议通知的情况下，而在第 141 条规定的期限内没有提出异议，并且没有获悉通知并不是债权人的原因，如果债权人要求获得股款的股东退还股款，必须在登记减少资本之日起 1 年内起诉。

八、公司的合并与解散

（一）公司的合并

1. 合并决议。

两个以上公司或者一个公司与私立公司可以合并成一个新的公司。在与私立公司合并的情况下，要符合《民事商业法案》中特殊决议的规定。依照上述规定合并公司，若有股东反对合并，公司必须安排有关人员在通过公司合并决议前，按照市场上最后一次的买卖价收购以上股东的股份。在市场上没有规定买卖价格的情况下，双方应当遵循共同委任的估价员的估价，如果反对合并的股东自收到收购通知之日起 14 日内不愿出售股份的，公司可以继续进行合并，并把以上股东视为合并公司的股东。

2. 合并商讨事项。

董事长应当召集股东大会共同商讨以下事项，并向公司债权人报送与其他公司合并的决议通知书：（1）给股东分配合并公司的股份；（2）合并公司的名称可以用新名称也可以用原来的公司名称；（3）合并公司的宗旨；（4）合并公司的资本必须不少于合并各方资本的总额数，如果合并各方已经按照注册的股份数分配完毕的，可以一次性增加注册资本；（5）合并公司的组织法；（6）合并公司的章程；（7）选举合并公司的董事；（8）选举合并公司的查账员；（9）合并公司过程中有的其他事项。上述内容的商讨必须在最后一个公司通过合并决议之日起 6 个月内进行，会议依照本法规定延期的除外，但全部商讨时间不得超过 1 年。公司登记合并后，原来的公司丧失法人资格，并且应当在登记簿中做备注。合并并且登记后的公司既享有合并各方公司的权利，也要有承担其产生的债务。

（二）公司的解散

公司的解散自解散申请登记之日起生效，但公司清算工作未完结的视具体情况而定。

1. 法定解散。

当出现以下情形时，公司应当解散：（1）股东大会上有不少于到会并有表决权股东的 3/4 的选票同意解散公司；（2）公司破产；（3）法律规定的解散公司的期限到来。

2. 约定解散。

出现以下情形时，持有股份总数不少于全部已经分配的股份数 1/10 的股东可以向法院申请解散公司：（1）公司发起人违背或者不遵守公司成立大会中的有关条款或者成立公司的报告，或者公司的董事会违背或者不遵守向公司支付股款的有关规定，不提交作价支付股价的财产所有权转让、各种使用权转让的凭证，拒绝制作或者登记公司的股东名册；（2）股东人数减少到 15 人以下的；（3）除公司亏本和没有希望扭转亏本的，公司将继续经营。当股东大会和法院做出解散公司的决议和命令时，必须同时委任并且规定清算人员和查账员的报酬。被解散的公司，其董事会应当在解散之日起的 7 天内把公司账目和所有凭证移交给清算人员。

九、公司的清算

（一）公司清算概述

在公司因除破产以外的其他原因被解散的情况下，要依照本法规定进行清算。公司清算的具体要求包括：1. 实施有利于顺利解决清算过程中遗留下来的必要的工作，禁止经营新的业务；2. 汇集和收取公司从其他人处收取的现金和出售公司财产所得的现金和财产；3. 实施有关民事案件和刑事案件的所有工作或者以公司的名义进行不起诉的各种案件的调解；4. 以公司的名义偿还债务；5. 召开股东大会；6. 清算结束后，向股东分配剩余的现金或者财产；7. 进行其他的有利于清算工作顺利实施的必要工作。在清算人员违反规定而增加公司亏损的情况下，清算人员必须向公司承担增加的亏损。

（二）清算人员的离职与任命

1. 清算人员的离职。

清算结束之前，有以下情形的清算人员和查账员离职：（1）死亡；（2）辞职；（3）股东大会决议撤职；（4）法院命令撤职。

2. 清算人员的任命。

法院或者股东大会委任的清算人员和查账员死亡或者辞职后，法院或者股东大会应当重新任命其他人员为清算员或查账员。在有适当理由的情况下，持有股份总数不少于全部分配股份总数 1/10 的股东，可以召开股东大会和向股东大会申请撤销股东委任的清算人员和查账员的职务并进行重新任命。如果清算员或查账员是法院任命的，任何一名股东随时都可以向法院申请撤销其职务，如果注册官员认为清算人员或者查账员不依照本法履行职责的，注册官员可以随时向法院申请撤销其职务和重新委任。

（三）清算人员的义务与职责

1. 清算人员的义务。

自受任之日起 7 天内，清算人员必须履行以下义务：（1）申请清算人员登记；（2）申请解散公司登记；（3）在报纸上向公众公布解散公司的信息。自受任之日起 1 个月内，清算人员必须履行以下义务：（1）自收到通知起 1 个月内，以书面形式通知名册和公司函件中记载的债权人向清算人员提交债权清单；（2）以书面形式通知名册和公司函件中记载的债务人偿还债务。

2. 清算人员的职责。

（1）编制资产负债表和负债清单的义务。清算人员必须自年度结算之日到公司登记解散之日内，编制公司的资产负债表和债务清单，并且自受任之日起 4 个月内递交查账员核查并提议股东大会自收到查账员的通知之日起 1 个月内批准。清算人员必须自股东大会批准之日起 14 天内向注册官员递交经股东会议批准的公司的资产负债表和债务清单的副本连同会议记录副本。

（2）共同行动的义务。在任命多名查账员的情况下，每位查账员不得独自进行各项活动。股东大会或者法院在任命时有规定的和查账员已经申请登记和登记公司解散的除外。

（3）支付费用的义务。清算人员必须在清理其他债务之前，先依次支付常规手续费。

（4）集资统一管理和公告义务。如果公司债权人向清算人员递交债务清单，清算人员应当依照集资法有关规定筹集与债务相当的数额置于集资办事处并在报纸上公告债权人。

（5）提交清算报告义务。清算人员必须自受命之日起直到清算工作结束，每 3 个月向注册官员提交清算报告，连同在清算工作中的收支清单。

如果清算工作自登记解散公司之日起 1 年内不能完成的，清算人员每年都必须自 1 年届满之日起 4 个月内召开股东大会，向股东提交已经进行了的和将要进行的清算工作报告连同资产负债表和债务清单。清算工作结束后，清算人员向股东大会提交清算结果报告连同收支清单，并阐明清算工作中的情况，以便股东大会在自清算工作结束之日起的 4 个月内批准。

思考题

比较中国股份有限公司与泰国大众有限公司的相同点与不同点。

第十章　新加坡公司法律制度

本章重点知识：新加坡公司的概念、特征、分类；公司的设立条件和设立程序；公司的资本制度；公司的治理制度；股东诉讼制度；公司变更制度；公司破产制度。

建议课时：2 课时。

第一节　新加坡概况

一、新加坡的地理状况

新加坡国家的全名叫新加坡共和国（The Republic of Singapore），素有"狮城之国"的美称，属于英联邦成员国。新加坡位于马来半岛南端、马六甲海峡出入口，位于赤道以北 136.8 千米，东经 130 度 36 分，北纬 104 度 25 分，北隔柔佛海峡与马来西亚相邻，有长堤与马来西亚的新山相通；南隔新加坡海峡与印度尼西亚相望，西南临马六甲海峡。新加坡地处太平洋到印度洋、亚洲到大洋洲的"十字路口"，是亚洲、欧洲、大洋洲、非洲四大洲的海上交通枢纽，素有"东方直布罗陀""远东十字路口"的雅称。新加坡由新加坡岛及附近 63 个小岛组成，很多地区都是填海产生，自 1950 年至今已经约有 20%的国土面积由填海产生。新加坡国土面积 719.1 平方公里，是世界上最小的国家之一。全国耕地无几，人口多居住在城市，因此被称为"城市国家"。新加坡人口共约 460 万人，其中多数为华人，华人占 75.2%，马来人占 13.6%，印度裔（以泰米尔人居多）占 8.8%，而欧亚混血人口和其他族群则占 2.4%。因此，新加坡不仅是除澳门和摩纳哥之外，世界上人口密度最高的国家或地区，也是除中国外，全球华人人口占大多数的国家。新加坡的国语为马来语，英语、华语、马来语、泰米尔语为官方语言，英语为行政用语。新加坡是一个多元民族、多元文化的移民社会，也因此汇集了世界上多种宗教，86%的新加坡人有宗教信仰。佛教是新加坡第一大宗教，信徒基本为华人，约占人口总数的 42.5%。伊斯兰教同样拥有众多信徒，具有马来或巴基斯坦血统的人民基本都是穆斯林。现全国共有穆斯林约 34.8 万人，并建有清真寺约 80 座，其中较为著名的有花蒂玛清真寺和苏丹清真寺。基督新教与天主教 10 岁以上信徒有 36.4 万人，占人口总数的 14.6%。另外，还有道教、印度教等其他宗教。

二、新加坡的政治制度

由于新加坡有 100 多年被英国殖民者统治的历史，因此新加坡在独立时基本采用了英国的威斯敏斯特体系，但也根据新加坡的情况作了一些改进。新加坡政体是议会共和制，全国被划分成 84 个选区，每个选区选举产生一名议员组成议会。在议会选举中获得多数席位的政党组阁组成政府，政府对议会负责。新加坡只有一个统一的议会，没有上议院、下议院之分。议会中多数党的领袖出任总理，总理在议员中任命政府部长。因此在新加坡要成为执政党，首先必须在议会选举中获胜；要成为政府部长，首先必须被选为议员。在新加坡，执政党、议会、政府实际是三位一体的。因为执政党是议会的多数党，政府的部长都是议员，所以政府决定的事在议会很容易通过，政府总理拥有最高权力。新加坡设有总统，但这是个象征性的职位，基本没有实权。开始时总统的任命由执政党推荐，议会批准，从 1993 年起改为民选。民选总统的权力较以往的总统有所增加：一是对国家的储备金进行监管，新加坡的储备金数额很大，资金安全受国人关注，为防止政府滥用储备金，总统负责对储备金的监管，确保储备金安全。二是一些重要的人事任命，如大法官、三军总司令，总统有否决权，这是以往总统所不具有的权利。三是负责对总理的监督。新加坡的贪污调查局拥有很大权力，可以调查任何公务员，它直属总理办公室，只对总理负责。如果总理刻意拖延有关对他本人、他的部长或高级官员涉嫌贪污的调查，总统有权进行干预。

三、新加坡的经济状况

新加坡是世界上最富裕的国家之一，并且属于新兴的发达国家。自从新加坡独立之后，在 20 世纪 70 年代，新加坡开始逐步将工业化转型到高科技和技术密集型工业。在 80 年代，新加坡大力投资基础设施建设，加速发展高产值的工业，并在 90 年代加速海外投资。新加坡的工业化速度非常惊人，是世界上非常重要的电子产品出口国。当经济出现疲软之后，新加坡积极推动生物技术和赌博等新兴产业的发展，并取得巨大成功，使其经济增长速度十分惊人。如今，新加坡是世界上很重要的金融中心，也是亚洲"四小龙"之一，同样是亚洲重要的航运和服务中心。新加坡的工业部门主要有机械制造、化学、石油化工等，每年工业区都创造巨大的经济效益。新加坡的服务业也是相当发达，在 GDP 中占有非常重要的地位，包括批发零售业、酒店服务业、金融服务业、商务服务业等。依托服务业的发展，新加坡获得亚洲服务中心、世界金融中心等称号。发达的农业也让新加坡经济更加稳定，主要生产高产值农产品，包括观赏鱼、鸡蛋、奶牛等，主要供应国内市场。新加坡的旅游业也很发达，旅游业的发展帮助新加坡服务业的进一步发展，也有助于城市基础设施建设。新加坡还与世界上大多数国家都建立了频繁的贸易往来，主要出口石油加工品、电信设备、药品和机器零件等。[①]

第二节　新加坡公司法律制度概况

就法律制度而言，新加坡是英联邦国家，承袭了英国的法律传统，并在此基础上发展起了自己独特的法律制度，属于普通法系国家。就公司法律制度而言，新加坡借鉴了英国公司法的一些制度，并结合自己国家的实际情况，形成了自己的公司法律体系。新加坡没有统一的公司企业法，关于公司企业的法律规定体现在《企业注册法》《合伙企业法》《有限合伙企业法》《公司法》《商业信托法》等一系列的法律法规之中。在新加坡，与公司有关的主要法律是 1994 年颁布实施的《公司法》。一些特殊类型的公司，如保险公司和银行，还要分别受《保险法》和《银

---

① 新加坡概况，资料来源于中华人民共和国驻新加坡大使馆经济商务参赞处网，http://sg.mofcom.gov.cn/article/jmxw/，访问时间：2015-9-11。

行法》的规制。有限责任合伙组织其实也是公司，受《有限责任合伙组织法》规制。在诸如《证券与期货法》等其他成文法中，也有一些与公司有关的条款。

新加坡国会于 2014 年 10 月 8 日通过了新加坡《公司法修正案》，该修正案分两个阶段实施。第一阶段的修正已于 2015 年 7 月 1 日生效，第二阶段的修正将于 2016 年第一季度生效。修正案的主要内容有：符合资格的小型企业可以免于审计的要求；私营企业的审计师在任期结束之前可以提交辞职申请，使企业更换审计师变得更加容易；取消禁止企业购买本企业或控股企业的股份以获得财政援助的规定，私营企业可以此为目的获得财政援助；企业可以在无对价的基础上发行股份；公司的代理董事只需要得到董事会的一般授权，便可以向股东披露自己所知的信息；取消私营公司的秘书不得离开公司注册所在地的规定等。

第三节 公司设立制度

一、新加坡公司的概念和特征

（一）公司的概念

公司是依照《公司法》规定的条件和程序设立的、以营利为目的的企业法人。它本身具有独立于其股东以及管理人员的法律人格，因此公司可以以自己的名义拥有财产，可以提起诉讼或被诉。根据新加坡《公司法》第 17 条的规定，任何人单独或与他人在一起，为了合法的经营目的，可以依照新加坡《公司法》、相关的成文法或特许证，在公司的组织大纲中签名并遵守登记的有关要求而设立的法人组织，即为公司。

（二）公司的特征

1. 公司成员最少可以是 1 人。虽然新加坡《公司法》更多规定的是 2 人以上设立的公司，但同时也规定，任何人可以单独设立公司。

2. 公司设立的法定性。新加坡公司的设立要符合《公司法》规定的条件和程序，《公司法》第 17 条和第 19 条对此作出了明文规定。

3. 公司经营目的的合法性。在新加坡，无论是以盈利还是非盈利为目的，只要经营目的合法，都可以依法登记为公司，公司应该严格依法从事经营活动。

4. 公司的独立性。公司依照《公司法》规定的特定条件设立，具有独立的法人资格，即公司具有独立性，可以以自己的名义拥有财产，可以提起诉讼或被诉。虽然新加坡《公司法》也承认无限责任公司的存在，但最为常见的组织形式是股份有限公司。

二、新加坡公司的设立条件

根据《公司法》第 17（3）条的规定，拥有 20 名以上成员的经营组织都必须设立为公司。但该规定并不适用于那些遵照新加坡其他成文法设立的，由从事特定职业的个人组成的合伙组织。例如，法律职业的从业者受《法律职业法》的规制，他们可以设立成员超过 20 人的合伙组织。新加坡《公司法》第 19 条（1）规定，想设立公司的人应当：1. 向公司登记官递交拟组建公司的组织大纲和组织章程，以及其他规定的文件；2. 向公司登记官提供规定的信息；3. 向公司登记官支付相应的费用。根据这一规定，只要提交相应的文件并缴纳规定的费用，任何人都可以在新加坡通过登记设立公司。

新加坡的公司登记机关是新加坡会计和商业注册局（简称 ACRA），是新加坡公司注册的唯一的主管机构。除了银行、金融、保险、证券、通讯、交通行业和对环境有影响的生产行业需向政府有关行业管理部门申请外，商业机构和公司的设立只需向注册局注册即可。设立公司时，必须提交的重要法律文件是公司章程和组织规章，《公司法》第 19（1）条对此作出了强制性要求。公司章程和组织规章就是公司的宪章。公司章程必须载明公司名称、公司股本，并表明公司成员承担的是有限责任还是无限责任、出资人的姓名、住址和职业，并说明自己愿意成为公司成员，以自己的名义认购一定的公司股份。公司组织规章是公司的规章制度，应当遵守法定的要求，其中也包括与公司治理有关的规定。如果公司章程和组织规章有冲突，前者具有优先效力。除此之外，申请登记时还应当提交的文件包括备忘录、守法宣誓书、身份证明书、董事受任书、资格宣誓书、公司注册地址及办公时间报告表等。备忘录中必须注明公司成立的目的、公司授权的股本和股份申购者的名称、住址及职位等。公司章程一经登记，登记官便签发设立通知，宣布公司成立并在通知中载明成立的日期。该通知也会注明公司的类型，即成立的是有限责任公司还是无限责任公司，必要时还将表明成立的公司是私营公司。另外，依据《公司法》的规定，新加坡有限公司设立时，必须至少有一名 18 周岁的董事。如果是外国人，必须有一名新加坡公民或新加坡永久居民作为董事。

三、新加坡公司设立的程序

公司设立一般要按照法定的要求和程序进行，依据《公司法》的规定，在新加坡设立公司应当经过五个步骤。

（一）公司名称预先核准

公司的设立人将想要注册的公司名称提供给新加坡会计和商业注册局（ACRA）进行名字查询，以确认该公司名称的可用性，每次最多可以提供 5 个名称。新加坡公司的名称必须是英文，有限公司的名称需要有"limited"（或 Ltd），并置于末尾，有限责任的私人公司的名称需要有"Private"（或 Pte）并置于"limited"之前，如果是无限公司，则放在名字的末尾。这个拟注册的公司名称不能和现有已注册成立的公司名称相同或者近似。如果名称不符合上述规定，登记官将不予以登记。公司名称符合规定的，登记官将予以登记，该公司名称的保留期为登记日起 2 个月。该保留期内，任何主体不得以相同名称再次申请名称预先核准。

（二）填写注册表格

确定公司名称的可用性后，公司的设立人应当提供上文所提到的注册资料及文件，并下载新加坡公司注册表格，填写妥当。

（三）申请公司设立登记

注册申请文件必须在公司名称保留期内递交。首先，由申请人在组织备忘录和条款上写明注册公司成立的目的、公司授权的股本和股份申购者的名称、地址及职位等。其次，由拟组建公司的董事或在公司的组织章程中提名的人，向公司登记官声明，已经遵守了《公司法》中关于公司设立的所有要求，并且已经核实了公司组织章程中的出资人或提名的拟组建公司的管理人员的身份。最后，申请人须将有关法律文书在公司注册处存档，包括有关人员的身份证明书、宣誓书、在组织条款中注明的董事和秘书的姓名、已缴纳注册登记费用的凭证、公司的地址以及股份的分配等文件资料。

（四）受理与登记

根据新加坡《公司法》的规定，登记官一旦收到了公司设立申请及相应的文件、信息和付款后，应当通过公司的组织章程，并对公司予以登记。同时，登记官应以法定的方式签发设立通知，以法定的方式声明公司自通知中载明的日期起成立，并在通知中注明公司的组织形式。如果登记官根据《公司法》第19条，不确信关于登记的所有要求、所有先例以及附带事项已经得到遵守，公司登记官有权拒绝登记；如果登记官确信拟组建的公司可能用于非法目的或有损新加坡的公共安全和公共福祉或对该公司进行登记将违反国家的安全或利益时，登记官可以拒绝登记。

（五）后续工作

公司设立人在收到公司注册证书后，应当着手进行以下各项工作：1. 印制章程大纲和章程细则；2. 订造一个刻有公司名称的金属印章作为公司钢印，在签立契约时使用；3. 订造一个刻有公司名称和"代表公司"字样的胶印；4. 订印一本法定的记录册，该记录册用于记载董事和秘书的相关信息、公司其他成员的信息及公司的会议纪要等。

四、公司成立的法律效力

（一）公司独立身份原则

《公司法》第19（5）条规定了公司成立的一般效力，即公司作为一个法人组织，拥有此类实体的全部权利能力。公司可以自己的名义起诉或应诉，并且可以永久存续直至公司解散。公司还可以拥有土地，在公司解散时，其成员承担的是有限责任。公司作为法人组织，拥有法律承认的独立身份，该身份是独立于其成员之外的地位和身份，这一原则已经得到了判例法的确认。上述原则最重要的意义在于，公司承担的债务及义务都是属于其自身的债务及义务，其成员并不承担公司的责任。因此，公司债权人只能向公司主张清偿其债务。如果公司破产且无力清偿债务，无论公司成员个人是否具有清偿能力，债权人都不能向其主张债权，而只能自己承担损失。公司成员的全部义务仅为缴清其已经认购但尚未缴纳的股本，这是成员对公司的义务，而非对公司债权人的义务。因此，如果公司发行股份时股款已经缴清，或在其后缴清，公司成员则不再对公司负有责任。可见，在讲到有限责任时，必须注意的是，它并非指公司的责任是有限的，而是指公司成员的责任是有限的，即以其同意认购的股份所代表的资本总额为限。

（二）公司独立身份原则的例外规定

关于公司独立身份原则的例外情形在制定法中有多处体现，较为重要的限制之一规定在《公司法》第339（3）条和340（2）条中。根据该两条的规定，当公司订约并承担债务时，如果不能合理地预期公司将具有偿债能力，该公司的任何管理者都将被视为行为违法，在违法行为得到法院认定后其个人便可能要对上述债务的全部或部分承担责任。另一重要的例外规定出现在《公司法》第340（1）条中。该条规定，在公司解散的过程中，有关主体处理公司事务时实施了欺骗公司债权人或任何其他债权人的行为，或者出于欺诈目的实施了相关行为，法院可以责令任何知情并参与此类行为者承担全部或者部分的公司债务及责任。第三个重要的例外规定出现在以下情形中：公司在缺乏可供分红的利润时进行了分红。根据《公司法》原理，公司分红只能在公司有足够的利润且不会不正当地损害公司债权人利益时才能进行。如果公司的董事或经理在缺乏足够利润时，蓄意分配红利或许可分配红利，则应在分红超过可分配利润的范围之内对公司债权人承担责任。

在普通法国家，一般情况下公司独立身份原则将被认可，不能仅仅因为公司成员或管理者利用公司制度来避免个人责任便否定公司的独立身份。但如果公司成员或管理者为了不正当的目的而滥用公司形式，则又另当别论。如果个人已经负有法律义务，却企图利用公司制度来逃避此义务，法院将无视公司的独立身份。例如，法院曾判决认为，如果某人已经同意出售房屋，则不能通过将房屋转让给公司的方式来逃避其合同义务。此时，个人和公司都将被判令继续履行合同义务，尽管公司本身并非合同的当事人。同样，如果公司被用来从事欺诈行为，法院则会将公司及公司背后的人视为同一主体。因此，如果公司的设立是为了欺骗不知情的投资者，法院将责令公司的发起人承担责任，尽管发起人和公司具有各自独立的身份。

第四节　公司资本制度

一、公司资本制度概述

公司资本是依照公司章程所确定的由股东出资构成的公司法人财产的总和。公司资本是公司赖以生存和开展生产经营活动的基础，是公司对外承担经济责任的基础，因此，公司资本制度是《公司法》的重要制度，它涉及了公司在资本的形成、资本的维持和资本的退出等方面的制度安排。世界各国的公司立法实践中形成了三种不同的公司资本制度：法定资本制、授权资本制和折中资本制。

法定资本制是指在公司章程中对公司的资本总额作出明确规定，并且在公司设立时要求股东一次性缴足全部资本。在公司成立后，如果要增加资本，必须以股东大会决议的方式修改公司章程，并办理相应的增加资本数额的变更手续。法定资本制的三个核心原则为资本确定原则、资本维持原则和资本不变原则。法定资本制注重公司资本的真实性和可靠性，目的在于保障债权人利益、确保交易安全。

授权资本制是指在公司设立时，将资本总额记载于公司章程，但不要求发起人一次性全部缴足，发起人只需认缴其中一部分公司即可成立。对于未认缴的部分可授权董事会根据公司经营发展的需要随时发行，而不必经股东会决议，也无需变更公司章程。授权资本制降低了公司设立的要求，简化了公司的设立条件，目的在于为投资者的投资提供便利条件。

折衷资本制是前面两种资本制度的有机结合，指在设立公司时，公司章程确立的资本总额不需一次性全部发行完毕，但发起人在公司设立时认购的股份总额须符合法定最低比例的要求，其余部分资本可以授权董事会在公司成立后根据公司实际经营发展需要而随时发行，但全部公司股本的发行和筹集要在一定期限内完成。

《公司法》规定新加坡设立公司发行股票和缴足资本是新币1元起，可见新加坡成立公司无注册资本的限制。而且，新加坡实行的是授权资本制，即无需一次性缴纳股款就可以成立公司，公司的资本实际上是名义资本，而非实有资本，可以通过发行股票来募集。

二、公司的股份

股份是以一定数额金钱衡量的持股者对公司所享有的权益，但其首先体现的是责任，其次才是利益。根据《公司法》第 39（1）条的规定，股份还代表着存在于所有持股人之间的一系列契约关系。如前文所述，公司成员或股东的责任仅在于向公司履行与其所认购的股份相应的出资义务，这也是有限责任的含义所在。持股者可以根据公司宪章性文件——公司章程及组织规章的规定以及《公司法》的规定参与公司事务的管理，股东的实际权利要视公司章程和组织规章的条款而定。一般来说，所有股东都有权按持股比例领取公司分红。当公司解散时，在清偿公司债务后，所有股东有权按持股比例分配公司的剩余资产。股东还有权任命或罢免公司董事。

一般来说，股份大致可分为两种：普通股和优先股。顾名思义，优先股能为持股者提供某些优待，这些优待可能表现在分红或者资本返还方面。例如，优先股条款可能规定，在普通股股东领取任何红利前，优先股股东有权领取特定数额的红利。而普通股是在公司的经营管理和盈利及财产的分配上享有普通权利的股份。普通股的基本特点是其投资收益（股息和分红）不是在购买时约定，而是事后根据股票发行公司的经营业绩来确定。公司的经营业绩好，普通股的收益就高；反之，若经营业绩差，普通股的收益就低。普通股是股份公司资本构成中最重要、最基本的股份，同时也是风险最大的一种股份。

三、公司资本维持原则及其例外

（一）公司资本维持原则

根据新加坡的法律，公司有维持资本的义务，即作为一般原则，公司不得向其成员退资，这一原则保护了债权人的利益。公司债权人之所以授信于公司，是因为其相信公司的资本将仅用于经营目的，因此，债权人有权要求公司的资本得以维持，而不会退还给股东。但这并不意味着公司成员不能从其投资中获得任何回报。实际上，如果公司在一个特定年度有所盈利，公司有权按照法律的规定将利润分配给股东。资本维持原则也并非意味着公司因亏损而资本减少时，公司成员有义务继续出资。公司成员对公司的责任仅限于其认购公司股份时同意出资的数额。资本维持原则仅仅要求在公司没有盈利时，不能实施任何实质上向股东退资的行为。新加坡《公司法》第 76 条的规定即是资本维持原则的要求：1. 公司不得购买其自身或其母公司的股份；2. 公司不得进行以其自身股份或其母公司股份作担保的贷款行为；3. 公司不得向他人提供财务资助，以购买其自身或其母公司的股份；4. 除非有可分配利润，否则公司不得分配红利；5. 除非《公司法》另有规定，否则公司不得减少资本，或以其他方式将资产返还其成员。

（二）公司资本维持原则的例外

《公司法》虽然坚持资本维持原则，但也允许例外情形的发生，即在某些情况下，公司可以购买其自身的股份，但必须得到股东大会的同意。《公司法》第 76 条 B（1）款规定，如果股份回购得到公司组织规章的明确许可，并且回购资金来自于公司的可分配利润，公司可以回购股份。这样的股份回购并不会损害公司债权人的利益，因为这些利润也可能以红利的形式分配给股东。如果公司董事和经理知道公司已经无力偿债，或一旦回购股份便会无力偿债，则不得同意公司回购股份。

四、公司减资

尽管新加坡一贯坚持资本维持制度，但《公司法》也允许公司在某些情况下进行减资，其中最重要的规定出现在《公司法》第73（1）条。该条规定，如果得到特别决议的许可，公司可以进行任何形式的减资，特别是在不限制前述一般规定的前提下，以下列一种或几种方式进行减资：1. 免除或减轻尚未出资的股份认购者的出资责任；2. 消除已缴纳股本中的亏损部分或不能体现为实际资产的部分；3. 返还已经缴纳但超过公司需要的股本。任何公司减资行为都必须得到法院的许可，且在某些情况下债权人有权反对公司减资的决定，此时，公司应当通过清偿债务或者提供担保等方式获得债权人的同意。

第五节　公司的治理制度

一、新加坡公司治理制度概述

根据新加坡《公司法》第157A条规定，公司经营由公司董事会负责进行或者根据公司董事会的指令进行。除了那些根据《公司法》或者公司章程规定应由股东大会行使的权力外，公司董事会几乎可以行使全部其他的公司管理权。可见，《公司法》规定的公司治理制度体现了一个最基本的特征，即所有权与经营权分离。

二、股东大会

公司的股东大会应该每年举行一次，除了年度股东大会外，其余所有的股东大会被称为临时股东大会。董事会可以在其认为合适时召集临时股东大会，还应根据股东的请求，依照《公司法》的规定召集临时股东大会。在临时股东大会上处理的事项都是特别事项，而且在年度股东大会上讨论的事项，除宣布分红、检查账目、资产负债表和审计师报告、选举新董事代替退休董事、委任审计师和确定审计师的报酬外，也都是特别事项。依据《公司法》的规定，接到股东大会通知且参会和投票的全体成员或者其代理人签署的书面决议，被认为是正当和有效的，只要该决议在公司合法召集和举行的股东大会上获得通过。

三、董事与董事会

（一）董事的产生和资格

根据新加坡《公司法》的规定，董事可以以招聘或任命的方式产生，可以在公司的组建文件中或者公司的董事、管理人员和秘书的登记簿登记的人员中指定或提议某人为董事。董事必须满足以下资格条件：1. 董事必须是具有完全民事行为能力的自然人，未成年人或无行为能力、限制行为能力人不得担任公司的董事；2. 董事必须持有该公司的股份，若公司成立时董事未获得股份，应当在2个月内解决这一问题，否则，取消董事资格；3. 上市公司或其子公司的董事年龄不得超过70岁；4. 破产的人不得成为公司董事；5. 触犯《公司法》被宣布有罪的人不得担任公司董事。

（二）董事的职责和义务

在普通法上，董事被视为受托人，对公司负有信托义务。同样，《公司法》也为公司董事规定了与普通法相类似的义务。《公司法》重要的规定之一是其中的第 157（1）条，它规定，公司董事在任何时候都应忠实、勤勉地履行其职责。《公司法》第 157（2）条进一步规定，公司管理者或代理人，对基于其地位所获取的信息不得进行不正当的利用，以间接或直接的方式为自己或他人谋取利益，或者损害公司的利益。根据《公司法》第 157（3）条的规定，违反《公司法》第 157（1）和 157（2）条的公司管理者或代理人应对公司由此受到的损失承担赔偿责任。如果违法行为得到认定，公司管理者或代理人同时还将被处以 5 000 新元以下的罚款或者 1 年以内的监禁。

在履行职责时，公司董事所进行的行为，都应是他们善意地认为能促使公司利益最大化的行为。当董事的行为受到质疑时，如果法院认为任何合理的董事都不会采取类似的行动，则公司董事的善意将受到严重的质疑。《公司法》第 159 条还规定，在行使职权时，董事也可以一般地考虑公司雇员以及公司成员的利益。如果公司董事将自身利益置于公司利益之上，则须对公司由此受到的一切损失承担赔偿责任。如果在未得到公司同意时，公司董事因其职位而获得利益，该董事须向公司就其获利做出解释。在董事与公司订立合同时，例如将其资产出售与公司，如果该合同的订立违背了该董事对公司承担的受托义务，则公司可以撤销该合同。如果第三人在与公司订立合同时明知公司董事行为不当，公司也可撤销与该第三人之间的合同。

（三）董事的任命和撤换

经股东大会普通决议通过，公司可在董事任职期满前免去任何董事的职务，也可随时增加或减少董事人数。董事会有权在任何时候随时任命董事，以填补正常空缺或作为新添董事，但董事总数任何时候均不得超过公司章程所规定的数目。如此任命的董事只能任职到下一届股东年会，届时可以连选连任。如果董事出现以下情况，应当免去董事职务：1. 根据《公司法》规定终止董事的资格；2. 出现破产或与他的债权人签订了任何协议或和解协议；3. 根据《公司法》所作出的命令被禁止作为董事；4. 精神失常或其人身或财产应按有关精神错乱的法律予以处理；5. 向公司递交了辞职申请；6. 未经董事会同意 6 个月以上未参加该期间举行的董事会会议；7. 被所有与其共事的董事书面要求辞职。

（四）董事会

公司的事务应由董事会负责管理。董事会应支付公司成立和注册期间发生的所有费用，可行使《公司法》和本章程规定不由公司股东大会行使的公司一切权力，但必须符合公司章程和《公司法》的规定以及在股东大会上做出的与任何上述规定一致的条款。董事会的具体职权主要包括：1. 董事会可以公司的名义贷款、抵押房产以及发行公司债券和其他类型的证券；2. 董事会可以运用公司的权利，在新加坡之外的地方使用公司的官方印章或登记公司的分支机构；3. 董事会可以通过委任书的形式聘用任何公司或个人为公司的代理人。所有的支票、本票、汇票、交换单和可议付工具，所有付给公司的钱款的接收，应由 2 名董事签字。如果公司只有 1 名董事，由该独任董事负责行使以上职权，当然，也可由董事会不定期的决定以其他方式来执行。

四、公司秘书

根据《公司法》的规定，公司应设置 1 名秘书，该秘书和任何联席秘书或副秘书或助理秘书都可由董事会以其认为合适的条款、薪酬和条件任命或罢免。董事可兼任本公司秘书，但本公司只有 1 名董事的情况除外。

第六节　股东诉讼

一、"合格原告"规则

由于公司具有独立于其成员之外的身份，公司成员不能通过诉讼行使属于公司的权利，这就是"合格原告"规则，即就公司享有的权利而言，公司才是合格的原告。当公司要行使权利或被起诉时，通常应由具有公司管理权的董事会来决定是否起诉或应诉。

二、衍生诉讼

（一）普通法上的衍生诉讼

尽管有"合格原告"规则，但在某些情况下，公司成员也可以代表公司提起诉讼。如果公司控制者对公司造成损害，且利用其地位或者对公司的控制权阻止公司对其提起诉讼，公司成员也可就该损害提起衍生诉讼。对公司的损害可能是因为公司控制者侵占公司的资产，也可能是滥用其权力，如占多数的大股东以非法方式行使投票权等。在这种情况下，不法侵害者便会利用其对公司的控制来阻止公司对其提起诉讼。因此，如果没有其他救济途径，且公司成员是善意地为了公司的利益，该成员就有权提起衍生诉讼。如果诉讼的提起存在可疑动机，法院在决定诉讼的进行是否符合公司的最佳利益时，可以考虑到这一因素。如果公司成员提起诉讼，此类诉讼则属于衍生诉讼或派生诉讼，因为此类诉权是从公司权利中衍生而来的。在此类诉讼中，公司也将作为名义被告参与其中，以使法院的判决对公司具有约束力。

（二）成文法上的衍生诉讼

除了以上讨论的普通法上的衍生诉讼外，《公司法》第 216A 及 216B 条还规定了一项成文法上的衍生诉讼。可能提起此类诉讼的包括公司的任何成员、财政部（在某些情况下）以及法院在适用上述规定时认为适当的其他人。这些人都是公司法 216A 及 216B 条中可能的原告。《公司法》第 216A（2）条规定，原告可以请求法院许可其以公司名义并代表公司提起诉讼，或者介入公司作为一方当事人的诉讼并代表公司提出诉请、提出答辩或终止诉讼。只有在法院根据公司法第 216A（3）条，认为下列条件已经满足时，才会作出上述许可：1. 原告已经提前 14 天将其申请许可的意图告知公司董事；2. 原告是出于善意；3.有初步证据表明诉讼的提起、诉请的提出、答辩的作出或诉讼的终止符合公司的利益。成文法上衍生诉讼的一个有利之处是，一旦法院准予起诉，法院便可责令公司承担原告为该诉讼而支出的费用。在普通法上的衍生诉讼中，支付诉讼费用的风险则由提起诉讼的人承担。

三、股东的损害救济

股东不但可以提起普通法和成文法上的衍生诉讼，以保护公司的合法权益，当股东认为自身权益受到损害时其还享有其他救济方式，即规定在《公司法》第 216 条的"损害救济"条款中。《公司法》第 216（1）条规定，任何公司成员、债据持有者以及财政部（在某些情况下）都可以申请法院令，认定公司事务的处理不当，将对一个或更多公司成员或者公司债据持有者造成损害；或者认定公司事务的处理没有考虑到公司股东、成员或者债据持有者的权益。如果公司的行为对一个或更多的公司成员或者公司债券持有者构成不公平的歧视，或者构成其他形式的损害，类似的申请也可能被提出。如果上述申请被提出，且法院在听取证据后认为诉请是合法的，为了终止被指控的行为或进行相应的救济，法院可以做出其认为适当的命令。此类命令包括：责令进行或者责令停止某种行为；取消或变更某项交易或决议；对公司今后的行为予以规范；许可股东以公司的名义提起民事诉讼；裁定由其他公司成员、债据持有者或公司购买自己的股份或债据以及解散公司等。

第七节　公司变更制度

一、公司变更制度概述

公司的变更是指和公司有关的主要事项发生改变，主要包括公司营业执照记载事项、公司的组织形式、公司管理人员、公司合并、分立等方面的变化。新加坡《公司法》规定的公司变更主要有公司名称、公司的组织章程、组织形式、资本的增减、董事、经理、秘书等管理人员的变化。

二、公司名称的变更

根据新加坡《公司法》的规定，公司的名称变更包括指示变更和申请变更两种情形。指示变更是指已登记的公司名字不符合取名原则，登记官可以指示公司改变其名称。申请变更是指公司可以通过特别决议申请改变其名称。登记官收到公司申请和缴纳的费用之后，在确认新名称不违反取名原则的前提下，予以登记，并发出其签字和盖章确认的公司新名称成立的证明书。

三、公司组织大纲和组织章程的变更

根据新加坡《公司法》第 33 条的规定，公司可以通过特别决议申请修改公司组织大纲中关于公司目标的条款。公司应当于特别决议作出前 21 天向公司的所有成员和所有持股人发出书面通知，说明特别决议的目的，并将特别决议在规定的日期提交公司大会讨论通过，讨论通过后将决议的副本在法定期限内抄送给登记官，改变公司的目标生效。同时，公司可以通过特别决议改变公司章程，从特别决议通过之日或特别决议规定变更之日起，组织章程中改变的内容生效。

四、公司组织形式的变更

（一）有股份资本的担保有限公司转变为股份有限公司或担保有限公司

根据《公司法》第 17 条的规定，公司可以通过向登记官呈送特别决议的方式，将公司由有股份资本的担保有限公司转变为股份有限公司或担保有限公司。登记官一旦收到公司的申请和规定的费用之后，应当发出由其签字和盖章的公司变更确认证书。

（二）无限责任公司转变为有限责任公司或有限责任公司转变为无限责任公司

根据《公司法》第30条的规定，公司可以申请将无限责任公司转变为有限责任公司或有限责任公司转变为无限责任公司，但此种变更只能进行一次。公司首先应当将变更申请及有关的法定文件呈送给登记官，登记官一旦收到公司的变更申请和规定的费用之后，应当发出由其签字和盖章的公司变更确认证书，以确认公司以新的形式组成。公司的组织形式变更后，改变前已经开始或正在进行的诉讼，可以以改变后的身份继续进行。

（三）上市公司转变为私人公司或私人公司转变为上市公司

根据新加坡《公司法》第31条的规定，有股份资本的上市公司可以通过向登记官提交特别决议副本的形式转变为私人公司，私人公司通过申请并向登记官呈送有关文件后，可以转变为上市公司。依法改变组织形式的通知发出1个月内，公司应当将公司股份持有人的名单以法定的形式呈送给登记官，登记官一旦收到公司的变更申请和规定的费用之后，应当发出由其签字和盖章的公司变更确认证书，以确认公司新的组织形式。根据《公司法》第32条的规定，当私人公司不符合其成立条件，即公司成员超过50人，公司股份出现自由转让，公司已没有股份资本时，登记官或法院可以向公司发出通知，该公司从通知规定之日起，不再是私人公司，而成为一个上市公司。

（四）不适用公司组织形式变更的情形

公司组织形式的改变不适用于以下情形：1.设立新的法律实体；2.有损于或影响公司法人地位的一致性或连续性；3.影响公司的财产、权利或义务。

五、公司资本的变更

公司资本的变更主要表现为公司股份资本的增加和减少。根据《公司法》第71条的规定，增加公司资本的主要方式有：创设新股增加公司的股份资本；公司股份重设；股份与证券转换；增加每股股份的票面值。根据《公司法》第73条的规定，减少公司资本的主要方式有：减少清偿或减少未缴付股份资本的股份；注销任何已灭失的或没有可获得资产代表的实收资本；偿付任何超过公司需要的已支付的股份资本等。总之，公司资本的变更，是公司组织大纲和组织章程具体内容的变更。

第八节　公司困境

一、重整计划

在公司处于财务困境时，对公司债权人及公司成员的权利进行重整是可取的。在这种情况下，要获得公司成员及债权人的一致同意可能很困难。根据《公司法》第210条的规定，如果特定多数人同意，且得到法院的认可，重整计划对所有公司成员及债权人都具有约束力。要使重整计划生效，首先必须根据《公司法》第 210（1）条的规定申请法院令，以召开一次或多次公司成员会议或债权人会议。如果法院决定发出命令，重整建议必须提交相关会议并得到公司成员或债权人的特定多数同意。根据《公司法》第 210（3）的规定，特定多数同意为出席会议并参加投票的公司成员或债权人中代表股权总额或债权总额 3/4 的人的同意。为使公司成员或债权人能在知情的情况下进行投票，《公司法》第 211（1）条规定，会议通知必须包含相关让步与重整的后果，特别要说明公司董事的实质利益及相关让步与重整对他们实质利益的影响与其他人有何区别。如果未达到上述要求，公司成员及债权人无法获得足够的信息以作出适当的决定，法院可以拒绝批准重整计划

二、司法接管

在公司陷入财务困境时，如果仍有希望摆脱困境或者继续其全部或部分营业，或者与公司解散相比，债权人的利益能得到更好的实现，则公司或其债权人可以申请法院令，将公司交由司法接管者进行司法接管。根据《公司法》第 227（B）条的规定，在公司、公司董事或者债权人提出申请后，如果法院认为公司已经或者即将无力偿债，法院可以签发司法接管令。另外，法院还应相信，此种命令一旦作出便能实现下列一个或更多的目的：1. 公司恢复，或公司的全部或部分营业得以存续；2. 公司与符合《公司法》第 210 条规定的人之间的让步或重整计划能得到批准；3. 与公司解散相比，公司的资产能得到更好的变现。

法院必须保持警惕，以免公司董事或股东直接或间接利用司法接管程序损害债权人的利益。因此，申请法院令的动机必须是善意的。法院还必须充分注意债权人的要求和看法，因为破产公司的资产实际上是属于公司债权人所有的。《公司法》第 227B（2）条规定，如果法院发出司法接管令，公司营业及资产都将由司法接管者进行管理。司法接管者的工作是使公司克服困境，或者维持公司的全部或部分营业。《公司法》第 227G（2）条还规定，在司法接管令有效期间，原属公司董事的全部权利和职责都由司法接管者而不是董事来行使。司法接管者有权进行公司管理所需或者法院指示的一切行为。《公司法》第 227D（4）条规定，除非得到司法接管者的同意或法院的许可，否则不得进行针对公司及其财产的诉讼、执行或其他法律程序。同样，除非得到司法接管者的同意或法院的许可，否则不得行使设定在公司财产上的担保权或者向公司要求收回任何财产。

三、公司解散

即使尽了最大努力，破产公司仍有可能无法摆脱困境。在这种情况下，公司存续便可以终结以使公司债权人能够得到部分清偿。公司终结的过程被称为公司解散或清算。如果公司成员不愿再继续经营，运行良好的公司也可以解散。公司解散时，公司的资产及收益应用于向债权人清偿，如果还有余额，则应按比例分配给公司股东。公司解散的方式有两种，即司法解散和自愿解散。

（一）自愿解散

公司自愿解散通常在公司通过特别的解散决议后发生。在自愿解散的情况下，公司董事可以根据《公司法》第 239（1）条的规定表示，他们认为公司可以在解散程序开始后不超过 12 个月的时间内清偿全部债务。如果公司董事这样做，公司解散即为股东自愿解散。此时，公司股东可以任命清算人。如果公司董事不作出上述表示，公司解散即为债权人自愿解散，公司董事

必须召集债权人会议以任命清算人。如果由公司成员任命的清算人认为，公司将无法在公司董事根据《公司法》第 293（1）条表明的时间内清偿全部债务，股东自愿解散可以转变为债权人自愿解散。清算人则必须召集债权人会议并向债权人发布公司资产与债务声明。公司债权人可以根据《公司法》第 295（2）条的规定，另行任命清算人以完成公司解散过程。

（二）司法解散

除了自愿解散之外，公司也可以基于法院的命令而解散。

1. 司法解散的申请人。

根据《公司法》第 253（1）条的规定，下列单位或人员可以向法院提出解散公司的请求：（1）公司本身；（2）公司债权人；（3）捐助人、已死亡之捐助人的个人代表或者已破产之捐助人的法定资产受让人；（4）公司清算人；（5）司法接管者；（6）具有法定理由的内阁部长。

2. 申请司法解散的情形。

在上述请求提出后，法院可以根据《公司法》第 254（1）条的规定，在发生以下情形时命令公司解散：（1）公司已通过特别决议，要求公司进行司法解散；（2）公司未能在成立后 1 年内开始营业，或者停止营业满 1 年；（3）公司无力清偿债务；（4）董事出于自身利益而非公司成员的整体利益处理公司事务；（5）法院认为解散公司是正当且合理的；（6）公司进行了成文法所禁止的多层或塔式销售行为；（7）公司被用于实现非法目的，或其目的将损害新加坡的公共安全、公共利益或公共秩序，或者将损害新加坡的国家安全或国家利益。

第九节　公司破产制度

一、新加坡破产法概述

破产是指债务人不能清偿到期债务时，依法将其全部财产抵偿其所欠的各种债务，并依法免除其无法偿还的债务，最终消灭其主体资格的过程。《破产法》是市场经济最基本的法律规范，它与《公司法》《企业法》等一系列法律共同构成一整套企业设立、经营、重整与破产清算的法律制度。《破产法》是经营失败的企业重整自救或退出市场的保障法，也是有关破产企业的债权债务清理法。在新加坡，破产既可是个人破产也可是公司破产。

二、破产中的官方代理人

在新加坡，法院受理破产申请后，部长可以任命其认为合适的人选作为破产财产的官方代理人，该官方代理人在部长授权范围内活动，同时也是法院的工作人员。官方代理人负有以下和破产有关的义务：负责调查破产事实和情况，并能使法院作出拒绝、停止、认定破产的行为；向法院报告债务人的行为；参加法院对债务人的公开审查；参加或协助法院对有欺诈的债务人或违反本法的其他人的起诉。对于破产财产，官方代理人以债务人资产管理人的身份行事，召集并主持召开债权人会议，签发债权人会议上使用的代理委托书，向债权人报告债务人就清算方式所提出的建议，公告破产程序及其他有必要公告的事项。

三、破产程序

（一）破产申请的提出

1. 债权人申请破产的条件。

债权人的债权已到清偿期，债务人无力清偿，也无相应的担保抵押权，且债务人和债权人未达成和解协议，债务人也未向法院申请破产，此时，债权人可以单独或联合起来向法院提出要求宣告债务人破产以清偿债务的请求。

2. 有抵押权的债权人的申请条件。

对于享有抵押权的债权人，当破产宣告作出时，如果其陈述放弃优先权的意愿，愿意像普通债权人一样受偿，债权人也享有破产宣告申请权。

3. 与债务人达成自愿协议的债权人的申请条件。

对于与债务人达成自愿协议的债权人，如果债务人未履行其在自愿协议中的义务，债务人提供的声明或书面文件错误或具有误导性，债务人没有对债权人履行适当的陈述义务，此时，债权人可向法院提出宣告债务人破产的申请。

4. 债务人申请破产。

债务人可以是个人，也可以是公司，符合特定条件都可提出破产申请。当债务人是个人的，要求他的住所在新加坡或在新加坡有财产，或者在其申请破产前一年内是新加坡的常住居民或在新加坡有住所，或者在新加坡从事商业活动。当债务人是公司时，至少要求公司的合伙人之一在新加坡有住所或是新加坡的常住居民或该公司在新加坡境内营业。符合上述条件，且债务人无力履行其债务的情况下，可以向法院提出宣告债务人破产的申请。

（二）破产的受理

1. 受理的条件。

任何破产申请，在向法院提出申请时债务的总额不得少于 10 000 元，且债务人无力偿还债务或不能完全偿付每个债权人时，法院才能受理破产案件。

2. 法院的管辖权。

在新加坡，高等法院享有对破产案件的司法管辖权。法院受理破产案件后享有很多权力，例如决定优先权的问题、完整的财产分配方案、破产程序继续还是终止的问题。当债务人逃匿或即将逃匿或为逃避债务而转移财产、隐藏、毁损其财产或拒绝出庭、拖延、故意捣乱破产进程时，法院还享有逮捕和查封的权力。

四、债权人会议

债权人会议是在破产程序进行中，为便于全体债权人参与破产程序以实现其破产程序参与权，维护全体债权人的共同利益而全体登记在册的债权人组成的表达债权人意志和统一债权人行动的议事机构。官方代理人可在破产宣告后的任何时间召集债权人会议，也可以根据法院的指令或经 1/4 债权人的书面请求，在任何时间召开债权人会议，在会议上，可以通过选举成立债权人委员会作为常设机构，债权人委员会可以建议官方代理人处理有关破产财产管理的相关事宜。

五、自愿协商制度

如果一些无法偿还债务的债务人想向他们的债权人提出建议，与之达成让其满意的债务协议，可以向法院申请临时命令。为了和解目的而提出建议的债务人可以委任 1 位代理人来处理有关自愿协议的相关事宜。法院作出临时命令必须具备下列条件：第一，债务人打算为自愿协商提出还款建议书；第二，在此之前没有人申请临时指令程序且债务人在此之前的 12 个月内也未提出该项申请；第三，代理人由债务人的建议任命且根据其建议确定资格和作出行为；另外，为了帮助执行债务人的还款建议书，法院在其认为合适时可以作出临时命令。如果债务人不按自愿协议的规定履行其义务的，债权人会议可以按相关的法律规定提出破产申请。

六、破产宣告

（一）破产宣告的后果

作出破产宣告后，破产人的财产将被授予官方代理人，而不需要任何让与证书、转让证书。官方代理人将代替破产管理人管理破产财产。

（二）破产宣告对破产人的限制

当一个人被判定为破产人时，其在破产请求权行使之日到作出破产宣告期间，除非经法院的认可或同意，对其财产的处分行为无效。破产程序开始后，债务人对银行或其他人发生的债务无效，除非银行或该第三人知道债务人已被宣告破产。

（三）对破产财产的处理

在破产宣告后，官方代理人应立即控制破产人所有或其他能支配的财产及财产的凭证、书证和相关文件以及所有可以现实交付的财产。官方代理人可以变卖破产人的财产，包括其产业的营业权、可以开具收条、可以证明、清查、主张与破产人的债务相关的收益。官方代理人为了破产人的利益，可以进行必要的经营活动，可以代理破产人进行任何和破产财产相关的诉讼程序，可以雇佣律师参与破产人的诉讼活动，可以依照关于抵押品的契约或其他合适的方法，出卖破产人的财产，可以为了偿还债务，用破产财产提供保证，可以将任何的争论提交仲裁或者和解。如果有足够的破产财产，除了保留必要的破产费用，官方代理人将在债权人中进行分配。

思考题

新加坡公司法律制度的法律特征。

第十一章　缅甸公司法律制度

本章重点知识：缅甸公司的条件和设立程序；公司章程的重要意义；公司的资本制度；公司的组织机构和管理制度；公司的解散制度。

建议课时：2 课时。

第一节　缅甸概述

缅甸联邦共和国简称为缅甸，是东南亚国家联盟成员国之一，首都内比都。缅甸总人口约5 141.9 万，官方语言为缅甸语，也有为数不多的人懂英语和汉语。缅甸全国分为 7 个省、7 个少数民族邦和 1 个联邦直辖区，省、邦以下辖县，县下辖镇区，镇区辖村组、街道，共 65 个县，330 个镇区，13 747 个村组。缅甸是个多民族国家，共有 135 个民族，主要为缅族、掸族、克伦族、孟族、克钦族、克伦尼族、钦族、若开族、独龙族等，68%为缅族。缅甸是一个传统的佛教国家，缅甸人主要信仰佛教，其次是基督教、伊斯兰教、印度教和神灵崇拜。

一、缅甸地理状况

缅甸联邦共和国是中南半岛上一个历史悠久的国家，位于亚洲东南部、中南半岛西部，面积为 67.85 万平方公里，海岸线长 3 200 公里，是中南半岛上面积最大、东南亚面积第二大的国家。缅甸陆上边界线总长约 5 760 公里，与五个国家相连，东部与老挝接壤，东南部、南部与泰国毗邻，东北部、北部与中国云南、西藏相连，西北部、西部与印度、孟加拉国为邻。缅甸南邻安达曼海，西南濒孟加拉湾，从东南端缅泰交界的高东角到西部缅孟交接点，约有 2 655 公里。其海岸线虽长，但切割得厉害，给航运带来很大困难。在东南亚各国中，缅甸的地理位置最为偏北，所以缅甸的气候与东南亚其他国家略有不同，全境基本上属于热带季风性气候和亚热带季风性气候，北部高山区因地势高耸实际气候近似温带。在缅甸境内，除了 1 000 米以上的高山、高原外，大部分地区终年炎热。

二、缅甸政治状况

缅甸是一个历史悠久的文明古国，旧称洪沙瓦底。1044 年形成统一国家后，经历了蒲甘、东吁和贡榜三个封建王朝。1824 年至 1885 年间英国先后发动了 3 次侵缅战争并占领了缅甸，1886 年英国将缅甸划为英属印度的一个省。1948 年 1 月 4 日，缅甸脱离英联邦宣布独立，成立缅甸联邦。1974 年 1 月改称缅甸联邦社会主义共和国。2008 年 5 月，缅甸联邦共和国新宪法获得通过，并于 2011 年 1 月 31 日正式生效，规定实行总统制。2011 年 2 月 4 日，缅甸国会选出登盛为缅甸第一任总统。总统既是国家元首，也是政府首脑。

三、缅甸经济状况

缅甸矿产储量丰富，种类繁多，有石油、天然气、钨、锡、铅、银、镍、锑、金、铁、铬、玉石等。农业是缅甸国民经济的基础，农作物主要有稻谷、小麦、玉米、棉花、甘蔗和黄麻等。缅甸森林资源丰富，全国拥有林地3 412万公顷，覆盖率为50%左右，是世界上柚木产量最大的国家。全球95%的翡翠、树化玉产自缅甸，在世界上享有盛誉。缅甸自然条件优越，资源丰富，工农业发展缓慢。1987年12月被联合国列为世界上最不发达国家之一。1989年3月31日，政府颁布《国营企业法》，宣布实行市场经济，并逐步对外开放，允许外商投资，农民可自由经营农产品，私人可经营进出口贸易。私营经济占主导地位，约占国民生产总值的75%。1992—1995年缅甸经济得到较快的发展，年均增长率达7.5%。2011年新政府上台后，提出了建设更为发达农业和现代化工业、促进经济共同发展的目标。缅甸政府通过大力引进外资、扩大对外贸易、建立工业区和经济特区、加强与外国公司在油气资源领域的合作等四个方面，实现经济快速增长。国际货币基金组织数据显示，2011—2012财年缅甸GDP总额为500.2亿美元，同比增长5.5%，2012—2013财年GDP总额预计较上一财年增长6%。2013年1月巴黎俱乐部宣布免除缅甸部分外债后，缅外债总额累计50多亿美元，外汇储备约72亿美元。[①]

第二节　公司的设立

缅甸长期是英国的殖民地，其制定法多受英国法律影响，特别是受英国殖民者在印度制定的法律的影响，因为英国曾把缅甸划入印度殖民地的一个省，许多方面甚至直接适用英国在印度制定的法律，《缅甸公司法》就是其中一部。《缅甸公司法》颁布于1914年4月1日，经历了1955年和1989年两次修改，该法的规定主要适用于一般公司，其主要内容包括公司设立的条件和程序、公司章程的制定、公司的资本制度、公司的管理机构、公司的解散和解散等。除此之外，规范公司的法律制度还有1950制定的主要适用于国营公司的《特别公司法》以及1957年制定的《缅甸公司管理条例》。

一、公司的设立

（一）公司的设立

根据《缅甸公司法》第5条的规定，任何7人或7人以上人员（如果是成立私营公司，任何2人或2人以上人员）根据合法的目的，通过在公司章程上签署其姓名并遵照规定完成注册程序，可以设立承担或不承担有限责任的股份有限公司，或者设立：1. 承担其成员以公司章程所载内容为限的责任，出资不足公司的股东以他们各自持有的股份为限承担责任的公司（称此类公司为责任以股份为限的公司）；2. 承担其成员在公司章程范围之内以各自对公司出资份额为

---

① 缅甸概况，资料来源于中华人民共和国驻缅甸联邦共和国大使馆经济商务参赞处网，http://mm.mofcom.gov.cn/article/ddgk/201506/20150600999521.shtml，访问时间：2015-6-14。

限的责任的公司（称此类公司为责任以担保为限的公司），即使公司正在被清算中；（3）对其成员的责任不承担有限责任的公司（称此类公司为无限责任公司）。

（二）公司的注册核准

1. 能够登记注册的公司。

根据《缅甸公司法》第 253 条的规定，能够登记注册的公司包括：（1）涉及有关规范的违反和遵守的事项由本法条规定：① 现仍继续存在的 1882 年 5 月 1 日以前成立的所有公司，均需 7 人以上的股东组成，其中，包括根据 1857 第 19 法案及 1860 年第 7 法案[①]或两者中任一法案成立的公司。② 1882 年 5 月 1 日以后成立的公司，无论在此法颁布以前还是以后，在执行[大不列颠及爱尔兰会议][②]的法律的实施过程中，或其他在缅甸实施或许可实施法律的执行过程中，根据当时的法律合法成立的，其公司的组成股东为 7 人以上。有限责任公司、股份有限公司、担保有限公司可在任何时候注册成立。公司处于解散清算状态时，其注册登记无效。（2）作如下假设：① 根据[大不列颠及北爱尔兰会议]的法律或其他在缅甸实施或许可实施的法律登记注册的公司，股东责任有限，但不包括下文中的合股公司，合股公司的注册不依该条款。② 根据[大不列颠及北爱尔兰会议]的法律或其他在缅甸实施或许可实施的法律的无限公司和有限担保公司的注册表遵循此部分法律规定。③ 下文中界定的合股公司不依本条法律注册。④ 公司注册应召开股东大会，若出席会议的股东和委托代理人（据公司章程允许委托代理人参加的）出席的股东中赞同者未超过半数，则依本法公司不能登记注册。⑤ 根据[大不列颠及北爱尔兰会议]的法律及其他在缅甸实施或许可实施的法律注册的无限责任公司如经上款所述股东会召开时有不少于 3/4 的股东和委托代理人同意，可变更登记为有限责任公司。⑥ 担保有限责任公司的注册，应在注册时说明每个股东的出资，以利于公司发生解散时，据此其股东在解散后一年内，要承担公司债务的赔偿责任，并承担其股东资格取消之前公司财产减少和资产收缩的责任，并有利于调整和分配公司出资者权益。当然上述责任的负担不应超过法定承担数额。（3）本条中的法定投票的过半数计算方式，应根据公司章程所取得的股权代表的票数计算。（4）据 1882 年印度公司法案[③]注册成立的公司，不使用本条法律规定。

涉及公司注册，除合股公司外，要向登记人员提交如下材料：（1）在表格中说明所涉及的人的名字、住址和职业。（2）一份英联邦制定的法律的复印件，国家批准的营业执照、许可证书、营业地址、联营公司或设立其他经营管理公司所需证书复印件一份。（3）注册为担保有限公司的，要提供表明担保数额的决定书的复印件。

2. 合股公司的注册。

合股公司的成立以股东持有股份和可流通的股票为基础，指某一公司资本已缴足，股权永久固定，或名义上股权恒定，或者股权数恒定，并以可流通的股票形式持有，或者一部分持有，另一部分以其他形式存在。根据《缅甸公司法》第 255 条的规定，合股公司注册应提交如下文件：（1）应说明列表中所涉及的人的名字、住址和职业，所有表格于核准登记之前 6 个月提交。对于公司股东，应附加说明公司各股东所持股份或股票的种类和数量，各股东股权应当编号加以区分，股东的股权依据编号予以认定。（2）一份英联邦制定的法律[④]的复印件，公司章程、国

---

① 印度 1857 年第 19 法案和 1860 年第 7 法案因 1866 年印度第 10 法案的颁行而废止。1866 年第 10 法案则因 1882 年印度第 6 法案的颁行而废止，1882 年印度第 6 法案又因 1913 年印度第 7 法案的颁行而废止。

② 由缅甸联合众国法令（法律改编）替代，1948 年。

③ 因 1913 年印度法案的颁行而废止。

④ 由缅甸联合众国法令（法律改编）替代，1948 年。

家批准的营业执照、许可证书、营业地址、联营公司或设立其他经营管理公司所需证书复印件一份。（3）若公司要注册为有限责任公司须对下列事项进行具体说明：公司登记的注册资金、公司股份的分配和编号以及股票的构成数量；股份认购总数以及每股的价格；公司名称，并于公司名称后加上"有限"的字样；公司变更注册为担保有限公司的，应申明决定的担保数额。

3. 注册的后果。

根据《缅甸公司法》第 266 条规定，注册的后果包括：（1）所有上述内容，包含[大不列颠及北爱尔兰会议]制定的任何法律及在缅甸实施的法律，营业地、联营合同、许可证或其他设立和管理公司所需的证书，还包括注册为担保有限公司的情况下表明的担保数额，均应包含于公司的管理规范中。若公司依据本法核准登记成立，要求将上述同类信息以相同方式记录在公司文件中，并与其他登记材料一起存放。（2）本法所有规范适用于公司、股东、连带债务人和债权人，以相同方式依本法成立的公司，遵循以下规定：① 本法规定的有关股份编号的条款不适用于股份不能编号的联合股份公司。② 依本条的规定，该公司无权更改任何条款所载的任何行为，包含[大不列颠及北爱尔兰会议]的法律或任何生效的有关缅甸联邦公司的法律。③ 依照本条的规定，未经联盟主席批准，该公司无权更改任何包含在特许状中有关公司的条款。④ 该公司无权更改任何包含在宪法或特许状中的有关公司章程的条款。⑤ 如果该公司被清算，股东将对公司债务承担连带责任。在任何一名投资者死亡或无力偿债的情况下，该法规定债务由法定代表人和死者的继承人共同承担。

二、公司章程

（一）公司章程的内容

1. 股份有限公司的章程。

（1）以股票为限承担责任的公司章程。

公司责任以股票为限的情况下公司章程应载明以下内容：① 公司的名称要以"有限公司"结尾；② 公司的注册营业地要在缅甸联邦境内；③ 公司的经营范围；④ 公司成员的责任为有限责任；⑤ 公司用于注册的股份资本数额及其拆分为定额股票的情况。所有公司章程下的股票认购人不得认购少于一股的股票；每一名股票认购人均应在其所认购的股票数额后签字。

（2）以担保为限承担责任的公司章程。

公司责任以担保为限的情况下公司章程应载明以下内容：① 公司的名称要以"有限公司"结尾；② 公司的注册营业地要在缅甸联邦境内；③ 公司的经营范围；④ 公司成员的责任为有限责任；⑤ 每名公司成员承诺，如果公司被清算或者在清算开始一年之内，其应当向公司注资用于偿还其公司成员身份终止前约定承担的公司债务并支付清算的费用和开支。如果公司持有一份股本：① 公司章程应载明公司用于注册的股份资本数额及其拆分为定额股票的情况；② 所有公司章程下的股票认购人不得认购少于一股的股票；③ 每一名股票认购人均应在其所认购的股票数额后签字。

2. 无限责任公司的章程。

（1）无限责任公司的章程应载明以下内容：① 公司的名称；② 位于缅甸联邦境内的公司注册营业地；③ 公司的经营范围；（2）如果公司持有一份股本：① 所有公司章程下的股票认购人不得认购少于一股的股票；② 每一名股票认购人均应在其所认购的股票数额后签字。

▶▶▶▶▶▶

（二）公司章程的变更

1. 公司章程变更的条件。

公司可以通过特别决议来变更公司章程中关于公司目的的条款，此种变更应使公司能够：（1）开展业务更加经济或更加有效；（2）通过新的或经过完善的方式达成公司的主要目标；（3）扩大或改变公司运营的地域；（4）在现有情势下可便捷地或有力地整合公司现有业务中的其他业务；（5）限制或放弃公司章程中明确的目标；（6）出售或处置公司所属的全部或部分企业；（7）兼并任何其他公司或社团。

公司章程的变更必须得到法院确认后方可生效。在确认公司章程变更之前，法院的以下要求应当得到满足：（1）公司向每一名公司的债务持有人以及根据法院的主张认为其利益会因公司章程变更而受到影响的任何人员或任何阶层的人群发出充分的通知；（2）对于每名根据法院的主张认为有权反对以及根据法院的指示表示反对公司章程变更的债权人，公司应当已经获得他对变更的同意，或者他的债务或索赔要求已经得到清偿或判决，或者已经得到法院的清偿保证。法院可以根据其认为适当的条款发出完全或部分确认公司章程变更的法令。

2. 公司章程变更的程序。

（1）经公证的确认公司章程变更法令的副本连同变更后的公司章程印刷体副本应在变更法令发出之日起 3 个月内由公司到注册官处备案，他应以相同内容注册，并亲自认证该注册，证书应为《缅甸公司法》所有要求均被遵守的确认证据，此后经过变更的公司章程成为公司现行章程。（2）法院可在任何时候以发布法令的方式将公司到注册官处为变更后的章程备案的时限延长至法院认为合适的时间。

第三节　公司的资本制度

公司资本是由股东出资所构成的公司财产，公司资本是公司赖以存在的物质基础，是公司得以正常运行的物质保障。

一、公司的股份

（一）出资

1. 股份。

股份是公司股份资本中的单位，股票是股份的表现形式。任何公司成员的股份或其他利息是可动财产，转移财产的方式应规定在公司章程里。拥有股份资本的公司，其每一股都应通过适当的数量加以区分。盖有公司公章的证书详细说明了股份或股票被成员持有的具体情况，它是公司成员享有了解股份或股票具体情况的权利的初步证明。股份证书赋予持票人享有股份或股票限定的权利，并且可以通过转让股份证书来转让股份或股票。凡注册登记的股民均有权免费得到盖有公司印章的股权证，来证明其持股和出资情况。但就数人持一股或数股情况而言，公司无义务向所有联合股东发放卡证，每股只需向其中一个股东发放一张卡证即可。

2. 催缴股款。

董事会可随时向股东催缴他们尚未付清的股款，只要催缴的款额未超过股票票面价格的1/4，或距上次催缴日期已逾一个月，所有股东必须在规定的时间向公司缴纳所催缴的款额。一股份的联合股东可以共同或分别支付所催缴的股款。如果在规定日期前没有缴清所催缴的股款，应缴股款者需缴纳从规定缴款之日起到实际缴清款项之日止的年利率 5% 的利息，但董事会也有权全部或部分免去利息。

（二）资本的变更

1. 增资。

经公司股东大会批准，董事会可将股本增加到决议所规定的数额。所有新股在发行之前，均可向在招股之日有权得到公司股东大会通知的人进行招股，招股按其持有的股份比例进行。（1）招股应发放通知，具体说明出售的股份数额及招股期限，若不接受邀请将视为拒绝，招股期限一过，或从被招股人处收到其拒绝接受要约股份的通知，董事会便可按其认为最有利于公司的方式来处置这些股份。（2）董事会同样可以处置其认为按本章程不能作招股邀请的任何新股。（3）经股东大会的普通决议，公司可以：① 将股本合并和划分为比现有股份更大的数额；② 经过将现有的全部或部分股份细分，可将全部或部分股本划分成数额小于公司章程所规定的股份；③ 取消在决议通过之日尚未被人认领或同意认领的股份。

2. 减资。

根据《缅甸公司法》第 55 条的规定，如果公司章程有授权并有法院批准的话，股份有限公司可通过特别决议减少其股份资本：（1）取消或减少未缴足款的股份资本；（2）注销已支付的股本中失去或未被现有资产所代表的股份；（3）返还已付的股本中超出公司所需的部分。如果必要的话，可以修改备忘录，减少公司股本和相应的股份。当一个公司减少股本的决议通过，该减少并未涉及未支付股本的任何义务的降低，法院指令确认该减少后，公司应该在法院指定的日期前，在公司名称末尾加上"已减资"字样，直到指定日为止，该字样将被认为是公司名字的一部分。

（三）股份转让

公司股份的转让文书应由转让人和受让人共同制作完成，转让人对股份的所有权被视为持续到受让人的姓名被记入股东登记簿为止。董事会可以拒绝登记任何形式的股份转让或把未完全缴清股款的股份转让给董事会不同意的人，并可拒绝将公司享有留置权的股份的转让进行登记。董事会也可在每年的股东会召开前的 14 天暂时中止转让登记。如果公司拒绝将任何股份或债权的转让进行登记，公司将在转让文件存放在公司之日起 2 个月内，对转让人和受让人发出拒绝通告。

根据《缅甸公司法》第 35 条的规定，对死亡的公司成员的股份或其他利益的变动应由他的法定代理人作出，即使法定代理人本身并非公司成员，但如果他在变动期间是公司成员，那么变动有效。（1）单独持股人。公司应承认已故的单独持股人的遗嘱执行人或管理人享有股份的权益。（2）联合持股人。公司应承认其他联合股东或者联合持股人的遗嘱执行人或管理人享有股份权益。（3）股东死亡或解散。凡因股东死亡或解散而取得股份所有权的人，一旦出示董事会随时要求的证据，就有权选择将自己登记作为股东，或提名让某人登记作为受让人。因股东死亡或解散而取得股份所有权的人，享有获得相同红利的权利和假使他是登记持股人而应享有的其他利益。但在登记成为股东前，股东会没有赋予其任何相关权利的除外。

（四）股份没收

1. 通知交付股款。

如果股东没有在规定的缴款日期缴付催缴的股款或分期缴付的股款，董事会可在未缴清催缴股款期内的任何时间向股东送达通知，要求他缴付未缴足的股款或分期股款以及可能已经产生的利息。

2. 确定没收股份日期。

通知应确定一个日期（从送达通知之日算起，不得少于 14 天），规定股东应当在该日或之前缴纳股款，并规定如果在规定之日或之前不予缴纳，将没收所催缴股款的股份。

3. 没收股份。

如果不遵守上述通知的要求，在股款尚未缴清之前，公司有权随时根据董事会所作出的有关决议没收所通知的任何股份。

4. 处置股份。

被没收的股份可以出售或按董事会认为适当的条件和方式予以处置。如果董事会认为合适，可在出售或处置之前随时取消没收决定。被没收股份的人将停止其相应的股东身份，但他仍有义务支付截止没收之日应由他向公司支付的有关股份的所有款项，如果公司收齐了所有有关股份的此种款项，他的责任应从缴清之时起予以终止。

（五）股票与证券的转换

董事会可以根据股东大会的决议，将缴足股本的股票转换成证券，也可根据决议，将任何证券转换成任何种类的缴足股本的股票。根据股票与证券的转换规则及方式，或根据与实际情况相近似的规则及方式，证券持有人可将全部或部分证券予以转换，但董事会可随时规定可转换证券的最低数额。证券持有人可根据所持证券的数额，享有如同持有转换证券的股票的股东一样在有关红利分配、公司会议上投票以及其他事项方面的权利和特权，但部分证券持有人不享有此种特权和利益。

二、股东权的变动

根据《缅甸公司法》第 66 条的规定，特别种类股份持有者享有以下权利：1. 如果在一家公司中，股本被分为不同类别的股份，备忘录的条款授权任何一类公司的股权的变动，取决于任何特定比例的已发行股份的持有者的同意或者这些股份持有者在一个单独会议的准许，股份持有者要持不低于总计 10% 的股权。如果已发行股份中的各种持有不低于总计 10% 的持有者不同意或不投票支持这一变动决议，可向法院提出申请以取消变动。当存在任何此类申请时，股权变动被法院确认后才生效。2. 当一个或多个股东被任命书写申请时可以代表有权申请的股东。对任何这类申请，法院应当听取申请人、其他申请听证人或对该申请感兴趣而出席法庭的人的意见。如果发生这种变化将不公平地损害提出申请的公司股东的利益，将不准许变动。反之，将确认该变动。3. 法庭关于任一此类申请的裁决是终局的裁决。4. 该公司须在政府有关部门作出有关申请指令后 15 天之内向登记官递交该指令的副本。

三、分派红利

有股本的公司无论在何时配发股份，应在 1 个月内提交分配的收益额，说明配发中的人数和股份数额，接受分配者的名称、地址、简介和已付或应付给每股的红利数量。根据《缅甸公司法》第 101 条的规定，分红受到以下限制：1. 供公众认购的公司股本不分红，除非在招股说明书中规定了最低资本金的金额。2. 必须由董事们作出提升股本最低限额的规定有：（1）任何购买或即将购买的财产价格；（2）公司在前期应付的费用；（3）返还因上述事项由公司借出的款项；（4）周转金。3. 每项申请的可能支付的金额不得少于每股法定面值的 5%。不符合规定的分红应当无效。任何公司董事对违反有关分红的限制规定知情并随意授权或许可默认违法分红的，他须对公司和分红者分别承担赔偿责任，以补偿他们遭受或产生的任何损失、损害或费用。

第四节　公司的管理制度

一、出资人

出资人是指在公司被解散时承担出资义务的人，以及存在于整个判决程序中和最终判决作出前的整个诉讼程序中的被视为出资人的人，包括被指控为出资人的人。出资人的责任应该是在清算人对其提出具体要求时使债务获得清偿。

（一）出资义务

如果公司被解散，每个当前和过去的成员都有义务出资一定金额以保证足以支付公司的欠款和债务以及解散的成本、费用和开支，同时为了调整各出资人之间的权利，有以下的条件限制：1. 过去的成员在解散开始前已经不是公司成员达 1 年以上的不应承担出资义务；2. 过去的成员对其离开公司后公司的欠款和债务不应承担出资义务；3. 除法院发现当前的成员无法提供《缅甸公司法》要求其提供的资金外，过去的成员不应承担出资义务；4. 股份有限公司中，不应该要求任何成员对股份超过未支付金额的部分提供出资，依据该股份他可能是公司当前或者过去的成员；5. 有股本保证的有限公司不应该要求任何成员对超过其承诺的在公司解散的时候出资的数额承担出资责任；6. 本法不应存在导致保险单或合同规定无效的条款，依据那些规定，保险单或合同中单个成员的责任应当受到限制，且公司的资金也应依据保险单或合同的规定由公司单独提供；7. 如果公司成员与其他非公司成员的债权人之间存在竞争，对于该成员以公司成员的身份获得的股息、红利或其他收入不应当被看做是公司的债务而支付给该成员；但是在最终调整出资人权利的时候可以考虑该笔款项。如果有股本保证的有限公司被解散，除了公司成员承诺在公司解散的时候出资的金额以外，每个公司成员都有义务对其持有的未支付的股份份额进行出资。

（二）成员死亡后的出资

如果出资人死亡，无论其是否已列入出资人名单，他的法定代理人和继承人都应该基于最终的遗产管理履行他的出资义务，并相应的成为公司的出资人。如果法定代理人或继承人拒绝支付其应支付的费用，可通过诉讼程序来支配已死亡的出资人的财产，并强行以该财产支付。如果出资人是印度联合家族的一员且该家庭使用 Mitakashara 学派的印度法律，那么其他的合伙人应当被视为他的合法代理人和继承人。

（三）成员解散后的出资

如果出资人在被列入出资人名单之前或之后被依法宣告解散，那么：（1）他的代理人应代

▷▷▷▷▷▷▷

表他处理解散事宜并同时成为出资人，并可能被指定为解散财产提供证明，或者基于他对公司的出资义务，依法从他的财产中支付到期未付的款项。（2）对于将来会提出的和已提出的还款要求，其可估量的赔偿能力可由解散财产证明。

二、股东大会

（一）股东大会的种类

1. 年度股东大会。

每一个公司的股东大会应当在公司设立之日起 18 个月内召开，之后一个日历年至少召开一次，并且与上次股东大会的间隔不超过 15 个月。如果不按要求召开会议，公司及公司的每一位故意参与该行为的董事或经理应被处以 500 卢比[①]的罚款。如果没有遵守上述规定，法院可以应公司成员的申请，安排或指令公司董事会召集股东大会。若股东大会无规定，可在公司成立周年和董事会指定的地点举行，如果股东大会没有如期举行，则必须在下个月召开，且可由任意两名股东以尽可能和董事会召集股东大会一样的方式召集。

根据《缅甸公司法》第 83 条关于股东大会进程和董事会议记录的规定：（1）每家公司都应当制作记录股东大会所有进程的会议记录，并且公司的董事应当登记在册。（2）在会议进行时，会议记录应当由大会主席或下次会议主席签署后，应当作为诉讼的证据。（3）除非相反的方面被证实，否则每一次股东大会或董事会作出的会议记录将被采纳，并且所有的程序都是妥当的，任命的董事或清盘人应被视为有效。（4）记录 1937 年 1 月 15 日后举行的所有股东大会内容的记录本，须保存于公司注册办公室，并应于营业时间内对所有成员免费开放，且不收取任何费用。（5）在大会结束后的 7 天内，任何会员可要求公司提供一份会议记录副本，且公司收取的费用每百字不超过 6 安那。[②]

2. 公司法定会议。

法定会议是指每一个股份公司和具有股本的担保有限公司，从公司被允许开业之日起，在一段不少于 1 个月并不多于 6 个月的期间召开的股东会议。根据《缅甸公司法》第 77 条的规定，董事们应在会议举行的 21 天前，按规定向公司的全体成员提出一份报告（以下称"法定报告"）。该法定报告提供的关于公司股份分配、股份产生的现金收入、公司的收入和支出等信息，应当由公司的审计人员确认无误。法定报告须不得少于两个的公司董事认可，或由董事会授权的董事会主席认可，而且必须表明：（1）股份分配的总量，区分出全部或部分不以现金支付的股份分配；（2）就所有分配的股份，公司收到的现金总额如上所述那样区分出来；（3）要在明显的标题下表示出公司的股份、债权及其他来源所得、支出，以及目前的结余情况；（4）公司名称、地址、董事、审计员、经理类型（如果有的话）、公司秘书及从公司成立之日起发生的变化；（5）任何合约的特别之处，提交会议批评的更改之处，以及修改和建议修改的特别之处；（6）合约的进展程度（如果有的话）；（7）佣金、经纪费用或随着股份发行、出售所产生的相关费用。

董事会应当制作一份名单以显示公司成员的名称、种类和地址及他们分别持有的股份数。

[①] 卢比是印度的货币单位。《缅甸公司法》颁布于 1914 年 4 月 1 日，经历了 1955 年和 1989 年两次修改。1948 年缅甸脱离英联邦，宣告独立。《缅甸公司法》颁布时缅甸还是英国的殖民地，英国曾经将缅甸划入其在印度的殖民地，所以法律规定中使用的是英属殖民时期的货币单位，后面两次修订没有涉及这些条款，因此这一货币单位沿用至今。

[②] 安那也是英属殖民地使用的货币单位。

该名单在会议开始时产生，并在会议持续期间向公司的任一成员保持公开，让其查询。出席会议的公司成员均可自由讨论任何有关公司组成的事务并提出法定报告。

3. 特别股东会议。

根据《缅甸公司法》第 78 条的规定，公司应当在股东的请求下立即召开特别股东会议，请求召开特别会议的股东应当持有公司已发行股份 10% 以上且其所有的到期请求和其他金钱之债已经支付。从提出申请之日起 21 天内，董事会未召开会议，请求者或他们中的大部分资产持有者有权自己召开会议，但以此方式召开会议应当自请求备案之日起 3 个月内举行。申请人召开的会议，应当尽可能以与董事召开会议的相同方式召开。因董事召集会议失职而产生的合理费用应当由公司支付给申请人，公司将保留对失职董事追索合理费用的权利。

（二）特别决议和专门决议

在股东大会公告载明审核特别决议时，特别决议必须经亲自出席或代理出席会议人员不少于 3/4 的多数通过。专门决议应经过特别决议要求的绝对多数同意，而且至少提前 21 天明确通知将其作为专门决议提出。为此，在所有有权参加会议投票的成员的同意下，一个决议可能被作为专门决议被提出和通过。在任何一个特别决议或专门决议被提交会议通过时，决议在没有证据证明记录在案的投票者赞成或反对决议的情况下，主席宣布举手表决的决议将被视为确定的事实。如果要求投票，投票方式可以由主席根据章程指定。每一个特别决议和专门决议的复印件，应当在它通过之日起 15 日内，复印或打印并经公司的一名高级职员签名确认后，递交给注册登记机关做相应的记录。

三、董事

（一）董事的任命

董事是指由公司股东大会选举产生的具有实际权利和权威的管理公司事务的人员，是公司内部治理的主要力量，对内管理公司事务，对外代表公司进行经济活动。根据《缅甸公司法》第 83 条的规定，每家公司至少有 3 名董事，但是不适用于私营公司，除非私营公司隶属于上市公司。公司的董事应由股东大会任命。任何董事缺位时必须由新选的董事补缺，新选的董事应看做在缺位的当天被任命。除私营公司外，公司章程规定的任何事项必须有不少于公司董事的 2/3 作出决定。

根据《缅甸公司法》第 84 条关于任命或宣传董事的限制规定主要包括：1. 根据本条不能被任命为董事的主体，不能以公司的名义或在公司的招股说明书中代表公司或出席相关的会议。担任董事需签署并提交书面同意文件。在此情况下，签署契约书是为了公司的股本不少于规定的数量，公司没有股本（如果存在此种情形的话），应以公司的名义登记，股东从公司可获得股息，当然此种情况下应该签署合同并予以登记。2. 对于登记的公司的契约书和章程，申请者应填写同意登记的股东姓名，如果名单中有不同意登记的股东，申请者将受到不高于 500 卢比的罚款。3. 本条限制不适用于私人公司。

（二）董事的权利义务

1. 董事行为的有效性。董事的任何行为应视为有效，尽管在后来被证明有缺陷。

2. 董事任命高级职员。如果在公司条款中规定，董事或公司经理有权任命另一人为公司高级职员，则与此相反的规定是不具有法律效力的，除非证明公司对此有特别规定。如果董事在其缺席时任命一名替代董事且期限不超过 3 个月，经董事会批准，不视为以上所说的高级职员的任命。

3. 董事的贷款。任何公司都不可为董事贷款或提供贷款担保，该规定还适用于该董事入股的公司及该董事任职的任何私人公司。如果违反此规定，公司的董事应共同承担责任，可处高达 500 卢比的罚款，如果当事人怠于偿还贷款或履行担保责任，则应共同或各自分别承担责任。

4. 董事不得获取职权利益。任何董事不得在公司大会上获取职权利益，除非是公司的董事长、总经理或法律技术顾问。该条文适用于董事选举或任命前。

5. 批准董事参与有关合同。除非征得本公司董事同意，否则本公司的董事不得作为合同相对人参与本公司的采购、销售或货物材料供应的合同。

6. 董事的免责条款无效。根据《缅甸公司法》第 86 条的规定，任何免除董事、经理或公司聘用的审计员因疏忽、过失、违反职责或违反信托而应承担的责任的规定，都是无效的。

7. 董事权利的限制。上市公司的董事或上市公司的附属公司的董事，除经股东大会同意，不得：（1）出售或处置公司的财产；（2）免除董事的到期债务。

（三）董事的罢免

公司可通过决议罢免任何董事，董事的任职期限由董事的轮流退休所决定，在董事的任期届满之前，可以通过决议委任另一人替代，被任命的董事的任职期限由前任董事的任职期限所决定，期限届满后，由董事会重新任命。

（四）董事职权的取消

根据《缅甸公司法》第 86 条的规定，在以下情况应取消董事的职权：1. 未能在指定的时间内获得第 84 条（1）款规定的资格，或在任何时间内停止担任董事，除非他委任新的董事；2. 被有司法管辖权的法院查出有精神失常的；3. 被裁定解散的；4. 自董事任职公布之日起 6 个月内，没能支付与其持有股票相应的股款的；5. 未经股东大会批准，担任其他经济组织的执行董事、经理、法律顾问或高级职员；6. 连续 3 个月内缺席董事会议或连续 3 次缺席董事会；7. 违反董事贷款规定，接受公司贷款或担保的。

第五节　公司的解散

根据《缅甸公司法》第 155 条的规定，公司可因下列事由解散：1. 由法院解散；2. 自动解散；3. 在法院的指导下解散。

一、由法院解散公司

（一）法院解散公司的情形

根据《缅甸公司法》第 162 条的规定，公司可因下列原因由法院解散：1. 公司通过特别决议决定由法院解散的；2. 未按规定提出法定报告或召开法定会议的；3. 公司成立后 1 年内未开始营业或者中止营业满 1 年的；4. 公司成员减少，私人公司少于 2 人，其他公司少于 7 人；5. 公司无力偿还债务的；6. 根据 1952 年《缅甸联合银行法》第 55 条规定被吊销营业执照的；[①]7. 如果法院有理由认为解散是公平公正的，公司应被解散。

公司有下列情况的应被视为无力偿还债务：1. 如果一债权人曾在一家公司供职，公司欠他的到期款项超过 500 卢比，他通过向总公司发送挂号邮件或其他方式催促公司支付这笔款项，而公司在此后 3 个星期未支付该笔款项，也未提供担保或达成协议；2. 有利于公司债权人的法院判决或命令的执行或其他程序，因其整体或部分不能令人满意而被驳回的；3. 法院有足够的证据证明公司已无力偿还债务的，在确定公司是否具有偿还能力时，法院要考虑公司可能的和预期的债务。

（二）解散的申请

由法院进行的公司解散，应被认为从提出解散申请的时候就开始。根据《缅甸公司法》第 166 条的规定，向法院申请解散公司应提交申请，申请可由以下主体提出：公司、一个或多个债权人（包括任何可能或预期成为债权人的人）、一个或多个出资人以及这些当事人中的所有人或部分人，他们可以一起提出也可以分别提出申请，还可以由公司注册机关提出申请，但要注意以下几点：

1. 出资人只有在以下情况下才有权提出解散公司的申请：（1）公司成员减少的，私人公司少于 2 人，其他公司少于 7 人；（2）他因持有股份而成为出资人，部分股份最初是分配给他或由他持有，并以他的名字登记注册的，且在解散开始前的 18 个月他至少持有这部分股份不少于 6 个月，或者这部分股份是通过死去的前任股东转让给他的。

2. 公司注册机关只有在下列情况下才有权提出解散公司的申请：（1）根据资产负债表揭示的公司财产状况或者根据第 138 条指定的检查员的报告显示公司已无力偿还债务；（2）在提交申请之前已获得联合主席的许可，但这种许可只有在公司首先取得受审理的机会后才能获得。

3. 因未按规定提出法定报告或主持法定会议而提出解散公司申请的，应该由股东提出，并且应在本应举行会议的最后一日的次日起 14 日后提出。

4. 对于由可能或预期成为债权人的人提出解散公司的申请，只有对费用提供了法院认为合理的担保并提供了令法院满意的确凿的证据后，法院才应审理申请。

（三）法院审理申请

1. 法院在审理申请的时候可驳回该申请，收费或不收费均可，也可有条件或无条件地推迟该审理，也可发布临时命令或其他法院认为公平的命令，但不能以公司用于抵押的财产已达到或超过公司资产或者公司没有资产为由拒绝发布解散命令。

2. 以未按规定提出法定报告或主持法定会议为根据提出申请的，法院可责令应当对该违约行为负责的人支付费用。

3. 法院发布解散公司的命令后，除了同时指定清算人外，法院应立即将其通知发送给与法院有关的官方接管人，如果没有官方接管人，可通过公报通告的方式指定联合主席为接管人。

（四）发布解散命令

1. 法院可禁止与被解散公司有关的诉讼活动。在提出公司解散的申请之后发布解散公司的命令之前，依据公司、债权人或出资人的申请，法院可依据其认为合适的条款，在任何时候有权阻止任何案件诉讼程序的进行以及阻止对公司提起诉讼。

---

① 1952 年《缅甸联合银行发》第九法案新增。

2. 解散命令使诉讼中止。当发布解散命令或指定临时清算人后，任何对公司提起的诉讼或其他法定诉讼程序都不得继续进行或开始，除非得到法院的许可并遵守法院的要求。

3. 解散命令发出后，官方接管人应成为公司的官方清算人，在法院发布命令终止其作出进一步的行动之前，其应当继续履行职责。官方接管人作为官方清算人应立即监管并控制公司的簿册、文件和财产。法院应确定官方接管人有权获得报酬。

4. 向注册机关提交解散命令的副本。解散命令发出后，提起解散诉讼的请求者以及公司有义务自命令发出之日起 1 个月内将命令的副本提交给注册机关。解散命令的副本提交后，注册机关应在公司簿册中备份，并在公报上发布该命令已发出的通知。除公司继续营业外，这个命令应被视为公司雇员的解雇通知。

5. 法院延缓解散的权力。解散公司的命令发出后，根据债权人或出资人的申请，法院依据令其满意的证据，有权发布延缓诉讼程序的命令，既可以延缓所有诉讼程序，也可以延缓一定时间内的诉讼程序。

（五）官方清算人

1. 官方清算人的任命。

为了指导解散公司诉讼程序的进行并履行相应的职责，法院可任命一个或几个非官方接管人为官方清算人。在提出申请之后发布解散命令前，法院可随时作出这样的临时任命，但在任命之前，法院应通知公司。如果法院任命的官方清算人超过一人，法院应当明确数名官方清算人的职责分工。法院可决定任命官方清算人是否需要提供担保以及提供何种担保。官方清算人的行为即使存在缺陷也应当认定为有效，但如果任命本身是无效的，则官方清算人的行为无效。当公司资产掌握在官方清算人手中时，法院不应任命接管人为官方清算人。官方清算人可辞职或由法院基于适当的理由撤职。由法院任命的官方清算人一职出现空缺时应由法院重新任命。法院可指导工资或报酬以比例形式或其他方式支付给官方清算人，如果任命的官方清算人不止一人，应当以法院指导的比例分配报酬。

2. 清算人的职权。

根据《缅甸公司法》第 179 条的规定，经法院同意，清算人享有以下职权：（1）以公司的名义代表公司提起民事诉讼或应诉，或进行其他民事或刑事法律程序；（2）在清算范围内，继续从事必要的对公司有利的营业；（3）通过公开拍卖或私人契约出售公司的不动产和动产；（4）以公司的名义制作各种文件、证书、收据和其他文书，在必要时可使用公司印章；（5）证明、宣告或主张任一连带责任人因财产资不抵债而解散，对于资不抵债部分，将解散补偿金作为独立于解散案件的债务按比例分配给其他独立债权人；（6）以公司的名义开立、承兑、制作、背书汇票、支票或本票，并承担由此产生的法律后果；（7）为了公司财产的安全筹借必要的款项；（8）以其自己的名义取得已死亡的连带责任人的无遗嘱的遗产管理状，以获取以连带责任人遗产偿还的欠款；（9）实施其他必要的清理公司事务和分配公司财产的行为。

3. 清算人的权利。

根据《缅甸公司法》第 183 条关于清算人的权利的行使和控制的规定主要包括：（1）被法院宣告解散清算的公司，其清算人负责管理公司财产并在债权人之间进行分配，他需要考虑全体债权人或连带责任人的决议及检查委员会的指示，如果它们之间发生冲突，则全体债权人、连带责任人的决议应优先于检查委员会所作出的指示；（2）为了明确债权人或连带责任人的主张，清算人可以召开债权人或连带责任人全体会议；（3）清算人可以按规定的方式申请法院作出在清算过程中产生的与特定事项相关的裁决；（4）清算人在管理公司财产和在向债权人分配财产时享有自由决定权；（5）任何人的利益受到清算人制定的文件或决议的损害，其有权向法院申诉，法院可对该被申请的文件或决议进行确认、撤销或修改。

4. 清算人的报告。

公司经法院裁定进行解散清算后，清算人应在不迟于收到第 177 条 A 所要求提交的财务报表之后 4 个月内，或者经法院许可，在裁定作出后 6 个月内向法院提交初步报告。报告内容包括：（1）发行、认缴和认购的股本数量，估计的资产负债数量，分别列出以下资产明细：现金和有价证券；公司对成员的欠款；其他公司欠款和公司可用的任何证券；属于公司的动产和不动产；公司未付款。（2）如果公司已经解散，应当说明解散的原因。（3）清算人有权决定对任何有关公司的创立、组建、解散或公司经营管理等事项进行进一步调查。如果清算人认为有必要，可以提交多份报告以说明其认为需要提请法院注意的事项。

（六）法院的普通权力

1. 连带责任人名单的制定和财产的利用。

一旦法院作出了清算裁定，就应制定连带责任人名单，法院有权在任何情况下根据《缅甸公司法》修改股东名册，将公司资产集中用于清偿债务。在制定连带责任人名单时，法院应注意因自身原因引起的连带责任和代表他人以及为他人还债的连带责任的区别。

2. 要求交付财产的权力。

法院可以在作出清算裁定以后的任何时候要求连带责任人名单上的连带责任人、财产托管人、管理人、银行业者、公司高级职员等应立即或在法院指定的时间内，将其掌管的初步确认应由公司所有的现金、财产和文件等支付、递交、提交或转移给清算人。

3. 指令连带责任人偿还债务的权力。

法院可以在作出清算裁定以后的任何时候指令连带责任人名单上的连带责任人以裁定的方式从其应得的现金中或从其代表公司应付现金的个人资产中或根据本法追偿的其他资产中支付应由其支付的现金。

4. 追偿债务的权力。

法院可在作出清算裁定以后，在确认公司财产充足之前或之后的任何时候追偿债务，责令连带责任人名单中的所有连带责任人或其中任一连带责任人在其义务范围内清偿法院认为必要的公司债务、支付清算费用，对连带责任人的内部责任进行调整。

5. 责令向银行支付的权力。

法院可责令任何连带责任人或其他应向公司支付款项的人将款项存入清算人指定的银行账户，而不能将其直接交给清算人，以此种方式执行支付命令视为直接向清算人支付。

6. 对连带责任人的裁定具有终局证据性。

法院对于连带责任人的任何可申诉的裁定都应作为债务具有正当性的终局证据。裁定中的其他有关陈述都将作为其他所有人或所有诉讼程序可以引用的证据。

7. 排除未及时申报债权的债权人的权力。

法院可以指定债权人在某一时刻或时段申报债权或提出有关主张，否则将被排除在已确认债权的利益分配之外。

8. 对连带责任人权利的调整。

法院可以对连带责任人的权利进行调整，并在另外有资格的人中分发盈余。

9. 责令支付清算费用的权力。

法院在审理公司资不抵债的案件中，可以责令对在解散清算中发生的开支和费用按法院认为合适的方式优先支付。

（七）公司解散

一旦公司相关解散事宜彻底完结，法院应作出公司从裁定之日起解散的裁定，公司应当解散；清算人应将该解散裁定在其生效后 15 日内向登记员报告，登记员应在该公司登记档案中对公司解散作相应备注；清算人违反本条规定的，处以所违规日期每日 50 卢比以内的罚款。

二、自动解散

（一）自动解散的条件

根据《缅甸公司法》第 203 条的规定，公司有下列情形之一的，可自行解散：1. 公司章程规定的营业期限届满或者公司章程规定的其他解散事由出现，并经公司股东会决议要求公司解散的；2. 公司特别决议决定需要自行解散的；3. 因债务原因无法继续营业并被建议解散的，经公司非常决议决定的。

公司自行解散程序自公司自行解散决议通过之时起，公司除因解散需要外，经营活动即行停止。除非公司章程有相反规定，公司法人资格及公司法人能力将持续到公司解散之日止。任何有关公司自行解散的特别决议或非常决议的通知应由公司在该决议通过之日起 10 日内在政府公报及在公司登记地发行流通的有关报纸上发布。公司被提议自行解散的，公司管理层或公司多数董事（假设公司有超过两名以上的董事）应在公司有关解散决议提议的会议通知发出之日以前的公司董事会上，以宣誓书的形式对以下内容作出声明：其已对公司有关事实作详细调查，并已得出公司有能力在解散之日起不超过 3 年的某一具体期间内全部偿还公司债务的相关意见。

（二）股东自愿解散公司

1. 公司指定或确定清算人报酬的权利。

公司需在股东大会中为清算和分配公司财产事务指定一个或多个清算人，并可以确定给予他或他们的报酬。一旦指定清算人，公司董事的所有权利即行停止，除非获得公司股东大会或清算人批准而得以延续。

2. 填补清算组织职位空缺的权利。

（1）因死亡、辞职或其他原因导致公司指定的清算组织成员出现空缺的，公司股东大会可以根据其债权人的安排填补相应空缺；（2）为此目的，连带责任人或存在多个清算人的情况下由其他清算人召集股东大会；（3）股东大会需按《缅甸公司法》或公司章程规定的方式举行，也可按连带责任人或其他清算人申请的方式或法院决定的方式举行。

3. 清算人在每年年终召集股东大会的义务。

解散期超过一年的，清算人应在自清算开始之日起的第一年及以后每一年年终或在年终以后的 90 日内的合适时间召集股东大会，并在会议上就其过去一年的行为、交易及解散事宜的处理等事项作述职报告及提交以特制表格形式包含有关清算职位特定事项的书面声明。清算人违反相关规定的，处以 100 卢比以内的罚款。

4. 终局股东大会及解散。

（1）制定解散报告。一旦解散事项完结，解散人应制作解散报告，以说明其解散执行行为及公司财产已作妥善处理并及时召集股东大会作述职报告和作相关解释说明。

（2）发布公告。股东大会的召集应以公告的方式说明开会时间、地点和相关事项，并最迟在会议召开前一个月按《缅甸公司法》第206第（1）款之通知公告的方式发表。

（3）递交述职报告副本及会议已举行的报告。清算人应在会议召集后一周内，向注册机关递交述职报告副本及会议已在某日举行的报告。清算人违反上述规定将按每延迟一天处以50卢比以内的罚款。若到会股东不足法定人数，清算人应在报告场所报告会议已依法召集但到会股东不足法定人数的情况。以前款规定的公告作为会议依法召集的报告应被认可。

（4）登记处理。注册机构在收到递交述职报告副本及会议已在某日举行的报告后应立即登记处理，在召集报告登记后3个月期限届满，可认为公司已解散。

（5）申请延期。清算人或其他相关的利害关系人向法院申请公司解散延期的，法院可以酌情延期。法院同意本条所述的延期申请的，相关当事人有义务在法院作出该决定之日起21日内向注册机关递交登记副本，相关人员违反此规定的，处以所延期每天50卢比以内的罚款。

（三）债权人自愿解散公司

1. 债权人大会。

（1）在公司即将举行的提议自愿解散的决议大会当天或第二天，公司应召集公司债权人大会，并且向债权人发出的大会召集通知应同该公司解散决议大会的召集通知同时邮寄发出。

（2）公司也应将该债权人大会的通知采用《缅甸公司法》第206条第（1）款规定的方式发布公告。

（3）公司债权人应表明其对公司有关事务的立场，并列出公司债权人清单及其将在上述债权人大会上申报的债权的估算金额；指定其出席上述公司股东大会的一名代表，被指定的出席股东大会的代表应代表债权人参加该大会。

（4）若提议公司自愿解散决议的大会延期举行，按本条第（1）款规定如期举行的债权人大会上通过的任何决议在该延期会议实际举行日期通过的自愿解散决议生效后立即生效。

2. 清算人的任命。

债权人和公司有权推荐一名清算人处理公司终结的有关事务和分配公司财产。如果两者推荐的人选不同，则债权人推荐的人员为清算人，如果债权人没有推荐清算人，则公司推荐的成为清算人。

3. 清算人的责任。

清算人应当在每年年末召集公司会议和债权人会议。如果终止过程持续时间超过一年，清算人应在终止开始起第一年年末，以后每年年末以及认为方便的时候，召集公司普通会议和债权人会议。

4. 公司的最终会议和解散。

（1）终结报告。一旦公司完全终结，清算人应当作出公司终结的报告说明公司财产的分配情况，并召集公司普通会议和债权人会议。

（2）公司的最终会议。每次会议应当在召开前至少一个月进行公告，公告需写明会议时间、地点、对象。每次会议后的一周以内，清算人应该向登记机关提交会议报告复印件，或者就会议制作一份正式报告。如果违反规定，清算人将被处以每天不超过50卢比的罚款。如果会议召开没有达到法定人数，清算人应该制作一份正式报告，写明会议按时召集但没有达到法定出席人数的情况。如果清算人按规定制作了报告，则会议的召开视为符合规定。

（3）解散。登记注册机关接到上款规定的会议报告后，应立即进行注销登记。从注销登记之日起 3 个月期满后公司被视为解散。法院可以根据清算人或其他有关人员向法院递交的申请，作出延迟公司解散的决定。法院作出延迟公司解散决定的 10 天内，申请人有义务向登记注册机关递交法院决定的复印件。

三、公司终结

（一）公司财产的分配

根据《缅甸公司法》第 230 条的规定，在公司终结过程中，以下债务优先清偿：1. 所有在宣布公司终结之日前产生的公司应纳税款（不管是中央政府税收还是地方当局税收），应在 12 个月内清偿。2. 职员或服务人员的工资，应在 2 个月内支付，每人工资不得超过 1 000 卢比。3. 蓝领工人工资，不论是计时还是计件工资，每人不超过 500 卢比，应在 2 个月内支付。4. 根据《工人赔偿法》的规定，对员工所作出的死亡或伤残赔偿。5. 员工预备金款项、员工退休提取金、员工遣散费和其他员工福利。6. 本法第 138 条第（4）款规定的调查费用。

上述债务将按照以下规则清偿：1. 顺序相同的全部清偿，除非公司财产不足以全部清偿，则按比例清偿。2. 如果公司财产不足以偿付普通债权人的债权，将优先偿付公司债券持有人的债券，此债券应从公司财产或流动资金中受偿。由于要预留一笔款项作为必需的终结费用，上述债务在公司财产提取终结费用后立即得到清偿。按照《缅甸公司法》关于优先清偿的规定，公司终结后，公司财产将被申请用于债务清偿，剩余财产将根据股东在公司所享有的权利和利益进行分配。

（二）和解

在公司终结过程中，公司和债权人之间可以进行整顿与和解。如果和解经公司特别决议批准和经代表 3/4 以上债权人同意，则对公司和债权人均有约束力。债权人或连带责任人可以在和解完成后的 3 个星期内向法院提出上诉，法院如果认为合法，可以立即修改、改变或确认和解。

（三）申请法院作出终结决定

根据《缅甸公司法》第 216 条的规定，清算人、连带责任人或者债权人可以就公司终结产生的任何问题向法院提出申请，请求法院就此作出决定。清算人、连带责任人或者债权人有权在公司终结程序开始后向法院申请，撤销因扣押公司财产造成不动产损坏或对公司造成不利影响的裁定。可以提出申请的情形有：1. 如果扣押公司财产的判决由高等法院作出并生效执行，申请应向高等法院提出。2. 如果上述判决由其他法院作出并生效执行，申请应向对公司终结享有管辖权的法院提出。3. 如果上述请求被认为是合法的和有益的，法院可以在它认为合适的条件下，批准全部或部分申请，或者就申请作出其他的裁定。

（四）法院规定终结诉讼

法院有权在终结裁定中规定所有或任何终结诉讼程序的采用。根据《缅甸公司法》第 221 条的规定，公司终结后，法院有权作出终结程序继续进行的决定，终结程序受法院监督管理。债权人、连带责任人或其他有关人员有权向法院提出对公司终结进行监管的申请。

1. 终结开始后，转让等行为无效。无论公司由法院裁定终结还是终结程序受法院监管，任何公司财产（包括可起诉的债权）的处置、公司股份的转让或者股东地位的变动发生在终结开始后，除非依法院的裁定，否则均无效。

2. 所有的债权均需要证明。在公司终结程序中（包括无力偿付债务的公司根据解散行为法申请解散）所有的债务都能得到清偿只是偶然现象，所有的对公司的债权诉讼要求，不管是现在的还是将来的，确定的还是不确定的，都需要提供法庭允许提供的有关证据，以此对其价值做出合理的估计。

四、已解散公司登记记录的注销

根据《缅甸公司法》第 247 条的规定：1. 注册登记机关有理由认为公司处于停业状态，即可向公司发一份邮件询问公司是否处于营业状态。2. 如果登记注册机关发出信件后 1 个月未收到公司回复，他可在第一次发信后 1 个月期满开始 14 日内，参照第一封信邮发一封挂号信，以告知首封邮件未收到回复，并告知若此信件发出后 1 个月内未收到回复，将在缅甸公报上发布关于删除公司登记记录的公告。3. 如果公司收到关于公司停业的回复，或于第二封信发出后 1 个月之内未收到回复，他即可在缅甸公报中公告删除公司注册登记记录的通知。4. 如公司、股东或债权人认为注销公司侵犯了其权利，法院基于公司、股东或债权人的请求，确认被注销的公司确实处于营业状态，则判决恢复公司的注册记录，注销无效。法院根据此判决作出说明，公司恢复为注册状态。

思考题

对比中国与缅甸的公司资本制度。

第十二章　柬埔寨王国公司法律制度

本章重点知识：柬埔寨的市场活动主体分类和注册登记制度；柬埔寨公司设立、公司管理、股利分配、公司合并、公司解散与清算等基本制度。

建议课时：2 课时。

第一节　柬埔寨概述

一、地理位置及历史发展

柬埔寨全名柬埔寨王国（Kingdom of Cambodia），旧称高棉，是位于东南亚中南半岛的一个国家，首都金边。柬埔寨占地 181 035 平方公里，其西部及西北部与泰国接壤，东北部与老挝交界，东部及东南部与越南毗邻，南部则面向暹罗湾。高棉族是主体民族，占总人口的 80%，少数民族有占族、普农族、老族、泰族、斯丁族等。佛教为国教，95%以上的居民信奉佛教，占族信奉伊斯兰教，少数城市居民信奉天主教。华人、华侨约 60 万。柬埔寨是个历史悠久的文明古国，早在公元 1 世纪建立了统一的王国。20 世纪 70 年代开始，柬埔寨经历了长期的战争。1993 年，随着国家权力机构相继成立和民族和解的实现，柬埔寨进入和平与发展的新时期。1996 年 3 月 3 日，柬埔寨和老挝一起正式提出加入东盟的申请，7 月东盟第 29 届外长会议同意柬埔寨、老挝和缅甸于 1997 年加入东盟。1999 年 4 月 30 日，东盟在河内举行特别仪式，宣布接纳柬埔寨为东盟第 10 个成员，柬埔寨成为最后加入东盟的东南亚国家。

二、柬埔寨的政治制度

柬埔寨的国体是君主立宪制，实行自由民主制和自由市场经济，立法、行政、司法三权分立。国王是终身制国家元首、武装力量最高统帅、国家统一和永存的象征，有权宣布大赦，在首相建议并征得国会主席同意后有权解散国会。国王因故不能理政或不在国内期间由参议院主席代理国家元首职务。国王去世后由首相、佛教两派僧王、参议院和国会正副主席共 9 人组成的王位委员会在 7 日内从安东、诺罗敦和西索瓦三支王族后裔中遴选产生新国王。

三、农业与工业

柬埔寨的经济以农业为主，工业基础薄弱。柬埔寨政府实行对外开放的自由市场经济，推行经济私有化和贸易自由化，把发展经济、消除贫困作为首要任务，把农业、加工业、旅游业、基础设施建设及人才培训作为优先发展领域，推进行政、财经、军队和司法等改革，提高政府工作效率，改善投资环境，取得一定成效。2012 年柬埔寨 GDP 总值约 140.38 亿美元，同比增长 7.3%，人均 GDP 达到 987 美元。柬埔寨是传统农业国，农业是柬埔寨经济第一大支柱产业，首相洪森提出 2015 年百万吨大米出口计划，提高了农民的生产积极性，促进了农业管理技术和种植技术的提高，更吸引大量的投资者对农业的资金投入。柬埔寨工业基础虽然薄弱，门类单调，但工业是国内经济发展的支柱产业之一。

四、对外贸易和外国资本

2003 年 9 月，柬埔寨加入世界贸易组织。2013 年，柬埔寨对外贸易总额为 158.8 亿美元，同比增长 18.5%。其中，出口 69 亿美元，同比增长 27.7%；进口 89.8 亿美元，同比增长 13%，贸易逆差 20.8 亿美元。主要出口产品为服装、鞋类、橡胶、大米、木薯，主要进口产品为燃油、建材、手机、机械、食品、饮料、药品和化妆品等。主要贸易伙伴为美国、欧盟、中国、日本、韩国、泰国、越南和马来西亚等国家。为发展本国经经济，柬埔寨实行自由经济政策，将所有行业都对外开放。1994 年柬埔寨国会通过《投资法》，外商投资方式有独资、合资、合作和租赁四种，生产性企业可由外商独资，贸易性企业不允许外商独资。柬埔寨政府还出台了一系列法规，同投资商建立了定期磋商和对话机制。2013 年，外国投资 16.47 亿美元，占总投资 33.2%，外资来源国主要为中国、越南、泰国、韩国和日本，投资额分别为 4.36 亿、1.01 亿、0.72 亿、0.29 亿和 0.26 亿美元，分别占柬埔寨吸引外资总额的 26.6%、6.1%、4.37%、1.76%和 1.59%。[①]

第二节　柬埔寨的市场活动主体形式和注册登记制度

市场活动主体是指从事商品经营或者营利性服务的法人、其他经济组织和个人。柬埔寨的主要的商业法律实体类型包括：sole proprietorship（相当于我国的个体工商户）、partnership（合伙）、company（公司），以及外国公司的 branch office（办事处）、representative office（代表处）。

作为法律上的市场活动主体，应当具备以下几个基本条件：第一，必须具有合法的经营资格，即根据本国相关法律法规的规定取得法律的经营授权或依法办理了工商登记。第二，从事专门的市场活动，参与市场关系，如从事商品的生产或销售，从事市场服务，等等。第三，必须以营利为目的，即参与市场活动的目的是为了自身财产价值的增值，营利性是经营者与非经营者最本质的区别。由于历史原因，柬埔寨王国的商业企业法律制度体系并不完善，没有一部独立的《公司法》，对于市场活动主体的规定散见于《柬埔寨王国商业法》《关于在商业部进行商业登记的指导性通知》《投资法》《柬埔寨王国商业企业法》（以下简称《商业企业法》）等法律法规中。2005 年 5 月 17 日柬埔寨国会通过了由商业部起草的《商业企业法》，该法律共有 8 章 304 条，制定《商业企业法》的主要目的是为了改善和巩固柬埔寨的商业投资环境，并建立法律依据，让注册的商业公司可以合法运作，保护有意成立公司的投资商的合法权益。同时也让柬埔寨每个家庭都能参与成立公司，推动国家的经济发展。本章的介绍主要以《商业企业法》为依据，该法规定柬埔寨的市场活动主体主要有合伙和公司两种形式。

---

① 柬埔寨简介，资料来源于中华人民共和国驻柬埔寨王国大使馆经济商务参赞处网，http://cb.mofcom.gov.cn/article/ddgk/，访问时间：2015-9-14。

一、合伙

合伙是指两个或两个以上的民事主体根据合伙协议，各自提供资金、实物、技术，共同出资、共同经营、共负盈亏的组织。《商业企业法》第二章规定了合伙企业相关法律制度，合伙分为一般合伙和有限合伙两种形式。

（一）普通合伙企业

《商业企业法》第 8 条规定，普通合伙企业是指由两个或两个以上的主体，各自提供资金、技术或劳务所组成一个共同经营、共负盈亏的组织。《商业企业法》第 9 条规定，普通合伙合同可以使用口头或书面形式。如果采用书面形式的，所有合伙人必须签字。

（二）有限合伙企业

《商业企业法》第 64 条规定，有限合伙企业是由有限合伙人和普通合伙人组成的合伙企业，有限合伙企业中至少有一名有限合伙人和一名普通合伙人。该法第 65 条规定，一个人可以在同一时间内在同一有限合伙企业中既是普通合伙人又是有限合伙人。这个人在同一时间内既是普通合伙人又是有限合伙人时，以普通合伙人的身份享有权利、承担责任。该法第 66 条规定，有限合伙企业合同可以采用口头或书面形式。如果采用书面形式，全部普通合伙人和至少一名有限合伙人在合同上签字。有限合伙企业合同期限不得超过 99 年，但可以延长。

二、商业组织

依照柬埔寨的私法，具有法律人格的公司总部和超过 50%的贸易资金属于柬埔寨国籍的自然人或法人的公司，被视为柬埔寨本国的公司。依照此条款规定，只有柬埔寨国籍的公司可以登记柬埔寨的公司名称。[①]具体形式如下：

（一）商业合伙公司

商业合伙有时称之为普通合伙公司，指联合两个或更多公司在同一商号下以商业经营为目的联合企业。每一个公司均被视为一名商人，并且对整个联合企业的债务承担连带责任。未经所有公司的同意，联合企业的股份不可转让或分配。

（二）有限责任公司

有限责任公司是由两个以上的出资人共同出资组建的公司，公司的股东以其出资额为限承担责任，公司股东人数最多是 30 人，最少是 2 人。有限责任公司使用的企业名称中必须有"有限联合股份公司"或者其英文表达的首字母组合即"SARL"或"LTD"的字样，并且有公司资金的声明。

（三）个人有限责任公司

个人有限责任公司是由一个人创立的公司。个人有限责任公司的商业名称必须标明"EURL"的字样。创设和解散个人有限责任公司的条件及要求与有限责任公司的一样。个人有限责任公司的所有者有权单独行动，并在其对公司的出资限额内向公司的债权人承担责任。[②]

---

① 米良、周麟主编：《东盟国家公司法律制度研究》，中国社会科学出版社 2008 年版，第 391 页。
② 米良、周麟主编：《东盟国家公司法律制度研究》，中国社会科学出版社 2008 年版，第 392 页。

（四）匿名公司

匿名公司是指所有股东不为公众所知悉，自己承担风险并且原则上仅仅依据所经营的事务及其经营资金数额的声明来识别的一种公司，其经营资金是对公司债权人提供的唯一担保。匿名公司至少需要 7 个人才能成立。匿名公司通常由大家所知的一名或多名发起人的发起而创立。[①] 公司名称必须总是在先注明或立即附后清晰写明"匿名公司"或"S.A."字样，同时，还要有一份资金总额的声明。

（五）国有公司

国有公司是由国家拥有所有权的公司。国有公司依照公共机构的法律来创设，受政府部门或其他公共部门的监督。[②]

（六）混合公司

混合公司是由一名或多名自然人或法人实体与政府或公共机构组成的公司。如果大部分所有权是私有的，混合公司的创设必须遵循与其他商业公司一样的手续。另外，可经由部门委员会的命令而创设混合公司。混合公司的国有股份可以是现金或实物。政府所有权只能是为了国民的利益而授权拥有[③]。

三、外国企业

《商业企业法》第 270 条规定，外国企业是在外国法律下成立的法人，在柬埔寨王国从事商业业务。同时，该法第 271 条规定，外国企业在柬埔寨王国可以采用以下形式从事商业活动：1. 商业代表处或商业联系处；2. 分公司；3. 子公司。商业代表处及分支机构是公司的代理人，而不具有独立的法律人格。

四、商业注册与登记

（一）商业注册登记概述

1995 年柬埔寨国民大会通过了《商业规定和商业登记法》，无论是柬埔寨本国人还是外国人只有要从事了该法规定的活动，都是商人，受该法的调整。该法第 1 条规定，所有从事商业活动，并以商业活动为本身职业的自然人或法人称为商人。商业活动即进行买卖货物或提供服务的活动，这种活动是经济性的，目的是进行交换和寻求利润。商业法庭秘书办公室掌握一份商业名册，册内登记有贸易公司和商人编号。所有商人和贸易公司，如果在柬埔寨王国设有总公司、子公司或代理处，有责任在该名册上注册，除非该商人不需要纳税。

（二）发展理事会对投资项目的审核[④]

在向柬埔寨发展理事会申请成立公司时，须提供投资项目的经济报告以供审定。同时，投资人需提供：1. 公司名称（柬文或英文）。2. 股东成员名单。股东人数不受限，如果是自然人

---

①　杨玉梅主编：《东南业国家商务法律制度概论》，法律出版社 2012 年版，第 493 页。

②　杨玉梅主编：《东南业国家商务法律制度概论》，法律出版社 2012 年版，第 494 页。

③　米良、周麒主编：《东盟国家公司法律制度研究》，中国社会科学出版社 2008 年版，第 394 页。

④　政策法规，资料来源于中华人民共和国驻柬埔寨王国大使馆经济商务参赞处，.http://cb.mofcom.gov.cn/article/ddfg/.
2014-10-14，访问时间：2015-10-21。

▶▶▶▶▶▶▶

股东，需提供无犯罪证明、护照复印件、柬埔寨入境签证、国外住址、电话等。如果是法人股东，需要提供该公司的营业执照、税务登记证、公司章程及该公司给代表人的委托授权书（这些资料均要英文版并经所在国公证机关公证），同时，需要提供法人股东代表人的无犯罪记录证明、护照复印件、柬埔寨入境签证、公司或者当事人地址等。3. 股份分配及职务分配方案。公司章程的大部分条文基本上是一个模式，股份分配比例可根据实际情况登记，而职务一般为公司董事长、董事及公司成员。4. 投资规模。投资额须在 100 万美元以上，但验资只需提供投资额 25%的银行资金证明即可。5. 公司地址。需提供公司所在地点的租赁合同或产权证。6. 厂房建设图及建设批文。7. 职工总数。8. 经营内容。9. 生产产品价格及出口比例。10. 生产产品出口国家。11. 申请免税进口原料及设备清单。

提供以上资料，经柬埔寨发展理事会审议通过后，柬埔寨发展理事会为投资商提供的一站式服务有：1. 签发投资项目成立批文及进口免税批文。2. 财经部在进口免税物资清单上盖章确认，交海关登记实施。3. 商业部颁发公司营业执照、公司批文、存档资料，并在公司章程上盖章，存档备案。4. 税务局进行税务登记，颁发税务登记证及增值税证。5. 工业部签发建厂批文及颁发工业执照。6. 环保部签发环保批文。

（三）商业注册的一般规定

1. 在柬埔寨王国设有公司的商人。

《商业规定和商业登记法》第 14 条新规定，开始商业活动之前最少 15 天内，商人必须将自己从事营业的地点，呈交省、市商务局或商务部确定的地方，商人必须提交两份有当事人的签名的报告书。报告书必须按商务部提供的样本书写，该报告书上应注明：（1）商人的姓名和身份证号码；（2）在商业活动中使用的名字和代名；（3）出生日期和出生地；（4）国籍；（5）商业内容；（6）营业地址和在柬埔寨王国境内的商业基金会总行或分行的地址；（7）总行商业标志和当事人的签字样本以及印章样本；（8）在商业名册上注册的全权代表的身份证；（9）申请注册者和现在的商业活动总行地址；（10）申请者的自愿声明书中要注明从未在商业活动中被惩罚；（11）在必要的情况下，某些项目和某些商业内容必须得到批准，并且发给批准书。

2. 在柬埔寨王国有固定办事处的公司。

《商业规定和商业登记法》第 17 条新规定，所有进行商业活动的公司必须在商业名册上注册，无论这些公司成立形式、期限以及性质如何。注册工作必须由公司发起人或董事在成立公司和开展商业活动之前 15 天内进行。申请注册者必须向商业法庭秘书办公室提供两份由申请者本人签署的报告书及公司章程。报告书上必须注明：（1）股东的名字和代名，出生日期和出生地，家庭状况和国籍；（2）公司的标志；（3）公司的营业内容；（4）公司在柬埔寨王国境内的固定办事处、分公司和代理处的地址；（5）被授权管理、处理和代表公司签字的股东或第三者的名字、出生日期和出生地；（6）公司资本、资本来源，如果是股份公司，必须注明由公司股东提供的金钱或有价值的物资；（7）公司成立和到期日期；（8）公司形式；（9）本条文第五点所注明的股东或第三者的签名样本和公司印章样本；（10）由银行发出的存放资金证明书；（11）申请者自愿发表声明证实从未在商业活动中犯罪。

3. 只有分公司或代理处在柬埔寨王国的外国公司。

《商业规定和商业登记》第 19 条规定，所有在柬埔寨王国只有分公司或代理处的外国贸易公司必须在商业名册上注册。必须按本法第 17 和 18 条的规定，履行登记注册手续。

（四）商业登记的一般规定

1. 在柬埔寨王国设有公司的商人。

《商业规定和商业登记》第 15 条规定，以下的几种情况，必须登记在商业名册上：（1）与商业名册中注册的情况有关的任何改变；（2）法庭与法官的判决书允许商人夫妻离婚；（3）营业证书和商人使用的生产标志或商标；（4）法庭与法官判决书所委任的辅助商人的赞助委员会或禁止商人从事商业活动的法庭与法官判决书；（5）为了进行营业而把贵重财产抵押的证书；（6）宣布破产的法庭判决；（7）转让商业基金。

2. 在柬埔寨王国有固定办事处的公司。

《商业规定和商业登记》第 18 条规定，必须在商业名册上登记如下情况：（1）上述条文中所规定的必须在商业名册上登记的变化和原因；（2）在公司期限内被委任的主任或管理人的姓名、出生日期和出生地；（3）宣布进行营业的证书和公司使用的产品标志；（4）宣布公司解散的法庭判决书；（5）宣布公司破产或按法庭规定清理账目的法庭判决书。

3. 只有分公司或代理处在柬埔寨王国的外国公司。

《商业规定和商业登记》第 20 条规定，必须按本法第 10 条的规定，把分公司和代理处所发生的变化和原因登记在商业名册上。

第三节　柬埔寨的公司法律制度

柬埔寨的公司法律体系包括《商业企业法》《商业注册和商业登记法》《民法典》以及商务部发布的各种规范性文件。柬埔寨《商业企业法》第三章对有限公司的设立、组织机构、权利义务、公司合并、解散与清算等制度作了明确的规定。该法第 85 条将公司分作私人有限公司（private limited company）和公众有限公司（public limited company）两种类型。私人有限公司一般不向公众发行股票或其他证券，但可以向股东、家庭成员及其管理者发行股票或其他证券。如果是一个单独的自然人出资建立的企业，即有限责任公司的所有股份归于一人的情形时，这时便成为个人独资的有限责任公司。公众有限公司可以向社会公众发行股票。由于柬埔寨王国的证券市场尚未成熟，目前，只有极少数的公众有限公司。《商业注册和商业登记法》规定了公司的注册登记制度。

一、公司的成立及公司的权利和能力

（一）公司的成立

公司的成立必须达到柬埔寨王国的相关法律所规定的公司成立条件。《商业企业法》第 85 条规定，本法授权私人有限公司和公众有限公司在柬埔寨王国进行除经营银行、保险公司、融资公司等业务以外的其他商事活动。该法第 86 条规定，私人有限公司是符合下列条件的一种有限公司：1. 公司股东为 2～30 人。由一个股东组成的公司叫个人独资有限公司，其成立的要求与私人有限公司的成立要求一致；2. 公司不向公众发行股票或其他证券，但可以向公司股东、家庭成员和其管理者发行股票或其他证券；3. 公司对每一类股票的转让至少有一个以上的限制条件；4. 公司必须按商业部的明确规定进行商业登记，登记之日为公司成立之日。该法第 87 条规定，公众有限公司是本法授权发行证券的有限公司的一种形式。公众有限责任公司可以拥有 30

>>>>>>

人以上的股东，一个股东在其拥有公司股份的数量范围内对公司的债务承担责任。[1]该法第 91 条规定，一个或一个以上的自然人或法人通过提交公司章程创建一个有限公司。第 92 条规定，私人有限公司的名称应包括"私人有限公司"或适当的缩写。公众有限责任公司的名称应当包括"公用有限公司"或适当的缩写。

（二）公司的能力及权利

《商业企业法》第 101 条规定，具备下列条件的公司为具有柬埔寨国籍的公司：1. 该公司在柬埔寨王国有一个营业地点和注册办事处；2. 超过公司有表决权股份的 51% 的自然人或法人是高棉民族。该法第 99 条规定，根据本法规定，公司拥有与自然人一样的能力、权利和特权。公司可以在柬埔寨王国国内从事商业活动。该法第 100 条规定，公司可以在柬埔寨王国以外的法律承认的任何管辖范围内开展其商业活动、管理其事务和行使其权利。该法第 103 条规定，公司应当在其章程规定范围内从事业务和事务，不得以违反章程的方式行使权利。

二、公司章程

公司章程是指公司依法制定的，规定公司的名称、住所、经营范围、经营管理制度等重大事项的基本文件，是公司规定组织机构的构成及活动基本规则的书面文件。公司章程具有法定性、真实性、自治性和公开性的特征，它是公司成立的基础，也是公司赖以生存的灵魂，公司及股东应当受到公司章程的约束。

（一）公司章程的内容

《商业企业法》第 93 条规定，公司章程应当载明下列情况：1. 公司名称；2. 公司在柬埔寨王国的注册办事处；3. 公司的目标和经营范围，公司的目标是不违法的数种合法商业交易；4. 以本国货币计算的注册资本；5. 本公司有权确定发行股份的类别、数额及股份的面值；6. 如果公司发行两种及以上的股份，公司章程应当规定最高股份数、每股面值，并对每一类股份所附的权利、特权、限制和条件进行说明；7. 如果股份是连续发行，公司章程应当授权董事会决定每一次发行股份的数量以及股份所附的权利、特权、限制和条件；8. 如果股份的发行、转让受到限制或股权受限，应对效力及限制的性质进行说明；9. 每一位股东的姓名及地址；10. 董事的人数，或者确定董事人数的上限和下限。该法第 94 条规定，公司章程还包括任何必要的条款。该法第 95 条规定，公司章程可以采用私人协议或公证的形式，章程应当由全体股东签字盖章后生效。

（二）公司章程的修改

1. 修改的原因。

当公司章程不符合公司的发展需要时，应当修改公司章程。《商业企业法》第 235 条规定，有限公司可以随时修改公司章程。公司章程的修改须经特别决议才能进行。根据第 236 条的规定，公司章程的修改有以下几个原因：（1）增加、更改或删除权利、特权、限制、附加某类或系列的股份；（2）增加或减少他们持有的一类或系列股份的最大持有量；（3）增加权利、特权等于或优于其股份的一类或系列授权股份的最大持有量；（4）发行的新股份与其持有股份相同或优于其持有股份；（5）任何股份的权利或特权低于或等于或优于其持有的股份；（6）减少他

① 米良、周麒主编：《东盟国家公司法律制度研究》，中国社会科学出版社 2008 年版，第 397-398 页。

们所持股份的资本账户。

2. 修改的内容。

《商业企业法》第 238 条规定，公司章程可以修改如下内容：（1）改变公司的名称；（2）增加、减少或改变本公司的宗旨、目标或经营业务；（3）某一类股份发生了实质性或相对性改变时重新配置股权；（4）更改各类股份的股息；（5）发行新股票增加资本优于或次于现有股票；（6）通过减少任何类别或系列股票或其授权股份的面值以减少其申报资本，但减少后的申报资本不得低于原公司章程规定申报资本的 1/2。公司章程修改后的 90 天内不得减少向商务部提交的申报资本。如果这期间对公司债务没有异议的债权人提出异议，应当对债权人进行足额支付；（7）改变公司的经营期限；（8）更改注册办事处；（9）变更法定人数；（10）补充公司章程中本法所授权的其他事项。

三、公司的组织机构

（一）股东大会

股东大会（Shareholders Meeting）是公司的最高权力机关，它由全体股东组成，对公司重大事项进行决策，有权选任和罢免董事，并对公司的经营管理享有广泛的决定权，它是股东作为企业财产的所有者，对企业行使财产管理权的组织。一般情况下，企业一切重大的人事任免和经营决策都应当经过股东大会认可和批准方才有效。

1. 股东大会的种类。

根据柬埔寨王国相关法律的规定，股东大会有定期年会和特别会议两类，当全体股东签署书面一致同意书时，书面决议可以代替股东大会。（1）定期年会。定期年会是指依照法律规定每年应当召集一次的全体股东大会。《商业企业法》第 206 条规定，公司成立后 12 个月内董事会应召开年度股东大会，年度大会上主要进行对初任董事的选举、审查公司年度财务报表、任命公司审计师等事项的审议和表决。（2）特别会议。特别会议仅在采取特别措施时召集，董事会可以随时召开股东特别会议，修改公司章程时应当召开特别股东会议。

《商业企业法》第 221 条规定，全体股东签署的书面决议有权表决应当在股东大会上表决的决议，具有与股东大会上通过的决议同等效力。书面决议应当由有表决权的股东签字或盖章，并达到本法有关股东会议的所有条件。采用书面决议的每项决议副本将以会议纪要的方式备份。

2. 股东大会的召集。

股东大会可以由董事会、股东和法院召集。《商业企业法》第 206 条规定，公司成立后 12 个月内董事会应召开年度股东大会。董事会可以随时召开股东特别会议。第 207 条规定，为确定目的，享有表决权的 51%以上的股东可以要求董事会召开股东大会。第 208 条规定，如果按公司章程规定的方式或任何其他理由实际上无法召集或组织召开股东大会，股东、董事有权通过表决向法院申请一项法院认为股东大会合理召开的命令以达到召开股东大会的目的。法院根据本条或本法规定召开的股东大会必须达到法定人数。第 217 条规定，如果没有达到股东大会开会的法定人数，当前的股东大会应当延期到一个固定的时间和地点但不得办理其他事项。

3. 股东大会召开的地点。

《商业企业法》第 205 条规定，股东大会应当在章程中规定的柬埔寨王国境内或者法律、董事决定的地点举行。如果所有股东投票赞成，股东大会也可以在柬埔寨王国以外的地点举行。

▷▷▷▷▷▷▷

4. 股东名册。

《商业企业法》第 211 条规定，公司应当编制一份会议通知，其中包括按字母顺序排列并显示每一位股东持有的股份数量的股东名册。如果董事会建立了记录日期，董事会应在该日期后 10 天内准备股东名册。如果董事会不建立记录日期，则按下列情形准备股东名册：（1）通知发出前业务结束的当天；（2）没有发出通知的，会议召开的当天。该法第 212 条规定，名册上的股东有权行使所持股份代表的表决权。如果在记录日期之后，股东名册上的股东转让了自己的股份，符合以下两个条件的受让人有权行使所持股份代表的表决权：（1）产生法律认可的股票凭证，或以其他方式证明他拥有股份；（2）会议召开的 10 天前公司章程或公司提供的相关材料证明会议前他的名字已记录在股东名册上。该法第 213 条规定，股东有权审核股东大会上已准备好的股东名册，审核的时间通常为营业时间，审核地点为公司的注册办事处或中央证券登记处。

5. 会议通知。

《商业企业法》第 214 条规定，股东大会的书面通知应当于会议召开 20 日至 50 日前发给所有股东、董事和审计员。通知应当载明会议的日期、地点和议程。当在会议上研究特别事项时，通知应充分说明该事项的性质以便于股东能够形成合理的判断。会议不得剥夺未接到通知的股东的表决权。除公司章程或其他相关规定另有规定，并发布了延期通知公布了最早的会议也延迟之外，任何延期时间不超过 30 天的股东会议不得延期。该法第 215 条规定，股东有权放弃参加股东大会的权利。然而，股东不能以会议不合法为理由反对任何商业交易。

6. 表决权。

股东表决权即股东议决权，是指股东基于股东地位享有的，就股东大会的议案做出一定意思表示的权利。股东可以自己行使表决权，也可以委托他人行使表决权。《商业企业法》第 216 条规定，股东在年度股东大会上对下列事项享有表决权：（1）向公司提交的在股东大会上讨论的任何事项；（2）在股东大会上讨论的其他股东提出的事项。该法第 218 条规定，股东及其代理人有权在股东大会上行使其股份所代表的表决权。如果两个或两个以上的人共同持有股份，在其他股东缺席时，出席股东大会的股东可行使表决权。如果两个或两个以上的股份共有人本人或者代理人都出席股东大会的，他们将对共同持有的股份进行表决。该法第 219 条规定，股东可以授权其他自然人代表自己行使表决权。所有委托书应当采用书面形式，由股东签署并注明日期。该法第 220 规定，除公司章程另有规定外，董事会的选举和由股东大会决定的其他事项采用无记名投票的方式进行。

（二）董事会

1. 董事会的权利。

董事会是指依法由股东会选举产生的董事所组成的，对内掌管公司事务、对外代表公司的经营决策机构。《商业企业法》第 118 条规定，私人有限公司董事会有 1 名或 1 名以上的董事；公众有限公司董事会至少有 3 名以上的董事。有投票权的股东应采用股东大会决议的方式选举董事会。该法第 119 条规定，董事会管理公司的业务和事务，公司章程规定董事会享有以下权利：（1）聘任和解聘公司管理人员并且规定管理人员的权利；（2）制定工资和其他报酬方案并提交股东大会审议批准；（3）发行股票、债券和公司其他证券并且制定方案；（4）建议股东修改或废除公司章程；（5）建议股东与其他公司或自然人合并并签订合并协议；（6）建议股东出售公司的全部或大部分资产；（7）建议股东解散或清算公司；（8）按会计原则申报分红，并按利润分配方案分红；（9）在公司章程和其他规定中确定公司股票的发行范围；（10）筹资；（11）

发行、追加发行和出售公司有价证券；（12）为公司提供担保；（13）以公司全部或部分财产担保公司债务；（14）制定公司的年度利润分配方案并向股东大会提交。该法第128条规定，董事长有权召开董事会会议，占任职董事总数1/3的董事可以召开董事会会议。除非公司章程另有规定，董事会会议应当在柬埔寨王国召开。董事会至少每3个月召开一次，董事会决议采用多数人通过方式。该法第129条规定，董事会应确定开会的时间、地点和议程。董事可以放弃参会，但是，已参会的董事不得放弃投票，除非参加会议的理由不合法。该法第130条规定，除章程另有规定外，董事可采用书面方式沟通。每名董事将收到决议草案，并对决草案投票表决"是"或"否"。如果所有董事投票批准决议草案，则被认为是董事会批准的。所有书面答复均应成为董事会记录的一部分。公司秘书将编写书面报告，并将报告分发给董事。

2. 董事。

董事（Member of the Board，Director）是指由公司股东选举产生的具有实际权力和权威的管理公司事务的人员，董事是公司内部治理的主要力量，对内管理公司事务，对外代表公司进行经济活动的自然人。（1）董事的资格取得。《商业企业法》第120条规定，年满18周岁具有法律能力的人都可以成为公司的董事或管理人员。除公司章程或其他规定有特别规定以外，董事可以不是股东，符合其他资格即可。该法第123条规定，公司章程还可授予每一类股份的持有人有权选举1名或多名董事执行公司的决议或管理其他事务。（2）董事的任期。该法第122条和第126条规定，如果公司章程无特别规定，董事任期为2年。董事任期满后，经选举可以连任。（3）董事的辞职和开除。该法第124条规定，董事可以由有表决权的多数股东以任何原因免去职务。该法第125条规定，董事可以随时向公司辞职，辞职将立即生效或在通知中规定的时间内生效。辞职的董事应当对因其辞职给公司带来的损失承担赔偿责任。（4）董事的权利。该法第132条规定，每个董事享有一个投票权。在董事会会议上，董事可以自己行使投票权，也可以采用书面授权的方式将自己的投票权交由其他董事代为行使。秘书必须记录和保存董事会所有会议记录并将副本发给所有董事。该法第133条规定，公司应当支付无论是前任还是现任董事、主管或员工在其工作期间的合理报酬。（5）董事的法律责任。《商业企业法》第140条规定，董事投票赞成发行股票的决议且该股票在该决议作出后已经发行，使公司本应该获得的收益减少的，除有证据证明不知道或不应当知道外，董事应当承担连带责任。该法第141条规定，赞成购买、赎回或收购股份的董事，对减少的公司资本或应当支付的股息承担连带责任。

3. 董事长。

董事长统领董事会，是公司的最高领导者。董事长是董事之一，由董事会选举产生，其代表董事会对公司进行管理与控制。《商业企业法》第127条规定，董事会从其成员中选出一名董事长，多数董事有权投票决定开除董事长，但其董事资格并不丧失。该法第128条规定，董事长有权召开董事会会议，董事会的决议采用多数人通过方式。

4. 委员会。

《商业企业法》第131条规定，董事会认为有必要时可设立委员会以方便其管理公司事务。委员会可以由董事会的多数董事通过书面决议产生。委员会不得行使下列行为：（1）建议股东修改公司章程或细则；（2）建议股东提出本公司与其他主体之间的合并协议；（3）建议股东出售本公司全部资产或主要资产；（4）建议股东解散或清算公司；（5）宣布股息；（6）发行公司股份。

5. 高级管理人员。

《商业企业法》第138条规定，根据公司章程和相关规定：（1）董事会可任命高级管理人员并且明确其管理公司业务和事务的职责；（2）董事会可设立公司的任一办事处；（3）该公司的

▷▷▷▷▷▷

一个或多个办事处的负责人可由同一人担任。

6. 发起人（初始董事）。

《商业企业法》第 116 条规定，在提交文件和公司章程时，发起人按商务部规定通知董事。在取得了公司注册证书后，发起人或董事应召开董事会议，会议的时间和地点应当提前 5 天邮寄给每位董事。初始董事从公司成立之日起至股东大会第一次会议召开时履行公司的相应职责。该法第 117 条规定，公司成立后一年内初始董事应组织召开第一次股东大会，会议通知应当提前 20 天抄送给参会人。

（三）监事会

监事会是指依据相关法律的规定由公司股东大会选举产生，对董事和经理的经营管理行为及公司的财务进行监督的常设机构。监事会成员通常应为具有完全行为能力的自然人，但一些国家允许法人担任监事。柬埔寨王国的《商业企业法》未要求设置监事会，但 2011 年 12 月生效的《民法典》第 62 条规定，所有法人必设至少一名监事且不得由董事和公司职员担任，监事由公司章程、股东大会或者董事会指定，外部审计师可担任监事。《民法典》第 63 条规定，监事的主要职责是：1. 监督公司的运作；2. 要求董事和公司职员就公司业务提出进展报告；3. 检查董事向股东大会和董事会提交的建议和文件；4. 要求董事停止违反法律、章程和公司目的的行为，并向股东大会报告；5. 代表公司起诉董事。[①]

四、财务管理制度

财务管理制度是指公司在财务管理活动中应当遵循的一系列规则。《商业企业法》对公司财务管理制度从资本账户的建立、审计、年度财务报表、特别准备金等方面作了一些规定。

（一）资本账户

资本账户是指用以核算和监督投资者投入的资本或留存收益的增减变动及其结存情况的账户。《商业企业法》第 149 条规定，公司应当对发行的每一类和一系列股票建立各自的资本账户。公司应当在资本账户中记录用现金、实物和劳务支付的股票款项。第 156 条规定，当公司购买、赎回或收购其股份时，公司应当相应的调整资本账户使其与购买、赎回或收购的股份一致。第 160 条规定，如果公司用股份支付股息，则该股息的声明金额应被添加到资本账户或保持为支付股息的股份。

（二）年度财务报表

财务报表是以会计准则为规范编制的，向所有者、债权人、政府及其他有关各方及社会公众等外部反应会计主体财务状况和经营状况的会计报表。

1. 年度财务报表的内容。

《商业企业法》第 224 条规定，股东大会的年度会议上，董事会应向股东提供年度财务报表，报表应包括以下内容：（1）本财政年度及前一财政年度的比较财务报表；（2）审计报告；（3）进一步真实反映公司财务状况的其他信息，以及公司章程、法律或股东协议规定的财务状况。

[①] 政策法规，资料来源于中华人民共和国驻柬埔寨王国大使馆经济商务参赞处网，.http: //cb.mofcom.gov.cn/article/ddfg/. 2015-04-16，访问时间：2015-10-21。

2. 年度财务报表的审核。

《商业企业法》第 225 条规定，公司的股东及其代理人和法定代表人，经申请可以在公司正常营业时间内对年度财务报表进行审核。同时，股东大会或法院任命的审计员对公司的年度财务报表享有审核权。该法第 234 条规定，公司审计员应当依法审查提交股东大会的财务报表。经公司审计员要求，现任或前任董事、职员、雇员或公司代理人应当为审计员提供真实完整的信息、解释、账簿和记录。公司审计员有权出席每次股东大会并并听取职责范围内的相关事项。

3. 年度财务报表的公布。

《商业企业法》第 226 条规定，公司的董事会将批准年度财务报表，并由一个或多个董事签字批准。年度财务报表经董事会批准并且附审计报告的，公司应公布并分发年度财务报表副本。

（三）账簿和记录

账簿（Books of Accounts）是由具有一定格式而又互相联系的账页所组成，用以全面、系统、连续记录各项经济业务的簿籍，是编制财务报表的依据，也是保存会计资料的重要工具。《商业企业法》第 113 条规定，公司应在财务年度结束后准备和保存完整会计记录 10 年。如果将会计记录保存在柬埔寨王国以外的地方，这些会计记录的复印件也应存放在注册办事处。第 114 条规定，公司及其代理人应当采取合理的防范措施，确保公司的账簿和记录保存在正确的保存条件下。

（四）公积金

公积金也称储备金，是指公司为了巩固资本基础、维护公司信用、适应扩大生产规模和经营范围的要求、弥补可能发生的意外，按照相关法律的规定，从公司税后利润中提取的不作为股利分配的积累资金。柬埔寨王国对公积金未做详细的规定，在第 157 条第 2 款规定了公司设立特别准备金以满足公司经营业务的需要。

五、股份和股息

股份代表着对公司的拥有权，股份分为普通股、优先股、未完全兑付的股份。股份一般有三层含义：第一，股份是股份有限公司资本的构成成分；第二，股份代表了股份有限公司股东的权利与义务；第三，股份可以通过股票价格的形式表现其价值。柬埔寨王国的《商业企业法》对股份和股息作了专门的规定。

（一）股份及股权

《商业企业法》第 143 条规定，每一股份都应当是记名的。公司不得发行低于每股票面价值的股份。公司章程中应当规定每一类股份的权利、特权、限制条件等。第 144 条规定，如果公司章程没有规定股份的数量和价格，公司应当发行最低不少于 1 000 股且每股不低于 4 000 瑞尔。如果公司章程没有明确规定股份的类别，公司只有一种股份并且股份的持有者平等的享有以下权利：1. 在股东会议上的表决权；2. 接受公司宣布的股息；3. 对公司解散时的剩余财产进行分配。该法第 145 条规定，公司章程应当规定每类股份的权利、特权及限制条件。本法第 144 条设定的权利应单独规定或附随规定。

（二）股份发行

股份发行指股份有限公司依法对外发行股份的行为。《商业企业法》第 146 条规定，公司章程、相关规定和股东的优先购买权、股票和有价证券等事项应当在规定时间公布。董事会应当确定发行股票和有价证券的价格。当未以现金、实物或先前的劳务全额支付股金时股份不得发行。实物支付包括商标权、著作权、专利权和任何无形财产。董事会有权决定作为出资的实物和劳务的价值，如果没有欺诈则他们的决定是最终的决定。公众有限公司不接受股东以提供劳务的方式出资。该法第 148 条规定，公司章程可授权发行任何一类股份，可以是一个或多个系列，并可授权本公司固定股份数目，并确定其名称、权利、特权及限制条件。除另有规定外，同一类或同一系列股票的权利、特权及限制条件相同。该法第 151 条规定，除事先规定股东在这类股票上有优先购买权之外，如果公司章程对每类股份规定了优先购买权的，不得再发行这类股票。股东有权要求按比例增加其股份的优先购买权，这权利及于第三人。该法第 147 条规定，股东以其认购的股份价值承担责任。

（三）股份转让

股份转让一般指股东将其所持有的公司的股份全部或部分转让给他人的法律行为。全部转让的，转让人不再是公司股东，受让人成为公司股东；部分转让的，转让人不再就已转让部分享受股东权益，受让人就已受让部分享受股东权益。股份转让一般包括股份回购和并购。股份回购是指公司按一定的程序回购已发行或流通在外的本公司股份的行为。《商业企业法》第 154 条规定，股份转让应受本法和公司章程规定的限制。公司可以转让其股份，并且经转让者和受让者的一致要求在账簿中做适当的记录。该法第 155 条规定，根据公司章程的规定，公司可以购买或赎回自己的股份，公司至少发行了一类有充分表决权并且不受强制赎回或回购的股份。如果股份被收回，股东有义务将股份交回公司以换取赎回价格；如果不交回公司，公司将收回股份的价值存入银行的一个单独账户上，并书面通知股东。这些资金一旦划拨，公司将从账簿和记录中删除收回的股份。当然，如果有以下充分合理的理由，公司不支付收回的股份价值：1. 购买后公司无法清偿其到期债务的；2. 收购后公司资产变现价值低于其负债总额。如果公司章程限制股份的发行数量，公司通过购买、赎回或以其他方式获得的股份将被取消，或者恢复到未发行股份的状态。

（四）股利

股利指股份公司按发行的股份分配给股东的利润，股息和红利合称为股利。股息是指公司根据股东出资比例或持有的股份，按照事先确定的固定比例向股东分配的公司盈余，股份公司通常在年终结算后，将盈利的一部分作为股息按股额分配给股东。而红利是公司除股息之外根据公司盈利的多少向股东分配的公司盈余。《商业企业法》第 157 条规定，根据公司章程的规定，董事会可以宣布独立于公司盈余和净利润的股利。公司设立特别准备金，以供本公司经营业务需要，公司可以使用任何基金分配股利。该法第 159 条规定，公司可以通过发行股份支付股息。第 158 条规定，如果有合理理由相信以下情形将会发生，公司不应宣布支付股息：1. 支付股息后公司无法偿还其到期债务；2. 支付股息后公司资产变现价值低于其负债总额和各类资本。

六、公司的合并

（一）公司合并的概述

公司合并是指两个或两个以上的公司依照本国相关法律规定的条件和程序，通过订立合并协议，共同组成一个公司的法律行为。在公司合并的过程中，解散的公司称为"组成公司"，继续经营的公司称为"存续公司"，被解散公司的法人资格从商务部颁发的合并证书之日起终止。

《商业企业法》中规定了两种公司合并方式：吸收合并和新设合并。吸收合并又称存续合并，是指通过将一个或一个以上的公司并入另一个公司的方式而进行公司合并的一种法律行为。并入的公司解散，其法人资格消失；接受合并的公司继续存在，并办理变更登记手续。新设合并是指两个或两个以上的公司以消灭各自法人资格为前提而合并组成一个新的公司的法律行为。新设合并的结果是原有公司的法人资格均告消灭，新组建公司办理设立登记手续取得法人资格。

（二）合并的程序

1. 订立合并协议。

公司合并协议是指由两个或者两个以上的公司按法律法规的规定就公司合并的有关事项订立的书面协议，合并协议应当载明：（1）合并的条款及条件；（2）新公司的章程；（3）组成公司的股份或股票转换成新公司的股份或股票的方式；（4）如果被解散公司的股票不能转换成新公司的股票，股票持有者有权从合并公司中获得现金、股权、有价证券或其他财产；（5）各类股票持有者决定公司合并前应获得的其他信息；（6）提供有利于新公司管理和运作的各种必要的细节规定。

2. 合并协议的批准。

《商业企业法》第242条规定，拟合并的公司董事会应决定批准合并协议，除章程另有规定以外，合并协议须经过董事会过半数通过。该法第244条规定，各组成公司、存续公司的董事会同意合并协议后，应当送达包含以下信息的股东大会通知给每一个持表决权的股东：（1）组成公司的董事会应在合并协议签订后30日内召集股东大会批准合并协议；（2）合并协议的附本一份；（3）各组成公司应当提前至少20天发布股东大会的通知。该法第245条规定，合并协议须经至少2/3以上的组成公司的股东特别决议通过。该法第246条规定，即使公司章程规定一类股份持有者无表决权，但公司合并中，无论是直接或间接地改变这类股份或系列股份的任何权利、特权、限制条件的，该类股份持有者仍然享有表决权。根据这一条款，股份持有者享有的表决权不得通过公司章程或其他方式拒绝或修改。

3. 向商务部注册登记。

存续公司的董事会应当向商务部提交以下文件：（1）合并协议；（2）各组成公司的董事会和股东会对合并协议的决议；（3）存续公司的章程；（4）各组成公司的董事和职员对董事会作出的表示满意的证明文件；（5）各组成公司和存续公司能够支付其到期债务；（6）存续公司资产的变现价值不少于其负债和各类资产的总和；（7）债权人同意合并；（8）已向存续公司的债权人发出了充分的书面通知，债权人没有对合并的有效性和可行性提出异议。

4. 合并的法律效力。

商务部收到合并协议后应当出具合并证明书，并在合并证明书上写明日期。公司合并后将产生以下法律效果：（1）公司合并后成为一个有法律人格的公司；（2）各组成公司的财产归为存续公司的财产；（3）存续公司承担各组成公司的债务；（4）各组成公司所涉及的民事、刑事和行政事务对存续公司仍然有效；（5）合并公司的章程为存续公司的章程，合并证明书为存续公司的注册证书。

（三）不赞成合并的股东的股份价值评估

在公司合并过程中，组成公司的股东如果不同意成为合并公司的股东，可以要求对其所持有的股份价值进行评估，并获得应有的利益。在合并过程中，各组成公司的股东具备下列条件的，有权要求评估其股份价值：1. 股东投票同意合并前，股东拥有某一组成公司的股份；2. 股东没有投票赞成合并；3. 合并章程提交给商务部后，股东向存续公司提交了评估书面申请；4. 股东向存续公司提交评估书面申请的同时放弃了在存续公司的股份。

《商业企业法》第 250 条规定，评估申请提出后，存续公司与评估申请人在 90 天内通过谈判对股份价值达成一致同意的公平价格，通过对所有相关因素审核后，这个公平价格将被确定。任何组成公司的章程或合并协议可以规定所有的评估争议由仲裁裁决。最后一次仲裁裁决之前的任何时候，股东可以放弃自己的评估主张，此种情形下，他将从存续公司获得的支付与他在合并公司获得的一样。如果股东不同意这个公平价格，主管法院将决定一个公平的价格，并依据这个价格提出申请评估的股东能够接受的股份对价。

七、公司的解散与清算

柬埔寨的《商业企业法》对公司解散和清算作了规定，但该法规定的解散和清算不适用于向法院申请破产的公司。

（一）公司的解散

公司的解散是指已成立的公司基于一定的合法事由而使公司消失的一种事实状态。董事会或者在股东大会上有投票权的股东可以提出自愿解散和清算公司。股东大会自愿解散和清算公司的，应当规定解散和清算的条件。有财产或负债的公司，股东大会特别决议可以决定解散公司。未发行任何股票的公司，所有董事通过决定可在任何时候解散公司。如果公司已经发行了多支股票，有下列情形的，可以通过股东大会特别决议解散：1. 股东授权董事会分配公司财产和执行债务的；2. 向董事送达公司解散通知前公司已开始分配公司财产和执行债务的。决定解散和清算后，公司应当向董事会发送一份法定的解散意向声明，公司董事会收到解散意向声明后出具一份解散意向书。董事会出具解散意向书后，公司将：（1）立即将解散意向书送达给公司的债权人；（2）连续 2 周内，立即在新闻媒体、公司的注册地或者商务部规定的其他出版物中公布解散意向书。此时，除了因清算的特别需要外，公司将停止一切事务和业务，但是直到商务部出具解散证明书为止，公司的法律人格一直存在。

（二）公司清算

公司清算是指公司解散后，依照相关程序了结公司未了结的事务，清理公司资产、清偿债务的活动，这是完成公司消灭前所有剩余事务的一种活动和制度的总称。《商业企业法》第 255 条规定，出具解散意向书后，公司应当：1. 清理公司资产；2. 处置对股东不可分割的财产；3. 清偿所有债务；4. 清算的其他事项。公司在清偿完所有债务之后，应当以货币或实物的形式并按股东各自的权利分配剩余财产。在公司清算期间，董事会或利害关系人可以向法院申请监督清算。清算结束后，公司应当准备解散章程，正式的解散章程应当送达董事会，董事会收到解散章程后出具解散证明书。公司自解散证明书上的日期起终止一切事务和业务。

八、破产管理官和破产管理机构

破产管理官（Receiver）指由法院指定接替他人管理业务或财产的人或机构。法院指定破产管理机构通常发生在公司破产或合伙经营公司结业时，或发生在法院强制债务人接受判决时。《商业企业法》第 200 条规定，为了保障被接收人的利益，法院允许破产管理官执行该公司的业务。《商业企业法》第 199 条对破产管理官的职责作了明确规定，即除法院允许的范围以外，破产管理官禁止经营该公司的业务。破产管理官行使下列职责：1. 诚实地、真诚地履行职责，并以合理的商业方式处理他占有或控制的财产；2. 立即通知公司董事会他的委任和离职；3. 根据法院的命令或文书的规定，保管和控制公司财产；(4. 开设并保管以破产管理官命名的银行账户以实现对公司资金的控制；5. 保存以破产管理官身份实施的所有交易的详细账目；6. 保存其行政部门的账目，并且使它们在通常的营业时间内能被公司董事会检查；7. 任命后，他管理财务报表不少于 6 个月；8. 完成职责直到破产结束。

第四节　柬埔寨外国投资法律制度

柬埔寨王国是东盟比较落后的一个国家，自 1993 年以来，柬埔寨王国把发展经济、消除贫困作为政府工作的重点。为了吸引外国资本促进本国经济的发展，柬埔寨王国给外国投资提供了较好政策，也制定了有利于外商投资的法律法规，主要包括《商业企业法》《投资法》《BOT[①]合同法》《商业规则和商业注册法》《民法典》等法律法规。

一、外商从事商业活动的项目范围规定

柬埔寨于 1994 年 8 月份通过《投资法》，2003 年 2 月通过了《投资法修正案》。《投资法》第 1 条规定，本法适用于柬埔寨籍公民和（或）外国人在柬埔寨境内从事的全部投资项目。《商业企业法》第 273 条规定，柬埔寨王国内的任何形式的外国企业经营业务，应遵守柬埔寨王国的法律和管辖权，涉外企业应当按《商业规则和注册登记法》的要求注册登记。柬埔寨发展理事会是唯一负责重建、发展和投资监管事务的机构，并提供一站式服务。虽然柬埔寨对外商投资企业的管理采用国民待遇，但外商不同的投资形式其商业活动范围存在一定区别。

（一）外国公司的代表处、分公司和子公司

1. 代表处的经营范围。

《商业企业法》第 274 条规定，商业代表处或商业关系办公室可以在柬埔寨王国从事下列行为：（1）联系客户；（2）研究商业信息，并向其总公司提供资料；（3）进行市场调研；（4）参加商品交易会，在其办公室或交易会上展示样品和商品；（5）购买并保留一批货物，以供贸易展览会所需；（6）租赁办公室，招聘当地劳动者；（7）代表公司与本地客户签订合同。但是，商业代表处或商业关系办事处不得定期买卖商品、提供服务，或从事制造加工业或建造业。

2. 分公司的经营活动范围。

商业企业法》第 278 条规定，分公司可以从事与商业代表处相同的行为。另外，除禁止外国自然人和法人从事的行业外，分公司可以定期买卖货物、提供服务和从事制造加工业和建造业。

3. 子公司的经营活动范围。

《商业企业法》第 286 规定，除禁止外国自然人和法人从事的行为外，子公司可以从事与本国公司一样的商业活动。

---

① BOT：Build-Operate-Transfer，一般解释为基础设施投资。

▷▷▷▷▷▷▷

（二）BOT 模式

根据 1998 年 2 月生效的《柬埔寨王国关于 BOT 合同法规》第 2 条规定，本法规仅适用于国家、公共法人为许可方，私人法人为被许可方的项目，不适用于私人之间的项目。负责有关基础设施项目的主管部门应按照本法规规定的条件，在柬埔寨王国政府的授权下，代表政府签订 BOT 合同。国家及国有法人组织也有权按照本法规规定的条件签订 BOT 合同。第 3 条规定，只有柬埔寨发展理事会或柬埔寨王国政府授权的单位宣布的基础设施项目才是 BOT 合同的客体。该类基础设施包括下列项目：电厂、道路、高速路、港口、电讯网、铁路、民用住宅、医院、学校、机场、体育场、旅游饭店、新建城市、水电站、水坝、工厂、净水厂及垃圾处理厂。

（三）有限公司

《商业企业法》第 85 条规定，本法适用于在柬埔寨王国从事商业活动的私人有限公司和公众有限公司。依本法成立的公司不得经营银行、保险公司、融资公司等业务。

二、外商投资的注册和登记

柬埔寨对外商投资的注册和登记没有制定单独的法律法规，采用的是与本国投资同等的要求，因此外商投资注册和登记参照本章第四节第九部分登记和注册的相关规定。

思考题

1. 柬埔寨的市场活动主体有哪些？各自有什么特点？
2. 柬埔寨公司法律制度的特点有哪些？

第十三章　马来西亚公司法律制度

本章重点知识：马来西亚公司的分类；股份有限公司的管理制度和会议制度；公司的清盘制度和破产制度。

建议课时：2 课时。

第一节　马来西亚概述

一、马来西亚的地理

马来西亚位于东南亚，地处北纬 1°-7°，东经 97°-120°，位于太平洋和印度洋之间，由马来半岛南部的马来亚和位于加里曼丹岛北部的沙捞越、沙巴组成。全境被南中国海分成东马来西亚和西马来西亚两部分。西马来西亚为马来亚地区，位于马来半岛南部，北与泰国接壤，西濒马六甲海峡，东临南中国海，南濒柔佛海峡与新加坡毗邻。东马来西亚包括砂捞越地区和沙巴地区，位于加里曼丹岛（婆罗洲）北部，文莱则夹于沙巴州和砂拉越州之间。马来西亚国土面积 330 257 平方公里，海岸线长达 4 192 公里。马来西亚境内自然资源丰富，橡胶、棕油和胡椒的产量和出口量居世界前列。马来西亚石油储量丰富，此外还有铁、金、钨、煤、铝土、锰等矿产。

二、马来西亚的政治

马来西亚的首都是吉隆坡，政治中心位于布城，1957 年 8 月 31 日独立。马来西亚是一个由十三州和三个联邦直辖区组成的联邦体制国家。马来西亚实行君主立宪制（君主立宪制又分为二元君主制和议会君主制，马来西亚属于议会君主制），统治者会议由柔佛、彭亨、雪兰莪、森美兰、霹雳、丁加奴、吉兰丹、吉打、玻璃市 9 个州的世袭苏丹和马六甲、槟州、沙捞越、沙巴 4 个州的州元首组成。马来西亚宪法规定伊斯兰教为国教，保护宗教信仰自由。国家元首是国王，被称为最高元首，政府首脑是总理。马来西亚奉行独立自主、中立、不结盟的外交政策，视东盟为外交政策基石，优先发展同东盟国家的关系，重视发展同大国的关系。马来西亚是英联邦成员，与其他成员国交往较多，目前，已同 131 个国家建交。截止 2015 年，马来西亚总人口为 3 063 万人，其中马来人 55%，华人 24%，印度人 7.3%，其他种族 0.7%。马来语为国语，通用英语，汉语使用较广泛。伊斯兰教为国教，其他宗教有佛教、印度教和基督教等。

三、马来西亚的经济

20 世纪 70 年代前，马来西亚经济以农业为主，依赖初级产品出口。70 年代以来不断调整产业结构，大力推行出口导向型经济，电子业、制造业、建筑业和服务业发展迅速。1987年起，马来西亚的经济连续10年保持8%以上的高速增长。1991年提出"2020宏愿"的跨世纪发展战略，旨在2020年将马来西亚建成发达国家。2010年马来西亚公布了以"经济繁荣与社会公平"为主题的第十个五年计划，并出台"新经济模式"，继续推进经济转型。为了使经济多样化，并使马来西亚的经济减少对于出口货物的依赖，政府正大力推动马来西亚旅游业的发展。目前，旅游业已成为马来西亚第三大的外汇收入来源。马来西亚是世界第十八大贸易国，主要贸易伙伴为新加坡、中国、日本。[①]

第二节　马来西亚公司法概述

一、马来西亚公司法的产生和发展

18世纪60年代后期马来西亚成了英国的殖民地，但在第二次世界大战期间，日本占领了这个地区，随着二战的结束，英国很快恢复了对马来西亚的统治。所以，英国持久而深入地影响着马来西亚的政治、文化、经济和社会的发展，马来西亚的法律制度也毫不例外的带有英美法系的色彩。

马来西亚《公司法》（*Company Act* 1965）于1965年以第125号法令的形式颁布，共有12篇374条及10份附表，其内容主要包括马来西亚公司的组成、管理、公司的会议及程序和清盘等问题。在《公司法》颁布2年后，马来西亚又以第360号法令的形式颁布了《破产法》。先后颁布的这两部法律从内容上看，都带有浓厚的英美法系色彩，立法者在结合本国国情的基础上，对法律规定作出了相应的修改和调整。早在10世纪伊斯兰教就传至马来西亚并在马来半岛奠定根基，伊斯兰文化对马来西亚人产生了深远的影响，因此，这两部法律也有着较为浓厚的伊斯兰教色彩。随着社会的不断发展，马来西亚国家的法律制度也不断完善，《公司法》和《破产法》两部法律也一直沿用至今，只是期间经过了若干次的修订。马来西亚《公司法》于1973年进行了修订，于2001年进行了最终的修订。1965年的《公司法》内容涉及公司的类型、公司行为的管理、公司的纲领性文件、股份债券问题、公司治理、公司会计与审计制度、公司的清盘和其他条款以及相关的法定表格等内容。该法全面详尽的规定了公司设立、变更、终止和经营管理过程中的所有问题，是比较典型和完善的具有英美公司法特点的公司法典。2007年5月23日，国会通过了《公司修正法案》。该法案旨在提高和完善马来西亚企业治理结构，于2007年8月15日生效，其主要内容包括：1. 允许公司利用多种方式召开股东会，以保证所有股东均有合理的机会参与，公司还可以利用科技手段召开会议；2. 要求年度股东会议的通知时间为会议前21天而不是此前的14天；3. 要求公众公司的审计师向公司登记机关报告相关人员的任何欺诈或不诚信的严重违法行为；4. 对披露公司信息、歧视公司员工的人员予以惩罚等。此外，马来西亚的公司管理事务以及公司法的执行事务由马来西亚公司委员会负责（Companies Commission of Malaysia，简称SSM）。

[①] 马来西亚概况，资料来源于中华人民共和国驻马来西亚大使馆经济商务参赞处网，http://my.mofcom.gov.cn/article/ddgk/，访问时间：2015-10-17。

二、马来西亚公司的类型

马来西亚公司特指根据 1965 年马来西亚《公司法》注册成立的公司。该法规定只要有意经营业务的人士向马来西亚公司委员会提交申请，并具备相关条件就可以登记成立一家公司。《公司法》主要规定了以下三种公司类型：股份有限公司、担保有限公司和无限公司。

（一）股份有限公司

股份有限公司是马来西亚最普遍的公司形式，其成员承担责任只限于所持股票的面值或其同意认购的股份额。股份有限公司又可以分为私人有限公司与公众公司。根据 1965 年的《公司法》的规定，股份有限公司的股东人数在 50 人以下的可以申请登记为私人公司，但该公司必须限制股份的转让，不得向公众发行股份或债券，也不得吸收公众存款。公众公司可以直接成立，该法第 26 条规定可以把私人公司转变为公众公司，公众公司在具备相应的条件之后可以向公众人士发行股票，也可以申请股票在吉隆坡股票交易所上市。

（二）担保有限公司

担保有限公司指公司清盘时，公司成员保证以公司组织大纲和章程指定的金额为限承担债务的公司。担保有限公司除了有自己的公司章程之外，在相关证人的见证下由章程的签署人签署公司规章，公司规章中应当注明公司建议登记的股东人数。担保有限公司要设有股本，未设股本的担保有限公司不允许在其公司章程或规章中将公司的业务规定为股份或者利益。未设股本的担保有限公司不可以规定非股东的任何人参与公司的盈利分配。

（三）无限公司

无限公司是指其成员对公司的债务承担无限责任的公司。无限公司也叫无限责任公司，和担保有限公司一样，除了有公司章程之外，还要登记公司的规章。设有股本的无限责任公司必须在公司规章中注明登记的股本以及参与公司利润分成的股额，但如果是没有股本的无限责任公司，要在公司规章中注明公司建议登记的股东人数。

以上是 1965 年马来西亚《公司法》规定的公司类型，这是按照英美法系的模式对公司进行的分类。英美法系国家的公司分为特殊公司和上市公司两类，特殊公司主要是皇家特许公司和法定公司，是依据宪章或议会特别法设立。上市公司又叫商事公司、注册公司，分为股份责任有限公司、保证责任有限公司和无限公司等类别。而大陆法系国家一般根据公司的资本结构和股东对公司债务的责任承担方式不同，把公司分为有限责任公司、股份有限公司、无限公司、两合公司和股份两合公司五种类型。

三、马来西亚注册公司的手续

在马来西亚，有意注册公司的人士必须向公司委员会以法定的表格形式提出申请，并缴付30 林吉特用以查明所拟议的公司名称是否可被使用，如果可以使用，则申请将会被核准，而所拟议的名称也会保留给申请者，保留期为 3 个月。公司有关人士如秘书须在 3 个月内把下列文件提交公司委员会以确保可以使用所拟议的公司名称：1. 公司组织大纲和章程。公司组织大纲是记录公司的名称、宗旨、拟议的注册资本额以及把资本额细分为固定金额的股份的法律文件，而公司章程主要是管理公司内部事务及事业经营的条规；2. 个人在被委任为公司董事前或发起人在公司成立前所作的宣誓书，说明已经遵守马来西亚《公司法》的相关规定；3. 两位认购者至少各持有一份马币一林吉特的股份，公司的董事至少为 2 人，他们的主要或唯一的住所在马来西亚；4. 申请表格和一封公司委员会批准可以使用所拟议的公司名称的信件；5. 公司注册地址；6. 依法定形式制作的声明书。

当所有相关注册文件都已被提交到公司委员会，公司委员会将会颁发公司注册证书给申请者。注册证书发出后，公司组织大纲的签署者、其他公司股东以及将成为公司成员的人士即成为商业团体或法人团体，有权行使已成立的公司的所有职权，既可以控告他人也可以被他人控告。但公司的股东必须在公司清盘时根据 1965 年《公司法》对公司的资产作出捐赠、贡献。此外，已注册的公司须向马来西亚的所得税部门登记。公司须在马境内维持一注册办公处，如果有证据证明该拟注册的公司有非法目的，足以危害国家安全或大众利益，且不符合马来西亚的公共秩序以及和平稳定的要求，注册处将有权拒绝该公司的注册申请。相关人士对该决定不满的，可以在注册处作出拒绝注册行为或决定后的 30 天内向法院提出诉讼，由法院作出最终裁决。

四、股份和债券

（一）公司股份

公司在配发股份之前，应当将招股说明书及其附件呈报登记官员审批，并向登记官员呈报季度报告、资产负债表及损益表等文件。公司应在配股后 1 个月内将配股的面额、配股的级别、股款缴付情况以及获配者的姓名、地址等相关信息向公司登记官呈报。股东持有股份、债券的身份证明是股权证书。如果股权证书遗失，该持有人可以在作出保证并缴纳一定费用后，向公司申领股权证书副本。公司发行股份的方式有发行权益股、贴现发行股份以及溢价发行股份三种。权益股是将已发行的优先股的权利修改为权益股的行为，公司发行的每一权益股都具有公司大会的一票投票权。贴现发行方式的利息在投资人购买证券时就以面值和价格的差额形式先行支付，贴现发行股票必须要符合一定的条件，即公司开业 1 年之后或经法院核准同意，并经公司大会表决通过。溢价是指认购人所支付的实际金额超过股票面值的部分。公司溢价发行股份，必须将溢价转到专门的账户即股份溢价账户，公司可以在公司大会中对改变股本进行决议，改变股本的方式有多种，比如发行新股用以增加股本等。公司不得为任何人提供财务支持用以购买本公司及其控股公司的股份。

（二）公司债券

发行债券的公司必须设置债券持有人名册，该名册要呈报登记官员。公司登记的债券持有人或股份持有人都有权查阅名册及其所持债券额。股东所持有的股份、债券都可以转让，转让时必须到公司办理登记手续，股东或债券持有人书面提出转让股份、债券时，公司应当对受让人的姓名进行登记，并通知股东或债券持有人将股权证书或债券证书交回公司并登记该转让行为。公司登记完成后，要出示证明公司承认受让人拥有该受让股份、债券的证明书。

五、马来西亚公司的会议

（一）常年股东大会

股份有限公司必须在其有权开业的日期起不少于 1 个月并且不超过 3 个月的时间内召开第一次公司股东大会，该次会议为法定会议，是在公众有限公司依法成立之后为了公司的正常运营而召开的。第一次会议之后的股东大会必须每年召开一次，两次常年股东大会之间不得超过15个月。1965年马来西亚《公司法》还规定，公司在通知了所有有权参加会议人员的前提下，可以随时召开年会。同时，法律还规定在常年股东大会召开前的14天，董事必须将法定稽查账目报告寄给公司的每名股东，公司董事必须在常年股东大会中审议法定稽查报告，并对以下内容进行主要说明：1. 公司在配发股份中共收取的现金；2. 公司所配发的总股额以及已经缴付的程度；3. 公司有关的收支摘要；4. 公司董事、债券持有人的受托人、审计师、经理及秘书的基本情况；5. 将提请会议批准的各种材料。

（二）特别股东大会

特别股东大会召开的目的是要通过投票表决方式批准重大特别事项。1965年马来西亚《公司法》规定，持有公司10%以上大会投票权的股东有权向公司董事会提议召开特别股东大会，公司董事会应当在接到正式要求后21日内进行讨论，并在2个月内召开公司的特别股东大会。如果公司董事会不对该提议进行讨论，则申请者或者超过全部投票权半数以上的股东可以自行召开会议进行讨论，会议开销从董事的有关服务费用或其他薪酬中扣除。特别议案必须经持有公司75%以上股份的股东同意方能通过。下列决定只能由特别股东大会作出：1. 收购重大价值的产业、出售公司主要产业以及严重影响公司业绩或者财务状况的决定；2. 向公司的董事及其利害关系人收购、出售非现金资产的决定。

六、公司秘书和公司审计师

（一）公司秘书

公司秘书必须符合以下条件：1. 必须是符合法定年龄的自然人；2. 唯一或主要住所必须在马来西亚境内；3. 必须已获得公司委员会发出的秘书牌照或属于一个指定专业团体的会员。符合以上条件者就可以成为公司的秘书，每一个马来西亚公司都应当配备一名以上的公司秘书。

（二）公司审计师

马来西亚《公司法》要求每家公司必须聘请已获核准的公司审计师专门负责本公司的审计事务。1965年马来西亚《公司法》对公司审计师的资格有着严格的规定，有权对公司审计师资格进行审查批准的机构必须是经部长授权的马来西亚会计师登记机构，并规定下列人员不得出任、接受委任成为公司审计师：1. 欠有公司债务的人员；2. 公司高级职员及其利害关系人；3. 未经批准的人员；4. 负责保管公司债券或股东名册的人员；5. 在过去12个月内曾是公司的高级职员或者发起人。

审计师具有以下权利：1. 查阅公司的会计等其他资料；2. 出席公司的大会并就涉及审计的事项以审计师的身份发言；3. 要求高级职员为其提供的相关资料作出解释；4. 取得公司发给股东与大会有关的通知和信件等等。审计师有责任对公司保存财会记录情况和公司财务报告是否完善等事项提出意见。

七、外国公司

依据1965年《公司法》的规定，"外国公司"是指马来西亚境外注册的公司。有意在马来西亚经商或设立营业场所的外国公司须向公司委员会登记。依据前述的程序，申请书须提交公司委员会，并缴纳30林吉特的费用。若其拟议的公司名称可被使用，申请则被核准而名称保留于公司，为期 3 个月。其拟议的公司名称须与其原注册国的公司名称相同。在马来西亚设立业务处并从事经营的外国公司须于核准后提交下列文件给公司委员会：1. 一份经验证的原注册国的公司注册证副本；2. 一份经验证的公司组织大纲及章程或其他组成公司章程的文件副本；3. 一份董事名单，若有本地董事，应当同时提交一份阐明该董事权利的备忘录；4. 一份任命状或委托书，授权一个或多个在马来西亚居住的人士代表公司接受送达的法律令状及任何应送达该公司的通知书；5. 公司代理人依规定格式而制作的宣誓书。注册费须依之前所显示的列表缴交于公司委员会。如该外国公司并无股本，只须统一缴付 1 000 林吉特于公司委员会。当所有相关注册文件都已被提交到公司委员会，公司委员会应发给申请登记的外国公司一份证书，以证明该公司已按规定登记。已呈报公司委员会的文件中所注明的事项发生变更的，外国公司应在变更后 1 个月之内通知公司委员会并呈报变更详情，同时要附上新的文件，并缴付所需的费用。公司委员会接到呈报后，应向外国公司颁发新证书。在外国注册的公司，每年须于常年股东大会后，提交一份年度报告。

另外，《公司法》还规定，在马来西亚境内从事以下活动的公司不被视为外国公司：1. 参加诉讼或仲裁；2. 开设银行户头；3. 召开董事会或股东会；4. 通过独立承包商进行销售；5. 在马来西亚招标；6. 创设债务证据及财产抵押；7. 投资基金或其他产业。

外国公司必须每年向公司委员会呈报当年的公司状况报告，还必须在年会后的 2 个月内向公司委员会呈报下列文件：1. 年度财务报表；2. 公司登记地、发源地有关资产负债表规定的文件；3. 法定宣誓书；4. 经审计的有关公司资产和债务说明书；5. 经审计的损益表；6. 对公司业务盈亏的说明和解释。

第三节　马来西亚股份有限公司

一、马来西亚股份有限公司的设立

股份有限公司是指公司的成员只以股票的面值与其所持有或同意认购的股份额为限承担责任的公司。股份有限公司是马来西亚最普遍的公司类型，它可以分为私人有限公司和公众公司两类。私人有限公司具有转让股份受限制的特点，根据 1965 年马来西亚《公司法》的相关规定，要注册为私人有限公司，则公司章程必须作出下列规定：1. 限制股份转让的权利；2. 股东人数最少 2 人，最多为 50 人，不包括公司或其子公司的雇员及某些已离职的雇员；3. 禁止邀请公众人士认购其股票及债券；4. 禁止邀请公众人士存款于公司。而公众公司是区别于私人有限公司的公司，公众公司能邀请公众认购其股票，但必须向证券事务委员会和马来西亚公司委员会递交招股说明书。符合交易所的规定时，公众公司发行的股票可以在马来西亚交易所上市。任何证券的后续发行，须获得证券委员会的批准。根据马来西亚《公司法》第 26 条的规定，私人公司可以转变为公众公司。

二、马来西亚股份有限公司的章程

公司章程是公司设立的重要法律文件，是公司的纲领和宣言书，对公司以及每一位股东或债券持有人都具有强制约束力。根据 1965 年《公司法》的规定，公司章程一般包括以下内容：

公司的名称、公司的宗旨、股本、股东的责任、章程签署人的基本情况等内容，章程是公司依法成立的必要条件之一。如果公司认为有必要时，可以通过特别决议案的形式对章程中的有关公司宗旨方面的内容进行修改，具体做法是召开全体股东或者债券持有人大会，对修改公司宗旨进行讨论，该会议通知应当在会议召开前 21 日送达，特别决议案通过的 21 天后，公司要把该修改决议案上报给注册官。在这期间，如果对该特别决议案存在异议的话，股东或债券持有人可以向法院申请取消全部或者部分决议。

三、马来西亚股份有限公司的管理

（一）公司的办事机构

根据《公司法》的规定，公司在注册或开业之日起 14 天后，要设立一个办事机构，是一个专门负责保存该公司所有文件及寄发信件和通知的机构。马来西亚《公司法》对办事处的营业时间作了严格的规定，除周末和公共假期以外，该办事机构每天的营业时间不得少于 3 个小时。

（二）股东

每一家公司必须有 2 人以上的股东，股东没有国籍的限制。《公司法》对股东的职权有明确的规定：（1）股东不能参与公司日常管理业务；（2）股东有权推选公司董事；（3）股东无权私自处理公司的资产；（4）股东有权在股东大会上对公司重大事项做出决定，比如买卖地产、关闭部门、拟定或修改公司业务范围；5.股东无权以个人名义起诉履行职务失职的董事，只有公司有权对董事采取法律行动。

（三）董事

公司的董事不必同时是公司的股东，每个公司至少拥有 2 位董事。公司可在常年股东大会通过普通议案决定增加或减少董事的人数，每个董事的主要或唯一居住地必须在马来西亚。

1. 董事的资格。

马来西亚《公司法》对董事资格有明确的规定，包括成为董事的必须条件和排除条件。董事必须具备以下条件：（1）是一个人而不是一间公司或一个组织；（2）必须年龄满 18 岁，不超过 70 岁；（3）思维正常；（4）无需为马来西亚永久居民或公民；（5）没有在法令下失去资格的人士。公司设立董事局，董事局的任务是负责执行公司的日常业务，董事局有权委任任何人填补临时空缺或增加原有的董事。被委任的董事只能执行业务直到下一届常年股东大会，但可再被推选。同时，马来西亚《公司法》对董事的排除条件也作了明确规定，有牵涉以下事项者不能成为董事：（1）未解除破产人身份的人士；（2）在成立或管理公司方面曾犯法而被定罪的人士；（3）因欺骗或不诚实而被监禁 3 个月或更久的人士。犯上以上罪名的人士在他们罪名成立之日起 5 年内或如被判入狱的话，在出狱日起算 5 年内不得担任董事一职。董事职位的解除应该在公司大会上以决议案的形式通过，法院可以在登记官员的申请下撤销无偿债能力的公司董事的资格。

2. 董事的职责与道德守则。

《公司法》对董事的职责和道德守则作出了明确的规定，董事的法定职责就是要勤勉以及绝对的诚实，董事还必须要谨慎行事，要达到相等资历人士的水平。除此之外，公司董事还要承担信托职责，即公司寄予董事信托，董事必须尽力且真诚的处理公司事务。董事行为道德守则主要有以下几点：（1）全心全意投入及参与公司会议，了解董事局及每位董事的职责并认真履

▶▶▶▶▶▶

行有关职责；（2）妥善经营管理公司；（3）掌握公司的最新动态，确保公司遵守法规和合约规定；（4）要求公司管理层及时通知有关公司的重大事项；（5）为确保有效执行任务，董事需衡量自己的能力及时间以决定担任多少间公司的董事；（6）公司秘书的责任是确保公司遵守程序、规则及条例，董事局应当听取公司秘书的建议；（7）每时每刻有效利用董事的权力来协商以保全公司的利益；（8）需及时披露任何直接或间接影响公司利益的事项；（9）不许掠夺公司任何的商业机会或利用机密资料以满足自己私人的利益；（10）应以廉正及负责任的态度代表公司执行任务及对外洽谈商业交易；（11）须以自己的判断能力行事，在必要情况如公司重要利益受到威胁时作出反驳以保全公司；（12）清楚了解公司成立的目的及公司的业务范围。另外，股份有限公司不能贷款给董事或与董事有关联的人士，但除了以下情况：其一，执行公司任务时必须交出的贷款、保证金或抵押品，但必须先在股东会议中得到批准；其二，全职董事的房屋贷款；其三，在员工贷款计划中贷款给全职董事。

四、马来西亚股份有限公司的优缺点分析

概括起来，马来西亚股份有限公司主要有以下优点：有限的债务风险；公司是个别体系，因此在管理及税务策划方面较有伸缩性；每年必须稽查账目，因此可信程度高；公司债务无须由股东负责，只限于已付的股份；转让所有权自由等等。当然，马来西亚股份有限公司也存在着诸多不足：其一，公司设立费用较高；其二，必须遵守较多公司法令、条例；其三，股东与公司分开征税。

第四节　清盘制度

马来西亚《公司法》规定的清盘制度与公司的解散和清算是相同含义。在公司的清盘中，负有无限责任的现任或前任董事，除了承担其作为普通股东的责任外，还应如同无限责任公司的股东那样进一步承担公司的无限连带责任，除非该董事在清盘时已停职1年以上，或者公司规章有无须承担责任的明确规定。此外，前任董事对停职后公司产生的债务无须承担责任。公司清盘有两种形式：一是法院清盘（Winding Up by the Court），二是自动清盘（Voluntary Winding Up）。

一、法院清盘

《公司法》规定的法院清盘程序指有权当事方在满足法律规定条件的前提下，依照相应的程序向法院提出申请对目标公司进行清盘，并由法院在对事实和理由进行审查的基础上，作出或者拒绝作出同意清盘的决定。目标公司不论是否已经开始或者正在进行自行清盘程序，均有权申请法院进行清盘。

（一）法院的职权

在公司清盘的过程中，法院有权行使以下职权：暂停清盘；确定连带责任人的名单；责令连带责任人清偿债务；催告权利；指定交付银行；委任特别经理；确定债权人的债权及资产分配原则；公开查询公司的经营状况和财务状况；传唤和拘捕潜逃的连带责任人。

（二）有权提出清盘申请的主体

按照《公司法》的相关规定，有权提出清盘申请的主体包括：1. 目标公司；2. 债权人；3. 分担人，包括已故分担人的代理人以及破产分担人的信托受托人；4. 清算人；5. 相关政府机构。同时，该条规定的五类主体可以作为单一主体进行申请，也可以与其他主体共同提出对目标公司进行清盘的申请。

（三）申请目标公司清盘的法定事由

在通过法院途径对公司清盘的情况下，法院只能对依据《公司法》规定的法定事由提出的清盘申请作出准予或不准清盘的决定。《公司法》采用穷尽式列举的方式对申请目标公司清盘的事由进行了规定，并没有开放性的条款为法官提供自由裁量的权力。因此，只有当申请清盘的理由符合法律规定的事由时，法院才会受理。法院启动清盘程序的法定事由包括：1. 目标公司通过了经由法院进行清盘的特别决议；2. 目标公司没有按照规定保存法定报告或召开法定会议；3. 目标公司成立后 1 年内没有营业或中止营业超过 1 年；4. 公司的股东少于 2 个（独资公司除外）；5. 目标公司无力偿还债务；6. 董事从自身利益出发开展公司的经营活动，却忽视了公司的整体利益，或者有其他对股东不公平或不公正的行为；7. 按照一定程序指定的核查人员认为存在需要对目标公司清盘的情形；8. 目标公司经营期限届满，或章程规定的应当解散公司的情形出现；9. 法院认为对公司进行清盘是公正合理的；10. 按照《银行和金融机构法》《伊斯兰银行法》特许设立的公司的许可证被吊销或者放弃的；11. 经营银行业务、特许业务的公司违反了《银行和金融机构法》《伊斯兰银行法》的有关规定；12. 依照《保险法》设立的保险公司的许可资格被撤销；13. 目标公司被用于非法目的，或任何有损于马来西亚的和平、福利、安全、公共秩序、善良风俗或与道德不符的目的；14. 目标公司被用于损害国家安全或公共利益的目的等。对于上述法定事由的适用或者选择，应当根据目标公司的具体情况进行。很多情况下，申请人可一并提出多种理由，理由越充分越可能获得法院准予清盘的裁定。其中"无力偿还债务"（unable to pay its debts）主要是指公司欠款 500 万林吉特以上的到期债务，如果目标公司在收到催款函之日起 3 周内依然没有偿还债务，或不能向债权人提供足以满足债权人要求的担保。如果公司不执行法院所作出的债务判决，法院有权确认公司已经没有能力偿还债务。

（四）法院清盘程序中的清算人

1. 清算人的种类。

在马来西亚公司的清盘过程中，可能会涉及两类清算人，一类是指定清算人，一类是破产管理部（official receiver）。《公司法》对上述两类清算人的选定规则和职责作出了详细的规定，主要有：（1）在指定清算人被选定之前，应当由破产管理部作为临时清算人履行相关职责；（2）在没有指定清算人的情况下，破产管理部应当分别召集债权人会议和分担人会议，以决定是否向法院提交关于选定清算人以替换破产管理部的申请；（3）如果债权人会议和分担人会议就上述第（2）点中提到的问题作出了不同的决议，则由法院就双方的争议作出裁定并按照其认为合适的方式就清算人选定的问题作出裁决等。

在选择清算人而不是破产管理部的情况下，选定的清算人应当在其正式履行清算人职责前将其被选定的情况通知破产管理部，并明确的作出令破产管理部满意的保证。即使在清算人被选定后，破产管理部依然享有进入公司并查阅相关文件资料的便利和权利。此外，清算人的行为还应该受到破产管理部的监督和管理。破产管理部为履行其对清算人的监管职责，有权对清

>>>>>>>

算人在清算过程中的行为进行监督。一旦发现有违法行为，或没有按照法律要求履行职责，或者没有勤勉的履行义务，破产管理部有权进行调查并采取任何其认为合适的措施。同时，破产管理部还有权对清算人的相关记录进行实地调查。

2. 清算人的权利和职责。

关于清算人的权利和职责，《公司法》也进行了详尽的规定。首先，经法院或监督委员会授权，清算人有权继续开展目标公司有益于清盘程序的经营活动；按照相关规定向债权人偿还债务；与债权人或其他向目标公司提出主张的人达成和解协议；聘请律师协助其完成清算活动。其次，在不需要上述授权的情况下，清算人有权以公司的名义起诉或应诉；通过拍卖、公开询价或者协商等方式出售公司的动产和不动产等。最后，清算人的所有权利均应受到法院的监管。

以上四个方面，基本厘清了法院清算程序的总体框架。同时，我们应当注意到法院清盘程序是以法院为主导的清盘程序。法院在作出清盘的决定之后，不是被抛在了清盘程序之外，而是通过对清算人的监管以及按照债权人或者分担人的请求对清盘程序中的重要问题作出裁决的方式对整个清盘程序进行监督和管理，甚至可以说是控制。

二、自动清盘

（一）自动清盘的事由

除法院清盘以外，公司也可以因为各种原因进行自动清盘。马来西亚《公司法》规定，当出现以下情况时可以由公司进行自动清盘：1. 公司章程或规章里规定的公司营业期限已到；2. 公司章程或规章里规定的公司解散的法定事由出现；3. 公司大会通过一项关于公司自动清盘的决议；4. 公司的特别决议案决定清盘。自行清盘程序又可以分为股东自行清盘程序（member's voluntary winding up）和债权人自行清盘程序（creditor's voluntary winding up）。

（二）自动清盘的种类

1. 股东自行清盘。

如果目标公司的章程规定了公司的经营期限或解散事由的，当公司经营期限届满或解散事由出现时，经由公司股东会作出对公司进行清盘的决议，则公司可以进行自行清盘。此外，目标公司作出对公司进行自行清盘的特别决议时，也能开始公司自行清盘程序。目标公司在满足上述条件的情况下，应当在作出决议之日起 7 日内将决议副本提交给公司注册机关，并在 10 日内将此等决议登载于在马来西亚全国范围内有影响力的报纸上。在上述法定期限内，如果没有按照法律规定作出相应的行为，目标公司任何一位有过错的管理者都将被处以罚金 1000 林吉特。此处，需要特别提到的是在股东自行清盘程序中必备的文件，即偿付能力声明（declaration of solvency）。按照《公司法》的规定，在股东自行清盘程序中，目标公司的多数董事（majority of the directors）应当作出目标公司有能力在清盘程序开始后不超过 12 个月的时间内偿还其债务的书面声明。该项声明的构成要件包括：（1）声明应当由目标公司的董事作出，当公司董事超过 2 名时，应当由多数董事作出。（2）该项声明应当在董事对公司的情况进行调查分析的基础上作出。如果董事没有了解实际情况而作出了此类声明，但实际上公司无法按照其声明偿还债务，则该董事将被判处 3 年有期徒刑或者处 10 000 林吉特罚金。因此，董事在作出此等声明时应当非常谨慎，这也导致了在部分目标公司的股东清盘程序中，个别董事因不愿承担任何责任而拒绝作出此类声明，从而致使股东自行清盘程序无法进行。（3）董事声明偿还债务的时间期限是自清盘程序开始之日起不超过 12 个月的时间。以上是对偿付能力声明的形式和内容的要求，董事在提交上述声明时必须在所有方面满足要求，否则就不能成为有效的声明，无法启动股东自行清盘程序。

除此之外，要使此等偿付能力声明生效，还必须满足如下几个要求：第一，应当在就目标公司的偿债能力进行评估的董事会议上作出；第二，在时间上，此等声明应当在通过自行清盘程序决议之前 5 周内作出；第三，在拟召开的就是否启动自行清盘程序作出决议的股东会之前将声明提交到公司注册登记机构。只有完全满足上述三个要件时，此等声明方能产生法律效力。为保证董事所作出的偿付能力声明的真实性和可靠性，《公司法》规定董事在提交此等声明的同时还应当提交公司资产情况说明、公司债务情况说明以及清算费用预算说明等。股东自行清盘程序中，应当由股东大会指定 1 名或多名清算人。清算人一旦指定，董事的职责也随即停止，除非清算人同意其继续履行职责。如果公司在董事声明的时间期限内无法偿还全部债务，清算人应当召集债权人会议。如果在债权人会议指定了原清算人以外的人作为清算人，则公司的清盘程序将从股东清盘程序转为债权人清盘程序。

2. 债权人自行清盘。

债权人自行清盘程序的启动也必须有自行清盘公司的特别决议。此外，在目标公司拟召开就公司清盘事宜作出决议的股东大会的当天或者次日，目标公司应当召开债权人会议。债权人会议的召开应当便利于多数债权人，并于会议召开前至少 7 天向债权人发出会议通知，通知应当明确记载所有债权人的名称及其债权数额。此外，债权人会议通知还应当于会议召开前 7 天在马来西亚全国范围内有影响力的报纸上进行公告。债权人自行清盘程序中，清算人的指定也是必备程序。同样的，在债权人清盘程序中，目标公司的全部董事应当作出公司无力偿还债务的声明。

（三）特别决议

在公司自行清盘程序中，较多的涉及决定清盘的特别决议（special resolution）。关于特别决议，《公司法》在第 152 条作出了规定：1. 特别决议应当由有表决权的股东的 3/4 多数通过。2. 对于拟作出特别决议的股东大会的召开，应当提前 21 天发出通知。但是，如果持有超过公司 95% 的股份（以股份的价值计算）的多数股东同意该项特别决议，那么通知的时间可以少于 21 天。

第五节　马来西亚破产法

1967 年马来西亚以第 360 号法令颁布了《破产法》，后经过了几次修改与补充。该法的主要内容包括破产原因的认定、申请破产的条件、破产申请的提出、受理和审查、破产的宣告和解除等。该部《破产法》规定，拖欠 3 万林吉特的，债权人就可以申请宣判债务人破产。2012 年 12 月 10 日，马华总会长拿督斯里蔡细历曾建议政府修改破产法令，将原有破产 3 万林吉特的数额，提高至 10 万林吉特。

一、破产原因的认定

1967 年马来西亚《破产法》通过列举的方式对破产原因进行认定，该法第 1 条规定，债务

▷▷▷▷▷▷▷

人出现下列情况将被认定为破产：1. 债务人将与全体债权人利益有关的财产交付、转让给 1 名或多名受托人；2. 债务人将其财产的全部或部分以欺诈手段赠与或转让他人；3. 债务人被判破产时，将财产的全部或部分优惠转让或抵押给某些债权人；4. 债务人为了拒付或拖延债权人的债权而离开马来西亚、长时间在国外逗留、逃离居所而隐匿、关闭其业务地点，以串通或者欺诈性手段服从不利的付款判决或法院训令；5. 在一项诉讼或者任何的民事诉讼中，债务人作为被告被法庭判决支付款项在 1 000 林吉特以上，已经开始执行且查封了财产；6. 债务人向法院提呈了一份要求宣判其无法偿还债务的宣誓书，或提呈了破产申请；7. 债务人通知债权人其已经暂停或者将会暂停偿还所负债务；8. 债务人向 2 名以上并非股东的债权人提出和解协议或协议计划，在达成相关协议或计划后的 14 日之内，没有按照《破产法》的相关规定进行注册；9. 债务人在接到法院对其破产进行终审判决的通知书后，未在规定的期限内偿还所欠债务和利息，也未向法院提出抵销原债权部分的反清偿要求；10. 负责执行查封令或其他程序的官员认为债务人没有可供查封的财产时，查封令提交给该官员的日期为破产日。根据马来西亚《破产法》的规定，破产通知书必须以法定的形式作出并以指定的方式递交，通知书必须说明不予履行的法律后果。英美法系国家对于破产原因的立法一般也采用列举的方式，即在法律中对债务人的具体行为进行列举式的规定，而大部分的大陆法系国家则采用概括的方式，对破产的原因只作出一般的抽象规定，而不作明确的列举式规定。

二、破产申请的提出和受理

如果债务人被视为有破产行为时，债权人或债务人可以向法庭提出破产申请，并有权为了保全财产而申请接管令。如果提出破产申请的债权人是抵押担保的债权人，其必须在破产申请书中明确说明，当债务人被判破产时，担保债权人愿意为每个债务人的利益而放弃其担保物或担保物的价值。根据《破产法》的相关规定，债权人提出破产申请的条件包括：1. 债务人拖欠债务总额达 1 万林吉特；2. 该债务是一项已经确定的款项且必须立即或在日后某个时期偿还；3. 债务人在提出破产申请前 6 个月内发生破产行为；4. 债务人常住地在马来西亚，或在马来西亚境内有固定居所或营业地点，或者曾经以股东的身份在马来西亚从事经营活动或作为合股成员。债权人的申请书必须由债权人或熟悉案情的代表人进行宣誓证实，向法院递交申请之后，法院有权要求申请人提供债权人的债务情况、破产行为以及相关情况的证明，法院可以根据申请人提供的情况作出驳回申请、推迟受理申请、直接受理申请的决定。

马来西亚《破产法》对债务人财产的接管人作出了详细的规定。法院在作出接管令之后，应委任破产管理官作为债务人财产的接管人，破产管理官必须接管有关债务人财产、业务的所有账簿、文件、证件，并可以接管债务人的财产，财产接管之后，任何债权人不允许就其债务对债务人和债务人的财产采取任何的行动或提起诉讼，除非获得法院的批准。债务人应当在接到接管令的 24 小时内向破产管理官递交一份宣誓书，并且保证不会离开马来西亚，如果债权人发现债务人有离开马来西亚的动向，债权人或债权人的代表可以向法院提出扣留该债务人的申请，法院可以对其判处民事监禁，直到公开审理结束或者法院作出其他判决为止。

三、破产申请的审查

马来西亚《破产法》对破产申请的审查作出了明确的规定，当法院发出接管令之后，必须在指定的日期对债务人的行为及个人财产进行公开审查，除非债务人不是完全民事行为能力人或有不适宜参加公开审查之外，债务人必须出席审查。破产管理官必须参与对债务人的审查，在获得特别授权的情况下，可以聘请 1 名律师出席审查，债务人只有在宣誓之后才能接受审查。审查过程中，债务人应如实回答法院向他提出的任何问题，记录人员将审查的要点进行书面记录并在债务人阅读完之后签字确认，该书面记录在日后可以作为处理该破产案件的证据，也可以允许债权人在规定的时间内进行查阅。

在法院作出接管令之后，应当召开债权人的首次会议，并讨论以下问题：是否接受和解建议或协议计划，判定债务人的破产性质是否有利，如何处置债务人财产等。《破产法》第 18 条规定，债权人可以在债权人首次会议或之后的任何一次债权人会议的决议中，接受债务人偿还其债务的和解建议或协议计划。债权人会议的决议规则是以人数和债权额双重多数为标准，任何债权人都可以在债权人会议的前一天就赞成或不赞成和解协议向破产管理官致函表示。法院在批准某项和解协议之前，必须听取破产管理官对该协议的意见以及有关债务人行为的报告、债权人或其代表提出的反对意见。如果法院认为该协议的条件不合理或没有考虑到普通债权人的利益时，法院可以拒绝批准该协议。

四、破产的宣告和解除

（一）破产宣告

被宣告破产之后，债权人仍然可以通过特别决议案接受债务人偿还债务的和解建议或协议计划，如果法院批准该和解建议或协议计划，可以决定取消破产令，并有条件的将破产财产交还给债务人或法院指定的其他人士。破产宣告必须由当事人申请，法院不得主动启动破产程序。当法院宣告债务人破产之后，债务人应当将财产交由破产管理官，破产管理官在管理债务人财产时，应当履行相应的职责，包括出任债务人财产的管理人，并在未委任特别经理的情况下，出任经理；为债权人的利益而筹措或预支款项，并为类似目的而特别授权经理筹措或预支款项；召集及主持债权人会议；发出授权书供债权人会议使用；就有关接管令、债务人公开审查日期以及需要刊登广告的其他事务刊登广告等。

（二）破产财产的分配

《破产法》对破产财产的分配顺序作出了明确的规定，以下费用可以从破产费用中优先分配：1. 应当缴付的地方税务；2. 所得税以及其他应该缴付的税款；3. 不超过 1 000 林吉特的全部佣人、工人或其他员工的工资或薪酬；4. 接管令作出之前的所有滞纳金；5. 接管令作出之前应该缴纳的所有工人的保险、赔偿等款项。以上债务必须获得平等的清偿，如果债务人的财产不足以支付全部款项时，应该按比例平均削减各项费用。在支付了相关的破产费用之后，破产管理官要在破产宣告之后的 12 个月内将破产财产第一次分配给债权人。以后每次破产财产分配的时间间隔不能超过 12 个月，破产管理官对于不能及时到场参加分配的债权人应得的财产份额予以保留。

（三）破产的解除

破产人在被宣告破产后，随时可以向法院提出解除破产的申请，法院应当予以受理申请并公告破产解除申请书，同时，法院应当分别征求破产管理官和债权人的意见。法院可以根据具体情况，作出解除、不予解除或暂时解除破产令的决定。《破产法》明确规定，有以下情形的，法院可以不予解除破产令：1. 没有将破产人在破产前 3 年的营业和财务情况进行真实的登记；

2. 破产人明知没有偿还能力而继续经营的；3. 不顾后果或风险进行投资、赌博、疏忽大意等原因导致破产；4. 接管令作出前 3 个月之内提供给债权人不适当的优惠；5. 破产人曾经因为欺诈或者失信而被判有罪；6. 拖欠其无力偿还的债务；7. 破产人通过不合理的手段拖延偿还债务。法院对破产人提出的破产解除申请的审查日期必须依法定的形式作出通告，并且应当在指定日期的 14 天以前发送给每位债权人。另外，法院还应当分别征求破产管理官和债权人的意见，在规定时间对债务人进行调查并提取相关证明。

五、有关破产的其他规定

（一）法院的权力

高等法院是对马来西亚的破产案件具有管辖权的法院，高等法院法官在《破产法》和部长发布的条例约束下，行使对破产案件的管辖权。法院有权决定所有的优先问题以及在破产案件中可能出现的所有问题，同时，法院有权决定将破产案件合并审理、延期审理，或者转交由破产管理官处理。

（二）小破产

为了节省开支以及简化程序、提高效率，马来西亚《破产法》专门规定了小破产的处理原则和程序。这里的小破产是指破产管理官向法院进行报告，把被作出接管令的债务人的资产扣除归还给担保债权人的款项之后，其资产已经不足 1 万林吉特，法院以简要的方式处理破产案件。《破产法》规定，法院在处理小破产案件时，程序相对简单：小破产的破产人不得对法院作出的任何训令提出上诉，除非有法院的批准；如果在对债务人公开审查后，法院认为债务人无意提出和解协议，或法院对和解协议不予批准时，法院不需要进一步审理而直接宣判债务人破产；在条件允许的情况下，破产人的资产应当一次分配完毕。马来西亚《破产法》对小破产的规定，对于我国破产法律制度的发展和完善是值得借鉴和学习的。

思考题

1. 马来西亚公司分类的特点。
2. 马来西亚《破产法》中小破产的特点。

第十四章　印度尼西亚公司法律制度

本章重点知识：印度尼西亚有限责任公司的组织机构；公司的合并与分立、解散与清算制度；开放有限责任公司、公共公司、服务公司、合股股份公司、放债式股份公司的概念。

建议课时：2 课时。

第一节　印度尼西亚概述

一、印度尼西亚的地理环境与自然资源

印度尼西亚（Republic of Indonesia）位于亚洲东南部，地跨赤道，与巴布亚新几内亚、东帝汶、马来西亚接壤，与泰国、新加坡、菲律宾、澳大利亚等国隔海相望。印度尼西亚地跨赤道（12°S-7°N），其 70%以上领地位于南半球，因此是亚洲南半球最大的国家。经度跨越 96°E 到 140°E，东西长度在 5 500 千米以上，是除中国之外领土最广泛的亚洲国家。印尼是世界上最大的群岛国家，由太平洋和印度洋之间约 17 508 个大小岛屿组成，陆地面积约 190.4 万平方千米，海洋面积约 316.6 万平方千米（不包括专属经济区）。北部的加里曼丹岛与马来西亚接壤，新几内亚岛与巴布亚新几内亚相连。东北部面临菲律宾，东南部是印度洋，西南与澳大利亚相望。海岸线总长 54 716 千米。

印尼的石油、天然气和锡的储量在世界上占有重要地位。根据 2013 年印尼能源矿产部的统计，印尼煤炭资源储量约为 580 亿吨，已探明储量 193 亿吨，其中 54 亿吨为商业可开采储量。由于还有很多地区尚未探明储量，印尼政府估计煤炭资源总储量将达 900 亿吨以上。印尼拥有巨大的天然气储量，约有 123 589 兆亿立方米 （相当于 206 亿桶石油），其已探明的为 24 230 兆亿立方米，主产于苏门答腊的阿伦和东加里曼丹的巴达克等地。印尼镍储量约为 560 多万吨，居世界前列。金刚石储量约为 150 万克拉，居亚洲前列。此外，铀、镍、铜、铬、铝矾土、锤等储量也很丰富。印尼是世界上生物资源最丰富的国家之一。据不完全统计，印尼约有 40 000 多种植物，其中药用植物最为丰富。印尼的森林覆盖率为 67.8%。印尼盛产各种热带名贵的树种，如铁木、檀木、乌木和袖木等均驰名世界。印尼海域广阔，且有一个适合各种鱼类生长的热带气候。印尼的渔资源极为丰富，苏门答腊岛东岸的巴干西亚比亚是世界著名的大渔场。

二、印度尼西亚的政治

印尼是总统制共和国，现行宪法为《1945 年宪法》，规定建国五基（简称"潘查希拉"，即信仰神道、人道主义、民族主义、民主和社会公正）为立国基础，人民协商会议为最高权力机构，总统为国家元首、政府首脑和武装部队最高统帅。总统、副总统均由全民直选产生，任期 5 年，总统可连任一次。印尼实行多党制。2009 年大选中，共有 48 个政党参选，9 个政党获得国

▶▶▶▶▶▶

会议席，苏希洛创立的民主党成为国会第一大党。其他主要大党包括：专业集团党、民主斗争党、繁荣公正党、国家使命党、建设团结党、民族 觉醒党、大印尼运动党、民心党。

三、印度尼西亚的经济

印尼采矿业为印尼国民经济发展创造了可观的经济效益，它是出口创汇、增加中央和地方财政收入的重要来源，也为保持经济活力、创造就业和发展地区经济做出了积极贡献，同时还具有辐射社会经济其他领域的间接作用以及对边远地区发展的推动作用。印尼主要的矿产品有锡、铝、镍、铁、铜、锡、金、银、煤等。印尼的工业化水平相对不高，制造业有 30 多个不同种类的部门，主要有纺织、电子、木材加工、钢铁、机械、汽车、纸浆、纸张、化工、橡胶加工、皮革、制鞋、食品、饮料等。其中纺织、电子、木材加工、钢铁、机械、汽车是出口创汇的重要门类。印尼是一个农业大国，全国耕地面积约 8 000 万公顷，从事农业人口约 4 200 万人。印尼气候湿润多雨，日照充足，农作物生长周期短，主要经济作物有棕榈树、橡胶、咖啡、可可。2012 年，印尼棕榈油产量达到 2 850 万吨，成为全球最大的棕榈油生产国。旅游业是印尼非油气行业中仅次于电子产品出口的第二大创汇行业，政府长期重视开发旅游景点，兴建饭店，培训人员和简化入境手续。2012 年到印尼的外国游客人数达到 804 万人。[①]

第二节　印度尼西亚公司法概述

一、印度尼西亚公司法概述

印度尼西亚大致把公司分为国有制公司和非国有制公司两大类。对国有公司，印度尼西亚分门别类地制订了一些专门的法律和法规。这些法律和法规从内容上对本国的公司制度做出了较为全面和严格的规定，其目的在于一方面保证国家对国有公司的绝对控制，另一方面保证国有资产的保值和增值。对其他类型的公司和企业，大多在民商法律中加以规定，而且规定得较为宽松。对于规定严格的国有公司，印度尼西亚法律多不允许外资或民间资本介入，对于非国有公司虽然规定宽松，但是这也带来了管理不严、问题较多的弊端。比如放债式股份公司实际上是有限合伙、隐名合伙或者股份两合公司，这类公司中存在隐名合伙人，隐名合伙人不参加经营活动，对于合伙债务仅承担有限责任，而且从外观上看不出其是隐名合伙人。因此，债式股份公司的经营风险较大，如何降低由此产生的风险是印度尼西亚法律亟待解决的问题。

二、印度尼西亚公司法的制定与修改

有限责任公司是印度尼西亚经济发展的支柱之一，基于这一重要地位，1995 年印度尼西亚颁布了《有限责任公司法》。该部法律从公司的设立、章程的修订、公司的登记和公告、资本和股份、工作规划、年度报告和利润分配等方面对有限责任公司的相关制度进行了详细的规定。为了对有限责任公司进行更为细化的规定与操作，印度尼西亚于 1998 年 1 月 17 日实施了《有

---

① 印度尼西亚概况，资料来源于中华人民共和国驻印度尼西亚共和国大使馆经济商务参赞处网，http://id.mofcom.gov.cn/article/ddgk/，访问时间：2015-8-9。

限责任公司条例》，并在印度尼西亚共和国的国家公报上进行了公布。该条例规定，在本条例实施之日起 3 个月内，有限责任公司应当按照要求向财政部部长报送报表。另外，在条例实施之日起，此前颁布实施的 1968 年第 12 号行政法规令、1983 年第 3 号行政法规令、1990 年第 55 号行政法规令和其他法规中有违本条例规定的内容同时废止。随着印度尼西亚经济和社会的发展，1995 年制定的《有限责任公司法》呈现出明显的规制不足。基于公平效率、可持续性、环保意识、保障平衡发展和经济民主的原则，国民经济需要更加强有力的经济实体支撑，印度尼西亚需要重新制定一部法律对有限责任公司进行规范，以保证实现良好的商业氛围，故印度尼西亚以 2007 年第 40 号法律颁布实施了新的《有限责任公司法》。2007 年的《有限责任公司法》由 14 章，共计 161 条组成，包括总则、公司设立、章程的制定及修订、公司登记和公告、资本和股份、年度报告和利润分配、社会和环境责任、股东大会、董事会和监事会、合并、解散、接管和分离、公司的检查、公司的解散和清算等内容。新公司法明确规定自该法生效之日起，关于有限责任公司的 1995 年第 1 号法令即 1995 年制定的《有限责任公司法》废除，不再具有法律效力。

第三节　印度尼西亚的有限责任公司

一、有限责任公司的法律性质

公司是以盈利为目的，开展商业活动的法人实体。有限责任公司是《印度尼西亚公司法》所规定的最重要的一类公司形式，本章将对其进行较为详尽的介绍，其他公司法的规定可以参照其规定执行。

有限责任公司是一个由资金的集合构成，以开展商业活动为目的，基于一项协议建立的法人实体。公司将法定资本划分为股份，股东以其出资额为限承担责任，公司以其全部资产对外承担责任，且全部资产或者 51%以上的资产由国家所有。由此可见，国有资本在有限责任公司中占有支配地位和主导地位，这样的所有制形式就使得国家成为有限责任公司的最大股东。根据法律规定，由财政部长代表国家作为有限责任公司中国家股的股东行使股东权利。基于有限责任公司所具有的国有制属性，印度尼西亚专门制定了法律或者政府法规对公司制度的多个方面进行了规定。有关国有资产参股设立有限责任公司的数额和目标、变更有限责任公司中国有资产份额包括增资与减资，均由行政法规加以规定。

印度尼西亚法律规定，国家设立有限责任公司的宗旨是为社会提供高质量的商品和服务，提升企业在国内外的竞争能力；创造利润，增加企业财富，促进企业发展。可见有限责任公司虽然是国有公司，但是其本身仍具有特定的商业性质，其主要目的还是为了获得商业利润，同时为社会提供尽可能多的社会财富，给社会生活带来更大的便利，提高国民经济水平，促进国家的经济富强。另外，《有限责任公司条例》特别规定有限责任公司可以从事一些社会公共事业方面的经营业务，这就赋予了有限责任公司一些管理公共事务和社会事务的职能，从而体现了国有公司与非国有公司的不同。

二、有限责任公司的设立

（一）有限责任公司的设立条件

《有限责任公司法》第 7 条规定，设立有限责任公司应当由 2 个或 2 个以上发起人基于一份以印尼语起草的经公证的凭证设立；公司的发起人应在公司设立时认购股份。公司在关于公司法人实体批准的部长令签发之日获得法律地位。国有有限责任公司或者经营证券交易、票据交易、保险业、监管和清算等业务的公司，以及资本市场法律规定的其他机构不适用上述法律的规定。公司设立的凭证应列明章程和有关公司设立的其他信息，包括但不限于公司个人创办人的信息、首届董事会和指定的监事会的成员信息以及已经认购股份的股东名称、股份数额的具体情况等。公司的创办人应当通过法人实体管理系统向部长联合提交一份申请，填写一份至少载明以下内容的表格：公司的名称和住所；公司设立的期限；公司营业活动的目的；法定资本的数额；已发行和已实缴的资本；公司的详细地址等。按照法定要求填写的表格，必须以公司的名义进行提交。

（二）第一次股东大会的召开

《有限责任公司法》第 13 条规定，第一次股东大会应当在公司获得法律主体资格后 60 日内召开。股东大会由所有具有投票权的股东代表参加，并且全体一致通过才能达成有效决议。如果股东大会未在规定的时间内召开，或者股东大会未能按照规定达成有效决议，则每一个创办人应当个人承担其实施的法律行为的后果。如果这些法律行为是在公司成立之前经所有发起人书面同意或者共同实施，则无须经过股东大会的批准。

（三）公司章程的内容与修改

公司章程是公司依法制定的、规定公司重大事项的基本文件，也是公司必备的规定公司组织及活动基本规则的书面文件。公司章程是股东共同一致的意思表示，是公司的宪章，具有法定性、真实性、自治性和公开性的基本特征。《有限责任公司法》第 15 条规定，在公司的设立凭证上所应列明的公司章程应当包括以下内容：公司的名称和地址；公司设立的目标和经营范围；公司成立的期限；公司的法定资本、已发行资本和实收资本数额；股份数额；董事会成员和委员会成员的人数、各自的职位及其产生、更换、撤销的程序；股东大会召开的地点和程序；分派股息理由和红利分配的程序等。除上述内容外，公司章程还可以在不违反《有限责任公司法》规定的前提下，列明所需的其他事项。但章程中不得对有关固定股息收入、给予发起人或其他人员个人利益的事项进行规定。

公司章程的修改必须经股东大会决定，修改公司章程的议题必须在股东大会的通知中予以明确说明。对已经宣告破产的公司的章程的修改必须经过破产管理人的许可，且管理人的许可必须附于向司法部长递交的申请和修改章程的告示后面。对公司章程特定事项的修改必须获得司法部长的审批，并在司法部长的批准指令发布之日起生效。特定事项包括公司的名称和住所；公司设立的目标和经营范围；公司成立的期限；法定资本的数额；已发行和实收资本的减少；公司由非上市公司转变为上市公司等。对上述特定事项以外的公司章程中其他事项的修改，只需通知司法部长即可，并在发布司法部长的通知回执之日起生效。

（四）公司注册

《有限责任公司法》第 29 条规定，公司注册工作由司法部长负责执行。公司注册应当提交以下资料：公司名称、公司宗旨和目标、营业范围、开发期限和资本金；公司详细地址；批准公司作为法人实体公司的部长令和设立凭证的号码和日期；司法部长的批准和章程修改凭证的号码和日期；公司章程修改的文书号码和日期；制作公司设立凭证和章程凭证的公证员的名称和住所；公司股东、董事会成员和监事会成员的名称和地址；公司作为法人实体的有效期；公司相关年度审计要求的资产负债表、损益表等。公司注册材料应向公众公开。司法部长应在印度尼西亚共和国国家报纸增刊上公告如下内容：公司设立的凭证和部长令；公司章程修改的凭证和部长令；公司章程修改的凭证等。公告应在部长令签发后 14 天内进行。

三、有限责任公司的资本和股份

（一）有限责任公司的注册资本

《有限责任公司法》第 31 条规定，公司注册资本金应由公司全部的股份的票面价值构成。本法第 32 条规定，公司注册资本金不少于 5 000 万印尼卢比。法律规定从事特定营业活动的公司的资本金的最小数额可以高于上述标准。注册资本金的 25% 必须被发行并全部实缴，并且已发行并实缴的资本金应有有效的支付凭证予以证实。股本金的出资可以采用现金或其他形式。以不动产形式作为股本金出资的，必须在股东大会通过该决议后或设立凭证签署后 14 天内在报纸上公告。公司不允许给自己控股的公司发行股份，也不允许向直接或间接地由公司拥有的其他公司发行股份。

（二）股份的回购

《有限责任公司法》第 37 条规定，公司在下列条件下可以回购已经发行的股份：股份回购不会导致公司净资产少于已发行资本金和已经预留的法定储备金之和；公司或其他直接或间接地拥有公司回购股份或者抵押股份或者持有的在股份上设立的信托证券的票面价值金额，不超过公司已发行资本金的 10%，资本市场相关的法律另有规定的除外。股份的回购必须符合满足上述法定条件，否则无论是直接或是间接回购均会被认定为无效。股东由于无效回购所遭受的损失，董事会应当承担连带责任。公司对回购股份的持有期间不得超过 3 年。股份回购或转让，经股东大会的批准后方可进行，资本市场相关的法律明确规定的除外。

（三）增资

《有限责任公司法》第 41 条规定，公司的增资行为应在股东大会同意的基础上进行。股东大会可以授权公司监事会在不超过 1 年的期限内，批准增资行为的具体执行。《有限责任公司法》第 42 条规定，如果股东大会关于增加公司法定资本的决议的通过考虑到了法定数目股东的要求，且依据本法或公司章程中的有关规定，则该决议应为有效。如果股东大会能得到超过 50% 有投票权的股东出席，且增加发行和实收资本的决议得到出席股东过半数投票同意，则该决议视为有效，除非公司章程做出更高的比例要求。公司增资应通知部长并进行变更登记。《有限责任公司法》第 43 条规定，所有增资发行的股份应首先根据股东持股类别和持股比例向股东发出要约。所有股东根据自身的持股比例对于增发股票享有优先购买权。如果股东未能在发行日截止前 14 天内行使其购买权利并且未能完整的支付对价，公司有权将未认购的股票出售给第三方。

（四）减资

《有限责任公司法》第 44 条规定，股东大会关于减少公司法定资本的决议需考虑法定数目股东的要求和公司章程的修订，并符合本法的有关条款或公司章程有关规定，则该决议应为有效。公司董事会应在股东大会作出减资决议后 7 天内通过报纸向所有债权人公告此项决议。《有限责任公司法》第 45 条规定，作出公告后的 60 天内，债权人可以就该决议以书面形式提出反对意见，并连同反对理由递交至公司，同时抄送司法部长。在收到反对意见 30 天内，公司有义务对此作出书面回应。如果公司在收到反对声明的 30 天内明确拒绝该声明或未能与债权人达成双方都满意的解决方案，或在债权人书面反对声明提交 60 天内未能给予任何回应的，债权人有权向有管辖权的地区法院提起诉讼。

（五）股份的发行与转让

《有限责任公司法》第 48 条至第 51 条规定，公司股票的发行须以其所有者的名义进行。股票的价值应以卢比写明，且不得发行没有票面价值的股票。公司董事会有义务制作股东登记簿，记载有关股东购买股票的信息，股东有权获得其拥有股权的证明。《有限责任公司法》第 52 条规定，股东由于获得股份而享有以下权利，即股东大会的参与权、投票权；接受分红及对剩余资产的清算权等。股东权只有在其名称登记于股东名册后方为有效，股东权不可分割使用。如果超过 1 人同时持有一股股票，则持有人须指定 1 名自然人作为其代表行使股东权。

《有限责任公司法》第 55 条和第 56 条规定，公司章程应根据法律规定确定股权转让的具体办法。股权转让应当以权利转让契据的形式进行。股权转让的事实应以书面形式报告至公司。资本市场的股权转让程序应根据资本市场的立法规定进行。《有限责任公司法》第 58 条规定，如果公司章程规定出售股权的股东应首先向应持有同种类股票的股东发出要约，只有在向这些股东发出要约 30 天后，这些股东仍未购买，方可向第三方出售。发出出售要约的股东可以在要约届满失效后撤回其要约。《有限责任公司法》第 59 条规定，股权转让须经得公司机构的同意。如果公司机构不同意股权转让的，需在收到申请不超过 90 天内作出书面拒绝申明。倘若公司机构未能出具书面声明的，视为其同意该股权转让。公司机构同意该股权转让的，应在同意声明作出的不超过 90 天内进行。《有限责任公司法》第 61 条规定，由于公司股东大会决议、董事会决议或监事会的决议导致公司不公平或不合理活动进而造成股东利益受到损失，股东可以向公司住所地有管辖权的地区法院起诉。

四、有限责任公司的工作规划、年度报告和利润分配

（一）工作规划

公司董事会应在下一财政年度开始前编制年度工作计划，计划中应包括下一财政年度的公司年度预算，工作计划应递交给公司监事会或股东大会。除非法律有其他规定，公司章程可以确定董事会作出的年度工作计划必须获得公司监事会或股东大会的批准。如果公司章程规定工作计划必须获得股东大会的批准，则工作计划必须首先提交公司监事会进行审议。在董事会未递交工作计划或递交的工作计划未获得批准前，上一年度的工作计划继续有效。

（二）年度报告

《有限责任公司法》第 66 条规定，在每个财政年结束后不超过 6 个月内，公司董事会应向股东大会递交经监事会审议后的公司年度报告。《有限责任公司法》第 68 条规定，如满足下列条件之一的，公司董事会必须将公司财务报告递交注册会计师进行审计：公司的业务活动是募集和管理社区基金；公司公开发行了债券；公司是发行人；公司是国有公司；公司的总资产或营业规模至少在 500 亿卢比以上。公开的审计报告应由董事会提交给股东大会。倘若具备上述

条件，但未实现公开审计的，则公司的财务报告将不可能得到股东大会的审议通过。《有限责任公司法》第 69 条规定，如果公司财务报告中提供的营业收入数据不准确或不正确，董事会成员和监事会成员应承担法律责任，除非有证据证明不是由于他们的过错造成。

（三）利润分配

《有限责任公司法》第 70 条规定，有限责任公司在每个会计年度应当从净利润中留存一定金额作为储备金，直至储备金总额至少达到总认缴和总认购股本金的 20%为止，且公司利润的净额为正值时，留存储备金是法律强制性要求有限责任公司必须承担的义务。对于有限责任公司净利润的适用包括留存的储备金金额应由股东大会决定。全部净利润在扣除所留存的储备金后，应作为红利向股东进行分配，除非股东大会有其他决定。

五、有限责任公司的组织机构

（一）财政部长

根据法律规定，由财政部长代表国家作为有限责任公司中国家股的股东，由其代表国家行使股东权利。因此在印度尼西亚的有限责任公司条例中专门规定了财政部长的相关职责。财政部长可以委托国有公司管理局局长，必要时可以授权个人、法人代表本人出席股东大会。被委托的人在股东大会上就有关改变资本总额、修改公司章程、利润的使用和分配方案、公司的兼并、合并、分立；投资和长期融资、与其他公司进行业务合作、分公司的设立、资产的转让等重大事项作出决定前应当事先经财政部部长批准。由此可见，对于公司的一切重要事务的决定权都掌握在国家政府手中，这样一方面使得国家对有限责任公司具有绝对的控制权，另一方面也使得有限责任公司自主力下降，活力不足。

（二）股东大会

股东大会享有决定公司的一切重大事项的权力，包括审查决定执行董事会提交的未来 5 年发展战略计划草案、年度工作计划和财务预算草案。《有限责任公司法》第 76 条规定，公司股东大会的召开地点应当是公司章程确定的公司住所地或公司主营业务所在地。公开上市公司的股东大会召开地点应在公司上市的证券交易所的住所举行。公司和上市公司的股东大会召开地点都必须位于印度尼西亚境内。如果所有股东均出席或委托代表出席股东大会，并且同意股东大会的特定议程，则股东大会可以在任何地点召开。股东大会应形成会议纪要，该会议纪要必须由股东大会全体与会者的签名和认可批准。

《有限责任公司法》第 78 条规定，股东大会包括年度股东大会和其他股东大会。年度股东大会的召开应在每个会计年度结束后 6 个月内举行，其他股东大会可以基于公司利益的需要而在任何时间召开。《有限责任公司法》第 79 条规定，公司董事会应当负责召集年度股东大会及在事先通知的前提下召集其他股东大会。单独或者合计持有 10% 以上法定表决权的 1 个或多个股东（公司章程确定更小比例的除外）或者公司监事会可以请求召开股东大会。请求应当以挂号信的形式向董事会提出，同时需对请求的理由加以说明。董事会有义务在收到请求后的 15 天内发出召开股东大会的通知。

股东有权亲自出席或授权代表出席股东大会，并依据其所持有的股份数行使表决权。股东的投票应代表其所持有的全部股份，而不允许股东将自己所持有的股份予以拆分进行不同的投票。禁止董事会成员、监事会成员、公司有关的雇员作为股东的代理人进行投票。除非法律或公司章程另有规定，股东大会应当有过半数享有表决权的股东出席才为合法，否则需作出二次会议的通知。《有限责任公司法》对股东大会通过特别决议的要求十分严格，修改公司章程应当有不少于 2/3 享有表决权的股东出席股东大会，同时，有超过 2/3 的出席股东同意修改，除非公司章程另有规定。在经过不少于公司有表决权全体股东 3/4 出席的股东大会上，有超过 3/4 股东同意之后可以进行公司的兼并、收购、并购或分立、破产、存续期的延长、公司的清算，除非公司章程另有规定。在全体股东在相关议案中签名以表示同意的前提下，可以不用召开股东大会而直接作出有约束力的决议。

（三）执行董事会

执行董事会是有限责任公司的法人机关，对内对外代表有限责任公司从事相关的事务。执行董事会也是有限责任公司的管理机构，其职责类似于我国公司组织机构中的董事会。

1. 执行董事会成员的任免。

执行董事会通常由股东大会任免。财政部部长出席股东大会时，执行董事会的任免权由财政部部长行使。任命执行董事会成员时，应当根据其人品学识、领导水平、工作经验、举止表现、敬业精神等进行综合考量。任免执行董事会成员时，股东大会应当征求董事会的意见，必要时还可以征求其他方面的意见。执行董事会成员任期为 5 年，可以连任。执行董事会成员的人数可以根据公司的需要确定，其中一名成员应当被指定为执行董事长。

2. 执行董事会成员不得兼任的职务。

执行董事会应当认真负责、恪尽职守地履行义务。为保证执行董事会成员的廉洁性和独立性，避免利益交错的而产生的影响，使成员可以全身心性投入到对公司的管理之中，法律规定执行董事会成员不得兼任国有公司、地方政府公司、私营公司的总经理、经理以及其他管理人员以及中央或地方政府机构中的职位及法律或公司章程中规定的不得兼任的其他职位。

3. 执行董事会成员的免职。

有下列情形可以对执行董事会成员免职：履行义务不力；不执行法律或者公司章程的规定；实施损害公司利益的行为或者参与损害公司利益的活动；在公司管理或其他方面实施犯罪行为被判处监禁。

4. 执行董事会的职责。

执行董事会负责提出公司未来 5 年内的发展战略规划草案。该草案至少包括前一个 5 年规划的实施情况总结；本公司目前的经营形势；未来 5 年规划的总体思路；未来 5 年规划的目标、策略、政策措施以及实施方案等内容。发展战略规划草案由执行董事会联合会签署 后提交股东大会讨论通过。另外，执行董事会负责提出年度工作计划和财务预算草案，该年度工作计划和财务预算草案至少包括以下内容：公司本年度的经营目标、任务、策略、方针、措施的详细计划；公司本年度的详细财务预算；投资项目；其他需要股东大会作出决议的事项。执行董事会应当至迟在下一财务年度来临前 60 天提交年度工作计划和财务预算方案。股东大会至迟应当在本财务年度结束前 30 天批准下年的年度工作计划和财务预算方案。股东大会未在上述时间期限内批准年度工作计划和财务预算草案时，该草案视为合法有效，可以付诸实施。执行董事会应当将经股东大会审查决定的年度财务报表报送国家财务与发展监督委员会。

（四）董事会

《有限责任公司法》第 92 条规定，董事会有义务为了实现公司的目的和目标、为了公司的利益对公司进行运营，并有权根据相关法律和公司章程的规定，依据合理的政策对公司进行运营。公司董事会应由 1 名以上成员组成，从事公共基金流转、信贷工具发行或单独作为发行人的公司董事会至少应有 2 名成员。如果公司董事会成员超过 2 名，股东大会决议不能决定董事会成员职权的划分，最终的职权划分由董事会决议加以确定。董事会负责监督执行董事会，有权向执行董事会提出公司经营管理以及实施未来 5 年发展战略规划、年度工作计划和财务预算、执行公司章程和法律法规方面的建议。

1. 董事会成员的任命。

董事会成员由股东大会任免，有关董事会成员的提名、任命、接替、解雇的程序应在公司章程中予以规定。作为董事会成员的候选人应当品行端正、爱岗敬业、熟悉公司管理、精通相关专业知识并且有充裕的时间履行职务。董事会就董事会成员的任命事实应在股东大会决议作出之日起 30 天内通知部长，由部长在公司登记簿上进行登记。如果公司未能履行上述通知义务，部长可以以未在公司登记簿进行登记为由拒绝公司提交的报告和通知。董事会任期与执行董事会的任期均为 5 年，可以连任。

2. 董事会成员的职责。

董事会负责公司的日常运营，董事会成员必须尽诚意、负责的工作。董事会的全体成员都有权代表公司，除非法律、公司章程或股东大会决议另有规定，董事会成员代表公司的权利应当是无限制且无附加条件的。如果公司和董事会成员之间存在尚未处理完毕的诉讼或利益冲突，则涉及的董事会成员无权代表公司行使权利。

如果董事会成员因自身的过错未履行职责致使公司遭受损失的，成员个人应对公司的损失承担责任。董事会由 2 名以上成员组成，则各成员应就损失承担连带责任。代表公司 1/10 以上有表决权的股东可以以公司的名义向法院起诉，控告因过错引起公司损失的董事会成员，但董事会成员能够证明以下事项时可以免责：（1）公司遭受的损失并非由于其过错造成；（2）董事会成员为实现公司目的和为公司的利益已尽职地履行了自身职责；（3）在导致损失的管理上没有直接或间接的利益冲突，且为避免损失已采取了相应的预防措施。董事会成员有义务向公司报告本人及家庭成员持有本公司和其他公司股票的情况，并且应将此情况登记于特别登记簿中。任何董事会成员未能履行报告义务并给公司造成损失的，应对此损失承担责任。

3. 董事会成员不得兼任的职务。

董事会成员不得兼任以下职务：执行董事会成员；担任国有公司、地方政府公司、私营公司的总经理、经理以及其他管理人员；法律或公司章程中规定的其他可能与公司利益相冲突的职位。

4. 董事会成员的免职。

股东大会对有下列行为之一的董事会成员，在终止其任期前予以免职：履行义务不力；不执行法律或公司章程的规定；实施损害公司利益的行为或者参与损害公司利益的活动；在公司管理或其他方面实施犯罪行为被判处监禁。

5. 董事会的职责。

董事会履行下列职责：向股东大会提出对年度工作计划和财务预算草案的建议和意见；向股东大会提出对公司经营管理中存在的问题以及公司发展的建议和意见；及时向股东大会报告公司经营状况；向执行董事会提出经营管理建议；实施公司章程规定的监督职能。董事会有义务建立和维护股东登记簿、特别登记簿、股东大会和董事会的会议纪要，根据法律规定准备与维护年报和相关的财务文件。

6. 董事会的召开。

董事会一般每月举行一次会议，必要时可以随时举行。董事会有权根据公司章程的规定批准或者协助执行董事会采取特定措施。根据公司章程或者股东大会决议，董事会可以在特定情况下在一定期限内采取相应的经营管理措施。董事会认为必要时，可以邀请执行董事会成员列席董事会。董事会可以聘请 1 名秘书处理董事会的日常事务，董事会认为必要时，可以聘请 1 名专家在一定期限内协助开展工作，秘书和专家的报酬由公司承担。董事会的所有业务经费均由公司承担，列入公司年度工作计划和财务预算中。

（五）监事会

1. 监事会的职责与任命。

有限责任公司设立监事会，以保证公司内控机构的有效运作，在发现公司内部可能存在问题的情况下而给予及时纠正，监事会直接向董事长报告工作。监事会的职责在于，负责协助董事长审查公司的财务和经营情况，负责对公司的管理和运行情况进行评估，并提出相应的改进建议和意见。监事会有权要求董事会对审查结果、评估结论作出解释。执行董事会应当对监事会的审查评估结论予以充分重视，对提出的问题采取措施认真落实。《有限责任公司法》第 108 条规定，监事会应在考虑公司利益，并与公司的目的和目标相一致的基础上，对公司的运营政策、运营整体情况进行监督，并向董事会提出建议。监事会应有 1 名以上成员。超过 1 名成员的监事会应组成委员会，根据监事会的决议，监事会成员不得单独行事。从事公共基金流转、信贷工具发行或单独作为发行人的公司监事会至少应有 2 名成员。监事会成员由股东大会任命。监事会成员应有一段任期并可以被重新任命。对于监事会成员的任命、接替、解雇和提名程序应当在公司章程中予以规定。股东大会在做出有关监事会成员任命、接替、解雇决议的同时，还应当就任命、替换、解雇的生效期作出规定。如果未能对生效期做出规定的，则在股东大会结束时生效。监事会应向部长通告监事会成员的任命、接替、解雇的事实，在股东大会决议做出之日起 30 日内通知部长，由部长在公司登记簿上进行登记。

2. 监事会的责任。

《有限责任公司法》第 114 条规定，监事会负责对公司进行监督。为了公司的利益，监事会成员必须忠诚且负责任的履行监管职责并提出建议。由于监事会成员的自身失误或疏忽未履行职责给公司造成损失的，失职成员个人应就损失完全承担责任。如果监事会成员有 2 人以上的，则各监事会成员就上述损失需承担连带责任。如能证明具备以下情形，则监事会成员无需承担责任：为实现公司的目标和目的，为公司的利益忠诚、勤勉的履行自身职责；在导致损失的管理上没有直接或间接的利益冲突，且采取预防措施来避免此项损失。《有限责任公司法》第 115 条规定，由于监事会的失误或疏忽致使公司破产，在破产后，资产不足以清偿所有债权人时，所有监事会成员对于未清偿的债务承担连带责任。但如能证明存在以下情形，则监事会成员不用承担破产后的责任：破产并非由其失误或疏忽引起；为了实现公司的目标，忠诚、勤勉地履行自己的职责；在导致损失的管理上没有直接或间接的利益冲突；此项损失发生前已提出过建议。

六、有限责任公司的合并与分立

《有限责任公司法》第 123 条规定，在进行公司并购时，被并购公司和存续公司的董事会应准备并购方案。并购方案包括如下内容：每个公司的名称和住所；公司并购的原因和要求；存续公司对被并购公司股份的评估和转换程序；存续公司的章程修改方案；财务报告；被并购公司的董事会成员、监事会成员和雇员的状态、权利和义务的安置程序等。并购方案在得到被并购公司和存续公司的监事会批准之后，还应当提交各自的股东大会批准。上述要求对被合并公司也可类比适用。

《有限责任公司法》第 125 条规定，收购应当以从公司董事会或直接从股东处收购公司已发行或者拟发行股票的形式进行。收购可以由法人实体或者个人进行。并购、合并、收购和分立应当尊重公司、少数股东、公司雇员、公司的债权人和其他的商业合作伙伴的利益。《有限责任公司法》第 127 条规定，关于公司并购、合并、收购和分立的股东大会决议按照法定程序通过方为有效。拟进行并购、合并、收购和分立的公司的董事会有义务在至少一份报纸上对方案的摘要进行公告，并且应当在股东大会通知前 30 天之内向公司的员工进行书面公告。在公告中还应当包含一份通知，以使相关方自股东大会开始日在公司办公场所便可获得并购、合并、收购和分立的方案。债权人可以在公告日开始 14 天内就并购、合并、收购和分立的方案提出异议。倘若债权人在上述法律规定的期限内未提出异议的，视为其同意方案。《有限责任公司法》第 128 条规定，股东大会已经通过的并购、合并、收购和分立方案应当在公证前以印尼语列明于并购、合并、收购和分立契据中。直接从股东处收购股权的契据应当以印尼语列明于公证契据之中。存续公司的董事会和合并公司的董事会应当自并购或者合并生效后 30 天内在至少一份报纸上公告并购或者合并的结果。《有限责任公司法》第 135 条规定，有限责任公司的分立可以通过单纯的分立或非单纯的分立进行。其中单纯的分立应当导致公司的所有资产和负债依法转移至 2 个或者 2 个以上的公司，同时进行分立的公司应当依法解散。非单纯的分立应当导致公司的部分资产和负债转移至 1 个或者 1 个以上的公司，并且进行分立的公司仍然存在。

七、有限责任公司的解散与清算

《有限责任公司法》第 142 条规定，公司因下列原因解散：1. 股东大会决议解散；2. 公司章程规定的营业期限届满；3. 法院裁决解散；4. 根据商事法院的命令作出的破产声明被撤回，公司的破产财产不足以支付破产费用；5. 根据破产法公司已经资不抵债，暂停偿还债务；6. 公司被吊销营业执照。公司产生了清算事由，则清算应当由一个清算人或者管理人进行，公司不得开展与清算无关的任何活动。如果公司是由于股东大会决议、公司章程规定的营业期限届满或者因法院裁决而解散，股东大会没有指定清算人，则由董事会担任清算人。如果公司由于商事法院的命令作出的破产声明被撤回，公司的破产财产不足以支付破产费用而被解散，则商事法院应当决定终止管理人对破产法律法规和暂停偿还债务义务的遵守。

公司的解散并不导致公司失去法人资格，法人资格存在直到清算结束，清算报告获得股东大会或者法院的认可。自解散之日起，公司的对外文件都应注明"在清算中"的字样。《有限责任公司法》第 144 条规定，董事会、委员会或者代表 1/10 以上投票权的股东可以向股东大会提出解散公司的提议。公司解散的决议自股东大会通过之日起生效。《有限责任公司法》第 147 条规定，自公司解散之日起 30 日内，清算人有义务通知与公司解散有关的所有债权人，通过报纸或者印度尼西亚共和国国家公报公告公司解散。公告的通知内容应当包括公司解散与法律原因；清算人的名称和地址；申报债权的程序；申报债权的期限。公司已向部长提交公司解散的通知，并在公司登记机关登记公司正在清算中。发给部长的通知应附有公司解散的法律基础与清算人在报纸上向债权人发布通知的证据。倘若清算人未按上述规定向债权人和部长发布通知，则公司解散对第三方不发生效力。因清算人的疏忽造成的第三人的损失，清算人与公司应共同承担赔偿责任。

八、高级投资和管理

对于国有制公司，因为占有主导地位的资本由国家注入，如何让国有资本保值和增值，如何防范国有资产的流失，是关系到国计民生的大事，因此在《有限责任公司条例》里专章作出规定。财政部部长负责管理国有资本的投资活动、公司注册资本的变更以及公司的再投资活动等，与公司有关的日常管理工作由国有公司管理局局长负责。财政部部长和国有公司管理局局长是专门管理国有公司的政府官员，他们将对国有资产的运作和管理起到主要的作用。他们掌握着公司的重要决策权，是公司良性运行的关键人物。

九、有限责任公司的其他规定

1. 国有股红利分配。国有股的红利应当在股东大会作出有关决议后及时缴入国库。2. 有限责任公司雇员的聘用、解雇、职务、权利、义务依据劳动法由劳动合同进行规定。3. 公司自主经营权。任何人不得干预有限责任公司的经营管理，公司只有拥有独立的自主经营权，才能更好地依据公司的自身情况来发展公司业务、制定公司发展计划、完善公司治理结构以及执行公司章程和法律法规的相关规定。4. 有限责任公司经营状况的等级评定。有限责任公司每年应当确定经营状况等级，具体经营状况等级分为：良好、及格和不及格。经营状况等级根据财务状况和经营性质确定。其他有关确定经营状况等级的事项由财政部部长另行规定。经营状况等级连续两年被确定为良好的有限责任公司，可以按照规定条件申请成为开放有限责任公司。5. 公司的形态变更。非有限责任公司在满足法律规定的条件时可以改制为有限责任公司，具体条件包括非有限责任公司的经营状况良好，具有发展潜力；资产负债表和损益表须经国家财务与发展监督委员会或者财政部部长指定的公共会计师审查；开业资产负债表须经财政部部长批准。

第四节　印度尼西亚的其他公司形式

一、开放有限责任公司

开放有限责任公司是指资本和股份数符合特定标准或者依法在资本市场上公开募集资本的有限责任公司。开放有限责任公司可以依法通过资本市场公开募集资本，故而使得公司的资金来源更为广泛，并且顺应了现代社会有效利用各种资金作为公司资本来源的做法。这样既可以增加资金来源渠道，也可以增强企业竞争力。法律通过适当的规定以约束和控制资本和股份数的比例，使得国家对开放有限责任公司依然具有绝对的控制权。

印度尼西亚《有限责任公司条例》中规定，开放有限责任公司的国有资产管理权仍由代表国家股权的财政部部长行使。财政部部长在担任开放有限责任公司的股东时，可以委托国有公司管理局局长、个人等代表其出席股东大会。接受委托的人在股东大会上对有关改变资本总额、修改公司章程、利润的使用和分配方案、公司的兼并、合并、分立、投资和长期融资、与其他公司进行业务合作、分公司的设立、资产的转让等事宜作出决定时应当首先经财政部部长批准。开放有限责任公司资本可以通过资本市场公开募集的制度在带来上述益处的同时，也增加了国有资产的控制风险，因此法律针对开放有限责任公司的成立方面设置了更高的门槛，具体规制较有限责任公司的规定更为严苛，并以此降低实际运作中的风险。另外，有限责任公司若变更为开放有限责任公司，在经营绩效方面也需要满足相应的要求，即有限责任公司的经营状况必须连续两年被确定为良好，方可按照法定条件申请变更为开放有限责任公司。

二、公共公司

（一）公共公司的概念

公共公司，是指全部资本归国家所有，其国家财产可以分开但是不能划分为股份的公司。

（二）公共公司的经营目标

依照《公共公司条例》的规定，公共公司的经营目标是以公共利益为目标，从事商业活动，为公众提供高质量的商品和服务，同时实现公司利润的增长。公共公司并非将盈利作为首要目的，更多的是强调对社会大众的服务，因此公共利益是公共公司的第一位经营目标，这也是其与有限责任公司的最大区别。

（三）公共公司的利润分配

《公共公司条例》规定，每个财政年度公司都必须从净利润中留出一部分资金，用于与公司经营目标有关的事项、折旧以及其他合理的开支。这部分资金的 45% 应当用于以下项目：1. 总储备金；2. 社会和教育基金；3. 产品的返修；4. 养老金；5. 捐赠及赔偿金。除此之外的净利润，应用作公司的发展基金。

（四）公共公司的组织结构

1. 董事会。

董事会负责管理公司的各项事务，对内对外代表公司，是公司的执行机构。董事会需负责提交长期计划；提交工作计划和公司预算草案；提交年度报告；提交年度财务报告；向监事会报告。董事会由 5 人组成，并任命其中 1 人为董事长。如果董事会成员超过 5 人时，应当得到总统的同意。董事会任期 5 年，可以连任。董事会成员的任免由财政部部长根据相关部长的推荐作出决定。董事会成员出现以下情形时，财政部部长听取相关部长的意见后，有权在董事会成员任期结束前免去其职务：（1）履行义务不力；（2）不执行法律或公司章程的规定；（3）实施损害公司利益的行为或者参与损害公司利益的活动；（4）在公司管理或其他方面实施犯罪行为被判处监禁等。为了避免利益冲突，董事会成员不得担任除本公司以外的外国公司、地方政府公司、私营公司的总经理、经理等管理职务以及法律或公司章程规定不得担任的其他职务。

2. 监事会。

监事会应由来自相关技术部门的官员、财政部门的官员、与公共公司有关部门或机构的官员，或相关部长提名的其他官员组成。监事会的职责主要是负责对董事会的管理实施监督，对于相应的执行情况向董事会提出建议和意见。监事会的职权包括：（1）检查账簿、函件和其他文件、公司流动资金和固定资产、公共公司使用的场地、建筑物和办公室；（2）要求股东大会就与公司经营有关的问题作出解释；（3）要求股东大会成员或者其他成员列席监事会议；（4）列席董事会会议并就所讨论的问题发表意见；（5）根据公司章程的规定，批准董事会的特定行为；（6）公司章程规定的其他职权。

3. 内部审计机构。

内部审计机构负责保证公司内控机构的有效运作，及时发现公司内部可能存在的问题并给予纠正。内部审计机构向董事长负责并报告工作。对内部审计机构出具的审计报告，法律规定董事会应当给予重视并迅速采取必要措施。

通过以上介绍可以看出，公共公司的组织结构和有限责任公司大体一致，但国家对于公共公司的管理较之有限责任公司更为严格，不仅规定财政部部长对公司拥有绝对的管理权限，而且还规定了职责范围。另外，公共公司各项事务的部长应当对公共公司的所有法律行为导致的后果负责，包括公司的损失超过了公司国有资产价值。发生以下情形时，公共公司的管理人员应当承担个人责任：直接或间接从公司获取私利；卷入公司的非法行为；直接或者间接利用公司资产对抗法律。

三、服务公司

服务公司是指全部资产由政府所有，其财产不能分开，也不能划分为股份的公司。服务公司实际上是指从事特定服务职能的国有独资公司。服务公司是印度尼西亚政府为了推动政府服务机构改善和提高服务质量，将这些政府服务机构实行公司制改造，促进其自力更生和独立经营而成立的公司。按照《服务公司条例》的规定，服务公司的经营目标主要是以为大众谋取福利为主，提供高质量的服务，而不仅仅是追求利润。《服务公司条例》规定服务公司章程中应当包括服务公司的名称和所在地；经营目标；经营期限；董事会和监事会的人数及结构；董事会和监事会的工作程序等内容。

服务公司的资产包括由国家所有，但是由公司管理使用的财产以及公司经营所得的财产。服务公司的资本不能划分为股份。与第三方签订合同或者转让财产导致公司资产变更的，应当获得财政部部长的批准。服务公司可以从政府预算中以资金或者物品的形式接收补助和补贴。经过财政部长批准，服务公司可以向银行贷款。服务公司可以接收赠与和外国援助。服务公司可以按照其职能与其他实体共同组建公司。服务公司可以就其提供的服务收取一定费用作为补偿，并且公司对其收取的费用承担纳税的义务。

财政部部长对公司享有绝对的管理权限，服务公司各项事务的部长有权对服务公司进行管理。服务公司的组织机构包括股东大会、执行董事会、董事会、内部审计机构等相关组织，其组织结构安排可参照有限责任公司的规定。

四、合股股份公司

合股股份公司是指依据印度尼西亚商业法及破产法的规定而设立的一种公司形式，为经营在一个共同的名称之下的公司而建立的联合体。合股股份公司中的所有股东都有权采取行动，有权以合股股份公司的名义出资或者接受资金，有权代表合股股份公司与第三方缔约，即每一位股东都有权代表公司。股东之间对于因公司而产生的一切债务承担无限连带责任。这种公司形式类似于我国的普通合伙企业，即合伙人通过订立合伙协议，共同出资、合伙经营、共享收益、共担风险，并对合伙企业的债务承担无限连带责任。

印度尼西亚《商业法》和《破产法》规定，合股股份公司的建立必须以权威的契约作为依据。公司的各股东必须将该证书登记注册，并提交给具有管辖权的地区法院秘书处，并且由秘书处在国家公报上刊登该证书的摘要。

五、放债式股份公司

放债式股份公司或称"合伙出资股份公司"，是指由一个或者多个股东负责组建，由一方完全负责，一人或多人向其他方放债的公司。其中放债股东不允许参与经营和管理，也不得在放债式股份公司任职。当放债式股份公司出现亏空时，放债股东无需承担超过已投放或应当投放到放债式股份公司作为资本的亏损，同时他也无需退回已经通过放债投放所得到的全部赢利。由此看来，放债式股份公司大致上相当于我国民法理论中的有限合伙企业或者股份两合公司。在这两类公司中，部分合伙人或者股东承担有限责任，而这类合伙人或股东往往都带有隐形性。对于放债式股份公司，交易相对人应当了解股东的个人情况，如是否有代表公司行使权利的显性股东，股东的个人信用和资产状况如何等等，这样将有利于降低因为组织结构复杂而导致的经营风险。

作为合股股份公司的一种特殊形式，放债式股份公司的证书以及证书登记注册、解散事项适用合股股份公司的规定。印度尼西亚《商业法》和《破产法》规定，每一股份公司的建立必须具备权威的契约作为依据。公司的股东必须将该证书登记注册，并提交给具有管辖权的地区法院秘书处，并且由秘书处在国家公报上刊登该证书的摘要。但在需要由股东表决决定的事项中，放债股东无权参与。

思考题

1. 印度尼西亚国有公司和非国有公司的制度区别。
2. 印度尼西亚其他公司的制度特点。

第十五章　文莱公司法律制度

　　本章重点知识：文莱公司的概念、特征、分类；公司章程和备忘录的法律意义；公司股份的有关规定；公司管理的有关规定。

　　建议课时：1课时。

第一节　文莱概述

一、文莱的地理环境

　　文莱（Brunei Darussalam）位于加里曼丹岛西北部，北濒南中国海，面积5 765平方公里，海岸线长162公里，共有33个岛屿。东南西三面与马来西亚的沙捞越州接壤，两国陆地边界线长381公里，被沙捞越州的林梦分隔为不相连的东西两部分。东半部由广阔的沿海平原向内地延伸为崎岖的山地，西部多沼泽地。文莱最高山峰是巴贡山，海拔1 841米。四大河流为文莱河、都东河、马来奕河和淡布隆河，其中文莱河、淡布隆河交汇入文莱湾，最终汇入中国南海。

二、文莱的政治制度

　　文莱的政体是君主专制政体，文莱是一个主权、民主和独立的马来穆斯林君主国。1956年9月29日颁布第一部宪法，1971年和1984年曾进行重要修改。宪法规定，苏丹为国家元首，拥有全部最高行政权力和颁布法律的权力，同时也是宗教领袖。文莱是东南亚主要产油国和世界主要液化天然气生产国。服装业亦有较大发展，已成为继油气业之后的第二大出口收入来源。2012年，文颁布第10个国家发展五年规划，制定了52亿美元发展预算，用于鼓励自主创新和本地人才培养，重点发展科技行业。

三、文莱的经济

　　文莱是东南亚主要产油国和世界主要液化天然气生产国。石油和天然气的生产和出口是国民经济的支柱，约占国内生产总值的67%和出口总收入的96%。重油气下游产品开发和港口扩建等基础设施建设，积极吸引外资，促进经济向多元化方向发展。经过多年努力，文莱非油气产业占GDP的比重逐渐上升，特别是建筑业发展较快，成为仅次于油气工业的重要产业。服装业亦有较大发展，已成为继油气业之后的第二大出口收入来源。文莱系东盟成员国，与东盟其他各国均互设大使馆或高专署，关系密切，来往甚多。文莱与新加坡联系最为密切，两国货币等值流通，各个领域的合作密切，往来频繁。文莱与马来西亚和印尼同文同种同宗教，经济、文化往来密切，印尼、马两国还帮助文莱训练行政和军事人员。东盟组织扩大后，文莱与越南、老挝、柬埔寨和缅甸等东盟新成员的来往和交流逐渐增多。在亚洲金融危机中，文莱积极援助有关国家，分别向泰、马、印尼提供了5亿、10亿和12亿美元双边贷款援助。

中国和文莱于1991年9月30日建立外交关系，双边关系发展顺利，各领域友好交流与合作逐步展。政治、经济、军事方面都有友好合作，签署多项双边协定。双边贸易额大幅上升，2011年上半年，中文贸易额7.59亿美元，同比增长44.5%。自2003年7月起，中国对持普通护照来华旅游、经商的文莱公民给予免签证15天的待遇。2004年、2005年分别成立中国—文莱友好协会和文莱—中国友好协会。①

第二节　文莱公司法概述

一、公司及公司法的概念

公司是社会经济高度发展的产物，是一种世界性的经济组织形式，由于各国文化、经济等的差异，各国法律中对公司的表述各不相同。从文莱1957年生效的《公司法》规定可以看出，公司是依法设立，由两个或两个以上具有任何合法目的的主体结合在一起，将他们的名称签署进组织简章，并且遵守《公司法》对公司登记的规定的组织。

公司法是规范公司法律制度的规范，分为狭义和广义两种。狭义的公司法是指1957年1月1日生效的文莱《公司法》，期间经过多次修改，2010年根据文莱《宪法》第83条的规定再次对《公司法》进行修订，此次修订主要针对公司、债券、财政年度、会计准则等概念的法律含义进行准确的阐述。《公司法》是一部规定文莱的公司登记和公司规范的法律，其宗旨是控制和规范公司成员和公司之间以及公司和它的贷款者、公司和公众之间的关系，规定文莱以外的公司在文莱开展业务的条件，总的目的在于控制文莱公司的运作。广义的公司法，既包括附属于狭义公司法中的一些"表格"，也包括规定融资业务的《金融公司法》，还包括其他法律形式中有关公司的规定。

二、公司的特征

（一）公司必须依法设立

在文莱《公司法》中，严格规定了各种类型公司的设立要求，如要有合法的公司章程、名称，经过法定登记等等。

（二）公司股东为两个或两个以上具有合法目的的人

文莱《公司法》中没有规定一人公司，设立公司必须要有两个或两个以上的主体。这些主体要设立共同的公司还必须以存在合法目的为必要条件，对"合法目的"的理解为只要不违背法律的禁止性规定，都可以认为属于"合法目的"。

（三）公司是一种组织体

公司与自然人不同，属于法律上"拟制"的人，具有独立的法律人格，依法取得和占有财

---

① 文莱概况，资料来源于中华人民共和国驻文莱达鲁萨兰国大使馆经济商务参赞处网，http：//bn.mofcom.gov.cn/article/ddgk/，访问时间：2015-8-9。

物，依法享有权利和承担义务。

三、公司的分类

文莱《公司法》规定，公司的类型有：

（一）私人公司和非私人公司

《公司法》规定，任何 2 人或 2 人以上都可以组成私人公司，对私人公司的法律规定包括：股东人数不得超过 50 人；股东转让股权受到限制；禁止向公众发出认购公司股份和债券的邀请。关于非私人公司，《公司法》规定由 7 人或 7 人以上股东组成；可以公开招募股份；可以设立有限责任或无限责任的公司。

（二）股份有限公司、担保有限公司和无限公司

股份有限公司是指股东以其所持有的公司股份对公司承担责任，当公司股东所持有的股份不足以清偿公司债务时，股东按照备忘录中确定的比例承担责任的公司。担保有限公司是指公司股东的责任由公司备忘录限制，依据公司清算时各个股东分别投入公司的财产来决定股东责任的公司。无限公司是指对股东责任没有任何限制的公司。

（三）持股公司和附属公司

持股公司指当公司资产中包含另一个公司的所有或部分股份，无论是直接持有还是通过被任命的人持有，并且所持有股份超过被持有公司股份 50%以上，或者拥有被持股公司 50%以上的表决权，或者持股公司有权直接或间接的任命被持股公司的大部分董事，此时，持有另一公司股份的公司就成为持股公司，而被持股公司就成为了附属公司。

（四）本国公司和外国公司

这种类型的公司是按照公司的注册地是否在本国来划分的。

第三节　公司法人资格的取得

一、公司法人资格取得的含义

公司法人资格取得是指公司认股人或发起人按照公司法及其公司组织章程及备忘录的规定所进行的旨在取得法人资格的一系列法律行为的总称。公司取得法人资格，才能以公司的名义进行各种经济活动，享受相应的权利并履行相应的义务，从而达到或实现公司设立的目的。

二、公司取得法人资格的条件

（一）认股人的人数

按照文莱《公司法》的规定，私人公司的认股人应当在 2 人或 2 人以上，但不能超过 50 人；其他非私人公司的认股人应当在 7 人或 7 人以上。法律对非私人公司的认股人数没有上限的规定。

（二）认股人认购公司一定的股份

文莱《公司法》没有对设立公司规定最低股份的要求，但是，却对各种公司认股人对公司股份的认购做出规定。如果公司是股份资本公司，公司计划登记注册时要明确资本数额，并划分成等额股份，且每个认购者认购的股份不能少于一股。在其他公司类别中，股份有限公司都是具有股份资本的，无限公司与担保有限公司可能有股份资本也可能没有股份资本，没有股份资本的无限公司和担保有限公司可以不必确认发起人认购的股份数，但是在公司的有关法律文件中必须声明公司计划登记的股份资本数额或股东的数目。《公司法》对股份的解释是，除非股份和股票存在明示或默示的区别，否则股份指股份资本公司中的股份，也包括股票。

（三）进行登记

公司要按照《公司法》的规定，对公司的相应事项向登记官进行登记。"登记官"是指由部长在政府公报上公告任命的负责依据本法对公司进行登记的官员和其他官员。公司一旦经过登记，就取得了法人资格。

三、公司的备忘录和章程

（一）备忘录和章程的概念

公司的"备忘录"是指公司的组织简章，涉及公司最初形成和根据任何成文法的目的所作的变更的法律文件。备忘录的内容必须符合《公司法》和一般法律的规定，如果备忘录与《公司法》和一般法律规定有矛盾或不一致时，应当无效。公司的"章程"是指适用于公司内部，涉及公司的结构或者通过特别决议发生的变更的法律文件。公司的章程从属于备忘录，受备忘录制约。

备忘录和章程的区别主要有：

1. 两者记载的内容不同。

备忘录涉及的是公司最初形成的记载，规定了公司被准予成为法人组织的基本条件，如公司名称、经营项目、股东责任等，而公司章程是公司内部的规章，涉及的是公司的结构，如公司的股份资本数额、股东数额等。

2. 两者变更的依据不同。

变更备忘录的要求严于变更章程。变更备忘录的主要依据是成文法的规定，没有成文法依据，公司一般不能变更其备忘录，如果具备法定事由，公司通过特殊决议的方式变更备忘录，必须得到法院的确认。而公司章程是公司的内部规章，股东对其有完全的控制权，只要有公司的特别决议就可以变更。

（二）公司备忘录的要求

1. 备忘录的内容。

按照文莱《公司法》的规定，每个法人公司的备忘录应当记载以下内容：

（1）公司的名称和经营项目。无论是私人公司还是股份有限公司、担保有限公司，或是无限公司，均应按照法定的要求确定公司的名称。

（2）股东的责任。股份有限公司和担保有限公司的备忘录中必须声明其股东责任的有限性。

（3）股东与公司的关系。担保有限公司的备忘录必须声明，每一个股东在公司清算时还是

▶▶▶▶▶▶

公司成员，应承担对公司的出资义务；或者不再是股东的一年内，他仍旧对公司所欠的债务承担清偿责任，而且应当承担清算的支出、费用等成本。为了调整公司清算时连带债务人的关系，备忘录可以规定他们在不超过法定的出资范围内承担责任。

（4）股东认购的股份。当公司是股份资本公司时，除了无限公司以外，公司备忘录必须声明公司计划登记注册的资本数额和划分等额股份的股份数；备忘录中认购者认购的股份不能少于一股。

2. 备忘录的变更。

一般来说，公司不可以改变备忘录中包含的条款，但是如果符合法定情形可以变更备忘录。文莱《公司法》规定变更公司备忘录的情形主要有两种，一种是根据成文法的规定，即成文法对有关公司的条件、模式做出了明确的规定，另外一种是公司通过特殊决议变更备忘录中有关公司经营项目的条款。对于第二种变更情形，《公司法》规定了严格的条件：

（1）实体条件。变更公司的经营项目条款应当能使公司实现以下一个要求：更加经济有效地开展它的业务；通过新的或提升了的方式达到它的主要目的；能够扩大或改变国内范围的经营；开展一些在现有条件下方便和有益的业务，而这些业务和公司业务相关；限制或禁止备忘录中制定的项目；出售或处置公司的一部分或全部资本；与其他公司或团体合并。

（2）程序条件。这种变更必须向法院申请并得到法院的确认才能生效。而在法院确认变更之前，法院应当要审查：是否已经对公司债券的持有人和法院认为其利益会受到公司变更影响的任何个人或某类人进行了充分的通知；并且对于法院认为有权反对的债权人以法院指示的方式表明了其反对意见，或者该债权人对公司变更已经表示同意，或者他的债券已经被清偿或终止，或者已经获得法院满意的担保。文莱《公司法》里所指的法院，是指对公司的清算有管辖权的法院。

（三）公司章程的要求

1. 章程的内容。

按照文莱《公司法》的规定，股份有限公司、担保有限公司、无限公司登记备忘录时，认股人要签署社团章程，并为公司制定有关规章。如果是有股份资本的无限公司，章程中必须声明公司计划登记的股份资本数额；如果是没有股份资本的无限公司或者担保有限公司，章程中必须声明公司计划登记的股东数目。

2. 章程的订立。

章程是公司的法律文件，必须依照法律规定订立：（1）章程必须打印；（2）章程应当分段，标上连续的页码；（3）如同合同一样，章程必须盖上印章；（4）备忘录中的出资人必须在至少一人以上的证人面前签字，由证人见证签字。

3. 章程的变更。

章程的变更相对于备忘录的变更要略为简单。公司可以通过特殊决议变更或增加章程内容，只要是根据《公司法》的规定，对章程内容的任何变更或增加都是有效的；通过特殊决议方式变更的章程内容就如同原先包含在章程里的内容一样具有同等法律效力。

（四）公司备忘录和章程的登记

1. 一般登记。

公司的备忘录和章程应当递交给登记官，登记官应当登记并保留。公司一经登记，便产生如下法律效力：

（1）证明公司的资格。公司登记备忘录时，由登记官出具证明，证明公司是法人，当公司是有限公司时，证明股东承担的是有限责任。

（2）证明公司的成立。从公司执照登记的日期起，备忘录中的认购人和之后相继成为公司股东的人一起以备忘录中登记的姓名组成一个法人团体，即时就可以行使公司的各项职能；该职能具有永久的继承性，各个股东根据《公司法》在公司清算时以投入公司的财产承担责任。

（3）证明公司的合法性。登记官对公司登记后，向公司颁发执照，执照能够证明公司已经符合《公司法》的要求；登记时附属的事项和证据，可证明该法人是被授予登记的公司并且按照法律进行了适当的登记。

（4）证明遵守了公司登记的要求。由公司的发起人或者登记在章程中的公司的董事和秘书作出公司已经遵守上述所有要求的书面声明应当出示给登记官，登记官可以把这个声明作为已经遵守相关要求的充分证据来接受。

2. 变更登记。

在《公司法》规定的情形下，章程和备忘录的变更也应当进行登记，主要的规定有：

（1）当没有股份资本的公司增加除了登记股东以外的股东时，它应当在作出增加决定的 15 天内通知登记官，登记官应当记录；如果公司和公司的负责人延迟登记的，对延迟登记要承担支付罚金的责任。

（2）如果私人公司变更章程，以至于它的章程中不再包括《公司法》要求的私人公司章程中应当具备的条款，则该公司从变更之日起不再是私人公司。

（3）确认变更命令的手书文本以及变更后的公司备忘录的打印文本，从法院发出命令之日起的 15 日内，应当由公司提交给登记官。登记官应当对公司提交的文本进行登记，并且保证是由他亲自登记的。变更后的备忘录是公司的备忘录的决定性证据，证明《公司法》对变更所要求的所有条件以及相关的确认都已被遵守。根据《公司法》规定，法院可以在任何时候命令延期提交文件给登记官，并可直到法院认为合适的时候再提交。

第四节　公司股份的有关规定

一、公司股份招募

股份有限公司或者股份资本的担保有限公司可以公开向社会招募股份。一般情况下，公司招募股份应当符合法律的规定。

（一）招股说明书

招股说明书是公司向社会公众发出的认购股份或债券的章程、通知、通函、广告或其他形式的邀请。1. 招股说明书的要求是：（1）招股说明书应写明日期，并由公司或代表公司公布，否则登记官将不予登记。（2）招股说明书的每份副本要由作为公司董事或提议为董事的每一个人签署，或者由其书面授权的代理人签署，副本也应当写明日期。（3）招股说明书要求公开相关人员的信息。如董事、发起人和有关人员的信息。2. 招股说明书的效力。除非根据法定会议

>>>>>>

的同意，股份有限公司或者股份资本的担保有限公司不能在法定会议之前改变涉及招股说明或代替招股说明书所声明的合同的条款，否则要承担法律责任。

（二）公司的股东

1. 股东的种类。

公司股东有两种类型，一种是原始股东，即公司成立时就认购公司股份的认购人；另一种是非原始股东，即公司成立之后才加入公司成为公司股东的人。文莱《公司法》规定：公司备忘录中的认股人被认为已经同意成为公司股东，他的登记将被认为是公司股东的登记。除此之外的其他想要成为公司股东的人，一旦他的姓名登记在公司股东名册中，他就是公司的股东。

2. 股东的责任。

股东承担的责任应当在备忘录中规定。为保护债权人的合法权益，文莱《公司法》对股东向公司承担的连带责任做了专门规定。任何时候，当股东的人数减少至对私人公司而言少于 2 人，对于其他公司而言少于 7 人时，公司仍然继续营业超过 6 个月，在此期间，公司股东如果已经认识到股东人数少于 2 人或 7 人的，那么他们对公司在此期间产生的债务要承担连带责任，也可以就此被债权人连带的提起诉讼。

二、股份的变更或减少

（一）股份的变更

在符合法律规定的条件、履行法定程序之后，公司可以变更其股份。《公司法》规定，如果有公司章程的授权，可以变更已经经过登记的备忘录中的条款：1. 发行其认为有益的新股数额以增加股份资本。2. 将所有的股份资本分为比现存股份更大数额的股份。3. 细分股份或股份中的一部分，将其分为比备忘录中规定的数额更小的股份数额。在细分中，已经付清股款的比例和对减少股份未付清部分的比例应当是相同的。4. 注销在通过决议之日还没有被任何人获得或同意获得的股份，并且根据被注销的股份数额减少股份资本的数额。变更公司股份必须由公司股东全体大会决议，股份资本变更后要进行登记。

（二）股份的减少

在符合法律规定的条件和履行法律规定的程序之后，公司可以减少其股份资本。但为了保护债权人和其他相关人的合法权益，法律规定了严格的条件。在法院的确认下，股份有限公司或具有股份资本的担保有限公司如果有公司章程的授权，可以通过特别决议采取任何形式减少公司的股份资本。特别是在不损害前述一般性权利的前提下可以：1. 消灭或减少对还未付清股款的股份的责任。2. 消灭或减少或者不消灭而减少对任何股份的责任，注销任何已经清偿的股份资本，而这些股份不再属于公司资本或不再属于公司可利用资本。3. 在消灭或者不消灭，或者减少对股份的责任的条件下，还清已经付清股款的股份资本，而这些股份是超出公司需要的。

三、股份的转让

股份和其他利益属于动产，而不具有不动产的性质，公司股东可以按照公司章程的规定进行转让。文莱《公司法》除了要求转让股份不能存在虚假、欺诈和伪装等行为之外，对于股份转让在条件上没有更多的限制性规定，但清楚地规定了转让的程序要求。

1. 转让人向公司提交转让文件。尽管公司章程有相关规定，但如果没有适当的转让文件提交给公司，公司就认为对股份和债券转让进行的登记是违法的。

2. 将受让人的姓名记入股东名册。根据公司股份或者利益转让人的申请，公司应当将受让人的姓名记入股东名册。

3. 交付股份证书。这里的"转让"是指盖上适当的印章并且在其他方面生效，而不包括公司由于任何原因被授权拒绝登记并且没有登记的情况。除非股份、债券和借款股份的发行条件另有规定，每个公司应当在公司股份、债券和借款股份分配的 2 个月内，或者股份、债券和借款股份转让的 2 个月内完成且准备交付所有股份、债券的证书和所有借款股份分配或转让的证书。

4. 进行转让登记。股份转让就意味着公司股东的变更，因此必须依法进行登记。

第五节　公司的管理制度

一、公司的名称与办公地址

（一）公司的名称

公司名称是表示公司性质并与其他公司相区别的法律标志。名称是公司设立的必要条件，公司名称必须符合法律的规定。

1. 名称的构成。

文莱《公司法》对公司名称的构成做了具体要求：当公司是股份有限公司或担保有限公司时，公司名称的最后应当以"Berhad"或其缩写"Bhd"结尾；当公司是私人有限公司时要将"Sendirian"或其缩写"Sdn"作为公司名称的一部分，插在"Berhad"或其缩写"Bhd"之前，如果是无限公司则插在名称的末尾。

2. 名称的禁止性规定。

登记的公司名称不能存在下列情况：（1）与根据《公司法》已经登记存在的公司名称相同或十分相似以致被认为是欺诈；（2）与非文莱公司但在文莱从事业务的公司的名称相同或相似可能被认为是欺诈；（3）与根据有关成文法登记的企业名称相同或十分近似，而被认为会产生欺诈；（4）登记官认为公司名称可能使公众对公司的性质和经营项目产生误解；（5）包含"商会"字样或"建筑业协会"字样的名称。

3. 名称的限制性规定。

除非有苏丹陛下的同意，登记的公司名称不能存在下列情况：（1）包含"皇家"或"Di-Raja"字样，或者登记官认为公司名称暗示是在苏丹陛下的保护下或者与文莱政府或政府的任何部门有关系；（2）登记官认为名称暗示与任何市政或地方当局有关；（3）包含"由现任委员投票而获选的""文莱""储蓄"以及"信托"或"信托人"字样。

（二）公司的办公地址

公司应当在每一个登记过的办公室外明显位置以醒目的文字，通过油漆或粘贴的方式标明自己的名称。还应将其名称醒目地在公司的所有通知、广告和公开出版物中提及，并且在所有公司签署或代表公司签署的汇票、本票和背书和主张金钱或货物的命令中，以及在公司的提货

>>>>>>>

单、发票、收据和信用证中提及。《公司法》规定，公司从开展业务的那天起或者从它组成之日起 28 天内，应当在文莱境内设立经过登记的办公室；并且，公司办公室的变更应当在变更后的 28 天内提交登记官变更登记，否则公司及相关人员将被处以罚款。

二、公司会议

公司法规定的公司会议有年度会议、法定会议和股东大会三种。

（一）年度会议

《公司法》规定，公司每年应当至少举行一次全体会议，并且不超过上一次召开全体会议的最后程序的 15 个月。公司若不遵守年度会议的相关规定，法院可以根据公司任何成员的申请，命令或要求公司召开全体会议，并对公司知情的董事处以罚金。

（二）法定会议

除了私人公司之外，每一个股份有限公司和每一个具有股份资本的担保有限公司应当从公司有权开展业务之日起的不少于 1-3 个月内举行公司全体成员参加的法定会议。董事应当至少在会议召开的 7 天前将报告提交给公司的所有成员。报告应当由不少于两名的公司董事证明，若少于两名董事，应当由所有的董事和经理证明。

（三）股东特别大会

申请召开股东特别大会的主体是持有公司不少于付清资本 1/10 且有表决权股份的股东，当公司没有股份资本时，根据代表不少于具有股东大会表决权 1/10 的股东申请，可以启动股东特别大会。申请由申请人签署并保存在公司的登记办公室，申请必须阐明会议的目的。股东特别大会应当在收到申请的 21 日内举行，否则，申请人或者超过具有表决权人数一半的申请人代表可以自行召集会议。公司会议采取由多数表决通过的方式，会议决议分为非常决议和特别决议。非常决议由不少于 3/4 有表决权的股东亲自或经其授权的代理人通过，且公司会议的通知载明了会议进行的决议作为非常决议。特别决议除了要由非常决议要求的多数股东及其代理人通过外，还要在股东大会召开前不少于 21 天发出通知，经有权出席会议并表决的全体成员的同意可以少于 21 天，通知中应当载明建议这个决议作为特别决议的理由。

三、公司的董事和经理

（一）董事的资格条件

2010 年 1 月 14 日《婆罗洲公报》讯，文莱财政部于 2010 年 11 月 13 日宣布修改《公司法》，被修改部分为原《公司法》第 138 款关于在文莱注册公司对董事会构成的有关规定，并自 2010 年 12 月 31 日生效。[①]根据新法案，在文注册公司的董事会构成中，至少 2 位中的 1 位（如仅 2 位董事），或者至少 2 位（如超过 2 位董事）必须为本地公民，而修改前法令规定本地公民在董事中所占比例须超过一半。董事应该具备持有符合公司章程规定的股份，尚未取得这个条件的董事应当在他被任命后的 2 个月内或者公司章程规定的更短时间内获得符合公司董事资格的股份，该董事在其取得资格前不得再被任命为董事。

---

① 《文莱政府修改〈公司法〉中关于董事构成的规定》，中华人民共和国商务部，http://www.mofcom.gov.cn/aarticle/i/jyjl/j/201101/20110107363599.html，访问时间：2015-11-23。

（二）董事或经理的登记

1. 登记的内容。任命的董事或经理必须进行登记后才生效，登记的内容包括：个人现用名和曾用名、通常住址、原始国籍和现有国籍、职业经历和担任其他公司董事的情况；法人的名称和登记的主要办公室。

2. 登记的保存和提交。公司应当在登记过的办公室保存一份董事和经理的信息，并且以规定的形式在 14 天内向登记官提交一份详细情况的汇报，并在 1 个月内提交董事或经理变更登记的通知。

3. 登记的查阅。营业时间内，公司应当将董事登记情况对公司成员免费开放查阅，对非公司人员付费开放。根据公司章程作出的合理限制或股东大会的安排，允许查阅的时间每天不得少于 2 小时。

（三）董事或经理的责任

董事或经理的责任形式可以通过公司的备忘录规定。在有限公司中，董事、经理或经营董事的责任可以是无限的。在此情况下，公司的董事、经理和建议被选举或任命为董事、经理职务的人应当在建议书上附一份说明，说明上述人员将承担无限责任，并在这些人员任职之前告知其责任为无限责任。

思考题

文莱公司法律制度的特点。

第十六章 菲律宾公司法律制度

本章重点知识：菲律宾公司的设立条件和程序；公司章程和章程细则的法律意义；公司的管理制度；公司的权利和会议制度；公司的解散、清算、破产制度。

建议课时：2课时。

第一节 菲律宾概况

一、菲律宾的地理环境

菲律宾共和国（Republic of the Philippines），简称菲律宾，位于亚洲东南部。北隔巴士海峡与中国台湾省遥遥相对，南和西南隔苏拉威西海、巴拉巴克海峡与印度尼西亚、马来西亚相望，西濒中国南海，东临太平洋。陆地面积29.97万平方公里，共有大小岛屿7 107个，其中2 400个岛有名称，1 000多个岛有居民。吕宋岛、棉兰老岛、萨马岛等11个主要岛屿占全国总面积的96%。岛上山峦重叠，2/3上岛屿是丘陵、山地及高原。这些岛屿像一颗颗闪烁的明珠，星罗棋布地镶嵌在西太平洋的万顷碧波之中，拥有"西太平洋明珠"的美誉。菲律宾火山较多，全国有52座火山，其中活火山11座，地震频繁。除吕宋岛中西部和东南部外，平原均狭小。主要河流有棉兰老河、卡加延河，贝湖是全国最大湖泊。菲律宾海岸线曲折，长约18 533公里，多天然良港。

菲律宾北部属海洋性热带季风气候，南部属热带雨林气候，年平均气温27℃，年降水量2 500毫米左右，高温多雨，湿度大，台风多，植物资源十分丰富，热带植物多达万种，素有"花园岛国"的美称。其森林面积为1 585万公顷，森林覆盖率达53%，产有乌木、檀木等名贵木材。菲律宾农业人口占总人口的2/3以上。主要作物有椰子、甘蔗、蕉麻、烟草、香蕉、菠萝、芒果、水稻、玉米等，椰干和椰油输出占世界首位，稻田的1/3以上集中在吕宋中央平原。菲律宾的工业有食品、采矿、纺织、冶炼、汽车装配和化学等，主要矿藏有铁、铬、锰、金和铜等。菲律宾水产资源丰富，鱼类品种达2 400多种，金枪鱼资源居世界前列。已开发的海水、淡水渔场面积2 080平方公里。

二、菲律宾的政治

菲律宾共和国由吕宋、米沙鄢和棉兰老三大部分组成，是东南亚国家联盟（ASEAN）主要成员国，也是亚洲太平洋经济合作组织（APEC）的24个成员国之一。菲律宾实行三权分立的总统制。总统是国家元首、政府首脑兼武装部队总司令，也是三权分立中行政权力的拥有者。总统由人民直接选举产生，每届任期4年，不得竞选连任。总统作为行政首长有权提名各行政部门首长、大使、公使、领事和上校以上军官，并经国会任命委员会同意后予以任命。菲律宾独立后，共颁布过三部《宪法》，第三部《宪法》于1987年2月生效。菲律宾议会也称国会，是最高立法机构，由参、众两院组成。参议院由24名议员组成，直接选举产生，众议院由不超过250名议员组成，其中200名由各省、市按人口比例分配，从各选区选出。菲律宾有大小政党100余个，大多数为地方性小党。主要政党和团体有自由党、基督教穆斯林民主力量党、民族主义人民联盟、摩洛民族解放阵线、摩洛伊斯兰解放阵线及菲律宾共产党。菲律宾首都大马尼拉市（Metro Manila），位于菲律宾最大岛屿吕宋岛西岸，濒临马尼拉湾，由马尼拉、卡洛奥坎、奎松、帕萨伊4个市和玛卡蒂等13个区组成，是全国政治、经济、文化的中心，也是全国最大的交通枢纽和贸易港口。

三、菲律宾的经济

菲律宾在第二次世界大战后的1950年代至1970年代之间，与日本、缅甸同属亚洲最富国之一，目前是新兴工业国家及世界的新兴市场之一。20世纪60年代后期，菲律宾采取开放政策，积极吸引外资，经济发展成效显著，1982年被世界银行列为"中等收入国家"。后受西方经济衰退等因素影响，经济发展放缓。20世纪90年代初，菲律宾采取一系列振兴经济的措施，经济开始全面复苏，并保持较高增长速度。1997年，亚洲金融危机对菲律宾冲击不大，但经济增速放缓。进入21世纪，菲律宾将发展经济、消除货困作为施政核心，加大对农业和基础设施建设的投入，扩大内需和出口，国际收支得到改善，经济保持平稳增长。菲律宾实行出口导向型经济模式，第三产业在国民经济中地位突出，农业和制造业也占相当比重。

菲律宾的产业结构以农业及工业为主，尤其着重于食品加工、纺织成衣以及电子、汽车组件等轻工业，大部分的工业集中于马尼拉大都会的市郊。另外，旅游业是菲律宾外汇收入重要来源之一。截至2013年，菲律宾的外国资本主要来源地为日本、美国、英国、德国、韩国、马来西亚和中国香港，主要投资领域为制造业、服务业、房地产、金融中介、矿业、建筑业。

四、菲律宾的人口

菲律宾是一个多民族的国家，马来族占全国人口的85%以上，包括米沙鄢人、他加禄人、伊洛戈人、邦班牙人、维萨亚人和比科尔人等。少数民族及外来后裔有华人、阿拉伯人、印度人、西班牙人和美国人，还有为数不多的原住民。菲律宾有70多种语言，国语是以他加禄语为基础的菲律宾语，英语为官方语言。国民约85%信奉天主教，4.9%信奉伊斯兰教，少数人信奉独立教和基督教新教，华人多信奉佛教，原住民多信奉原始宗教。由于历史原因，它融合了许多东、西方的风俗习惯特点。2014年7月27日凌晨，菲律宾全国总人口突破1亿大关，成为世界上第12个人口过亿的国家。[①]

第二节　菲律宾公司法律制度概述

一、菲律宾的法律传统

菲律宾共和国由于历史原因，其法律制度明显受到了大陆法系和英美法系的影响，是大陆

---

① 菲律宾概况，资料来源于中华人民共和国驻菲律宾共和国大使馆经济商务参赞处网，http：//ph.mofcom.gov.cn/article/ddgk/，访问时间：2015-8-9。

▶▶▶▶▶▶▶

法系和英美法系的混合体。一般认为，在《婚姻家庭法》《继承法》《合同法》《刑法》这些部门法中，大陆法系的传统起主导作用，而在《宪法》《诉讼法》《公司法》《票据法》《税法》《保险法》《劳动法》《金融法》方面，英美法系的原则有着显著的影响。因为菲律宾有着相对完备的法律制度，吸收借鉴了英美法系和大陆法系的制度，其在法律制度建设方面的经验有着独特的地方。

二、菲律宾的公司法

现行《菲律宾公司法》于 1980 年 5 月通过。2014 年，菲律宾政府希望能确定修订公司法的实施指导方针，目的是使自己与东盟邻国看齐并刺激经济活动，进而提高公司的管理水平。目前监管部门正在推动一人公司和举报人条款，而更改公司法的提议已经提交给国会和参议院。但截至本书编写之际，新修订的《菲律宾公司法》仍未正式颁行，因此，本书以现行法律为依据进行介绍。现行《菲律宾公司法》共计十六章 149 条，其主要内容包括：第一章总则，第二章私营公司的设立与组织，第三章董事会、理事会和高级管理人员，第四章公司的权利，第五章议事程序，第六章公司会议，第七章股票和股东，第八章公司的账簿和记录，第九章公司的合并，第十章评估权，第十一章非股份公司，第十二章股票全部或大部分为少数人控制一般不公开上市的公司，第十三章特别法人社团，第十四章公司的解散，第十五章外国公司，第十六章杂项规定。

三、菲律宾的公司

（一）公司的概念和特征

公司是世界性的经济组织形式，由于各国法律文化及公司制度的差异，不同国家对公司的表述也不尽相同。公司是商品经济发展到一定阶段的产物，它萌芽于欧洲中世纪，形成和发展于商品经济高度发达的资本主义时期。《菲律宾公司法》对公司的定义为"公司是根据法律创立的有继承权和法律明确授权或伴随其存在的能力、特征、财产的虚拟人。"根据这一定义，公司应具备以下特征：1. 公司具有虚拟人格。公司人格是指公司享有的民事权利主体资格，也即公司依法享有民事权利和承担民事义务的资格。公司不同于自然人，是法律拟制的"人"，因此公司的权利义务范围也不同于自然人，某些自然人专属的权利义务公司不得享有，例如生命权、健康权、肖像权等。2. 公司是依法创制的，即公司的创制应当具备法定的条件并遵守法定的程序。3. 公司具有继承权。4. 公司具有法律明确授权或伴随其存在的能力、特征和财产。

（二）公司的分类

伴随着经济的不断发展，公司出现了多种形式。菲律宾公司的种类根据不同的标准可以分为以下几类：1. 根据组成公司的人数不同，可将公司分为一人投资公司和多人合资公司。2. 按照公司设立的目的不同，可将公司分为宗教公司、教育公司、慈善公司、科技公司、职业教育公司和盈利公司。3. 根据公司与政府间关系的不同，可将公司分为公公司、私公司和私营公用事业公司。公公司是指为政治目的设立，其成员由政府官员任命的管理公共事务的公司。私公司是指为私人目的、利益而设立的公司。按照资本股票的所有权和有无分红权不同，私公司又可以分为股票公司和非股票公司。私营公用事业公司是指私营公司经政府授权而管理公共事务的公司。4. 根据公司的住所不同，可以把公司分为内国公司和外国公司。5. 根据公司之间的管理关系不同，可将公司分为母公司、子公司和分公司。

第三节　公司的设立

一、公司设立的概念

公司设立是指发起人按照《公司法》的规定，在公司成立之前进行的以取得公司法人资格为目的的一系列法律行为的总称。公司设立是一种法律行为，其本质在于使一个尚不存在的公司逐渐具备条件并取得法律上商事主体资格，是公司从无到有的创立过程。

二、公司设立的条件

此处所介绍的主要是私公司的设立条件，主要包括：

（一）发起人的人数和资格

根据《菲律宾公司法》第 10 条的规定，公司发起人应是 5 到 15 个达到法定年龄的自然人，其中半数以上应是菲律宾公民。发起人可以任何合法目的设立私公司，每一个股份公司的发起人至少要认购股本的一份股票。与中国的《公司法》相比，《菲律宾公司法》对发起人的规定具有以下特点：1. 公司发起人的法定人数是 5 到 15 人，发起人为了成立公司可以寻找名誉发起人，名誉发起人不出资，只在发起人名单上签字即可；2. 发起人必须有签约能力，因此未成年人因不具备承诺能力而不能成为发起人组建公司；3. 发起人必须是股东；4. 若夫妻财产由丈夫管理或涉及家族共有财产，已婚妇女未经丈夫允许，不得成为发起人组建公司。

（二）公司的名称

公司应有自己的名称，证券和交易委员会不会通过任何与现存的公司相同、虚假的或让人产生混淆的公司名称或者与其他已受保护的或申请专利的公司名称相同或相混淆的公司名称。当一个公司修改名称后，证券和交易委员会将重新颁发许可证。

（三）公司的期限

根据《菲律宾公司法》第 11 条的规定，一个公司的存在期限自成立之日起不得超过 50 年，除非在期限到来之前延期。公司可以通过修改公司章程在到期日之前延续期限。除非有正当理由并有证券和交易委员会同意，公司不能早于到期日之前 5 年延展期限。

（四）股份公司最低股本要求

根据《菲律宾公司法》第 12 条的规定，除特别法对此有要求，菲律宾公司法没有最低股本的要求。

（五）股份公司认购资本的数额

《菲律宾公司法》第 13 条规定，在公司成立时，公司章程中规定的最少 25%的股本应该被认购，并且认购总额中至少 25%的份额应在认购日期或认购合同中约定的日期前被认购，已交付资本不能少于 5 000 比索。

▷▷▷▷▷▷

（六）提交公司章程

所有依据《菲律宾公司法》设立的公司都应当向证券和交易委员会提交一份使用官方语言并有所有发起人签名、承认的公司章程。证券和交易委员会只接受由认购人选举出的财务主管宣誓至少25%的股本已经以现金或实物形式被认购，且已付现金不少于5 000比索的股份公司章程。

三、公司设立的法律效力

私公司自获得证券和交易委员会签发并盖章的融资证明书，而且公司发起人和股东在规定时间内完成法律规定事项之日起成立，并具备法律人格。公司必须在其合法设立之日起 2 年内组织经营。公司从设立之日起 2 年内没有正式组成或没有开始任何经营活动，其公司的权利终止，该公司被认为解散。如果一家公司登记注册后连续 5 年没有营业，有关部门可以暂停或注销其经营特许权或营业执照。但如果一家公司未成立、未营业或不能归因于公司的原因而连续不营业的除外。

第四节 公司章程及公司章程细则

一、公司章程

公司章程是公司依法制定的、规定公司名称、住所、经营范围、经营管理制度等重大事项的基本文件，是公司必备的规定公司组织及活动的基本规则的书面文件，是以书面形式固定下来的股东共同一致的意思表示。公司章程是公司组织和活动的基本准则，是公司的宪章。作为公司组织与行为的基本准则，公司章程对公司的成立及运营具有十分重要的意义，它既是公司成立的基础，也是公司赖以生存的灵魂。

（一）公司章程的内容

所有依据《菲律宾公司法》设立的公司都应当向证券和交易委员会提交一份使用官方语言并有所有发起人签名、承认的公司章程。公司章程的内容包括：1. 公司名称；2. 公司成立的目的。公司成立目的必须合法、具体，若有多个目的，必须注明主要目的和次要目的；3. 公司在菲律宾境内的主营业地；4. 公司的存在年限；5. 发起人的姓名、国籍、地址；6. 董事的姓名、国籍、地址，董事人数不应少于 5 个并不多于 15 个；7. 在第一次正式选举董事之前，代理董事的姓名、国籍、地址；8. 如果是股份公司还需注明股本数额、股票数额、面值，发起人认购数额、认购股票有无面值；9. 如果是非股票公司还需注明资本数额、设立人姓名、国籍、住所和每个设立人的出资；10. 其他规定。

（二）公司章程的修改

除非公司法或特别法有规定，并出于合法目的，修改任何公司章程条款或章程规定的事项，应由董事会或财产托管人过半数投票通过，并由代表 2/3 以上的发行在外的有表决权股东的投票或书面同意。修改前后的公司章程都应当包含法律规定的章程的内容，修改后的公司章程应用下划线表示出来，并由公司秘书宣誓，过半数董事会陈述上述修改已被股东或成员通过，并上报证券和交易委员会。修改后的公司章程自证券和交易委员会审查通过之日起生效。如果由于不可归因于公司的理由而修改章程的，从向证券和交易委员会递交申请时起公司章程生效。

（三）公司章程不能通过审查的理由

公司章程或修订后的公司章程如果不符合法律规定的形式或内容，证券和交易委员会将拒绝通过该章程，但证券和交易委员会应给予创立人一段合理的时间来修改公司条款。证券和交易委员会不通过公司条款的原因主要包括：1. 不符合公司条款的形式；2. 公司成立目的违宪、违法、不道德或违反行政法规、命令；3. 财务报告涉及的认购资本不真实；4. 菲律宾公民拥有的资本份额比例不符合现行法律或宪法。

二、公司章程细则

（一）公司章程细则的制定

在收到证券和交易委员会发放证照正式通知的 1 个月内，由至少持半数以上的发行在外的股份的股东投票通过或非股份公司中半数以上成员通过，制定公司章程细则。公司章程细则制定出来后，由通过它的股东签名保存在公司主营业地，以备股东或成员在营业时间内察看。章程细则必须在公司成立以前制定，由所有发起人通过并签名，与公司章程一起提交证券和交易委员会。无论任何情况下，公司章程细则都必须在证券和交易委员会发布章程细则不违反《公司法》的证明书后生效。

（二）公司章程细则的内容

公司章程细则一般应包括下列事项：1. 召集、举行董事或理事的常规会议会议、特别会议的时间、地点、方式；2. 召集、举行股东或成员常规会议会议、特别会议的时间、地点、方式；3. 股东会的法定人数和投票方式；4. 股东投票代理的形式和方式；5. 董事、经理和雇员的任职资格、责任和赔偿；6. 年度选举董事或理事的时间、地点、方式；7. 董事理事以外的管理人员的选举或任命方式、时间和任期；8. 违反公司规章的惩罚措施；9. 股份公司发布股权证明的方式；10. 其他公司经营业务需要规定的事项。

（三）公司章程细则的修改

公司章程细则制定后经核准产生效力，其内容应保持相对稳定，不得随意变更。但如果确实因社会经济情况或者公司内部情况发生变化导致不得不变更公司章程细则时，应专门召集常规会议会议或专门会议，经至少持有半数以上发行在外的股本的股东投票通过或非股份公司中半数以上成员通过，公司董事会或理事会可以制定、修改或废除公司章程细则。2/3 以上股东或成员可以授权董事会修改公司章程细则。但是当拥有或代表过半数的发行在外的股本的股东或非股份公司中半数以上成员在常规会议会议或特别会议上投反对票的，即可撤销公司董事会或理事会制定、修改或废除的公司章程细则的效力。修改后的公司章程细则在证券和交易委员会发布章程细则不违反《公司法》的证明书后生效。

第五节　董事会

一、董事会概述

公司董事会是由公司董事组成的负责公司经营管理的决策机构。董事会由股东会选举产生，对股东会负责。公司的一切权利、经营、财产由董事会控制，董事会是对内执行公司业务，对外代表公司的常设机构。公司作为一个法人，只有通过它的管理者和代理机构享有权利和承担义务。经营管理权和管理人员任命权的集中是任何大型组织高效性的保证。由于股东人数众多且比较分散、不熟悉商业运作，因此，股东应选举董事负责公司的经营和管理。

二、董事的任职资格

（一）《公司法》对董事任职资格的规定

任何公司董事在任职公司必须至少拥有公司的一份股份，并且该股份应在公司登记簿上以其本人的名义登记。若公司董事并不持有任职公司的股份时，该董事应当离职。公司董事会中过半数成员应是菲律宾公民。任何被终审判决超过 6 年徒刑，在选举日或被任命前 5 年内违反公司法者，不得当选为公司董事。

（二）特别法对董事任职资格的规定

除了《公司法》中的规定外，特别法对公司董事的任职资格也作出了特别规定：1. 银行金融机构董事会成员中至少 2/3 的董事应当是菲律宾公民；2. 农村信用社和注册投资公司的每一位董事会成员都应该是菲律宾公民；3. 国内航空运输公司董事长、至少 2/3 的董事会成员和其他管理人员应当是菲律宾公民；4. 投资机构的董事会半数以上董事应是菲律宾公民，并且除非得到货币委员会的允许，任何投资机构的董事不得兼任其他银行的董事；5. 大众传媒必须由菲律宾公民或菲律宾公司管理；6. 商业、电信及教育机构必须由菲律宾公民管理。

三、董事的选举

按照公司章程规定的时间，半数以上的股东应亲自参加或以书面委托书形式授权代理人参加董事选举。在非股份公司中，应有半数以上的成员亲自或依书面委托书授权的代理人参加选举。如果股东或成员有要求，董事选举应采用投票方式进行。在股份公司，每个股东都有权亲自或以书面委托书授权的代理人，依其股份所代表的投票权在公司章程规定的时间依公司股权登记簿上登记的本人的名字参加选举。投票人数不得超过股票登记簿上的数量，除非公司条款或章程规定无股本的人也可参加投票。得票最多者按董事会成员的人数依次当选。董事选举后，由董事长召集董事会。董事长必须是董事，财务主管可以不是董事，秘书必须是菲律宾公民或居民，其他管理人员由公司章程规定。一个人可以在董事会中兼任两个或两个以上的职位，但是董事长不得兼任秘书和财务主管，董事长也不能委托他人代表自己出席董事会议或投票。

选举出的董事应依据法律或公司章程细则履行职务。过半数的董事应成立一个符合法定人数的小组来处理公司事务。当该小组成员出席会议时，至少过半数的董事作出的决定应为公司的合法决定。但公司高级管理者的选举，需要董事会所有成员过半数董事投票通过。董事会选举后 30 天内，董事会成员和高级管理人员、秘书或公司其他管理人员应向证券和交易委员会提交选出的董事、管理人员姓名、国籍和住所等信息。若上述人员在任期内死亡或不再任职，其继承人、其他管理人员、秘书或其本人应立即向证券和交易委员会报告。董事的任期为 1 年，期满后将召开董事会选举会议来选举下一任董事。

四、董事会的职权、义务和责任

（一）董事会的职权

董事会的职权是指董事会作为公司的最高决策和管理机构所拥有的业务经营范围以内的权利。董事会在行使权利时，不得超过公司授予的具体权限范围，这些权限一般是指：1. 管理公司日常事务，公司特征或公司组织的根本改变，例如修改公司章程、改变资本结构等事项应由股东决定。2. 董事会无权作出超越公司的经营范围的决定或签订合同，即时得到股东的同意也不可以。3. 董事会的其他职权应由股东订立的章程限定。

（二）董事的义务

董事在行使职权的过程中，应当履行以下义务：

1. 注意义务。

（1）董事有遵守《公司法》和其他制定法规定的注意义务。董事作为公司的管理人，在管理公司事务和执行公司业务的过程中，负有遵守《公司法》和其他制法规定的义务，否则，应当对公司因此而遭受的损害承担赔偿责任。（2）董事有遵守公司章程规定的注意义务。公司章程作为公司最重要的文件，对公司董事具有约束力，董事在管理公司事务和执行公司业务时负有遵守公司章程规定的义务，不得违反公司章程的规定，否则，即应对公司承担法律责任。

2. 勤勉义务。

勤勉义务是指董事在担当公司董事职位之后，要认真地履行好董事的职责，要经常对公司的事务加以注意，要尽可能多的将时间和精力花费在公司事务的管理方面，要加强对其他董事和公司高级管理人员的控制和监督，并且要尽可能多的参加董事会会议。董事的勤勉义务主要表现为董事参加董事会会议，就公司所讨论和决议的事加以注意。对董事是否履行注意义务的判断应当以普遍谨慎、勤勉之人在同一类公司、同一类职务、同一种情形下所具有的注意程度、经验、技能和知识水平为判断标准。

3. 忠实义务。

董事在履行职责时应当考虑公司的最大利益，不得将自己的利益与公司的利益相冲突，更不能攫取属于公司的利益。忠实义务的具体要求包括：（1）董事不得因自己的身份而受益；（2）董事不得收受贿赂、某种秘密利益或所允诺的其他好处；（3）董事不得同公司开展非法竞争；（4）董事不得与公司从事自我交易；（5）董事不得泄露公司秘密；（6）董事不得利用公司的财产、信息和商事机会牟取私利。

（三）董事会的责任

董事必须依照法律和公司章程的规定忠实地履行自己的义务，任何自愿同意或在已知情况下投票同意公司违法活动的董事，或者违反基本的注意义务，或恶意管理公司事务，或为了与其利益相冲突的事务而获取任何金钱利益或其他个人利益的董事，应为由此给公司、股东和其他人造成的损失承担赔偿责任。董事或者公司高级管理人员违背其忠诚义务，为自己的利益而使公司利益受损的，应对公司的损失负责，并且其所获利益归公司所有。除非其行为经过了持有一个公司代表 2/3 以上的发行在外的股份的股东同意。

五、董事的罢免

罢免公司的董事应由代表至少 2/3 的发行在外的股份的股东投票同意。在非股份公司中，应由至少 2/3 以上成员投票同意。上述罢免应在公司的常规会议会议或专门为此召开的特别会议上投票，并对股东或成员提前发出为罢免公司董事而召开会议的通知。该会议通知必须由秘书按照董事长命令或按照股东的书面要求提前发出，在非股份公司中，按照过半数的有投票权的成员的书面要求提前发出。

第六节　公司的权利和会议制度

一、公司的权利

根据《菲律宾公司法》的规定，公司享有以下权利：

1. 以公司名义起诉或应诉；2. 在章程规定的时间内连续使用其公司名称；3. 使用公司印章；4. 依法修改公司章程；5. 在不违背法律、道德、公共政策的前提下制定公司章程细则；6. 股份公司有权发行股票、非股份公司有权接受新成员；7. 依法购买、接受、取得、拥有、转让、出卖、租赁、抵押或处分公司的动产、不动产，包括其他公司的有效证券和债券或通过合法方式获取的财产；8. 依法合并或分立；9. 为公共福利或医院、慈善、教育、文化、科研、民生或其他目的的捐赠，但不得捐助政治党派或候选人；10. 建立退休金、退休制度，或制定福利待遇方案；11. 其他为实现公司章程规定的目的所必要而基本的权利。12. 续展或缩短公司期限的权利。董事会过半数成员同意，经持有一个公司 2/3 的发行在外的股份的股东或 2/3 的成员签署，一个私公司可以续展或缩短公司章程规定的期限。13. 增加或减少公司股本、发行或增发债券的权利。董事会过半数的董事同意，并经持有一个公司 2/3 的发行在外的股份的股东同意，在专门的会议上可以增加或减少公司股本、发行或增发债券。14. 否定优先购买权的权利。除非公司章程或修改后的章程否定优先购买权，否则，任何股份有限公司的股东都有按其持股比例优先购买所有发行的各等级股票的权利。但是即将发行上市的股票或要求公众持有的最低数目的股票及由持有一个公司 2/3 的发行在外的股份的股东善意发行的，为公司需要的财产交换发行的股票或为偿还先前的合同债务而发行的股票，不具有优先购买权。15. 出卖或以其他方式处置公司财产的权利。为了避免非法合并和垄断方面的影响，一个公司经过其董事会过半数成员的同意或在专门会议上，经过持有一个公司 2/3 的发行在外的股份的股东或至少 2/3 以上成员的同意，可以出卖、出租、交换、抵押、公司动产和不动产或进行其他处分行为。16. 获取股票的权利。一个股份公司出于合法目的，有权购买或获得自己公司的股票。该权利主要适用于以下情况：（1）为了消灭零股；（2）为减少公司负债，购买本公司发行的未付股款的股票；（3）依照法律规定，为了赔付撤回股份或不同意公司已决事项而要求退股的股票。17. 向其他公司或其他公司投资的权利。一个私公司中，董事会过半数成员同意并在专门为此召开的会议上，经持有该公司 2/3 的发行在外的股份的股东或 2/3 的成员签署，该公司有权根据其组织成立基本目的以外的任何目的，向其他公司或其他组织投资。但若公司的投资符合其设立的基本目的，公司的投资行为无需经得股东或成员同意。18. 公告支付股利的权利。股份公司的董事会应公告支付股利，股利应根据股东持有的公开上市的股票以现金、实物或股票形式支付。19. 签订管理合同的权利。董事会过半数成员同意并在专门为此召开的会议上，经持有公司 2/3 的发行在外的股份的股东或 2/3 的成员同意，公司有权与其他公司缔结管理合同。管理合同的最长期限不得超过 5 年。

二、公司的会议制度

（一）会议的种类

公司会议可以分为股东或成员的常规会议会议或特别会议以及董事或理事的常规会议会议或特别会议。除公司章程细则另有规定外，股东会议或董事会议均由董事长主持。

（二）股东或成员的常规会议会议或特别会议

股东或成员的常规会议或特别会议应该按照公司章程细则设定的日期每年举行一次，若章程细则没有设定，那么有董事会或理事会决定在每年 4 月的某日召开。召开常规会议的书面通知应至少在会议召开前 2 个星期送达所有股东或成员，除非公司章程细则另有规定。股东或成员的特别会议应当在公司章程细则规定的时间内召开，但公司章程细则另有规定的除外。召开特别会议的书面通知应至少在会议召开前 1 个星期送达所有股东或成员。

股东或成员会议除了在公司主要营业所召开，应在公司主营业地所在的市或自治市召开。召开时间和地点应当在召开会议的书面通知中予以注明。菲律宾《公司法》对出席会议的法定人数作出了明确规定，即会议必须由代表半数以上的发行在外的股份的股东或非股份公司半数以上的成员出席才有效，法律或公司章程细则另有规定的除外。

（三）董事或理事的常规会议或特别会议

董事或理事的常规会议除公司章程细则特别规定的以外，每月召开一次。董事或理事的特别会议应在公司章程细则规定的时间或任何董事长召集的时间召开。除非公司章程细则另有规定，公司董事会或理事会会议可以在菲律宾境内外任何地方召开。召开常规会议和特别会议的通知应写明会议时间和地点，并最迟在会议召开前 1 天送达每个董事或理事。任何董事或理事可以明示或默示放弃这些要求。

第七节　公司的合并与股东的评估权

一、公司的合并

（一）合并的概念

公司合并是指两个或两个以上的公司订立合并协议，依照《公司法》的规定，不经过清算程序，直接结合为一个公司的法律行为。公司合并可以是吸收合并，也可以是新设合并。吸收合并指一个公司吸收其他公司，吸收继续存续，被吸收方解散。新设合并指两个以上公司合并组成一个新的公司，合并各方解散。

（二）合并的程序

公司合并应当遵循以下程序：

1. 制定合并计划。

每个将要合并的公司董事会或理事会，应按照规定制定合并计划，计划内容包括：（1）合并的公司名称；（2）合并期限和方式；（3）存续的公司在合并过程中应修改章程中的相关规定；（4）合并过程中需要遵守的其他规定。

2. 召开股东会议形成决议。

公司合并属于公司重大事项，应以召开股东会特别会议的形式通过，即应由代表 2/3 以上表决权的股东通过才能生效。

3. 合并章程的签名和证明。

股东会议形成决议，通过了合并计划后，将要合并的公司应当遵守有公司董事长或副董事长签名并由公司秘书或助理秘书证明的合并章程。章程内容包括：（1）公司合并计划；（2）若是股份公司，应写明发行在外的股票份额。若是非股份公司，应写明成员人数；（3）每个公司分别投赞成票和反对票的股票份额。

4. 合并的生效。

经签名和证明的公司合并计划，应提交证券与交易委员会批准。但银行、信托公司、保险公司、公用事业公司和建屋互助会等其他由特别法规范的特殊公司，应由相关的政府机构提供有力推荐。

证券和交易委员会批准合并计划的时间为合并生效的时间。

（三）合并的效力

公司合并的法律效力主要体现在以下几个方面：1. 吸收合并的公司，存续的公司应为一个公司；2. 新设合并的公司，合并后的公司应为一个公司；除了吸收合并中的原公司和新设合并的新公司外，被合并的公司应当注销；3. 吸收合并中的原公司和新设合并的新公司拥有被合并公司所有的权利、义务和豁免；4. 吸收合并中的原公司和新设合并的新公司自动拥有被合并公司的特许权和所有财产，包括动产、不动产及认购股本金额；5. 吸收合并中的原公司和新设合并的新公司应承担被合并公司的所有责任，被合并公司的债权人和抵押权人的权利不因合并而受损。

二、股东的评估权

（一）股东行使评估权的情形

当公司出现下列情况时，任何股东均可以提出异议，并可以要求公司评估其股票的实际价值：1. 在公司章程中改变或限制股东权利或股票等级或延长、缩短公司的存在年限；2. 出卖、租赁、交换、转移、抵押公司资本或向其他公司投资或以其他形式处理公司资产的行为；3. 公司合并；4. 公司结束。公司出现以上情况时，股东都有权要求公司收购其股票。

（二）股东行使评估权的程序

任何对公司的上列行为投反对票的股东在投票日后 30 天内，可以向公司提交一份书面申请，要求公司评估其股票。未在此期限内提出请求的，视为自动放弃。如果公司决议已经生效或实施，公司将收回股东的股权证明并按选举日前的股票的实际价值予以评估，但可预期的股票升值或贬值不包括在内。从公司的行为被通过之后 60 天内，要求退股的股东无法和公司就股票的实际价值达成一致的，由三名无利害关系人对股票进行评估和决定。这种评估具有终局性，公司必须在 30 天内把股款交给退股人。这三人中由要退股的股东和公司各指定一人，第三人由双方共同指定。

从股东要求评估到公司放弃上述行为或公司购买了股东的股票，所有股票权利包括投票权和分红权应当停止，该股东只享有获得股票价款的权利。若投反对票的股东在上述裁定后30天内没有获得股票价款，则其投票权和分红权立即恢复。

除非公司同意，否则退股要求不得撤回。但是当上述请求经公司同意撤回或公司放弃上述公司行为，或如果必须由证券和交易委员会批准的上述行为被证券和交易委员会否决或证券和交易委员会认为要求退股的股东无评估权，股东退股要求停止，其股东地位和股东权利恢复。评估费用一般由公司承担，如果股东同意公司出的最高价，那么评估费用由股东承担。投反对票的股东应在提出付款要求的10天内，向公司递交代表其股权的股权证书，公司将标记这些股票为投反对票的股票。若该股东违反法律规定，将丧失其法定权利。若带有上述标记的股票被转让，但股权证明被取消的，作为出让人的持反对票的所有权利将终止，股票的受让人享有所有普通股东的权利，该股票的红利归受让人所有。

第八节 公司解散、清算和破产

一、公司解散

（一）公司解散的概念

公司解散是指已成立的公司基于一定的合法事由而使公司消失的法律行为。公司解散标志着公司的营业期限届满，特许权消灭，公司事务清算，财产将在股东和债权人之间进行分配。

（二）公司解散的分类

1. 自愿解散。

只要出现了解散公司的事由公司即可解散。（1）无债权人受影响的解散。若一个公司的解散不侵犯任何债权人利益，公司便可以由董事会或理事会过半数成员投票通过，并经持有 2/3 的发行在外的股份的股东或成员在专门为此召开的会议上同意而解散。（2）有债权人受影响的解散。若一个公司的解散将侵犯其债权人的利益时，解散申请应递交安全和交换委员会。申请书应由过半数的公司董事会或理事会成员或公司高级管理人员签名，并由董事长或秘书或一位董事或理事证明。申请书还应阐明所有反对的理由和主张，连同公司解散决定在专门为此召开的会议上，经持有2/3代表发行在外的股份的股东或成员通过。（3）缩短公司期限的解散。通过修改公司章程中公司的存续期间也可以导致公司解散。

2. 强制解散。

根据现行法律、法规或规则，经证实的申诉及合理的通知后，证券和交易委员会可以强制解散公司。

（三）公司解散的理由

公司解散的理由包括：1. 公司章程规定的营业期限届满或公司章程规定的其他事由出现；2. 股东会决议解散公司；3. 公司合并或分立。

（四）公司解散的法律后果

公司解散后，产生的法律后果有：1. 公司宣告解散后，其权利能力即受到法律的特别限制，即解散公司的权利能力仅局限于清算范围内，除为实现清算目的，由清算组代表公司处理未了结业务外，公司不得开展新的经营活动。2. 公司解散后，还可以存续 3 年，处理有关公司的诉讼和结束公司业务。3. 在存续的 3 年内，公司有权为股东、成员、债权人或其他有关人的利益转让其财产。

二、公司清算

公司清算是指公司解散后，为最终了结现存的财产和其他法律关系，依照法定程序，对公司的财产和债权债务关系进行清理、处分和分配，以了结其债权债务关系，从而消灭公司法人资格的法律行为。公司清算中，任何下落不明的股东或成员的可分配财产，其财产收归财产所在地的市或自治市所有。

三、公司破产

《菲律宾共和国破产法》（以下简称《破产法》）于 1909 年颁布，该法是通过吸收和借鉴《西班牙商法典》和 1895 年美国加州《破产法》而制定的。1976 年，菲律宾颁布了有关破产机构设置的《总统令》，并于 1981 年进行了修正。

（一）破产案件的类型

《破产法》规定了三种类型的破产案件：迟延付款、自愿破产、非自愿破产或强制破产。

1. 迟延付款。

迟延付款是指当企业或法人面临破产清偿压力时，可选择证券和交易委员会（SEC）依法给予推迟一定期限支付应付款项的一种制度。迟延付款不是减少付款额，只是付款时间的变更。不论债务人此时是否拥有足够的资产来抵偿其债务，迟延付款请求的前提是债务人在申请时无力履行其应履行的清偿到期债务的责任。迟延付款的步骤是：（1）申请与受理。（2）通知债权人召集债权人会议。（3）公告受理通知。（4）债权人会议审议债务人请求。（5）当符合下列条件时可以认定为多数债权人同意债务人的请求：2/3 投票权的债权人认可该申请；上述 2/3 投票权债权人中至少有 3/5 的多数债权被确定；（6）提出异议，这种异议必须在上述债务人会议后的 10 天内提出。（7）当认定债务人请求有效时，法庭将根据达成的协议签发裁定。如果反之，那么将终止已启动的程序，债权人将有权行使其相应的权利。

2. 自愿破产。

根据《破产法》的规定，自愿破产的程序如下：（1）债务人申请宣告破产；（2）受案法院签发申请人宣告破产的裁定；（3）裁定的公告和送达；（4）债权人会议推举代理人；（5）通过法院移交债务人的财产或财产证明书给债权人的代理人；（6）清理债务人的资产、债权与债务；（7）达成清偿协议。

3. 强制破产。

按照《破产法》的规定，强制破产的步骤包括：（1）三个或以上的债权人向法院提出申请宣告债务人破产；（2）签发令状要求债务人证明不应宣布破产的理由；（3）送达令状；（4）立案或驳回；（5）案件审理；（6）作出宣布债务人破产的裁定或决定；（7）裁定的公告和送达；（8）债权人会议推举代理人；（9）通过法院移交债务人的财产或财产证明书给债权人的代理人；（10）清理债务人资产、债权与债务；（11）达成清偿协议。

（二）破产管辖机构

证券交易委员会（SEC）是行政机关管辖破产问题的机构，管辖迟延付款的申请事宜。此外，SEC 有权指定重组接受人或管理委员会。对处于困境中的合伙、公司和社团等商业组织，一旦 SEC 做出了上述指定，则将终止其相应的一些活动。SEC 还有权评估这些企业是否可以继续经营、重组经营和恢复这些商业实体操作的可行性。如果超出 SEC 的权限，自愿破产和非自愿破产案件仍然由法院负责管辖。

SEC 设立八个部，分别是：公司与法律部、稽查与评估部、证券与经纪部、金融市场业务部、证券投资与结算部、行政与财务部、受案与执行部以及监管部。

（三）证券交易委员会（SEC）的职权

《总统令》规定 SEC 拥有如下职权：1. 在其受理的纠纷中，有权签发临时和永久的、禁止性的或强制性的禁令，为此应适用相关的《法庭规则》；2. 根据相关规定和《法庭规则》的处罚规定，处罚藐视 SEC 的行为，无论这种行为是直接的还是间接的；3. 根据 SEC 的监管职权，命令公司高级职员召集股东会议或公司成员会议；4. 在公司股东或成员未出席股权委托协议投票的情况下，审核授权证书的使用和签发的有效性；5. 在 SEC 诉讼程序中，出于质证、收集、获取证据的需要，SEC 可以签发传票，传唤证人出庭作证；可以收集和查封所有相关的文件资料、案卷卷宗、纳税申报表、财务账册以及存款、债券等有价证券；6. 对于任何违反本法、法规、规则和决定的行为处以罚款或惩处；7. 授权设立和运营证券交易所、商品交易所和其他类似机构和组织，监督管理和规范这些机构和组织的行为；8. 经与投资委、工业部、国家经济与发展部或其他相关下放部门协商后，批准、驳回或推迟有关公司注册申请；9. 具有下列情况之一者，经过适当的公告和审理后，吊销或废止公司注册证书或特许权：（1）在获得相关证书和特许权时弄虚作假的；（2）拒绝遵守或对抗 SEC 合法指令，拒交相关费用构成严重损害特许权的；（3）至少 5 年连续未经营的；（4）在法律规定的期间内未办理登记手续的；（5）未按规定的期间、要求和格式提交相关报告的。10. 行使其他法律赋予的职权。

第九节　特殊形式的公司

一、非股份公司

（一）非股份公司与股份公司的区别

非股份公司是指依《公司法》成立，但不把公司收入作为红利分给其成员、理事和高级管理人员的公司。除非法律有特殊规定，约束股份公司的相关条款同样适用于非股份公司。与股份公司相比，非股份公司具有以下特点：1. 股份公司设立的目的是盈利，而非股份公司设立的目的是为了慈善、宗教、教育、职业、文化、文学、科技、社会、公共服务或为其他交易、工农业等事业；2. 股份公司的股票可以自由转让，而非股份公司的成员资格不得转让；3. 股份公司的收入应在股东中分红，而非股份公司不分红。

（二）证券和交易委员会对成立非股份公司的要求

要成立一个非股份公司，必须遵循证券和交易委员会的下列要求：

▶▶▶▶▶▶▶

1. 必须有一个记录成员姓名、地址并由其签名的簿册。公司章程应记载新成员加入的程序，新成员要向董事会提交一份同意加入的申请书，每个新成员的申请书都应记录在案。

2. 公司必须有账簿和其他必要的记录：（1）现金账簿，详细记载每笔收入和支出的事项、款项、时间等事项；（2）非现金账簿，它是记载每笔非现金交易的账簿；（3）分类账簿，记录现金簿册和非现金账簿的交易纪要；（4）会议记录，记录每次董事会和成员会出席人员和会议程序、内容。上述簿册必须由证券和交易委员会证明属实并盖章。

3. 任何要求成员缴纳的款项必须写明资金的使用目的、必要性和使用方式。

4. 关于非股份公司的基金管理，必须遵循下列原则：（1）公司接到的任何一笔基金都必须出具合法收据；（2）任何超过 100 比索的收入应以公司名义存入银行；（3）每一笔收入都有来源和能证明款项目的和本质的证据。

5. 公司应准备一份详细记录其活动的年度报告，包括其在上一年中收到的基金、基金的去向和目的。

6. 没有证券和交易委员会的同意，非股份公司不得在郊区或其他省份开分公司。

7. 在年度选举会议后 15 日内，应当选的经理、董事会成员应向证券和交易委员会提交其姓名、地址。如果经理或董事死亡、辞职的，或以其他方式不再担任职务，秘书和其他经理应继续履行其职务，直到证券和交易委员会收到其离开的通知。

（三）证券和交易委员会的职责

从上面的各种规定来看，证券和交易委员会代表可以在任何时候检查公司的账簿和其他簿册，还可以要求公司提交表明其公司业绩和实际状况的报告。

二、封闭公司

（一）封闭公司的概念和特征

封闭公司是由符合法定人数的股东人数组成，发行除自持股票（Treasure Stock）以外的各种股票，并且股票不得随意转让和上市发行的公司。除了矿业、石油、股票交易、银行、保险公司、公用设施建设和教育机构外，任何公司都可以以封闭公司的形式存在。封闭公司的特点主要表现为：1. 股东人数有严格限制，一般不超过 20 人；2. 所有股票的转让都有严格限制；3. 封闭公司不得在任何股票交易市场上市；4. 公司董事无需举行股东会选举，一般来说，公司股东应被视为董事，承担董事的责任。公司章程可以规定公司高级管理人员或员工由股东会而非董事会选举或任命。

（二）封闭公司的管理

一般来说，公司的经营和决策是由董事会作出，但考虑到封闭公司的本质，股东的人数受到限制，股票转移和上市也受到限制。封闭公司在下列情况下可由股东经营管理：1. 没有召开股东大会选举董事；2. 根据公司成立的目的，股东就是董事；3. 股东承担董事所有的责任和义务；4. 所有股东同意。公司股东管理、经营公司，股东承担董事所应承担的注意义务、勤勉义务和忠诚义务。

（三）股东协议的范围和效力

股东可以就下列问题达成协议：1. 两个或两个以上的股东同意并经其他股东签字，可以规定投票权；2. 授权股东成为合伙人；3. 如果股东对自己的决定负责，协议可规定股东不遵守董事会决议；4. 即使股东协议是公司成立之前达成的，只要是股东真实的意思表示并不违背法律，股东协议有效；5. 参加公司经营管理的股东可视为董事。

（四）董事会

在下列情况下封闭公司无须召开董事会：1. 行动之前或之后，董事会议对此事形成书面同意并签名；2. 有的股东已知此事并无书面反对；3. 采取股东默认的非正式行动；4. 有的董事已知此事并无书面反对。

（五）僵局

如果股东之间或董事之间在公司事务上意见分歧过大，不能达成共识，证券和交易委员会有权应任何股东的要求仲裁纠纷或作出下列命令：1. 取消、更正任何公司章程、章程细则或股东协议的条款；2. 取消、更正董事会、股东或高级管理人员的决定或行为；3. 指导或禁止公司董事会、股东或高级管理人员采取某种行为；4. 要求公司按股票的实际价值收购其他股东的股票；5. 任命临时董事长；6. 解散公司；7. 其他具体情况下的救济方式。

（六）股东撤股和封闭公司的解散

只要公司有足够的资产，封闭公司的股东可以以任何条件要求公司实现其股票的实际价值。如果董事、经理或其他管理者有违法、欺诈、不诚实行为或对公司或股东有不公正的伤害，股东可以书面请求证券和交易委员会强迫解散公司。

三、教育公司

教育公司应由《公司法》一般规定和特别法加以规范。除非教育文化部推荐，证券和交易委员会不通过或接受任何教育公司的条款或章程。教育公司是非股份公司，其董事会应按照非股份公司的规定建立，人数为 5～15 人且应为 5 的倍数。除非公司章程或章程细则另有规定，正式成立的私立学校、大学或其他教育机构中 1/5 的董事每年应改选一次，董事的权限由公司章程规定，对于以股份公司形式组建的教育公司，董事人数和任期应由公司章程规定。

四、宗教公司

宗教公司可以由一人或多人组成，可以分为一人公司和宗教团体公司。宗教公司应遵循非股份公司的一般条款规定。

一人公司即由一个教派或教堂的大主教、主教、神父、牧师、拉比或长老组成并由其管理和经营公司事务和财产并接受宗教教派的捐赠。任何一人宗教公司可以购买或拥有为其教堂、慈善或教育目的的动产或不动产，可以接受为上述目的的赠与或礼物。一人公司的主营业地必须在菲律宾境内。一人宗教公司通过向证券和交易委员会递交一份确定的解散声明后，可以自愿解散。

宗教团体公司即由任何教派、教区或教堂的宗教团体或宗教命令或教会法院或区域组织，在不违背其所在的教派的规则、法规和原则的前提下，在专门为此召开的会议上 2/3 以上成员、发起人投票赞成，可以向证券和交易委员会递交书面申请，并同时递交由教派或教堂的大主教、主教、神父、牧师、拉比或长老书面宣誓并证明的公司章程而成立的公司。宗教团体公司的主营业地必须在菲律宾境内，公司董事会成员为 5～15 人。

五、外国公司

外国公司是依外国法成立、组织或存在的公司，并且该外国法允许菲律宾公民在其境内经营公司。外国公司有权依菲律宾法律并取得政府机构的许可后获得营业执照，在菲律宾从事经营活动。外国公司申请营业执照，应向证券和交易委员会提交公司章程、章程细则副本，如有必要，应翻译成菲律宾官方语言。申请符合菲律宾公司法和其他法规及特别法的要求的，证券和交易委员会将颁发营业执照，除非执照依法被吊销或废除，该外国公司可以在其执照允许的范围内从事经营活动。外国公司可以在菲律宾国内成立代理机构，国内代理机构可以是菲律宾公民或菲律宾国内合法经营的公司。若是公民，必须是道德品质良好，经济状况良好的公民。

任何合法在菲律宾经营的外国公司都应遵守其母公司所在国关于建立、成立、组织或解散公司的法律以及设定关系、责任、股东或成员、公司高级管理人员义务的法律。

没有违反特别法的其他规定，在菲律宾取得营业执照的外国公司可因下列原因被撤销：1. 没有按照公司法要求提交年度报告或交费；2. 在菲律宾取得营业执照的公司没有指定或保持在菲律宾境内的代理机构；3. 在更换代理机构或代理机构的地址后，未向证券和交易委员会报告；4. 未向证券和交易委员会提交真实的公司章程或章程修订案或未在规定的时间内提交合并后的公司章程条款；5. 在申请报告、书面陈述或其他由公司提交的文件中有实质性错误；6. 未能缴纳税款、罚款或拖欠其他菲律宾政府及其地方政府的款项；7. 超过在菲律宾获得的营业执照的营业范围；8. 代表外国公司或实体在菲律宾经营而该外国公司或实体未在菲律宾获得营业执照；9. 其他违反菲律宾《公司法》的行为。一旦出现上述情况，证券和交易委员会可以颁发相关撤销其营业执照的证明，并把副本交给其他相关国家机关，同时将撤销通知和撤销书复印件挂号邮寄给该公司在菲律宾的注册处。

根据现行法律、法规，在菲律宾取得营业执照的外国公司可以向证券和交易委员会提出撤出申请书。但撤出应符合证券和交易委员会的下列要求：1. 外国公司在菲律宾所有的索赔已经支付、达成和解或解决；2. 外国公司在菲律宾的债务已经还清，纠纷已解决，税款、关税、罚金或欠其他菲律宾中央政府及其地方政府的款项已还清；3. 撤出申请书已在菲律宾全国发行的报纸上每周刊登一次，连续刊登了 3 个星期。

思考题

1. 菲律宾公司的管理制度有何特点？
2. 菲律宾特殊形式公司的种类和特点是什么？

第十七章　老挝企业与公司法律制度

本章重点知识：老挝企业的分类和组织形式；独资经营企业、合伙企业、公司、国有企业的制度特点。

建议课时：1 课时。

第一节　老挝概况

一、老挝的地理

老挝人民民主共和国（The Lao People's Democratic Republic），简称老挝，是东南亚的唯一一个内陆国家，北与中国云南的滇西高原接壤，南部与柬埔寨接壤，东部与越南接壤，西部与北部与缅甸和安达曼海接壤，西南毗邻泰国。老挝国土面积 23.68 万平方公里，属热带、亚热带季风气候，地势北高南低，境内多为山地和森林，有"印度支那屋脊"之称。发源于中国被誉为亚洲"黄金水道"的湄公河流经老挝约 1 900 公里，是老挝境内最大的河流，除此之外，老挝境内还有流程 200 公里以上的 20 多条河流，老挝水利资源丰富，被称为"亚洲的蓄电池"。根据老挝政府 2014 年发布的统计数字，目前普遍预估全国人口在 700 万左右。

二、老挝的政治

老挝历史悠久，公元 1353 年建立的澜沧王国是东南亚最繁荣的国家之一。1707～1713 年相继成立琅勃拉邦王朝、万象王朝和占巴塞王朝。18 世纪以后，老挝经常受到外部的侵略，18 世纪末至 19 世纪中叶被暹罗征服，1893 年被法国入侵，1940 年 9 月被日本占领。在前印度支那共产党和现在的老挝人民革命党的领导下，老挝各民族人民经过艰苦卓绝和充满牺牲的斗争，终于打碎了殖民主义和封建制度压迫统治的枷锁，取得了彻底的解放，并于 1975 年 12 月 2 日宣布废除君主制，建立了老挝人民民主共和国，从而揭开了老挝国家独立、人民自由的历史新篇章，自此老挝历史上 600 余年君主制终结。老挝实行社会主义制度，它也是东南亚地区中仅有的两个社会主义国家之一，另一为越南。老挝人民革命党是老挝唯一政党，在老挝人民革民党的领导下，老挝走上了国家独立、人民自由、经济高速发展的现代化之路。

三、老挝的经济

老挝工业基础薄弱，以农业为主，从事农业的人口占全国人口 85%以上，农业产值占国民经济总产值的 95%以上，如今老挝仍是世界上最贫穷的 25 个国家之一。老挝 1986 年开始实行"革新开放"政策，推进经济改革，改善经济结构，致力于促进国内经济稳定发展，大力发展工业和农业经济。经过 10 年的发展，老挝经济有了很大的改善，并于 1997 年 7 月加入东盟，是东南亚国家联盟成员国之一。自成为东盟成员国以来，老挝在发展经济、吸引外资、扩大出口、加强国际合作等领域取得了巨大进步。2012 年 10 月 12 日，世界贸易组织在瑞士日内瓦召开的理事会上正式接收老挝成为世贸组织的一员，老挝成为该组织第 158 个成员。近年来，老挝重视发展农业生产，积极推动生产进口替代产品、出口创汇的项目，大力发展旅游业，对外开放的力度进一步加大，2014 年老挝经济增速为 7.8%[1]。但老挝经济发展仍面临基础薄弱、人才和资金缺乏、交通等基础设施条件落后等困难。在交通基础设施改善方面，老挝积极同中国合作，2012 年 10 月 18 日，老挝第七届国会特别会议审议通过政府向中国全额贷款 70 亿美元，修建连接中老边境及老挝首都万象的铁路项目。这条高铁是泛亚铁路的中线老挝境内一段，总长 421.17 公里。泛亚铁路的中线从中国云南省会城市昆明出发，经磨憨穿过老挝最终到达新加坡直达印度洋出海口，是东南亚的重要通道。在中国倡议的"一带一路"建设中，老挝是一个重要的节点，相信未来中老的合作将极大地促进区域互联互通和共同发展。

第二节　老挝企业法概述

一、企业法的概念及性质

企业是依法成立，具有一定的组织形式，有自己的名称、资本、行政管理机构，独立从事商品生产经营、服务活动的经过企业注册登记的经济组织。现代企业包括公司、合伙和独资企业等，其中以公司为基本形态。公司是大中型企业的法律形态，合伙企业和独资企业是小型企业的法律形态。

企业法是以确认企业法律地位为主旨的法律体系，是指调整企业在设立、组织形式、管理和运行过程中发生的经济关系的法律规范的总称。从法律的角度讲，普通企业法也称为商事企业法，分为商事合伙和公司法两大块，在很多国家和地区，并不区分个人独资企业，将个人独资企业和自然人认为是同一个主体。普通企业法的立法模式在国外大致分为四种：1. 纳入民法典模式；2. 纳入商法典和制订单行法模式；3. 制定公司法典模式；4. 制定法和判例法模式[2]。老挝采取的是第三种立法模式，单独制定企业法，在企业法中规定了所有的企业类型，包括独资经营企业、合伙企业和公司。

老挝自 1986 年开始推行"革新开放"，老挝经济由计划经济向市场经济过渡。为适应转型时期经济的发展并规范企业经营活动，《老挝人民共和国企业法》于 1994 年 7 月 18 日通过，这部法律对老挝的经济发展起到了重要作用。1991 年至 1996 年，老挝国民经济年均增长 7%。1997 年后，老挝经济受亚洲金融危机严重冲击，老挝政府采取加强宏观调控、整顿金融秩序、扩大农业生产等措施，基本保持了社会安定和经济稳定。2001 年至 2006 年，老挝经济年均增长 6.8%，为 21 世纪的前进方向和 2000 年之后的工业化、现代化提供了坚实基础。此后，老挝经济持续高速增长，社会秩序和政治稳定，为了适应这种趋势，老挝民主共和国对企业法进行了修改，代主席坎代·西潘敦 2005 年 12 月 9 日在万象签署《企业法修正案》，自老挝人民民主共和国主

---

① 《2014 年老挝经济发展简况》，中华人民共和国驻老挝人民民主共和国大使馆经济商务参赞处，http://la.mofcom.gov.cn/article/ztdy/201506/20150601009466.shtml，访问时间：2015-11-26。

② 史际春、温烨、邓峰：《企业法和公司法》，中国人民大学出版社 2008 年版，第 10 页。

席令颁布之日后 120 天生效，同时 1994 年颁布的《商法》同步废止。本章介绍的《老挝企业法》以 2005 年通过的《企业法修正案》为主要依据。

二、企业法的宗旨

各国企业法的立法宗旨主要有四个方面：

（一）确定设立企业的法定条件和程序

企业法确定设立企业的条件和程序以及各种企业的模式，从而限制、排除不符合条件的企业进入市场参与竞争活动，对符合条件、依法设立的企业则给予自主经营的发展空间。

（二）确立企业的行为规则

企业法对企业从产生到终止的整个过程中的组织和行为作出明确规定，包括企业的种类、企业的设立、变更、解散等内容。企业法为企业的组织和行为提供了法律依据，将企业纳入了法治的轨道。

（三）保护企业、出资人、债权人和职工的合法权益

企业法规定了企业的各种权利，如企业财产权、自主经营、自负盈亏以及其他民事权利等。企业通过设立相应的机构来听取职工的意见、保障职工主张权利的渠道畅通，从而保护职工权益。企业通过规定各种法定资本制、公示制度、通知制度以维护交易的安全，积极保护出资人和债权人的权益。

（四）维护社会经济秩序，促进市场经济的发展

企业是最为重要的市场主体，企业的结构是否健全、行为是否规范，直接涉及社会经济秩序的稳定。企业法通过规范企业的组织和行为，维护社会经济秩序，健全市场经济基础，促进市场经济的发展。

《老挝企业法》总则第 1 条规定企业法的宗旨，即促进各经济部门生产、经营和服务的发展，扩大从事生产和生产关系的员工队伍，促进国民经济和社会的发展，提高各族人民的生活水平。第 6 条规定了保护企业权益的国策。国家颁布海关和税收政策、法规和措施，向企业提供信息、服务和其他便利，鼓励和推动国内外人士和组织设立企业或参与非限制部门的经济活动，促进社会和经济的发展。企业的合法权益即资本和资产受法律保护。

三、《老挝企业法》的特征及适用范围

自 1986 年以来，老挝走上了革新开放之路，开始了经济体制改革，经过 30 年的努力，老挝的经济和社会发展取得了显著的成效。目前，老挝仍处于自然经济、半自然经济和计划经济向市场经济过渡的经济转型阶段，相对于其他已经建立市场经济的社会主义国家，《老挝企业法》内容庞杂，包含独资企业法、合伙企业法、公司法，并没有将各种企业法区分开来，而且，法律具有较强的行政干预色彩，这也是由老挝国情特点决定的。《企业法》第 8 条规定了企业法的适用范围，即企业法适用于在老挝人民民主共和国设立和经营的国内外私营企业、国营企业和合办企业。合作企业和小型零售店不适用于本法。

第三节　企业的基本制度

一、企业的分类和组织形式

（一）企业的分类

《老挝企业法》第 7 条规定，在老挝人民民主共和国，企业类型分为四种：私营企业、国营企业、合办企业和合作企业。私营企业的设立和经营可以选用本法第 10 条和第 11 条规定的任何形式或企业类别。国营企业、合办企业只能采用公司形式设立和经营。国营企业可以成为国营公司，而合办企业可以成为合办公司。国营公司指国家设立、按照公司相关法规规定进行经营管理，可出售股份不超过 49% 的公司。合营公司指国家与另一部门（国内或国外）共同设立的公司，各方各持 50% 的股份。

（二）企业的组织形式

企业的组织形式是各类企业设立和经营的基础。企业的组织形式分为三种，即独资经营企业、合伙企业、公司。

1. 独资经营企业。

独资经营企业是指个人所有的企业形式，独资经营企业以所有者的名义经营，而所有者对企业债务承担无限责任。

2. 合伙企业。

合伙企业指根据至少 2 名投资者签订的合同而设立的企业形式。这种企业形式中，投资者共同出资、共同经营、共享利润。合伙企业分为普通合伙企业和有限合伙企业。普通合伙企业指全体合伙人基于彼此的信任共同参与合伙组织的经营管理，并共同对企业债务承担无限连带责任的合伙企业形式。有限合伙企业指普通合伙人或有限合伙人组成的合伙企业形式。其中，一部分合伙人对企业承担无限责任，称为"普通合伙人"；其他合伙人对企业承担有限责任，称为"有限合伙人"。

3. 公司。

公司指将公司的资本分为等额股份而设立的企业形式。股东对公司债务承担的责任以该股东缴纳的股金为限。公司分为有限公司（包括一人有限公司）和上市公司两类。有限公司的股东人数为 2 ~ 30 人，只有单一股东的有限公司称为一人有限公司。上市公司中至少有 9 名股东或发起人，公司可以向公众公开发行股票，公司股票可以自由转让。

二、企业设立、登记及企业的义务

（一）企业的设立

在不同的国家，企业设立的基本准则是不同的。企业的设立走过了自由设立主义、特许主义、核准主义、准则主义的历程。自由设立主义指是否设立企业、设立何种企业、如何设立企业全由设立人决定，政府在企业设立的过程中不加任何限制。这种立法主义赋予企业设立完全的自由权，政府监管缺失，导致企业滥设情况突出，危害交易安全，在这种情况下，特许主义应运而生。特许主义指企业的设立要经过国家元首或国家立法机关的认可，但特许主义手续复杂，影响了投资者的热情和设立企业的数量，随后出现了核准主义。核准主义指设立企业首先具备法律规定的要件，还需行政主管机关审核批准。核准主义和特许主义相比程序简化，但需经过行政机关——审批，耗时太久，不足以适应市场经济快速发展的需要。为适应社会经济生活的需要，准则主义开始出现。准则主义指设立企业不仅要符合法律规定的条件，同时应当加强行政主管机关对特殊行业设立企业的监督和管理。准则主义既无自由设立主义过于放任的缺陷，也无特许主义和核准主义过于繁琐的弊端，因此在西方国家被广泛采用。

《老挝企业法》第3条规定了设立企业的权利，即老挝公民、在老挝人民民主共和国居住的外籍居民和不明国籍人士、外国人及外国组织有权依据老挝人民民主共和国法律法规设立企业或参与商业交易。《老挝企业法》对企业的设立采用核准主义，即在老挝设立企业，首先要符合企业法关于企业设立的条件，还要经商业部门审批同意后方可设立。

（二）企业登记

1. 企业登记的概念。

企业登记是国家对在老挝人民民主共和国设立和从事经营的国内外个人或法人实体的合法承认。企业的整个经营期间只登记一次。《老挝企业法》第27条规定了独资经营企业在登记时须提交以下材料：企业名称、企业所有人和管理人的姓名、地址和国籍、企业办公场所、注册资本。《老挝企业法》第38条规定了普通合伙企业登记时需要提交以下材料：企业登记申请表、由全体合伙人签字盖章的普通合伙合同、普通合伙企业的内部章程，如果合伙人决定不担任管理人的，内部章程中应当记载聘任的管理人的姓名、地址和国籍。企业登记申请表应由管理人签署。

《老挝企业法》第20条规定独资经营企业、合伙企业、公司在提请登记时须向企业登记官申报注册资本，而且申报的注册资本必须如法律规定那样真实的存在于老挝人民民主共和国。否则，违反方应依法承担向政府部门虚假陈述的法律责任。必要时，相关部门有权对一些行业的企业登记设定最低注册资本，但前提是这种规定事先已获得政府批准。

2. 企业登记的程序。

企业登记由提交申请和政府审批两个程序构成。《老挝企业法》第13条规定，凡在老挝人民民主共和国从事经营的，必须按照本法规定向相关国家机关提交企业登记申请的相关材料。《老挝企业法》第14条规定，收到企业登记申请后，商业部门应审查所要登记的行业是否属于管制行业，如果所要登记的行业不在管制名单内，商业部门属下的企业登记机构应在收到申请之日起10日内审批和发放企业登记证。如果申请登记的行业在管制名单内，商业部门应立即将申请材料移交相关部门。相关部门应在10个工作日内审批和答复，但需要较长的技术评审过程的除外。经主管部门批准后，商业部门应在3个工作日内审批和发放企业登记证。不发放企业登记证的，应向企业登记申请人书面说明理由。本条第2款规定的管制行业名单和技术评审过程的期限必须由政府批准。

3. 企业登记的后果。

（1）企业登记有效。

企业登记有效将产生以下法律效果：①建立法人实体（如公司）。该实体与股东分离，享有和负有公司章程范围内的权利、义务和责任。②企业可以开展营业执照范围内的经营活动，而无须相关部门批准或复查，但属于管制行业名单的除外。③企业登记通知上的内容应公开，让任何相关方可以看到。④ 企业名称和税务信息都应当登记。企业一经登记，经营者应立即悬挂写有企业名称的招牌。

（2）企业登记无效。

企业登记无效指企业登记的部分或全部内容不符合格式要求或分类要求或实际情况而需要进行补正。企业登记信息可以通过修改进行补正，无法补正的，按照本法规定的程序解散。给受法律限制的人进行企业登记或违反法律法规的企业登记无效。企业登记无效或企业解散的，不得终止企业债务。已经申请名称的企业，如果企业登记没有被受理的，其所申请的名称也同时取消。企业解散时，企业名称同时终止，名称所有人应在收到名称终止通知之日起 7 天内摘下名称招牌。

三、企业的义务

《老挝企业法》第 5 条规定了企业义务，企业有义务本着各自经营目标开展经营活动、登记账簿、向政府履行纳税义务、保障工人合法权益、保护环境和遵守老挝人民民主共和国的其他相关法律法规。

第四节　独资经营企业

一、独资经营企业的概念

独资经营企业是指个人所有的企业形式。独资经营企业以所有者的名义经营，所有者对企业债务承担无限责任。

二、独资经营企业的权利和义务

《老挝企业法》第 28 条规定了独资经营企业的权利和义务：1. 自己管理和经营企业或聘用他人管理和经营企业；2. 包括利润分配在内的企业事务由所有者自己决定；3. 按照《企业会计法》的规定记账；4. 向国家履行义务；5. 按照法律的规定行使权利、履行义务。

三、独资经营企业的管理人

独资经营企业管理人可以是所有人自己，也可以雇佣第三方（1 名或几名管理人）。外聘管理人的报酬，通过与独资经营企业所有人协商确定。独资经营企业如果有几名管理人，可指定其中 1 名管理人作为总负责人，负责代表独资经营企业与第三方签订合同，该管理人称为总经理。本条同样适用于合伙企业和一人有限公司的管理人。管理人行使权利、履行义务时，应当接受企业所有人的监督。管理人的聘用合同应按照《合同法》的规定采用书面形式。聘用合同应包括签约各方的权利、义务、报酬和责任以及合同终止等内容。企业所有人、管理人和第三方之间的关系受法律约束。

四、独资经营企业解散和清算

独资经营企业在如下情况下解散：1. 独资经营企业所有人决定解散；2. 根据法院裁定解散；3. 破产；4. 企业所有人死亡或缺乏行为能力而且没有继承人。独资经营企业解散的，所有人有义务自己或指定第三方作为清算人对企业进行清算。但是，法院裁定解散或独资企业处于破产中除外，在这种情况下，只有法院可以指定清算人。

第五节　合伙企业

一、合伙企业的一般规定

（一）合伙企业的概念

合伙企业指根据至少 2 名投资者签订的合同而设立的企业形式。这种企业形式由投资者共同出资、共同经营、利润共享。合伙企业的投资者成为合伙人，合伙企业的合伙人可以是个人，也可以是法人实体。

（二）合伙企业合同

根据《老挝企业法》第 33 条规定，合伙企业合同应当采用书面形式并符合老挝人民民主共和国《合同法》的规定。合伙企业合同应包括如下主要内容：1. 企业名称；2. 营业范围；3. 总部和所有分支机构的名称和办公场所；（4. 合伙企业的资本或股本，包括现金、实物或劳务；5. 合伙人的名称、地址和国籍；6. 合伙企业全体合伙人的签名或盖章。

（三）合伙企业的内部章程

合伙企业的内部章程应当包括如下各项内容：1. 合伙企业合同第 1 项至第 5 项规定的事项；2. 合伙企业管理人的姓名、地址和国籍。如果其他合伙人不是联合管理人，可以规定管理人的权力限制；3. 合伙企业利润分配和亏损分摊的方式；4. 股份缴纳方式和时间表；5. 经营管理方式；6. 会议召开和决议通过的规则；7. 纠纷解决方式；8. 解散和清算。合伙企业内部章程必须由管理人签署。除非另有规定，否则合伙企业设立合同和内部章程的内容必须经全体合伙人一致同意后才能修改。自合伙人会议通过修改决议之日起 10 个工作日内，设立合同和内部章程的修订或修改决议应通知相关企业登记官。

（四）合伙企业的分支机构

在老挝人民民主共和国注册的合伙企业无须再为分支机构注册，但设立分支机构必须通知当地企业登记官。分支机构不得与合伙企业分离，也没有独立法人实体的法律地位。在老挝人民民主共和国从事经营活动的外国合伙企业的分支机构应当按照法律规定进行企业注册。国内外法人实体的分支机构在老挝人民民主共和国被起诉的，视为对相关法人实体的起诉。

二、普通合伙企业

（一）普通合伙企业的概念

普通合伙企业指全体合伙人基于彼此的信任，共同参与合伙组织的经营管理并共同对企业债务承担无限连带责任的合伙企业形式。

（二）普通合伙企业的资本

普通合伙企业的资本由全体合伙人认缴的资本构成。出资方式包括现金、实物或劳务，以实物或劳务出资的，应进行货币估价。企业登记前，各合伙人应缴足所认缴的出资。

（三）合伙人的权利与义务

《老挝企业法》第44条规定，普通合伙企业合伙人有如下权利和义务：1. 随时了解普通合伙企业的总体情况；2. 检查或复印普通合伙企业的会计记录或其他文件；3. 按时领取股息和分摊亏损；4. 对合伙企业的负债承担无限连带责任；5. 享有否决权、反对权和控告权；6. 普通合伙企业解散时，按约定收回认缴资本和利润。

（四）普通合伙企业的合并

普通合伙企业可以兼并一个或多个普通合伙企业，也可以与一个或多个普通合伙企业合并成立新的普通合伙企业，企业的合并不会导致企业解散或原来权利义务的终止。普通合伙企业只有符合以下条件才可以合并：1. 合并协议在普通合伙企业全体合伙人会议上获得一致通过，但另有约定除外；自通过合并决议之日起10日内，决议必须在企业登记官处办理登记手续。2. 合并事宜在合并决议通过之日起10个工作日内已经在适当的大众媒体公告，并通知债权人，债权人自收到通知之日起60天内有权提出异议。债权人对普通合伙企业的合并提出异议的，普通合伙企业不得合并，除非还清债权人所有债务或为债务提供担保。3. 企业进行再次登记。

（五）普通合伙企业的解散

普通合伙企业有以下三种解散的事由：1. 合伙人协议解散；2. 法院裁定解散；3. 由于法律行为发生的解散。合伙人可以按照普通合伙企业内部章程的规定商定资产分配或清算的方式，但破产、法院裁定仅剩1名合伙人引起解散的情况下，只有法院才可以指定清算人。

三、有限合伙企业

（一）有限合伙企业的概念

有限合伙企业指由普通合伙人和有限合伙人组成的合伙企业形式。其中，普通合伙人对企业承担无限责任，有限合伙人对企业承担有限责任。

（二）有限合伙企业的资本

有限合伙企业的资本由合伙人的出资构成，普通合伙人可以现金、实物、劳务出资，有限合伙人可以现金、实物出资，但不得以劳务出资。

（三）有限合伙人的权利和义务

《老挝企业法》第76条规定，有限合伙人有如下权利和义务：1. 对有限合伙企业的经营情况，向管理人提出意见、建议和询问；2. 成为有限合伙企业的清算人（如果被指定的话）；3. 选举或罢免管理人，但另有约定除外；4. 参与内部章程的修改和有限合伙企业解散的投票；5. 从事其他经营活动，包括与有限合伙企业相似或相同的经营活动。有限合伙企业中普通合伙人的权利义务参照普通合伙企业中普通合伙人的规定，此处不再赘述。

第六节　公　司

一、公司的一般规定

（一）公司的概念

公司是指以营利为目的，依法成立的从事商业经营活动的组织形式。公司的特点是资本来源广泛，使大规模的生产成为可能，出资人对公司只负有限责任，投资风险较低，有利于激发投资者的积极性。1994年《老挝企业法》规定的公司有有限公司和大众公司两种类型，为了适应市场经济的发展，老挝2005年9月通过的《企业法修正案》将公司分为有限公司和上市公司两类。

《企业法修正案》第11条规定，公司分为以下两类：有限公司（包括一人有限公司）和上市公司。有限公司的股东人数为2~30人，只有单一股东的有限公司称为一人有限公司。上市公司中至少有9名股东或发起人，公司可以向公众公开发行股票，公司股票可以自由转让。公司的出资人成为股东，股东仅以其缴纳的股金为限对公司债务承担责任。公司的股东或发起人可以是自然人或法人实体。

（二）公司的法律地位

《老挝企业法》第79条规定，公司具有法人实体的地位。公司是企业法人，有独立的法人财产，享有法人财产权，公司以其全部财产对公司的债务承担责任。公司可以设立分支机构，分支机构是公司的组成部分，它在经营业务、经营方针等各方面都要受到公司总部不同程度的控制。分支机构不是独立的法律主体，但通常是一个独立的会计主体。《老挝企业法》第79条规定，公司分支机构与本法第34条和第35条规定的合伙企业的分支机构具有同等法律地位。在老挝注册的公司无须再为分支机构注册，但在老挝国内从事经营活动的外国公司的分支机构应当按照法律规定进行企业注册。国内外法人实体的分支机构在老挝被起诉的，视为对相关法人实体的起诉。

子公司是指一定数额的股份被另一公司控制或依照协议被另一公司实际控制、支配的公司。子公司在法律上与母公司是相互独立的，但在经济上又与母公司存在着控制与被控制的关系。子公司具有独立法人资格，拥有独立的财产、独立的公司名称、公司章程和董事会，以自己的名义开展经营活动，并从事各类民事活动，独立承担公司行为所带来的一切后果和责任[①]。但涉及公司利益的重大决策或重大人事安排，仍要由母公司决定。《老挝企业法》第80条第1款规定，收购另一家公司足够股票以获得该公司经营管理控制权的公司成为集团公司。如上述第1款所述那样，被另一家公司控制的公司称为"子公司"

（三）公司章程

公司章程是指规定公司名称、宗旨、资本、组织机构的法律文件。公司章程是公司设立的基本条件和最重要的法律文件。各国公司立法均要求设立公司时必须订立公司章程，公司章程是公司的宪章，是公司活动的基本准则，在公司存续期间具有重要意义。公司章程不仅是公司的自治法规，同时也是国家管理公司的重要依据。公司章程具有法定性、真实性、自治性和公

[①] 沈乐平：《论母子公司与交叉持股的法律问题》，载北大法律信息网，http://www.chinalawinfo.com/，访问日期：2015-10-18。

▷▷▷▷▷▷▷

开性的基本特征。

《老挝企业法》第 82 条规定，公司章程包括如下内容：1. 公司名称、经营范围、总部和分支机构的名称和办公地点、公司资本和股本、实物出资比例和现金出资比例以及普通股和优先股的数量、公司发起人的名称、地址和国籍及每名发起人认购股票的数量、董事对公司债务承担无限责任的条款。2. 公司利润及股息分配方式；3. 认缴股金的方式和时间表；4. 经营管理方式；5. 会议召开和投票方式；6. 纠纷解决方式；7. 解散和清算。修订或修改公司章程的决议应当在股东会上以特别决议的方式通过，公司应在股东会通过决议之日起 10 个工作日内将股东会关于修订或修改章程的决定通知有关企业登记官。

二、有限公司

（一）有限公司的概念

有限公司又称有限责任公司，是指由符合法律规定的股东出资组建，股东仅以其出资额为限对公司承担有限责任的企业组织形式。《老挝企业法》第 11 条规定，有限公司的股东为 2 人以上，30 人以下，只有单一股东的有限公司称为一人有限公司。有限公司超过 30 名股东的，仍可继续维持有限公司的地位，但前提是必须通过股东会的特别决议。有限公司不想继续维持有限公司地位或没有获得股东会特别决议规定的票数的，该公司应按照适用于上市公司的程序和原则修改公司执照或者解散公司。有限公司仅剩一名股东的，应把名称改为一人有限公司或解散公司。

（二）有限公司的设立

《老挝企业法》第 86 条规定有限公司的设立必须符合以下条件和程序：1. 至少有 2 名发起人向公司总部所在地的企业登记官提交作为通知的设立合同；2. 有限公司按照本条第 1 款规定进行设立合同通知后，必须开始募集公司股本。股本认购不得采用公开发行的方式，认购股本者称为股本认购人；3. 召开成立大会；4. 有限公司发起人对成立大会选出的董事安排任务；5. 董事有权要求有限公司发起人和认购人按照本法第 96 条第 1 款规定缴足股本；6. 按照本条第 5 项规定缴足股本的，董事应在股本缴足之日起 30 日内办理企业登记。

（三）有限公司的组织机构

1. 有限公司的股东会。

《老挝企业法》第 136 条规定，有限公司股东会是有限公司最高权力机构。有限公司股东会有两种类型：常会和特别会议。常会每年至少要召开一次，召开会议的时间由有限公司内部章程规定。必要时，公司可以召开特别会议，如审计人员职位空缺时、有超过一半董事同意召开股东会、法院根据股东申请决定召开会议、代表 20% 以上已缴股份的股东提出召开特别会议的要求等。股东会有两种决议，即普通决议和特别决议。普通决议的通过要求获得代表股份一半以上的股东同意（按一股一票计算），特别决议的通过要求获得出席会议全体股东 2/3 的同意，并且同意者至少持有 80% 的已缴股本。在股东会通过决议之日起 60 日内股东和董事可以向法院提出宣布股东会决议无效的申请，当股东会决议有下列情形时，法院可以宣布股东会决议无效。（1）违反有限公司内部章程或设立合同的规定；（2）违反决议通过程序；（3）董事没在常会或特别会议召开前 5 个工作日内，将会议召开的时间和地点以及会议结束的时间通知各股东。

2. 有限公司的董事会。

董事是有限公司的代表，董事可以是股东，也可以不是股东，但另有约定的除外。有 2 名或 2 名以上董事的有限公司可以设立董事会，除非另有约定。资产超过 500 亿基普的有限公司应当设立董事会，也应当任命审计师。董事会按照有限公司内部章程规定的原则和程序履行职责。董事会应设立主席一职，可以设立也可以不设立副主席。董事会会议的法定人数由董事会自己决定，但是法定人数不得少于董事人数的一半。公司只有 2 名董事的，法定人数必须是 2。任何董事都可以要求召开董事会会议。董事长应亲自出席会议，禁止指派他人出席董事会会议，除非其他所有董事一致同意。董事会会议决议必须获得出席会议董事的多数票才能通过。一名董事只享有一投票权。

《老挝企业法》第 130 条规定，有限公司董事会的权利和义务是：（1）起到中心协调机构的作用，监督董事工作；（2）委派董事会负责股东会休会期间的工作；（3）制定有限公司经营管理计划，提交股东会通过；（4）行使和履行有限公司内部章程规定其他权利和义务。

（四）有限公司的合并与解散

有限公司可以兼并另一家公司或者与另一家公司合并成立新公司。有限公司只有通过企业特别决议并在经过适当程序后才可以合并。适用于合伙企业法的合并异议和合并后果同样适用于有限公司。

有限公司有两个解散原因，即依法解散和法院裁定解散。《老挝企业法》第 161 条规定，有限公司有如下法律依据之一的，可以解散：1. 根据公司内部章程规定解散的；2. 有限公司股东会通过特别决议解散的；3. 有限公司破产的；4. 有限公司登记无效或登记后 90 天内，无正当理由未营业的。

《老挝企业法》第 162 条规定，董事或独立董事有下列理由之一的，可以请求法院对有限公司的解散进行审查：1. 违反企业法规定或设立程序；2. 违反有限公司设立合同或内部章程的规定；3. 有限公司连年亏损且无法解决亏损问题；4. 因发生不可抗力使公司无法继续经营；5. 有限公司仅剩 1 名股东或股东超过 30 名，并无股东会特别决议决定继续保持有限公司模式。收到申请后，法院在审查后可以做出解散裁定，如果解散事由可以消除，法院也可以责令公司消除解散事由。

（五）一人有限公司

1. 一人有限公司的概念。

一人有限责任公司简称一人有限公司、独资公司、独股公司，是指由一名股东（自然人或法人）持有公司的全部出资的有限责任公司。一人有限责任公司股东对公司债务承担有限责任，公司内部不设股东会。一人有限责任公司可以极大地激发公民独立创业的积极性，使社会经济总量大规模增加。《老挝企业法》第 11 条规定，当股东为一人时，成立一人有限公司。但该条仅对一人有限公司做了简单描述，并没有对一人有限公司的特征、内涵做充分的阐述。《老挝企业法》第 173 条规定，一人有限公司股东超过一名时，应更名为有限公司或应解散。一人有限公司的资本增加或减少、财务事项、审计、合并、解散和清算也要执行有限公司相应的条款。

2. 一人有限公司的设立。

《老挝企业法》第 170 条规定了设立一人有限公司的程序：（1）以一人有限公司的名义缴足股本；（2）起草一人有限公司的内部章程；（3）办理公司注册手续。

3. 一人有限公司的股金缴纳和股份转让。

一人有限公司股东应在办理企业登记之前采用现金或实物方式缴足股本。一经办理企业登记，一人有限公司的股份不得撤回，但可以转让或继承。一人有限公司应当于企业登记之日起 30 天内将股份证书提交企业登记官背书。

4. 股东的权利和义务。

一人有限公司股东享有如下权利和义务：（1）通过一人有限公司的内部章程；（2）聘请经理；（3）必要时任命审计师；（4）确定经理、审计师的报酬和其他员工工资；（5）通过一人有限公司营业报告以及应收账款、开支和经营计划；（6）使用股息；（7）行使或履行一人有限公司内部章程规定的其他权利或义务。

三、上市公司

（一）上市公司的概念

《老挝企业法》第 11 条规定，上市公司中至少有 9 名股东或发起人，公司可以向公众公开发行股票，公司股票可以自由转让。老挝政府从 2006 年起开始筹建证券市场，2010 年 10 月，老挝证券交易所挂牌成立，并于 2011 年 1 月 11 日在老挝首都万象正式开业。老挝证券交易所被称为"世界上最小的股市"，初始阶段交易所仅发行老挝电力公司和老挝外贸银行两家国有企业的股票，总市值近 20 亿美元。按照老挝政府的规划，未来 5 年的发展需国内外投资 150 亿美元，其中老挝政府投资和国外援助可以解决一半，另一半资金则重点依靠资本市场募集。广阔的资本市场有助于老挝经济的发展，不过，国外投资实体要进驻这一交易所还需要花费一定的时间。据《万象时报》援引一名交易所高层的话说，外国个人投资者最多可购入老挝电力公司 3%的股票，外国机构投资者也仅能购入最多 10%的股票。另外，外国投资者在老挝股市交易时必须使用老挝货币基普。这名官员说，限制外国投资者持股，意在保持外汇流入和流出稳定。该名人士表示，相信在未来几年内，将会有 10 到 15 家公司陆续在老挝上市[①]。

（二）上市公司的发起人

上市公司至少要有 9 名发起人，从企业注册之日起应当聘请审计师。上市公司不满 9 名股东的，应按照本法第五部分第 2 章 J 小节的规定解散和清算。上市公司的发起人可以是如下的自然人或法人实体：1. 具有完全行为能力；2. 不是被限制从事经营的破产者；3. 未曾犯过侵占罪或挪用资金罪。老挝公民、外籍居民、在老挝居住的不明国籍人士或外国人都有权成为上市公司的发起人，但政府规定至少有一半发起人必须是老挝公民。

（三）上市公司的成立大会

上市公司应在设立合同通知企业登记官和上市公司股本缴足后 90 天内召开成立大会。上市公司未能在本条规定的期限内召开成立大会的，发起人应在决定会议延期之日起 10 个工作日内通知有关企业登记官，下次会议应在通知送达登记官之日起 30 天内召开。如果成立大会仍未能按时召开的，设立合同终止，上市公司发起人应将认缴股本的款项退还各认股人。上市公司成立大会应在公司总部所在区或省召开并且至少要有 2/3 的发起人和代表总股本 2/3 的认股人出席。

（四）上市公司的股票和债券

根据《老挝企业法》规定，上市公司每股金额不得超过 10 万基普。上市公司股东无论是以实物还是现金出资，都必须在公司成立之日缴足股本。一旦上市公司办理企业登记手续，股东不得请求法院判令赎回自己的股份。上市公司股份可以向内部人士或第三方转让。让与人在股

---

① 《全球最袖珍股市开盘：老挝股市仅有两只股票》，载中国经济网，http://finance.ce.cn/rolling/201101/12/t20110112_16492858.shtml，访问日期：2015-10-20。

份证书上背书受让人姓名并由双方签名，让与人向受让人交付股份证书后，股份转让完成。上市公司可以通过向公众发行公司债券的方式筹集资金。公司债券的发行和发售应按照法律法规关于证券公开发行的程序和规则进行。上市公司只有通过本法第 144 条规定的特别决议，才可以通过向公众发行和发售公司债券的方式筹集资金。

（五）上市公司的合并

上市公司可以与另一家公司合并成立新公司，上市公司股东对合并提出异议的，上市公司应购买提出异议的股东所持有的股票，购买价格为购买时股票交易所或证券交易所该股票的价格。上市公司合并应在各合并公司通过合并决议之日起 150 天内完成，而企业登记应在合并完成之日起 10 个工作日内办理。上市公司中的企业登记、发起人责任、资本增加或减少、公司组织机构、财务、审计和清算等事项应当遵守有限公司的相关规定。

第七节 国有企业

一、国有企业的概念

《老挝企业法》第 191 条规定，国有企业由国家 100%出资设立，企业注册登记后，国家可以根据政府批准出售给其他股东部分股份，但必须低于股份总数的 50%，股东以缴纳的股金对公司承担责任。国有企业可以持有其他公司股份，也可以成为其他合伙企业的合伙人，但不得成为合伙企业的普通合伙人。截至 2013 年初，老挝全国的企业数量总计 88，845 家，其中国有企业（国资 100%）139 家，国有合资企业 48 家，其他类型的非国有企业在总资本中的比例达到了 98.86%。从国家经济领域和行业分布结构来看，国有控股企业尤其是大中型国有企业主要分布在建设行业、医药制造业、供水行业、对外贸易、航空航天和交通运输业、通信行业、电力、金融行业、酒水饮料生产与供应等行业。老挝国有企业事关国家的经济基础与国家安全，因而国家对其进行占有与控制。[①]

二、国有企业的设立程序

国有企业根据财政部门和其他部门之间的合同设立。国有企业应按以下程序设立：（1）相关部门配合财政部门确定和商定设立目的、行业类型和资本总额，将资本分成等值的股份以及确定在公司注册后允许进行转让的股份比例。（2）将公司设立申请书连同经济技术可行性研究报告提交总理审批（如果是中央级国有企业），或提交省长或市长审批（如果是省级国有企业）。一旦获得总理、省长或市长批准，相关部门和财政部门应选拔人员出任董事。（3）召开国有企业成立大会，成立大会由相关部门或财政部门的代表主持，出席会议的人员主要包括相关部门代表、财政部门代表和全体委任董事，会议宣布国有企业成立并分派任务给董事。国有企业如果设立董事会，应当召开董事会首届会议。董事应在缴足股本之日起 30 天内按照本法第 199 条规定办理企业登记手续。

---

① 塞塔拉：《老挝国有企业管理问题研究》，吉林大学硕士学位论文，2014。

▷▷▷▷▷▷▷

三、国有企业的组织机构

（一）国有企业的股东会

财政部门或相关部门至少要有 2 名代理股东参加国有企业的股东会。代理股东由相关部门提名，如果是中央级国有企业，代理股东由财政部长任命，如果是省级国有企业，代理股东由省长或市长任命。国有企业股东会由全体国家委任的代理股东及其他股东代表出席。

（二）国有企业的董事会

国有企业董事可以是公务员或第三方，但某些国有企业另有规定除外。国有企业董事代表国有企业对政府投资的资产进行有效管理和经营，还代表国有企业与第三方进行交易。国有企业如果有 3 名以上董事的，应设立董事会。必要时，只有 2 名董事的国有企业也可以设立董事会。

四、国有企业的类型转换、合并与解散

（一）国有企业的类型转换

国有企业可以转换成其他类型的企业。国有企业转换成另一种类型的企业，应按照该种企业的规定设立、注册和经营。财政部门作为股东应行使和履行股东的权利和义务，保护国家利益和国家所有权。

（二）国有企业的合并

国有企业之间合并或国有企业吸收合并其他企业，应遵守有限公司合并的规定和国有企业设立的规定。国有企业与其他类型企业合并成立另一种类型的企业，应遵守该种类型企业合并和设立的规定。

（三）国有企业的解散

《老挝企业法》第 222 条规定，有下列情形的，国有企业可以解散：1.政府责令中央级国有企业解散，或省长或市长责令省级国有企业解散；2.破产；3.国有企业连续亏损且无法弥补亏损的。

第八节　企业的管理和检查

在市场经济体制下，政府对企业的管理由"统收统支""包揽一切"的传统管理方法转变为简政放权，正由直接管理向间接管理过渡。而企业也试图摆脱政府附属物的地位，逐步成为自主经营、自负盈亏、相对独立的商品生产者和经营者。《老挝企业法》第六部分规定的政府对企业的管理也正是一种间接管理模式。

一、管理部门

政府委托商业部门会同相关部门对企业设立和经营实施统一管理，但国内外投资促进法律规定的企业登记和业务管理除外。老挝的商业部门包括商务部、省级和直辖市的贸易部门、区级和市级贸易部门。

二、商务部的权力和义务

《老挝企业法》第 227 条规定商务部的权力和义务包括：1. 制定推动企业发展的指导性文件和政策；2. 研究和规划法规以便推行相关政策，促进企业发展；3. 在全国推行促进企业发展的政策，并对政策的实施进行宣传、指导、鼓励和监督；4. 根据法律法规规定，对企业登记进行管理，提供相关服务；5. 对各级商务部门的工作人员进行培训，提高技术能力，加强队伍建设；6. 会同相关部门和地方行政当局检查和监督全国经营单位执行法律法规的情况；7. 对登记在企业登记册上的企业名称进行记录、修改或注销；8. 继续发展对外贸易关系，开拓国外市场；9. 行使和履行法律法规规定的其他权力和义务。

三、省级和直辖市贸易部门的权力和义务

《老挝企业法》第 228 条规定省级和直辖市贸易部门的权力和义务包括：1. 在各省份或直辖市推行促进企业发展的政策，并对政策的实施进行宣传、指导、鼓励和监督；2. 会同相关部门和地方行政当局对各自辖区的经营单位执行法律法规的情况进行检查和监督，并将情况上报上级部门；3. 对登记在企业登记册上的企业名称进行记录、修改或注销；4. 在商务部批准的范围内，继续发展对外贸易关系，特别是发展与周边国家的贸易关系；5. 行使和履行法律法规规定的其他权力和义务。

四、区级和市级贸易部门的权力和义务

《老挝企业法》第 229 条规定区级和市级贸易部门的权力和义务包括：1. 在各自辖区内执行与企业相关的政策、法律、法规；2. 对登记在企业登记册上的企业名称进行记录、修改或注销；3. 会同相关部门对各自辖区内的经营单位执行企业相关法律法规的情况进行检查、监督和信息收集，并将情况和资料上报上级部门；4. 行使和履行法律法规规定的其他权利和义务。

与企业有关的其他部门有义务配合商务部门履行职责。企业办理注册手续后，相关部门应在各自职权范围内带头对企业经营进行管理。

五、工商会

工商会是商界人士的社会组织，代表雇主、行业协会和在老挝设立并从事经营活动的各种企业，在政府机关与经营单位之间起到桥梁作用。工商会在向政府就企业相关问题提出意见以及引导、组织和团结商界人士等方面发挥着重要作用，有力推动了经济、贸易、工业、金融和服务等行业的发展，不但保护企业的合法权益，也促使企业守法经营。

第九节　政策和处罚

为促进企业法实体规则的实施，除了需要重视法律责任和惩罚措施以外，立法者应当建立激励机制，即经济利益的支付、道德声誉的褒奖、相关优先权利的享有来促使企业积极遵守法律。《老挝企业法》在第九部分规定了对企业的奖励政策和处罚。

一、政策

《老挝企业法》第 232 条规定个人或组织在执行法律方面有突出表现的，将受到表扬、祝贺或获得适当的优惠政策。

二、处罚

个人或组织实施的行为违反法律规定的，应根据行为的性质受到相应的处罚。《老挝企业法》规定的应当受到处罚的行为主要有：

（一）妨碍企业登记

企业登记官及以任何方式妨碍企业登记的有关人员，无正当理由要求申请人提交额外文件、丢失文件并拖延办理登记的，应受到行政处分，包括再教育、调离岗位、降级或开除公务员队伍等。

（二）没有办理企业注册即从事经营

没有办理企业注册手续就从事经营的，每次从事经营处以 1 000 000 基普至 10 000 000 基普的罚款。

（三）没有按照经营范围开展经营

个人或法人实体如果没有按照经营范围开展经营的，应给予接受再教育的处罚或者每次经营处以 1 000 000 基普至 5 000 000 基普的罚款。

（四）登记不当

企业执照出现登记不当的情形（企业登记的部分或全部内容不符合格式要求或分类要求），应注销。企业登记官对个人或组织的企业执照进行不当登记的，应受到行政处分，包括调离岗位、降级或开除出公务员队伍等。

（五）擅自公开和拒绝公开信息

企业登记官或有关人员如果未经相关企业同意擅自公开企业信息的，视为违反政府保密规定，应根据《刑法》给予处罚，并且开除出公务员队伍。企业登记官拒绝公众查阅或复印文件或者拒绝公开企业登记文件副本的，应受到行政处分，包括调离岗位、降级或开除出公务员队伍等。

（六）未挂出招牌或不当使用名称

企业如果在收到通知后 7 天内未挂出企业招牌或使用的企业名称与企业的形式或类型不符的，应当接受再教育的处罚，或者每次处以 200 000 基普的罚款。

（七）使用禁用名称

使用禁用名称的，给予接受再教育的处罚或者处以 300 000 基普的罚款，并责令停止使用相关企业名称。

（八）解散后未拆除企业招牌

企业解散后未拆除企业招牌的，给予接受再教育的处罚或处以 500 000 基普的罚款，并责令拆除企业招牌。

（九）其他违法行为

任何个人或组织违反本法规定，造成他人损失的，应承担赔偿责任。构成犯罪的，应根据《刑法》追究刑事责任。

第十节 老挝企业破产法

一、老挝企业破产法概述

（一）老挝企业破产法概况

企业破产是指企业在生产经营中由于经营管理不善，其负债达到或超过所占有的全部资产，不能清偿到期债务时，经法院审理与监督，强制清算其所有财产，公平清偿全体债权人的法律制度。企业破产法（Bankrupt Law）是规范或调整企业破产法律规范的总称。企业破产法的内容主要由实体法规范和程序法规范两部分构成。老挝企业破产法将这两部分内容规定在同一部法典中。《老挝企业破产法》于1994年10月14日第三届国会第五次全会第010号决议通过，并于1994年11月5日老挝人民民主共和国第52号主席令颁布施行。《老挝企业破产法》由九章组成，共计56条，主要包括两部分内容：

1. 实体规范。

实体法规范主要规定债务人的破产能力、破产财产、破产债权、破产费用、破产程序对法律行为的效力以及对破产违法行为和犯罪行为的处罚等规范。

2. 程序法规范。

程序法规范主要规定破产案件的管辖法院、破产原因、破产申请与受理、债权申报、债权人会议、和解程序、重整程序、破产宣告、破产清算及破产程序终结等制度。

（二）破产法的宗旨及适用范围

《企业破产法》旨在解决企业在破产状态下如何保障国家、债权人和债务人的合法权益，以维护经营秩序，促进投资，并为社会发展做贡献。一切在老挝境内处于破产状态的企业均适用本法的规定，不论是自行经营或代理经营。任何企业一旦处于破产状态，债权人有权向人民法院提起破产诉讼，企业自己也有权向法院申请破产。破产状态下的企业是指企业正遇到困难或在经营活动中受损，在采取各种必要的财政措施后，仍然不能按照规定的时间偿还债务。

二、起诉或申请破产

提出破产申请是进入破产程序的前提。破产申请是指当事人向法院提出要求宣告债务人破产的诉讼行为。根据《老挝企业破产法》的规定，债权人和债务人都可以提出破产申请。

（一）起诉或申请破产的条件

一旦企业的债务超出其偿还能力或债权人至少3次（每次相隔不低于20天）把催债单送达企业，企业已签收催债单但未能偿还债务，起诉或向法院申请破产的条件就成立。如果企业认为自身遇到困难，且预计不能偿还债务，也可以向法院申请裁定本企业破产。

▷▷▷▷▷▷

（二）起诉或申请审查时限

法院自收到起诉状或破产申请 7 日内，必须把决定通知起诉人。如果法院决定受理破产诉讼，应当书面通知被起诉的企业，同时将起诉请求复印件一并送达。被起诉的企业自收到法院的通知书 15 日内应当把还债能力证明总结报告送达法院。法院自决定受理诉讼请求之日起 35 日内，必须开庭审理该破产诉讼。主动请求法院裁定破产的企业，法院自决定受理请求之日起 7 日内，应当把开庭审理该请求的时限以书面形式通知各债权人。法院应当自决定受理该请求之日起 35 日内开庭。根据债权人的起诉或企业自己的要求，法院在审理破产案件过程中，一旦认为没有充足证据，就应裁定取消破产起诉或请求，起诉人或请求人有权在获知法院裁定之日起 15 日内提出上诉。

三、债权人大会

债权人会议是全体债权人参加破产程序进行权利自治的临时机构。为便于充分实现债权人的破产程序参与权，应当承认和强化债权人会议听取报告、选任常设的监督机构、决定营业的继续和停止、指示破产财产的管理方法等职权。《企业破产法》第 19 条规定了债权人大会的组成，包括债权人、企业代表、省或市工会代表、企业工会代表。债权人大会拥有以下职权：1. 审议通过企业重整和组织开展经营计划；2. 企业重整计划未获同意时，有权对企业的资产分配进行研究并向法院提出建议。企业主或企业代表有义务在债权人大会上解释方案及对重新组织开展企业经营活动中的各种问题做出解答。债权人大会的决议将以下列三种形式之一提请法院审查：重整企业、产业出售、破产和清算。只有获得至少代表全部债务数额 2/3 的债权人同意，债权人大会的决议才能生效。

四、债权人和企业之间的和解

处于破产状态的企业有权建议法院进行和解，如果法院审查认为适宜，应当委派和解员进行和解，以解决债权人与企业之间的债务偿还问题。如果债权人和企业能够达成和解，企业可以继续开展业务。如果双方不能就和解达成一致意见或未按和解备忘录执行，法院应裁定停止清偿债务，认定被起诉的企业破产并指定资产监管组。《企业破产法》第 15 条规定，资产监管组由以下成员组成：1. 由省级或市级法院专职干部 1 名任组长；2. 债权人代表；3. 企业代表；4. 省或市工会代表；5. 企业工会代表；6. 金融机构专职干部。

法院决定对被诉企业实行资产监管后，该企业仍可以继续开展业务，但必须处于法院和资产监管组的监督之下。此时，企业禁止隐藏和转移财产，禁止出售财产或把财产转向他处。另外，被诉企业的出资人应当自收到法院的资产监管通知之日起 15 日内缴纳所有欠缴的股份。

五、企业重整

企业重整是指对已经具有破产原因或具备破产条件而又有再生希望的企业实施的旨在拯救其生存的积极程序。老挝《企业破产法》第四章规定了企业重整程序。根据法院裁定，由企业主或企业代表负责组织实施企业重整计划。债权人有权利和义务按照法院的规定执行并跟踪了解企业重整计划的执行情况。为了能够继续开展经营，根据重整计划，企业有必要进行增资。

增资可以下列形式进行：增加股值、把债权人转换为出资人、增加股份数、贷款。企业重整期限自法院确定重整计划之日起不得超过 2 年。企业应当按照重整计划在重整期间清偿债务。企业经过重整阶段，如果可以有效地开展经营活动，法院将裁定继续开展业务，如果企业不能够恢复经营，法院将裁定该企业破产。

六、出售产业

自法院确定监管企业资产之日起，个人或法人可以申请购买企业全部或部分产业。如遇申请购买部分产业的情形，法院必须明确规定可以买卖的资产范围。根据法院规定的期限，法院必须研究、甄选出能够支付产业购置费的人选。一旦产业购置费付清，产业购买人可以把产业出售或转让给他人。

七、破产和清算

（一）法院裁定企业破产的情形

破产宣告是法院依据当事人的申请或法定职权裁定宣布债务人破产以清偿债务的活动，即人民法院审查债权人提出的破产申请后，宣告债务人破产的法律行为。根据《企业破产法》第 35 条的规定，在以下 6 种情况下，法院将裁定企业破产：1. 企业或企业代表没有通过企业重整计划；2. 企业主或企业代表未能在债权人大会上解释和解方案及在重新组织开展企业经营活动中的各种办法，未能陈述债权人大会所列举的问题；3. 债权人大会未通过企业重整计划；4. 企业重整期限结束，但企业的经营状况没有得到改善，并且债权人也要求破产；5. 在企业重整期间，企业严重违反法律的规定；6. 正值企业破产审理期间，企业主逃逸或死亡以及继承人拒绝继承或没有继承人。自法院做出企业破产的裁定之日起 10 日内，法院应当就企业破产情况通过大众媒体连续 3 日公告。

（二）清算组的职权

法院裁定企业破产后，可以指定清算组。清算组的职权有：1. 检查企业的资产和债务；2. 从资产监管组接收有关资产、文件；3. 撤销不正规的企业合同；4. 集中企业资产；5. 拍卖企业资产；6. 向债权人分配财产；7. 把清偿债务后的剩余财产分配给企业主或给出资人。在清算活动中产生的必要开销，由企业承担。法院裁定企业破产后，在执行法院的裁定书过程中，企业负责人有义务与清算组合作。如果该负责人确有必要离开法院的管辖区域或出国，应提供适当的担保并得到法院的批准。未经法院批准，企业负责人擅自逃离法院管辖区域或出国，法院有权下令拘留。

（三）破产财产的范围

破产财产是用于清偿债务的资产，包括产权是企业的财产以及属于企业管理的全部资产，具体包括：1. 企业的固定资产和流动资产，包括出租和贷出的资产；2. 现金和出资财产；3. 企业的应收债权。

（四）破产财产的分配顺序

一旦清算组把企业的财产及应收债权集中后，将按照下列顺序分配给债权人：1. 工人的报酬；2. 对国家的债务；3. 具有担保的债务；4. 无担保的债务。破产财产分配时，前面顺序的债权得到全额清偿之前，后面顺序的债权不予分配。同一顺序的债权不能得到全部清偿时，按照债权的比例进行清偿。

八、惩罚措施

（一）财产监管前的错误

在向法院起诉企业破产前，公司董事会实施以下违法行为的，人民法院应当追究董事会的刑事责任，如隐藏公司的会计文件、隐藏财产、转移财产、转让财产或错误的增加债务，制作没有担保的债务担保合同，取消或抵减公司应收债权等。

（二）财产监管期的错误

一旦法院决定对企业的财产进行监管，企业应当将这一情况通报债权人，并且，企业不得实施贷款等行为，否则将被追究刑事责任。

（三）任职禁令

破产企业的董事会成员，自法院裁定企业破产之日起 3 年内，无权在任何类型的企业中担任董事长、董事等职务。国有企业董事会的成员以及自愿请求法院裁定企业破产并能够清偿债务的企业的董事会成员除外。

（四）对监管组和清算组的措施

监管组或清算组在履行职责期间如有失职行为，法院有权免除任何一位监管员、清算员的职务，甚至可以全部免除。同时，法院应当裁定当事人对由此造成的损失负责，并指定新的监管员、清算员履行职责。如果监管员或清算员涉嫌犯罪，将依法追究刑事责任。

（五）假冒债权人

任何个人无原始凭证而主张自己是被诉破产企业的债权人的，将被依法追究刑事责任。

九、清算结束和摆脱破产人身份

（一）清算结束

破产清算中，遇下列情况之一的，破产程序结束：1. 破产企业和债权人就债务清偿问题达成和解协议；2. 清算组圆满完成破产财产的分配或破产企业无财产可供分配。清算结束后，法院必须通知企业登记机关，以便从企业登记簿上注销破产企业的名称并通过大众媒介公告。

（二）摆脱破产人身份

一旦法院收到当事人的申请书，并且有证据证明当事人已履行完债务清偿责任或刑满释放，法院可以裁定破产企业的企业主摆脱破产人身份。

思考题

比较分析中国和老挝的企业分类和组织形式。

第十八章　越南公司法律制度

本章重点知识：越南有限责任公司的分类；有限责任公司的组织机构和管理制度；股份有限公司和两合公司的基本制度；股东的权利和义务；公司的分立、合并、解散制度。

建议课时：1 课时。

第一节　越南概况

一、越南的地理状况

越南的全称是越南社会主义共和国（The Socialist Republic of Viet Nam），位于亚洲东南部，太平洋西岸的南端。越南从地图上看，领土自北向南呈狭长状，两头宽中间窄。从其北端凉山省的同文到最南端的金瓯角直线距离全长为 1650 公里，北部东西最宽的地方有 600 公里，南部东西最宽则有 400 公里。最窄的地方位于中部的广平省，东西间距仅有 50 公里。越南全国总面积为 32.95 万平方公里，海岸线长为 3000 余公里。越南的北部与中国广西壮族自治区和云南接壤，中越两国边界线长达 1150 公里。越南的东南部隔着北部湾和南海，与中国的雷州半岛、海南岛和南海诸岛遥遥相望。中越边界地区地形复杂、山高林密、道路崎岖，却形成了许多天然通道。其中有两条最为重要：一条是从越南首都河内向北，由同登经友谊关出境与中国广西的凭祥相连；另一条是从越南首都河内向西北，由老街出境与中国的河口相连。这两条重要通道均有铁路和公路相通。越南的西部与柬埔寨和老挝交界。越南与柬埔寨边界长达 900 公里，边界地区地势非常平坦易于通行。越老边界长达 1650 公里，边界地区多为崇山峻岭，山岭间也有一些天然的山口通道。在越南西北部，有从莱州抵达老挝北部丰沙里和从奠边府到老挝琅勃拉邦的通道。而在越南中部长山地区也有一些通往老挝中、下寮地区的山口。在中南半岛上，越南、柬埔寨和老挝被统称为印度支那三国。

二、越南的政治状况

国家主席是越南国家元首，国家主席由国会投票选举产生，任期与国会相同，均为 5 年，国家主席兼任武装部队司令和国防与安全委员会主席，统率全国武装力量。国家主席的其他主要职权有颁布宪法和各项法律；建议国会选举或罢免国家副主席、政府总理、最高人民法院院长和最高人民检察院检察长；根据国会的决议，决定大赦或特赦等。

国会是越南的最高权力机关，也是全国唯一的立法机构，任期 5 年，通常每年举行两次例会。国会代表以普选制投票产生，国务委员会是国会的最高常设机关，任期与国会相同。国会的主要职权是制定和修改宪法及其他法律并实施监督；决定国家经济计划；审定国家财政预算和决算；规定国会、部长会议、法院、检察院等国家机构的组织形式，任免国务委员会和部长会议主席、副主席和其他成员以及最高人民法院院长、最高人民检察院检察长；决定成立或撤销国家各部、委；审议国务委员会、部长会议、最高人民法院院长和最高人民检察院检察长的工作报告；决定各省、中央直辖市和相当级别行政单位的地界划分；规定、修改或废止各种税收；决定大赦及战争与和平问题等等。

中央政府为国家最高权力机关的执行机关和越南的最高行政机关，向国会负责，在国会闭会期间向国会常务委员会负责。地方政权机构包括省、县、乡、村在内的各级人民议会和各级行政委员会，各级人民议会是地方权力机关，由地方人民普选产生，向地方人民负责。省、中央直辖市和同级的人民议会任期为 4 年，其他各级人民议会的任期为 2 年。各级行政委员会是各级人民议会的执行机关和地方行政机构，由本级人民议会选出，任期与同级人民议会相同。

三、越南的经济状况

越南是一个农业大国，全国 3/4 的人口属于农业人口，劳动力资源十分丰富，越南的气候也非常适合农业发展，农业发展潜力巨大。越南主要农产品有粮食作物稻米、马铃薯等，经济作物主要有香蕉、咖啡、蚕丝等，还有相对发达的渔业。越南的农业经济每年都保持相对较快的增长，对越南经济持续快速发展做出了巨大贡献。越南国土面积相对较小，但矿产资源非常丰富，主要有铁、煤、铬、锡等。越南拥有漫长的海岸线，海洋生物异常丰富，各种鱼类和蟹贝类应有尽有，还有非常丰富的森林植被。越南的工业也是增长最快的国民经济部门之一，每年工业产值保持高速增长，并且拥有多种经济成分的工业模式，近年来，由于越南突出的劳动力优势和优厚的政府招商引资政策，使得越南成为吸引外资的沃土，大量外资在此投资建厂，不仅直接或间接地促进了越南经济的增长，而且大幅度降低了当地的失业率，有效缓解了就业压力。除此之外，越南还拥有丰富的旅游资源，拥有为数众多的世界文化和自然遗产，近年来旅游业增长迅猛，为越南创造了显著的经济效益。

四、越南的公司法律制度概况

越南社会主义共和国在 1990 年 12 月 21 日颁布了《公司法》《私营公司法》，但随着社会主义市场经济的发展，原有的法律已经不能适应新的市场状况。为了增强国家对经营活动的管理效率，也为了保护投资者的合法权益，1999 年 6 月 12 日，越南社会主义共和国第十届国会第五次会议根据越南社会主义共和国 1992 年宪法，制定并通过了越南《企业法》。为了配合《企业法》的具体实施，2007 年 9 月 5 日越南颁布了《企业法实施细则》，该细则对适用对象、禁止经营产业、有经营前提条件的行业和产业、必须具备执业证书的产业、有法定资金规定的产业、营业注册和营业权等问题作出了详细的规定。2014 年越南国会第十三届第八次会议于 11 月 26 日通过《企业法修订案》。修订《企业法》的目的是建立一个法律框架，以促进国有集团和总公司的重组进程，并为企业发展提供新的动力。新修订的《企业法》强调各经济领域的企业应在相同的法律框架下获得平等的对待，每个主体都有权在法律未禁止的领域从事商业活动，私有产权受到法律保护。新修订的《企业法》包括正文十章 220 款和附加条款 40 款，该法于 2015

年 7 月 1 日起开始实施。[1]本章主要以最新修订的《企业法》为依据对越南的公司法律制度进行介绍。[2]

第二节　有限责任公司

根据越南《公司法》第 2 条的规定，有限责任公司是指各股东共同投资、共同分享利润、共同分担与投资资金相应的亏损的企业形式，其中，各股东只负责本人投资范围内的公司债务。越南《企业法》将有限责任公司分为拥有两名股东以上的有限责任公司和拥有一名股东的有限责任公司。

一、拥有两名股东以上的有限责任公司

拥有两名股东以上的有限责任公司是指公司股东在两名以上，股东在筹集的出资资本范围内对公司的全部债务及各项资产义务承担责任的组织。公司的股东既可以是个人也可以是组织，人数不得超过 50 名。有限责任公司于办理企业登记后取得营业注册认证文件，认证文件记载的日期为有限责任公司取得法人资格的时间。公司在办理企业登记后，应当设立公司股东登记名册。该名册应当包含以下内容：公司名称和地址；股东和法定代表人的姓名、住址和签字；股东的出资方式和价值；出资日期；出资资产的类别、数量和价值；股东的出资证明书编号和发放日期。公司股东登记名册一旦形成，应以书面形式通知企业登记机关和公司所有股东。

（一）公司股东的出资

有限责任公司的股东应当在筹集出资的期限内缴清出资的资本，如在规定期限内未缴清出资资本，不足部分将视为该股东对公司所欠的债务，因为未能按时出资而给公司造成的损失由该股东承担赔偿责任。公司的法定代表人应在股东筹集出资之日起 30 日内将上述情况以书面形式通知企业登记机关。否则，未缴足出资资本的股东和公司的法定代表人应当对由此给公司造成的损失承担连带责任。

股东在完成按时足额出资的义务后将会获得公司发放的出资证明书。该证明书应当包含以下内容：公司的名称和地址；公司登记证的编号和发放日期；公司章程规定的资本；股东的姓名和地址；股东出资的资本和价值；出资证明书的编号和发放日期；公司法定代表人的签字。

履行出资义务后，股东可通过书面形式对公司的以下问题提出异议：1. 修订和补充公司章程中有关公司股东的权利和义务或公司股东会的权利和义务；2. 公司重组；3. 公司章程中规定的其他事项。以上三项决议从通过之日起 15 天内，股东可以书面形式要求收回出资。公司和股东可以就回购价格进行协商，如果协商不成，公司应当在收到该要求之日起 15 日内，按照市场价格或公司章程记载的原则计算回购价格。回购资本的事宜不能影响公司对外债务的承担。当然，公司股东也可将自己拥有的出资额部分或全部转让给其他股东。只有在其他股东不愿购买

---

① 《越南国会修改〈企业法〉》，载中国—东盟博览会官方网站，http://www.caexpo.org/html/2014/ zimaoqudongtai_0422/203410.html.2014-4-22，访问时间：2015-12-22。

② 越南概况，资料来源于中华人民共和国驻越南社会主义共和国大使馆经济商务参赞处网，http://vn. mofcom.gov. cn/article/ddgk/，访问时间：2015-8-9。

或不能全部购买时，公司股东之外的第三人才拥有购买权。如果股东成为限制民事行为能力人，经公司股东会的同意，其在公司中的权利和义务可以由其监护人代为行使和履行。如果股东会拒绝同意，则该股东的出资将由公司回购。如果股东死亡后没有继承人或继承人放弃继承的，公司应当将其出资资本上缴国库。

（二）公司股东的权利、义务和责任

1. 公司股东的权利。

根据《企业法》第41条的规定，公司的股东享有以下权限：（1）出席公司股东会议并参与讨论、建议以及表决属于公司董事会决策的事务；（2）得拥有与入股资本比例相应的表决票数；（3）得检查、审议、研究、抄录公司股东登记名册及笔记本，追踪公司历年商务交易运作、会计账册以及财务报表、公司董事会会议记录以及公司发布的其他数据文件；（4）得按照入股资金比例取得公司完成各种财务义务后的税后盈余；（5）公司解散或破产时，得依照入股资金比例取得公司剩余财产；（6）公司增加章程资本额时，得优先增加入股，得依照本法规定全部或部分转让名下的股权；（7）对公司总经理或经理未尽职责导致股东或公司权益受损时，得依法提出申诉或控告；（8）有权依照法律规定及公司章程规定，以转让、遗留、赠与或其他方式处理其入股资金；（9）本法或公司章程规定的其他权限。另外，《企业法》还规定，公司个人股东或集体股东拥有公司章程资本额 25%以上股权或公司章程条款规定较低持股比例时，有权要求召开公司董事会会议以处理其权限范围内的事务。公司任何股东拥有公司章程资本额 75% 以上股权，而公司章程又未依照本条款规定较低持股比例时，其他少数股东集合起来即拥有本条规定的权利。

2. 公司股东的义务。

根据《企业法》第 42 条的规定，公司股东的义务包括：（1）依照规定缴清资本，并在入股资金数额范围内承担公司债务；（2）不得于本法规定的情况外抽回已入股资金；（3）遵守公司章程；遵守公司董事会决议；（4）履行法律规定的其他义务。

3. 公司股东的责任。

公司股东以公司的名义从事下列行为时，应承担个人责任：（1）犯法行为；（2）非以公司营利为目的并造成他人受损害；（3）于公司可能发生债务危机的情况下，提前偿付未到期的公司债务。

（三）组织管理机构

两名股东以上有限责任公司设有董事会、董事长、总经理或经理等组织机构。11 名股东以上有限责任公司须设核查处，公司股东少于 11 人的，可按照公司管理需要设核查处。公司章程规定公司核查处及核查处处长的权利、义务以及任职条件和标准等制度。公司章程规定，公司董事长、总经理或经理担任公司法定代表人时，须长期居住于越南境内，离开越南时间长达 30天者，必须按照公司章程的规定，书面授权他人代为履行法定代表人的权利和义务。

1. 董事会。

董事会是公司最高决策机关，公司章程规定公司每年至少应召开董事会一次。

（1）董事会的职权。

公司董事会的权利、义务如下：决定公司每年发展策略与经营计划；决定公司章程资金的增减、公司增资时机以及筹资方式；决定资金高于公司最新公布财务报表所列资产总值 50%的投资方式及投资项目，或其他低于公司章程规定资金比例的投资方式及投资项目；决定市场开

发、市场营销方式；通过价值高于公司最新公布财务报表所列资产总值 50%或低于公司章程规定的资产比例的借贷合同或放贷合同或出售合同；推选或罢免公司董事长；决定公司总经理、经理、会计长以及公司章程规定的管理干部的薪资、奖金以及其他权益；审核公司年度财务报表、公司盈余运用与分配方案以及公司亏损处理方案；决定公司的组织管理机构；决定设立子公司、分公司或公司代表办事处；修改公司章程；决定公司合并事宜；本法和公司章程规定的其他权利、义务。按照本法规定，公司董事会议得随时根据董事长或个人董事或集体董事的要求召开；公司的董事会议必须在公司的主要办事机构所在地召开，公司章程另有规定者除外；公司董事长负责组织和准备董事会会议议题、会议资料并主持会议；股东有权以书面提案提出会议议题，提案应当包括以下内容：自然人股东姓名、户籍登记地址、国籍、国民身份证或护照或其他个人合法身份的证明文件；法人股东名称、户籍登记地址、国籍以及公司设立决议文号或营业注册文号；股东或其授权代理人的签名；入股资金比例以及入股认证文号及发文日期；提议纳入会议议程的内容；提出议题的事由。会议提案应内容完整并最迟于董事会议召开前一天送达公司主要办事机构所在地，公司董事会必须将其补充纳入会议议程。

（2）董事会的召开。

董事会会议召开可以书面、电话、传真、电报或公司章程注明的其他通信方式直接通知每位股东；开会通知应说明开会时间、地点以及会议内容；会议内容牵涉到修改公司章程、审核公司发展方案、审核公司历年财务报表或公司合并、解散等事项时，必须最迟于开会前 2 个工作日将相关通知直接送达每位股东；其他会议通知的寄送日期按照公司章程的规定办理。公司董事长未按照本法规定，于收到公司 1 名股东或集体股东要求召开董事会的通知后 15 个工作日内办理，则该公司股东或集体股东有权直接召开董事会。如有必要，股东可要求营业注册主管机关监督董事会议的组织事宜，并有权以自己的名义或公司的名义控告董事长未善尽管理职责致其合法权益受到损害。公司章程没有相关规定时，股东可按照本法规定以书面形式要求召开董事会会议。股东在不具备法定事由而提议召开董事会时，董事长应当于收到相关要求后 7 个工作日内以书面形式通知该股东。

2. 董事长。

公司应当从股东中推选一人担任董事长，董事长可兼任公司总经理或经理。董事长的职权包括：筹备或组织筹备董事会议程与计划；筹备或组织筹备董事会会议或收集股东对会议议程、会议内容的意见；召集与主持董事会会议；核查董事会各项决策落实情况；代表公司签署董事会决议；本法及公司章程规定的其他职权。董事长的任期不超过 5 年，但可连选连任。公司章程规定董事长为法定代表人时，公司所有交易信笺必须注明。当董事长缺位时，依照公司章程规定，应书面授权另一位股东代理行使董事长的职权。若无股东获相关授权或董事长丧失工作能力时，董事会其余股东得按照过半数表决原则另外推选 1 人担任董事长并暂时行使董事长的职权。

3. 总经理或经理。

总经理或经理是公司日常营运的负责人，对公司董事会负责。

（1）总经理或经理的职权。

《企业法》第 55 条规定，公司总经理或经理享有以下职权：组织落实董事会的各项决策；处理公司日常营运问题；组织落实公司经营计划及投资项目；制定公司内部管理规定；任命或罢免公司管理干部，属于董事会人事任免权者除外；以公司名义签订商业合同，属于董事长主管的情况除外；建议调整公司组织机构；向董事会提交公司年度财务决算报告；雇佣员工；公司章程规定的其他职权；总经理或经理根据董事长的决定与公司签订的聘任合同所规定的其他职权。

（2）公司总经理或经理的义务。

《企业法》第 56 条规定，公司总经理或经理承担以下义务：诚实、谨慎并良好地执行其获得的授权，以最大程度保护公司及股东的利益；效忠公司及股东的利益，不得为个人或者其他组织牟取利益，不得利用其职务便利使用公司的数据、机密、经营机会以及公司资产；公司总经理或经理应当将有关重要信息及时、准确、完整的通知公司有关负责人；履行其他法律及公司章程规定的义务。另外，《企业法》明确规定，公司发生财务危机无法偿还负债时，公司总经理或经理不得调薪及支取薪水。

（3）公司总经理或经理的任职资格。

《企业法》第 57 条规定，公司总经理或经理必须具备下列条件：具备完全民事行为能力，且非系本法禁止担任经营管理工作者；至少持有公司章程资金的 10%，或非公司股东但具备专门学识及实际管理经验者，或具备公司主要经营产业发展经验或公司章程条款规定的其他前提条件者。

二、拥有一名股东的有限责任公司

只拥有一名股东的有限责任公司是指企业资产所有人是一个团体或者一个个人（后总称为公司业主），公司业主在公司章程资本范围内承担公司债务及其他财务责任的经济组织。该组织于取得营业注册认证之日起拥有法人资格，但该组织不得发行公司股票。

（一）公司业主的权利

1. 团体作为公司业主。

当公司业主为一个团体时享有如下权利：决定公司章程内容并有权修改公司章程；决定公司年度发展策略及营运计划；决定公司的组织管理机构，任命、罢免、撤职公司的管理人员；决定价值相当于或高于公司最近财务报表中公司总资产 50%或小于公司章程资本额一定比例的投资项目；决定公司市场开发、市场营销以及生产科技运用等措施；决定价值相当于或高于公司最近财务报表中公司总资产 50%或小于公司章程资本额一定比例的借贷合同或放贷合同以及其他公司章程规定的合同；决定公司资产价值相当于或高于公司最近财务报表中公司总资产50%或小于公司章程资本额一定比例的出售事宜；决定增加公司章程资本额；决定部分或全部转让公司章程资本给其他组织或个人；决定设立子公司或对其他公司入股事宜；组织监察、追踪以及评估公司营运状况；决定完成纳税义务以及其他财务义务后公司盈余的使用事宜；决定公司的合并、解散以及申报破产等事宜；于公司完成解散或破产手续后收回公司全部资产；本法和公司章程规定的其他权利。

2. 个人作为公司业主。

当公司业主为个人时享有如下权利：决定公司章程内容并有权修改公司章程；决定公司投资经营以及内部管理事宜，除非公司章程另有规定；决定将公司章程资本部分或全部转让给其他组织或个人；决定完成纳税义务以及其他财务义务后公司盈余的使用事宜；决定公司的合并、解散以及申报破产等事宜；于公司完成解散或破产手续后收回公司全部资产；本法和公司章程规定的其他权利。此外，越南《企业法》对公司业主的权利做出了相应的限制：公司业主只能采取将公司章程资金部分或全部转让给其他组织或个人的方式收回资金；如采取其他方式收回部分或全部入股资金时，必须对公司各项债务承担连带责任。公司业主不得于公司未清偿各项到期债务以及其他债务时提取公司经营盈余。

（二）公司业主的义务

无论公司业主是团体还是个人均应遵守以下义务：依照登记期限按时投入资本；遵守公司章程的规定；公司业主为个人时，必须将其个人及其家人开销账目与公司账目区分开来；遵守商业合同法规以及公司业主与公司之间就买卖、借贷、租赁以及其他商务交易行为的法律规定；履行法律以及公司章程规定的其他义务。

（三）公司的组织管理机构

1. 组织管理机构的组成。

公司业主以授权方式任命一人或多人代理其履行本法及其他相关法律规定的权利和义务，代理人的任期不超过 5 年；获授权的代表必须具备本法规定的条件。公司业主有权随时更换授权代理人。如果至少两人获授权代表公司，则公司的组织管理机构包括董事会、总经理或经理以及核查员。在此情况下，董事会包括所有获得授权的代表人。如果一人获授权代表公司，则由其担任公司执行董事长。在此情况下，公司组织管理机构包括董事长、总经理或经理以及核查员。公司章程可规定董事长、执行董事长、总经理或经理担任公司的法定代表人。公司法定代表人必须长期居住于越南境内，离开越南 30 天以上者必须依照公司章程的规定，以书面形式授权他人代替其成为公司的法定代表人。董事长、执行董事长、总经理或经理以及核查员的职权和义务依照本法规定。

2. 组织管理机构的义务。

根据《企业法》第 72 条的规定，董事、董事长、总经理、经理及监察人承担以下义务：（1）于执行公司所交代的任务时应遵守法律、公司章程及公司负责人的决定；（2）忠实、谨慎及有效率的执行公司所交代的任务，以维护公司及公司所有人的最大合法权益；（3）忠诚于公司及公司所有人的利益。不可利用公司的信息、营业秘密、经营机会及公司的资产为个人或其他组织牟取利益；（4）将其他企业有关人员在本公司占有股权、以股权出资或担任公司负责人的准确、充足的资料及时通知公司；（5）本法规定及公司章程规定的其他义务。另外，《企业法》规定，公司未能偿还到期债务时，总经理或经理不可调升薪资或者发放奖金。

（四）增资、减资

《企业法》第 76 条对公司资本的增减作出了明确规定：1. 个人独资有限责任公司不可减少其章程所列的资金。2. 个人独资有限责任公司可以公司所有人增加投资或筹措他人的资金等方式来增资。公司所有人决定增资方式及增资比例。筹措他人的资金来增资时，公司应当于新股东承诺出资之日起 15 天内登记变更为拥有两名股东以上的有限责任公司。

第三节　股份有限公司

一、股份有限公司的概念

股份有限公司是依照章程将公司资本分成若干相同等份，股东以其认购的股份为限对公司承担责任，公司以全部财产对公司债务承担责任的法人。股份有限公司的股东可以是组织，也可以是个人，股东人数最少为 3 人，最多人数不限。股东仅在其出资范围内对公司债务及其他财产义务承担责任。股份公司自获得核发经营登记执照之日起具有法人资格，其有权根据证券法律法规对公众发行股票。

二、股份的种类

股份有限公司必须拥有普通股份，普通股份所有人成为普通股东。股份有限公司也可以拥有优先股份，优先股份所有人成为优先股东。优先股包括优先表决股、优先股息股、优先赎回股以及公司章程规定的其他优先股。只有获得政府授权的组织和公司的创始股东，才可以持有公司的优先表决股。公司创始股东的优先表决股的有效期为公司取得企业登记证之日起 3 年内。逾期后，优先表决股将转换成普通股。有权购买公司优先股息股、优先赎回股及其他优先股的人员，由公司章程规定或由公司股东大会决定，同类每一股份的所有人享受相等的权利和义务。普通股不得转换成优先股。优先股可以依照公司股东大会的决议，转换成普通股。

（一）普通股东的权利、义务和责任

1. 普通股东的权利。

根据《企业法》第 79 条的规定，普通股东享有如下权利：（1）参与和表决属于公司股东大会权利范围内的各类事项；每一普通股享有一票表决权；（2）领取股东大会决定的股息；（3）按照每一位股东在公司拥有普通股的比例，以同一相对应的比例，优先购买公司发行的新股；（4）当公司解散时，在公司与债务人及其他类别股东清算后，将依据其出资比例分配公司的剩余财产；（5）法律和公司章程所规定的其他权利。

一个或多个股东至少连续 6 个月拥有公司 10%以上数额的普通股或公司章程中规定小于 10%比例的普通股数额，将享有下列权利：推荐成为董事会或监察人会议的人选；要求召开公司股东大会；查阅公司的股东名册，并可以索取复印本或摘录本；本法和公司章程规定的其他权利。

2. 普通股东的义务。

根据《企业法》第 80 条的规定，普通股东承担如下义务：（1）自公司取得经营登记执照之日起 90 日内交付其承诺购买股份的款项；在其持股范围内承担公司的债务及其他资产义务；（2）除公司或他人再购买股份者外，不得以任何方式收回其对公司的出资，股东违反本项规定收回部分或全部出资时，公司董事及法定代表人在收回的资金范围内对公司债务及其他资产义务承担连带责任；（3）遵守公司章程及公司内部管理规定；（4）执行股东大会及董事会的决定；（5）履行本法、公司章程规定的其他义务。

3. 普通股东的责任。

普通股东在各种场合以公司名义进行下列行为之一时，须承担个人责任：（1）违反法律法规；（2）以为自己、其他组织或个人牟取利益为目的从事经营及其他交易活动；（3）公司面临财务危机时，清偿未到期的债务。

（二）优先表决股东的权利和义务

优先表决股是指所享有的表决票数多于普通表决票数的股份，每一优先表决股代表的表决票数由公司章程规定。优先表决股东享有以下权利：参与表决有关股东大会的权利、责任等各项问题；除部分权利受限外，其他权利与普通股东相同。持有优先表决权的股东不得将其股份转让给他人。

（三）优先股息股东的权利和义务

优先股息股是指所享有的股息比例高于普通股的股息比例或年度稳定比例的股份。优先股息股每年获得分配的股息包括固定股息和奖励股息，固定股息不属于公司的经营成果，具体的固定股息和奖励股息的认定方式在优先股息股的股票上记载。优先股息股东享有以下权利：依照前述规定比例取得股息；公司清偿债务后，依照其持有股份比例分配公司的剩余财产；公司解散或破产时须退还优先股份；除部分权利外，其他权利与普通股东相同。优先股息股东承担以下义务：没有表决权，不得参加股东大会，不得推荐成为董事会和监察人会议的人选。

（四）优先赎回股东的权利和义务

优先赎回股是指在任何时候公司将依据所有人的要求或依据优先赎回股票上记载的条件，偿还与其拥有股份价值相当的资金。除个别权利受限外，其他权利与普通股东相同。优先赎回股东不享有股东大会的参与权与表决权，也不具备推荐成为董事会和监察人会议人选的权利。

（五）创始股东的普通股份

根据越南《企业法》第 4 条词汇解释第 10 项的规定，创始股东是指以资金入股、参与公司的设立并签署公司原始章程条款者。关于创始股东的普通股份，主要规定如下：1. 创始股东须共同购买发售的普通股份总数的 20% 以上，并于公司取得经营登记执照之日起 90 天内结算其所登记购买的股份额；2. 自公司取得经营登记执照之日起 90 天内，公司须将出资情形通知经营登记机关；3. 创始股东无法付清已登记购买的全部股份金额，其未付清的部分将以下列方式之一处理：其余创始股东以其在公司持股比例购买该股份数额；一名或若干名创始股东收购该股份数额；创始股东以外的其他人购买该股份数额；4. 创始股东未全部购买获准发售的股份数额时，剩余股份数额须发售并自公司取得经营登记执照之日起 3 年内全部售出；5. 自公司取得经营登记执照之日起 3 年内，创始股东有权自由转让其普通股份给其他创始股东，但是，只有在获得股东大会同意的情况下，才能将普通股份转让给非创始股东。计划转让股份的股东对该股份数额转让事宜无表决权，获该股份转让者成为公司当然的创始股东。自公司取得经营登记执照之日起 3 年后，对创始股东的普通股份的限制将被废除。

三、股票和债券

（一）股票的概念

股票是指由股份公司发行或确认的对公司的一份或数份股份享有所有权的证明书。股票可以是记名股票，也可以是无记名股票。股票必须详细记载以下内容：公司名称和地址；经营登记执照号码及核发日期；股份数额及股份种类；每股股份的价值及股票上记载的股份总价值；记名股票的股东姓名；办理股份转让的手续；公司印章及法定代表人的签名；公司股东登记名册上的登记编号和股票发行日期等。

（二）股票的发售和转让

关于股票的发售和转让，主要规定如下：

1. 董事会有权决定获准发售股份的发售价格、时间及方式。股票发售价格不得低于发售当时市场价格或股份记录簿所记载的近期价值，但具有以下情形的除外：（1）首次向非创始股东发售的股份；（2）依持有股份比例向所有股东发售的股份；（3）向中介或保证人发售的股份，

▶▶▶▶▶▶

折扣数额或折扣比例须获得至少代表 75%股份总数的股东同意；（4）折扣比例及其他情形由公司章程规定。

2. 公司新增发行普通股，并向所有普通股东依其目前持有股份比例发售时，须依下列规定进行：公司以挂号函寄至股东常住地址，书面通知各股东股票增发事宜。通知自发出之日起 10个工作日内连续 3 日刊登于报纸上；对于自然人股东者，须有姓名、常住地址、国籍、身份号码、护照号码或其他个人合法身份的证明文件；对于法人股东者，须有名称、常驻地址、国籍、成立决定号码或经营登记号码；股东现有的股份数额及持股比例；预计发行的股份总数及股东有权购买的股份数额；股份发售价格；购买登记期限；公司法定代表人的姓名、签字。

3. 当购买股份的款项全部付清并将购买者的资料正确的登记于股东名册时，该股份将视为已售出，股份购买者成为公司股东，公司须将发售的股票转交给购买者，股东名册上记载的股东资料足够证明该股东在公司的股份所有权。

4. 除本法规定的特殊情况，各项股份均可自由转让。转让可以书面形式或交付股票的方式进行。转让协议须由转让方及受让方或其授权者签署。受让方的姓名标注在股东名册之前，转让方仍为有关股份的所有者。转让记名股票时，原有的股票将被注销，公司将重新发行已确认转让的股份。

5. 向大众发售股份的条件、方式及手续，依证券相关法规执行。

（三）股份回购

1. 依股东要求回购股份。

对公司重组或修订公司章程中有关股东权利、义务等事项投反对票的股东有权要求公司回购其股份。该项要求须以书面方式提出，其中应载明股东的姓名、住址、各类股份的数量、预计售价、要求公司回购的理由，并于股东大会作出决定之日起 10 个工作日内送至公司。公司应当于收到回购要求之日起 90 天内以市场价格或以公司章程规定的计算方式确定股份的回购价格。如双方对回购价格无法达成协议，股东可将股份出售给他人或要求专业定价机构协助定价。公司至少应推荐 3 个专业定价机构供股东选择，股东拥有最终的选择权。

2. 依公司决定回购股份。

公司可以依据下列规定回购已经售出的占总数 30% 以下的普通股和部分或全部已经售出的优先股：第一，董事会有权决定回购前 12 个月发售的各类股份总数 10% 以下的股份，在其他情况下，股份回购由股东大会决定；第二，股份回购价格由董事长决定，除第三款规定外，普通股回购价格不得高于回购当时的市场价格，除公司章程另有规定或经股东达成协议外，股份的回购价格不得低于市场价格；第三，公司可依各股东在公司的持股比例回购其股份，在此情况下，公司的股份回购决定须以挂号信的方式寄出，自通过该决定之日起 30 日内送达至所有股东，通知书须载明公司的名称、总部地址、股份总数及回购的股份种类、回购价格及定价原则、回购手续和结算期限。同意出售股份的股东须以挂号信的方式于通知之日起 30 天内将其股份的发售通知递送至公司。对于自然人股东，发售通知须载明其姓名、身份证号码、护照号码等；对于法人股东，须载明其名称、地址、国籍、成立决定或经营登记号码；持有的股份数量及回购的股份数量；回购款的支付方式；股东或其法定代表人的签章。

3. 支付条件及回购股份的处理方式。

公司在保证能够清偿债务及其他资产义务时，应当向股东支付本法规定的回购股份款，公司确认已回购的股份于付清股款后应立即销毁，董事长、总经理或经理须共同承担因未销毁或未及时销毁股份而给公司造成的损失。公司付清回购的股款后，如会计账簿所列的资产总价值降低 10%以上，公司应于付清回购款之日起 15 日内通知所有债权人。

4. 支付股息。

优先股的股息应按每类优先股的股息支付条件支付，普通股的股息根据公司已实现的净利润及保留盈余拨出的股息支付款额来确定。股份有限公司完成纳税及其他财政义务、依法拨款建立公司基金及补足前期损失、付清股息后，仍能保证清偿到期债务及其他资产义务时，方可发放股息。股息可以现金、公司股份或公司章程规定的其他资产支付。如公司已有股东银行账户的详细资料，股息可以汇款方式支付。如公司已正确依股东提供的银行账户详细资料汇款的，公司将不负担汇款过程中所发生的任何损失。董事会最迟于支付股息之日前 30 天内拟定发放股利的股东名单，确定每一股份所享有的股息、期限及支付方式。股息支付的通知最迟须于支付股息之日前 15 天以挂号信邮寄至股东登记的住址。

（四）债券的发行和购买

股份有限公司依照越南相关法律及公司章程的规定有权发行债券。除证券法规另有规定外，在下列情况下公司不得发行债券：1. 无法付清已发行债券原有款额及其利息，连续 3 年无法结算或无法清偿到期债务；2. 连续 3 年税后所得的平均值低于预计发行的债券利息，发行债券者为金融机构时，将不受本项规定的限制。公司章程未有其他规定的，董事会有权决定发行债券的种类、总价值及发行时间，但须在最近期间召开的股东大会上作出报告，报告须附带董事会有关债券发行决定的说明书及相关资料。股份及债券可以用越南货币、自由兑换的外币、黄金、土地使用权、知识产权、商业秘密及公司章程规定的其他财产购买。

四、股份有限公司的组织管理机构

股份有限公司设有股东大会、董事会和总经理或经理，当股份有限公司的自然人股东或法人股东超过 11 人时，公司应当设立监察人会议。董事长、总经理或经理依公司章程规定成为公司的法定代表人。公司的法定代表人须经常居住在越南境内，如果离开越南 30 天以上，须依公司章程的规定以书面形式授权他人行使法定代表人的相关职权。

（一）股东大会

股东大会由具有表决权的所有股东组成，为股份有限公司的最高决策机构。

1. 股东大会的权利。

依据《企业法》第 96 条的规定，股东大会享有以下权利：（1）通过公司发展计划；（2）除公司章程另有规定外，核定股份种类及各类股份获准发售的总数，决定各类股份的股息；（3）选举、罢免、撤换董事会、监察人会议成员；（4）如公司未设立其他比例限制，决定投资或出售相当于或超过公司最近财务报告记载资产总价值 50%的资产；（5）决定修订、补充公司章程，因出售新股份而调整登记资本额者除外；（6）通过年度财务报告；（7）决定回购占已售出股份总额 10%以上的各类股份；（8）检讨并处置董事会、监察人会议给公司及股东造成损失的违规行为；（9）决定对公司组织机构进行重组或解散；（10）本法及公司章程规定的其他权利。

法人股东有权指派一人或若干人作为授权代表执行其法人股东的职权，如授权指派的代表人数超过 1 人者，须确定每一代表人代表的股份数及投票数。授权代表人的指派、变更或离任等须尽快以书面方式通知公司。该通知须载明如下内容：股东的名称、地址、国籍、设立决定号码及日期或经营登记号码及日期；股份数额、种类及股东在公司登记的日期；授权代表人的姓名、地址、国籍、身份证号码、护照号码等；获授权代表的股份数额、授权代表的期限；授权代表人及股东的法定代表人的姓名、签章，公司于收到本款规定的通知之日起 5 个工作日内将前述通知送至经营登记机关。

2. 股东大会的召开。

（1）股东大会的种类。

股东大会可以定期召开也可以不定期召开，但一年至少召开一次，股东大会的召开地点须在越南国土境内。股东大会须于会计年度结束之日起 4 个月内召开，经董事会及经营登记机关允许，最多可延期至会计年度结束之日起 6 个月内召开。年度股东大会应讨论并通过下列事宜：年度财务报告；董事会有关公司经营管理的评估报告；监察人会议、董事会、总经理或经理执行职务的工作报告；各类股份的股利比例；其他事宜。董事会在下列情形下应当召开不定期股东大会：董事会认为有必要召开股东大会的；董事会现有董事少于法定人数的；依某些股东或股东代表的要求；依监察人会议的要求；法律规定或公司章程规定的其他应当召开股东大会的情形。

（2）股东名册。

有权参加股东大会的股东登记于公司已经建立的股东名册中。如果公司章程未有其他规定，股东名册须于有邀请决定书时以及最迟于股东大会召开前 30 天建立。对于自然人股东，股东名册须载明其姓名、住址、国籍、身份证号码、护照号码等；对于法人股东，须记载名称、地址、国籍、设立号码或登记号码；股东的各类股份数、股东登记号码及日期。股东有权检查、调阅、摘录及复制股东名册，并有权要求修正或补充名册中有关自己的错误信息。

（3）股东大会的召集人。

股东大会的召集人负责完成以下事项：建立有参会权和表决权的股东的名单；准备大会议程、议题、资料及针对每一议题的决议草案；确定开会时间、地点并将开会通知寄至有权与会的股东。如果公司章程未规定期限，股东大会的召集人最迟于开会前 7 日须将开会通知以挂号信的形式寄至有权参会的股东。

（4）股东大会的召开及表决方式。

公司章程没有明确规定时，股东大会的召开及表决方式依下列规定进行：开会前 1 日须进行与会代表登记，保证所有有参会权的股东均已报到，报到者将取得议题表决卡。股东大会的主持人、秘书及票数检查小组应当遵守下列规定：董事长担任会议主持人，如董事长缺席或暂时丧失工作能力时，其余股东推选其中 1 人担任会议主持人。如无人可担任会议主持人，则在现任最高职务的董事的主持下在与会代表人中选举会议主持人，得票最多者将担任会议主持人。主持人指派 1 人担任秘书，负责记录股东大会的会议内容。股东大会依主持人的建议选举监票小组，该小组的人数不可超过 3 人。股东大会于会议开幕时须立即通过会议的议程、议题，议程应确定讨论各议题的时间。股东大会的主持人及秘书有权采取必要措施，使会议依已通过的议程有秩序的进行并能反映大部分与会代表的意愿。股东大会应当针对各项议题进行讨论、表决。表决程序如下：先收赞成决议的表决卡，再收反对决议的表决卡，最后检查票数，并统计赞成的票数和反对的票数及无意见的票数，会议主持人于会议结束时公布票数检查结果。股东大会的召集人享有如下权利：要求所有与会代表接受个人安全检查或其他安全措施等；要求所有代表维持会议秩序；驱赶不尊重主持人、故意扰乱、阻止会议正常进行或不遵守安全检查规定的代表。

股东大会有权通过会议表决或以书面联名方式通过属于其职权范围内的各项决定。公司章程如未有规定的，股东大会的下列决定应以会议表决方式通过：补充、修订公司章程；通过公司发展计划；核定股份种类及各类股份获准发售的总数；选举、罢免、撤换董事会和监察人会议成员；如公司未设立其他比例限制，决定投资或出售相当于或超过公司最近财务报告记载资产总价值 50% 的资产；通过年度财务报告；公司组织机构的重组及解散。股东大会的一般决议获与会股东持有表决票总数 65% 同意时可以通过。对于核定股份种类及各类股份获准发售的总数、公司章程补充、修订、公司组织机构的重组、解散、投资或出售相当于或超过公司最近财务报告记载资产总价值 50% 的资产等，如公司章程未有其他规定，应获与会股东持有表决票总数 75% 同意时可以通过。选举董事会、监察人会议成员的表决须以票数累计方式进行，各股东持有的表决票总数为现有股份总数乘以董事会成员或监察人会议成员人数，股东有权将其所有票数投给 1 个候选人或若干候选人。以联名方式审议各项决定时，经代表表决票总数 75% 以上股东同意，股东大会的决定将获得通过。股东大会的决定于该决定通过之日起 15 日内应通知所有与会股东。

（5）股东大会的会议内容。

股东大会的会议内容应记载于公司的记录簿。会议记录可用越文或外文撰写，并包括如下内容：公司名称、总部地址、经营登记执照号码及核发日期、经营登记机关；股东大会召开的地点、时间；会议议程及议题；会议主持人及秘书；会议召开情形及股东大会中针对各项议题所发表的意见摘要；股东人数及与会股东的表决票总数；针对各项须表决议题的表决票总数，其中注明赞成票票数、反对票票数及无意见的票数；与会股东的表决票数占总票数的比例；已通过的各项决定；会议主持人及秘书的姓名、签章；以越文或外文建立的会议记录具有同等法律效力。股东大会的会议记录应于会议闭幕前建立并通过，会议主持人及秘书对会议记录内容的真实性、正确性承担责任。股东大会的会议记录于会议闭幕之日起 15 天内寄至所有股东。股东大会的会议记录、股东名册、已通过的决议及会议邀请函等相关资料应在公司总部留存备查。

（二）董事会

1. 董事会的职权。

董事会为公司的管理机构，有权以公司名义决定、执行股东大会职权范围之外的与公司利益有关的事务。董事会的职权如下：（1）核定公司年度经营计划、中期发展计划和策略；（2）建议各类股份可发售的种类及其数量；（3）核定获准发售的新股份；（4）决定以其他方式筹措资金；（5）核定公司的股份及债券的发售价格；（6）依本法规定决定回购股份；（7）依本法或公司章程规定的职权确定投资方案及投资计划；（8）决定市场开发、营销措施；（9）通过相当于或超过公司最近财务报告记载的资产总价值 50%或少于公司章程规定比例的买卖合同、借贷合同及其他合同；（10）对总经理或经理及其他重要管理人员的职位进行聘任、罢免、撤换并签署聘用合同、终止聘用合同等；（11）核定管理人的薪资及其他权益；（12）了解并监督总经理或经理及其他管理人员的日常经营管理工作；（13）确定公司的组织机构和管理规定；（14）决定成立分公司、代表办事处、在其他企业的出资金额及购买其他企业的股份；（15）核定股东大会的议程及有关数据；（16）召集股东大会；（17）将年度财务报告陈送股东大会；（18）建议应支付的股息比例，核定股息支付的手续及期限；（19）处理经营过程中产生的亏损；（20）建议公司进行重组、解散、破产；本法及公司章程规定的其他权利。董事会有权以会中表决、联名表决或由公司章程规定的其他方式通过各项决定，董事各持有一张表决票。董事会在行使其职权时，应遵守法律法规、公司章程及股东大会的决定。董事会通过的决定违反法律法规或公司章程的规定，给公司造成损失的，赞成该项决定的董事应对公司的损失承担连带责任，反对前述决定的董事可免除责任。在此情况下，持续持有公司股份至少 1 年的股东有权要求董事会停止执行前述决定。

2. 董事会的组成。

公司章程如未有其他规定，董事会的人数最少为 3 人，最多为 11 人，常住在越南境内的董事人数由公司章程规定。董事会任期为 5 年，董事可以无期限续任，任期结束的董事会应当继续行使职权直到新董事会产生并接任工作。递补或替代已罢免董事的新董事，其任期为董事会剩下的任期。董事会成员并不必然是公司的股东。

3. 董事的任职资格。

担任公司董事应当具备下列条件：具有完全民事行为能力，不属于禁止管理公司的对象；持有的普通股至少占股份总数的 5%；有公司管理或公司主要营运项目的经验、专业能力，或具备本公司章程规定的其他水平、条件的人。越南政府明确规定，母公司持有子公司章程资金 50% 以上的股份时，禁止子公司的董事与子公司的管理人以及有任命权的母公司管理人之间存在相关关系。

4. 董事长。

股东大会或董事会依公司章程的规定选举董事长，董事长在董事中选举产生，除公司章程另有规定外，董事长可兼任公司的总经理或经理。董事长享有下列职权：拟定董事会的营运计划；准备会议议程、会议内容及相关资料；通过董事会的决定；监督董事会各项决定的执行；担任股东大会的主持人；本法及公司章程规定的其他权利。如果董事长缺席，应当书面授权另一位董事依公司章程规定的原则行使董事长的职权。如果没有授权董事或者董事长无法继续任职时，其余董事依据超过半数即为同意的原则，有权在董事会成员中选举一位董事担任临时董事长。

5. 董事会的召开。

董事会任期内的首次会议应于董事会选举结束之日起 7 个工作日内进行，以选举董事长并提出属于其职权范围内的其他决定。董事会可定期或不定期召开，开会地点可为公司总部或其他地点。董事会的定期会议由董事长视需要召开，每一季度至少召开一次。董事长于下列情况下召开不定期董事会：有监察人的建议；有总经理或经理或至少其他 5 个管理人的建议；有至少 2 个董事的建议；公司章程规定的其他情形。会议召开建议应以书面形式提交，其中需说明召开会议的目的、洽谈的议题及属于董事会职权的决定，董事长应于收到建议之日起 15 日内召开董事会。董事长未依建议召开董事会，则应承担公司所遭受的损失。除公司章程另有规定外，董事长或会议召集人最迟应于开会前 5 日将开会通知寄至与会代表。开会通知应载明开会时间、地点、议程、各项议题及决定，开会通知须附有会议资料及表决票。开会通知应以邮寄、电传、电子邮件或其他方式寄至各位董事在公司登记的个人地址。同时，董事长或会议召集人应将开会通知及相关资料送至各位监察人及总经理或经理。监察人、总经理或经理非为董事者，仍有权参加董事会召开的各项会议；有权参与讨论，但无表决权。董事会会议于董事人数的3/4 以上出席时进行，经大部分出席代表同意，董事会的决定将获通过，票数相同时，最终决定依据董事长的意见作出。

（三）总经理或经理

董事会选举 1 名董事或聘请他人担任公司的总经理或经理。除公司章程规定董事长为公司法定代表人外，总经理或经理为公司法定代表人。总经理或经理为公司日常经营的管理人，受董事会监督，向董事会负责。总经理或经理每届任期不得超过 5 年，连选可以连任。总经理或经理不得同时兼任其他公司的总经理或经理。总经理或经理享有下列职权：1. 决定公司日常经营的有关事务；2. 执行董事会的各项决定；3. 执行公司的经营计划及投资方案；4. 对公司的组织机构和内部管理规定提出建议；5. 选举、罢免、撤换公司管理人员，但属于董事会职权范围的除外；6. 核定由总经理或经理推选的管理人和公司员工的薪资和福利；7. 聘用员工；8. 建议股息支付方案及处理经营亏损的方案；9. 法律、公司章程规定及董事会决定的其他职权。总经理或经理依法律、公司章程以及与公司签订的劳动合同的规定及董事会的决定，监督、管理公司日常经营工作。违反管理规定造成公司损失的，总经理或经理应承担连带赔偿责任。

（四）监察人

1. 监察人的选任。

除公司章程另有规定外，公司需有 3 至 5 名监察人，监察人的任期不得超过 5 年，连选可以连任。监察人中推选 1 名担任监察长，公司章程规定监察长和监察人的权限与任务。监察人中应有一半以上在越南境内常住，至少有一名监察人是会计人员或审计人员。当监察人会议任期届满尚未推选出新任期的监察人会议时，任期届满的监察人会议在新任期监察人会议任职前仍继续行使职权。监察人会议成员应具备以下条件：年龄 21 岁以上，具备完全民事行为能力且依法律规定不属于禁止管理公司的对象；不属于董事会成员、总经理或经理及其他管理人员的亲属；不可担任公司各项职务，不是公司股东或员工。

2. 监察人的职权。

依据《企业法》第 123 条规定，监察人的职权包括：（1）对董事会、总经理或经理管理公司的行为进行监督；（2）检查公司的经营管理活动、会计及统计工作，对财务报表的合法性、合理性、真实性提出建议和意见；（3）审定年度及半年度财务状况和经营状况报告，审定董事会的管理评估报告；（4）向年度股东大会提交公司的经营状况、财务状况报告；（5）依据本法的规定或股东大会认为有必要时审查公司会计资料和其他资料；（6）建议董事会或股东大会修正公司组织管理机构及经营活动措施；（7）依本法和公司章程规定及股东大会决定行使其他职权。当发现董事会成员、总经理或经理违反本法规定的义务时，应立即书面通知董事会，并要求违反者终止其行为并提出补救措施。监察人可使用具有独立性的咨询服务以执行其职务。监察人在向股东大会提交报告、结论和建议前，可征求董事会的意见。监察人行使监督职权，不得妨碍董事会的正常活动，不得中断公司的经营活动。

第四节　两合公司

两合公司是指由两名以上无限责任股东组成的经济组织。无限责任股东应当是个人，并且以其全部财产对公司债务承担责任。公司还可以同时拥有只承担有限责任的股东，其以投入公司的财产为限对公司的债务承担责任。两合公司自核发经营登记认证书之日起具有法人地位，其不得发行任何种类的证券。

一、股东的出资

两合公司的资产包括股东已经投入公司的出资、公司名下经营所得的资产以及股东以公司名义从事经营活动及以其个人名义执行公司登记产业及经营活动所取得的资产。两合公司的无限责任股东和有限责任股东应该按照承诺的期限和数额出资，公司对完成出资义务的股东应当发放出资证明书，该出资证明书应具备以下内容：公司名称及主要办公地址；经营登记证书的号码及核发日期；公司章程资金；股东的姓名、国籍、身份证号码、护照号码等；股东的出资价值及出资类别；出资证书号码及发放日期；出资证书持有人的基本权利及义务；出资证书持有人及公司其他两合股东的签认；对遗失、破裂、烧坏或其他情形毁损出资证书的股东，公司将重新签发出资证书。如果股东违反出资义务，应当就给公司造成的损失承担责任。对不按照承诺如数出资的无限责任股东，其未出资部分将视为欠公司的债务，股东会议有权决定开除该股东。

二、两合股东的权利和义务

（一）两合股东的权利

依据《企业法》第134条第1款的规定，两合公司的股东具有以下权利：1. 参与公司会议的讨论并对各问题进行表决；2. 每名两合股东都享有一张表决票或按照公司章程规定的其他表决票数；3. 以公司名义从事登记产业项目的经营活动；4. 在对公司最有利时进行谈判并签订合同；5. 使用公司印章及资产以从事登记产业项目的经营活动；6. 当两合股东用个人财产为执行公司的经营活动垫付费用时，可要求公司退还其垫付的款项及依市场利率计算的原始款项利息；7. 在执行职权范围内的经营活动时非因两合股东个人过失而造成损害的，可要求公司偿付该损害；8. 要求公司其他两合股东提供公司经营状况的信息，必要时可随时检查公司资产、会计账册及其他数据；9. 可依据公司章程规定或出资比例分享相应的利润；10. 除公司章程另有规定外，公司解散时可依据出资比例分配剩余财产；11. 当两合股东死亡或被法院宣告死亡时，扣除该股东应承担责任后的剩余资产价值，可由继承人继承；12. 法律规定的其他权益。

（二）两合股东的义务

依据《企业法》第134条第2款的规定，两合公司股东需承担如下义务：1. 诚实、谨慎及良好执行并管理公司业务，以确保为公司及其他股东带来更多的合法利益；2. 股东若违反前款规定给公司造成损失的，应承担赔偿损失的责任；3. 不可使用公司资产牟取个人利益，或为其他组织及个人利益提供服务；4. 不得以个人名义收受公司款项；5. 除公司其他股东一致同意外，不可担任无限责任企业所有人或其他两合公司的股东；6. 不得以个人或他人名义从事与公司相同产业的经营；7. 未取得公司其他股东同意时，不得将其全部或部分出资转让给他人。

三、股东资格的消灭

股东资格消灭的原因包括：1. 股东死亡或被法院宣告死亡，股东被法院宣告失踪，股东的民事行为能力受限或丧失；2. 股东撤资。若取得股东会的同意，两合股东可撤资退出公司，拟撤资退出公司的股东应最迟在撤资前 6 个月以书面形式通知公司及其他股东。3. 开除股东。两合股东在下列情况下被公司开除：不具有出资能力或经公司两次要求后仍不履行出资承诺者；违反本法关于股东权利义务的规定；行使职权不诚实、不慎重或不适合而对公司及其他股东利益造成严重损害；不充分履行义务者。当股东因民事行为能力受限而丧失股东资格时，则公司应当公平、适当的归还该股东的出资部分。自终止股东资格起 2 年内，该股东仍须以全部资产对其资格被终止前发生的公司债务承担连带责任。股东资格终止后该股东名字被使用于公司名称中的，该股东本人或其继承人、法定代理人可要求公司终止使用该名称。在取得股东会同意后公司可吸纳新股东，除股东会规定的其他期限外，新股东自取得同意之日起 15 日内应依承诺缴纳出资金额。除新股东与其他股东达成协议外，该新股东应以全部资产对公司债务及其他资产义务承担连带责任。

四、股东会

两合公司股东会的规定主要有：1. 除公司章程另有规定外，股东会推选一名两合股东担任股东会主席，并兼任总经理或经理；2. 两合股东可要求召集股东会会议，以协商及决定公司经营业务，要求召集会议的股东应妥善准备会议议程、内容及数据；3. 股东会可决定公司全部经营业务。当公司章程未做规定时，以下决议应取得 3/4 以上两合股东的同意才能通过：（1）公司发展方向；（2）公司章程的补充及修订；（3）吸纳新的无限责任股东；（4）无限责任股东退出公司或开除公司股东；（5）投资计划；（6）贷款及以其他形式募集资金；（7）相当于或高出公司章程资金价值 50%的贷款决定；（8）相当于或高出公司章程资金额的资产买卖决定；（9）通过年度财务报告、公司利润分配方案；（10）公司的解散。其他决议的通过需要取得至少两合股东总人数 2/3 同意。

股东会主席有权按两合公司要求或在其认为必要时召集股东会会议。开会通知可以请柬、电话、电传或其他电子通讯方式发出。开会通知应详列会议目的、要求、内容、议程、开会地点及要求召集会议的股东名称。股东会主席或要求召集股东会会议的股东主持会议。会议内容应记录于公司记录册，主要包含以下内容：公司名称、主要办公处所、经营登记证书签发日期及号码、经营登记地点；会议目的、议程及内容；开会时间及地点；主持人及出席股东的姓名；出席股东的意见；决议的基本内容和赞成的股东人数；出席股东的姓名及签字。

第五节 公司的分立、合并及解散

一、公司的分立与合并

越南《企业法》第 150 条规定，有限责任公司及股份有限公司可分立成与其类型相同的若干公司。

（一）公司的分立

1. 被分立公司的股东会、公司业主或股东大会，依本法及公司章程规定，通过公司分立的决议。公司分立的决议应具备以下主要内容：（1）被分立公司的名称及主要办事机构所在地；（2）新成立公司的名称；（3）公司资产的分配原则及手续；（4）员工使用方案；（5）被分立公司的出资

▷▷▷▷▷▷▷

资本、股份及债券转换至新成立公司的手续及期限；（6）被分立公司债务的处理原则；（7）公司分立执行期限的主要内容。公司分立的决议自获得通过起 15 天内，应寄送至公司所有债权人及向公司员工公告。

2. 依本法规定，新成立公司的股东、公司业主应当制定公司章程，推选或任命股东会主席、董事长及总经理或经理，并办理营业登记。

3. 被分立的公司于新公司办理营业登记后终止其存在。各新公司应承担被分立公司尚未了结的各项债务、劳动合同及其他资产义务的连带责任，或与债权人、客户及员工进行协商，由新公司承担被分立公司的所有债务。

（二）公司的合并

越南《企业法》第 152 条规定，企业的合并指两家或两家以上相同类型的公司（以下均称为被合并公司）可将其全部资产、权利、义务及合法利益合并，成立合并后的新公司（以下均称为合并后公司），同时被合并公司将终止其存在。公司合并的手续如下：

1. 被合并公司准备合并合同。合并合同应具备以下主要内容：被合并公司及合并后公司的名称及主要办事机构所在地；合并的条件及手续；员工使用方案；被合并公司的资产、股份、债券转换成为合并后公司的资产、股份、债券的条件、手续及期限；合并的执行期限；合并后公司章程草案。

2. 各个被合并公司的股东、公司业主依本法规定通过公司合并合同、合并后公司章程、推选或任命合并股东主席、公司董事长、总经理或经理，并办理合并后公司的营业登记，公司应当在办理营业时提交合并合同。公司的合并决议自获通过起 15 天内，应寄送至公司的所有债权人及向公司员工公告。

3. 除竞争法另有其他规定外，当合并后的公司拥有相关市场占有率 30%至 50%者，则被合并公司的法定代表人在进行合并前，应通知竞争管理机关。除竞争法另有其他规定外，禁止合并后拥有相关市场占有率 50%以上的公司合并。

4. 公司合并后应当办理营业登记，各被合并公司将终止其存在；合并后公司有权享受被合并公司的各项合法利益，同时应当承担所有被合并公司尚未了结的各项债务、劳动合同及其他资产义务。

二、公司的解散

（一）解散的条件

越南《企业法》第 157 条规定，公司解散的条件包括：1. 公司章程规定的经营期限届满且公司没有通过延长经营期限的决定；2. 连续 6 个月内，公司股东人数低于法律规定的最低限额；3. 公司被撤销营业登记证书。公司只有在清算全部债务及其他资产义务后才能解散。

（二）公司解散的手续

《企业法》第 158 条规定，企业解散可依下列规定办理：1. 通过企业解散决议，该决议书应具备下列各项主要内容：（1）企业名称及其主要办事机构所在地；（2）解散理由；（3）公司清算各项债务的手续及期限；（4）自解散决议获得通过之日起 6 个月内，进行债务清算；（5）劳动合同产生的各项义务的处理方案；（6）公司法定代表人的姓名及签字。2. 除公司章程规定成立清算组织外，公司股东或所有人及董事会可直接进行公司资产的清算。3. 公司解散决议自获得通过之日起 7 个工作日内，应寄送营业登记机关、所有债权人、债务人、利益相关人及公司员工，并应公示于公司主要办事机构所在地及其分支机构。公司解散决议连同债务解决方案通知书应寄送公司的债权人，通知书上应详列债权人姓名、地址；负债数额及债款清算方式、地点及期限；处理债权人申诉的方式及期限。4. 企业债务按照下列顺序进行清算：（1）拖欠的员工工资、退休补助及社会保险，以及其他员工的合法权益；（2）拖欠的税款及其他债务。公司清算完毕各项欠款及公司解散费用后所剩余的财产，归公司业主和股东所有。5. 自清算完毕之日起 7 个工作日内，公司的法定代表人应将解散文件寄送至营业登记机关。自收到齐全且合格文件之日起 7 个工作日内，营业登记机关将从营业登记册簿上删除公司名称。6. 当公司被注销其营业登记证书时，应于营业登记证书被注销之日起 6 个月内解散公司，公司的解散程序及手续依本条规定办理。

思考题

1. 越南两合公司的特点是什么？
2. 越南有限责任公司的分类和制度特点是什么？

参考文献

一、教材、著作类

[1] 王保树. 中国商事法[M]. 北京：人民法院出版社，1996.

[2] 张民安，左传卫. 公司法[M]. 广州：中山大学出版社，2003.

[3] 赵旭东. 企业与公司法纵论[M]. 北京：法律出版社，2003.

[4] 朱炎生，陈明添，蒋进，张学文. 公司法[M]. 厦门：厦门大学出版社，2004.

[5] 赵旭东. 商法学教程[M]. 北京：中国政法大学出版社，2004.

[6] 齐树洁. 破产法研究[M]. 北京：厦门大学出版社，2005.

[7] 施天涛. 公司法论[M]. 2 版. 北京：法律出版社，2006.

[8] 冯建昆. 泰王国经济贸易法律指南[M]. 北京：中国法制出版社，2006.

[9] 冯建昆. 泰王国经济贸易法律选编[M]. 北京：中国法制出版社，2006.

[10] 王义明. 泰国经济贸易法律汇编[M]. 北京：中国法制出版社，2006.

[11] 顾功耘. 商法教程[M]. 2 版. 上海：上海人民出版社，2006.

[12] 沈贵明. 公司法教程[M]. 北京：法律出版社，2006.

[13] 孙彬，王燕军. 公司法[M]. 北京：中国检察出版社，2006.

[14] 范健，王建文. 公司法[M]. 北京：法律出版社，2006.

[15] 林秀芹. 公司法[M]. 厦门：厦门大学出版社，2007.

[16] 赵旭东. 商法学[M]. 2 版. 北京：高等教育出版社，2007.

[17] 韩长印. 破产法学[M]. 北京：中国政法大学出版社，2007.

[18] 周芳. 经济法学[M]. 北京：北京航空航天大学出版社，2008.

[19] 王欣新. 破产法学[M]. 2 版. 北京：中国人民大学出版社，2008.

[20] 米良，周麒. 东盟国家公司法律制度研究[M]. 北京：中国社会科学出版社，2008.

[21] 陈云东，米良. 东盟国家金融法律制度研究[M]. 北京：中国社会科学出版社，2008.

[22] 米良. 缅甸公司法[M]. 昆明：云南大学出版社，2009.

[23] 陆文彬，杨连专. 公司法学[M]. 重庆：重庆大学出版社，2009.

[24] 包桂荣. 公司法学[M]. 广州：暨南大学出版社，2009.

[25] 范健. 商法[M]. 4 版. 北京：高等教育出版社，2011.

[26] 宋秉斌，聂志平. 经济法学[M]. 北京：人民邮电出版社，2012.

[27] 赵旭东. 公司法学[M]. 3 版. 北京：高等教育出版社，2012.

[28] 林秀梅. 泰国社会文化与投资环境[M]. 广州：世界图书出版广东有限公司，2012.

[29] 钟智翔，尹湘玲，扈琼瑶，孔鹏. 缅甸概论[M]. 广州：世界图书出版广东有限公司，2012.

[30] 杨玉梅. 东南亚国家商务法律制度概论[M]. 北京：法律出版社，2012.

[31] 赵中孚. 商法通论[M]. 5 版. 北京：中国人民大学出版社，2013.

[32] 王建文. 商法教程[M]. 2 版. 北京：中国人民大学出版社，2013.

[33] 叶林. 证券法[M]. 4 版. 北京：中国人民大学出版社，2013.

[34] 甘培忠. 企业与公司法学[M]. 北京：北京大学出版社，2014.

[35] 范健，王建文. 公司法[M]. 4 版. 北京：法律出版社，2015.

[36] 张树兴. 东南亚法律制度概论[M]. 北京：中国人民大学出版社，2015.

二、论文类

[1] 肯尼思·E. 斯科特，刘健，朱蕾. 公司治理结构和东亚：韩国、印尼、马来西亚、泰国[J]. 经济社会体制比较，1999（7）.

[2] 沈建鑫. 马来西亚的公司治理改革及其对当前经济危机的借鉴[J]. 全球科技经济瞭望，2009（12）.

[3] 缪膨冲. 关于新加坡公司治理的一些思考[J]. 商业会计，2006（14）.

[4] 胡晓. 越南的国有企业改革和公司治理[J]. 改革与战略，2007（8）.

[5] 龚敏，陈维娟，张振皞. 印度尼西亚的公司治理[J]. 董事会，2013（12）.

[6] 刘俊海. 建议《公司法》与《证券法》及三套外商投资企业法联动修改[J]. 法律适用，2013（12）.

[7] 沈贵明. 公司立法体例比较分析——兼议《公司法》修改相关问题[J]. 法律适用，2013（12）.

[8] 赵旭东. 资本制度变革下的资本法律责任——公司法修改的理性解读[J]. 法学研究，2014（5）.